Teacher Education Series

本书系教育部普通高校人文社会科学重点研究基地重大项目"政治社会学视角下的现当代中小学教师专业化进程研究（项目批准号 08JJD880230）"课题成果

京师教师教育论丛　第五辑

丛书主编　朱旭东

规制与解放

百年来中国中小学教师专业化进程研究

胡　艳　著

A Study on the Process of Teachers' Professionalization in China's Primary and Secondary Schools in the Past Century

北京师范大学出版集团
BEIJING NORMAL UNIVERSITY PUBLISHING GROUP
北京师范大学出版社

丛书编委会

目 录
CONTENTS

导　言

一

　　200多年前，以英国工业革命爆发为起点，现代化历程开始了。现代化给人类社会带来了前所未有的财富，但同时也带来了无数的问题。伴随着经济飞速发展、科技突飞猛进、人类的物质财富极大丰富而生的是道德沦丧、贫富分化、战争风云等。第一次、第二次世界大战和十月革命暴露了西方资本主义社会的各种问题，于是人们开始对西方的近世文明和现代化进行反思。20世纪二三十年代，西方以法兰克福学派为代表的学者导引了对现代社会的批判。在他们看来，现代社会是一个"病态社会"，在这个社会里，人是"单面性"的人，如同工业模式制造出来的一模一样的社会原子，人不过是社会这部"机器"的部分，人的个性是被抹杀的。① 现代社会是"全面异化"的社会，表现为经济、政治、科技、文化、心理、生理乃至语言等方面的"全面异化"。② 中国对现代化的反思则与中国社会的现代化追求几乎同步。20世纪初梁启超的《游欧心影录》、梁漱溟的《东西文化及其哲学》，应该是最早通过东西文化问题讨论反思现代化的著作。但上述反思更多地体现在社会政治、经济、伦理等层面，人们对教育现

---

① ［美］H.马尔库塞：《当代工业社会的攻击性》，见［美］H.马尔库塞等：《工业社会和新左派》，任立译，4～5页，北京，商务印书馆，1982。

② ［德］E.弗洛姆：《马克思关于人的概念》，见复旦大学哲学系现代西方哲学研究室：《西方学者论〈一八四四年经济学—哲学手稿〉》，67～68页，上海，复旦大学出版社，1983。

代化的反思则迟得多，对教师现代化的反思则更迟、更少。近些年，对教育现代化进行反思的主要是佐藤学(Manabu Stato)、安迪·哈格里夫斯(Andy Hargreaves)、内尔·诺丁斯(Nel Noddings)、克里斯托弗·戴(Christopher Day)等。今天，教育与国家、与个人命运的联系越来越密切，但教育带来的困扰也越来越多，所以，人们不得不对教育现代化进行反思。

(一)教育现代化是社会现代化的重要方面

现代化作为一个世界性的历史过程，是指人类社会从工业革命以来所经历的一场急剧变革。它以工业化为推动力，推动传统的农业社会向现代工业社会转变，它使工业主义渗透到经济、政治、文化、思想等领域，引起这些领域发生相应的变化。现代化是一个持续的过程，主要包括经济现代化(工业化)，政治现代化(现代民族国家建立)，社会现代化(教育普及、迁徙自由、社团组织增强、城市化)，人的现代化(自主、独立、企业精神)，等等。① 教育现代化是整个国家社会现代化的一方面，也为社会现代化提供重要支持。教育现代化主要体现在国家对教育的干预上：

第一，教育的国家化：国家承担教育的责任——教育目的、教育内容由国家审定，教育经费由国家拨付，师资由国家培养；教师为国家雇佣人员，国家规定其资质；教育为国家的需要和发展服务。

第二，教育的大众化：教育面向大众而非少数人，提出普及教育目标，国家承担普及教育的重任。

第三，教育制度的系统化：建立全国或地区统一的教育制度。

第四，教育内容的世俗化：教育内容与现代生产、生活相吻合。

第五，教育手段方式的科学化：以科学的理论做支撑，最大限度地提升教学质量。

第六，教学组织形式的科学化和规模化：班级授课制、年级制建立。

(二)制度化、标准化深刻地影响了现代教育

现代化带给人类社会的重要特征是制度化和标准化。在社会和经济领域，这表现在一些跨国机构建立独特的制度引领社会各方面的发展，如第二次世

---

① 章开沅、马敏、朱英：《中国近代民族资产阶级研究(1860—1919)》，639页，武汉，华中师范大出版社，2000。

界大战后成立了各种国际组织，如联合国儿童基金会（UNICEF）、国际复兴开发银行［即世界银行（World Bank）］、国际货币基金组织（IMF）、关税及贸易总协定［即后来的世界贸易组织（WTO）］，它们制定各种"游戏"的规则和标准（各种指标体系）来指导和引领各国经济、文化、教育事业的发展。如1948年，世界银行发表首份研究全球性贫穷问题的报告，报告指出每年国民平均收入低于100美元的国家，应被归类为贫穷的国家。联合国运用国民统计方法，以国民生产总值（GNP）、国内生产总值（GDP）、国民收入（National Income）等为标准，把世界划分为"发达国家"（高收入国家），"发展中国家"（中收入、低收入国家）和"未开发国家"（发展不足国家）。这些以科学、理性为基础的指标是工业时代的产物，它们与大机器生产所要求的专业化、标准化、规范化等一系列指标相联系，深刻地影响着社会生活的方方面面。

资本主义制度在教育方面的最大贡献是建立了普及教育制度。不管是为了提升生产效率、促进知识创新，还是为了建立更文明、更公平的现代社会，迄今为止，普及教育是帮助人类社会向更健康、更知识化、更文明的方向发展的教育制度。普及教育是现代化进程的重要推动力量，但它也在现代化的要求下不断地被数字化、标准化。普及教育的质量是以标准化的考试来衡量的，普及教育的程度是按达到一定年限和学业水平的人数比例来衡量的。普及教育的成果（受教育的人）则被赋予经济色彩成为人力资源，教育的价值被严重工具化和功利化。另外，普及教育是现代国家建设的基础，是政治统治的工具，普及教育的内容、方式、程度等体现着统治阶级的意志和利益。

现代化使更广泛的人群获得了教育机会，但在一定程度上，人所追求的自由的精神、独立的意志，以及在此基础上的无穷的创造力也在诸多刻板的标准要求下被无情地埋没，甚至异化。

（三）专业化是教师现代化的重要体现

进入现代社会以来，影响教师职业的外部因素有两个——现代化、专业化。现代化是促成专业化的原因，专业化是现代化的结果，它们也是影响教师职业特征的重要因素。

专业化是指一个普通的职业群体在一定时期内，逐渐符合专业标准、成为专门职业并获得相应专业地位的过程。

专业的概念是20世纪初期出现的，但作为专业基础的职业资格制度的出现远早于此。就教师职业而言，随着现代国家的建立和普及教育的提出，教师的造就、师资的质量问题也就产生。法国、德国是最早开始教师专门培养并提出教师资质的国家。18 世纪，法国就开始关注教师资质的考核，以及教师工作的稳定性和生活保障问题。1816 年，法国的法令第一次就小学教师能力证书问题做出规定。1833 年，《基佐法案》规定，教师必须接受职业训练，通过国家考试获得国家颁发的证书方可从教。同处欧洲的德国也先后出台类似的法令。但人们把教师作为专门职业看待则较晚了。随着现代学校系统的产生，知识传授的专业性要求教育者必须同时掌握所教授的学科知识和有关教育的专门知识，这一变化使人们对教师职业有了新的认识，教师职业的专业化逐渐被人们所认同。教师职业经历了一个从兼职到专职，又从专职到专业的发展过程。①

1955 年召开的世界教师专业组织会议最早提倡教师的专业化。教师专业化的标准是参照一般专业所共同具有的标准来确定的。1948 年，美国全国教育协会(National Education Association)认为专业应符合以下标准：属于高度的心智活动；具有特殊的知识领域；受过专门的职业训练；经常不断地在职进修；把工作视为终身从事的事业；行业内部自主制定规范标准；以服务社会为最高目的；设有健全的专业组织。随后，不少学者和组织对专业进行了自己的定义。1984 年，我国学者曾荣光认为衡量专业的标准包括：为社会提供不可或缺的服务；享有专业服务的专利权；接受长时间的训练和入职辅导；具有一套"圈内知识"；有专业自主权；组成对成员具有约束力的专业团体；确立一套专业守则；获得社会和当事人信任；享有相应的社会地位和职业报酬；不断地接受在职培训和从事科研活动。②

可见，在一定程度上，专业化的另一个替代词是标准化，只有达到相应的标准的人才是合格的专业的人。师范教育是实现教师专业化的途径，教师资格证书制度是教师专业性的重要证明，规范与标准是西方文化影响下的现代教师的特征。

(四)专业化的进程不仅仅是标准化

梳理历史人们不难发现，在相当长的历史时期，教师是领取国家薪酬的阶层，肩负着为国家培养各行各业接班人的重任；而且，教师所属的阶层还

---

① 劳凯声：《教师职业的专业性和教师的专业权力》，载《教育研究》，2008(2)。
② 曾荣光：《教学专业与教师专业化：一个社会学的阐释》，载《香港中文大学教育学报》，1984(1)。

有其特殊性，即它是服务于意识形态再生产的阶层，肩负着国家统治机器的职能，与公务员、军警一样都是国家机器的组成部分。这就决定了教师必须体现国家的意志，满足社会的期望。换言之，教师在历史上一直被视为国家和政府的雇员，而非专业人士。[①]

因而，有研究者认为，就教师职业而言，专业化其实不过是政府控制教师职业的一种策略，是以允许教师形成一定的专业认同，来交换教师对于执政党的认同和对经济不景气状况的容忍。也就是说，虽然教师通过对自我专业精神的坚持与维护，获得了与政府对抗的合法性基础，他们可以以捍卫专业自主为名抗议政府对教学的干涉，可就工作条件改善和薪资提升问题跟政府讨价还价；但不可否认，专业主义也是政府用来让教师远离政党政治，让教育回归为教育，让教师成为非政党色彩的中立个体的策略。可见，教师专业化本质上更属于一项社会议题或政治议题。[②] 教师的专业化与教师的地位密切相关。

由上可见，专业化既是要求教学从业者达到相应的要求（标准），为公众提供高质量的专业服务的基础，也是让教师获得应有的认可和社会地位的依据，更是政府控制教师，乃至控制教育的一种手段。这是一种矛盾的呈现。

自古而今，教师由云游四方的学者（游士）变为受过专业教育、拥有资格证书的专业教师，这极大地提升了教育的效率和质量，也提升了教师的社会地位。教师的专业化是提升教师地位和教育质量的过程，但同时也在一定程度上使教师丧失了个人风格、独立精神以及对教育独到的见解。

二

近代以来，中国经历了政治、经济、军事、教育、文化等方面的现代化历程。中国逐渐与国际接轨，由传统的自给自足的农业社会逐渐发展成为工业社会，并日益走上独立、富强的现代国家的发展道路。

晚清，在西方的船坚炮利之下，中国被迫走上了现代化的道路。晚清政

[①]　张盈堃：《矛盾：基层教师生活世界的宰制与抗拒》，转引自卢乃桂、操太圣：《中国教师的专业发展与变迁》，3页，北京，教育科学出版社，2009。

[②]　卢乃桂、操太圣：《中国教师的专业发展与变迁》，3页，北京，教育科学出版社，2009。

府采用"师夷之长技以制夷"的方略，开始学习西方的军事、工业，乃至教育制度。民国时期更是以美国等西方国家的政治、经济制度为蓝本，开始全面学习西方现代的管理制度，进行中国的现代化建设。从军阀混战到国民党一党专政下的大一统，从"党天下"逐步迈向现代宪政制度，从混乱无章的财政状况到现代金融财政制度的逐步确立，从学校教育制度到职业资格制度，等等，短暂的民国为中国走上现代国家的发展道路迈出了重要的一步。新中国成立后，中国共产党更是以建立现代化的工业强国为目标，全面学习苏联以计划经济为导向的政治、经济、文化等方面的管理制度，使得中国走上了工业化国家的道路。改革开放以后，在学习西方先进的科学技术、管理经验等基础上，我国进行从经济到文化、教育等领域的全面改革，从而使我国经济得到了前所未有的飞速发展。

中国的现代化远比西方起步晚，但发展速度很快。它既有现代化带来的共同的成绩与问题，也有中国自己的经验与问题。在今天的中国，教育的现代化带来的困扰越来越突出。作为教育职业的承担者——教师，在专业化的要求下，承受着越来越多的挑战和越来越大的压力。这些挑战和压力既给予教师持续不断的专业发展和专业追求的动力，也给教师带来了很多困惑，从而也间接影响到教育和学生的发展。

在由现代工业社会逐渐转向后现代工业社会的今天，标准化的教育越来越难以适应这种转变。因为后工业社会是知识经济的社会，是多元文化共生且复杂多变的社会，它对人的创造力以及适应多元文化、复杂社会环境的能力提出了更高的要求。能适应这种社会的人才不是孤立的学习，也不是标准化的教学造就的。那么，今天所谓的专业教师能否应对这样变化的局面就显得极为重要，但现实似乎并不乐观。我们到底需要什么样的教师，这样的教师如何造就成为世界各国不得不面对的问题。

而解决一个"未来"的问题不能不立足于今天，立足于形成今天面貌的历史。本书希望借助对中国教师专业化历程的研究，探讨现代化、专业化对中国教师的影响，分析它们对中国现代中小学教师队伍建设的价值与意义，以及它们带来的问题，从而为今天，乃至未来造就一支更健康、更符合教育本质的教师队伍提供思考。

在上述思考下，本研究意欲关注以下问题。

1. 中国中小学教师的专业化历程分为哪些历史阶段，呈现出怎样的阶段特征？它的影响因素有哪些？这些特征对教师职业具有怎样的意义，对中小学教育发展又会产生怎样的影响？

2. 被现代化裹挟的中国中小学教师，在"现代化""标准化"和"规范化"等指标体系下，呈现出怎样的生存状态，拥有什么样的社会地位？这种社会地位对教师职业的影响何在？

3. 回到本源性问题，对以培养人为目标的教师职业而言，教师到底应该具有怎样的专业特征和专业素质才能使教育回归为教育，使教师回归为为"人"的自由健康发展而服务的职业？今天，人们如何营造有利于教师成长的社会环境、政治环境和学校环境？

总之，本研究试图突破单一的、封闭的教育学研究视角，力图从政治、社会变迁的视角，从专业化的角度，探讨鸦片战争以来我国中小学教师的专业化进程与影响这一进程的因素，以及由此形成的中小学教师的职业特征和社会地位。我希望通过这样的研究，为教育实践和教育理论有所贡献。

1. 在实践上，一方面探究中国教师在专业化历程中的利弊得失，厘清中小学教师专业化的历史脉络，并揭示历史表象背后的实质，为当前建立一支能够促进基础教育良性健康发展的具有中国特色的教师队伍，为当前各级政府制定相关的决策，为营造有利于教师健康成长的内外部社会环境，使教师真正成为一个具有吸引力的职业提供研究支持。

另一方面，在上述研究基础上，探究如何使教师真正成为自身专业成长的主宰，寻求提高教师自身专业素质和社会地位的途径，促进我国中小学教师的专业发展。

2. 在理论上，探讨现代化、专业化对中小学教师特质的影响，以及这些特质对我国基础教育的影响，为思考现代化、专业化与教师职业特质、教师职业地位的关系提供帮助。

三

晚清以来的中国一直致力于建立一个独立、富强、民主的现代化国家。在现代化进程中，中国不可避免地追随西方发展的足迹，因而带有西方世界的痕迹。本课题从政治社会学等视角，从现代化、专业化两个角度探讨中国近代以来的教师专业化历程及其影响因素。

本研究把中小学教师群体作为一个整体研究单位，全面回顾一百多年来中小学教师在中国社会的现代化道路中，在不同的政治社会环境中的发展历程，反思在社会现代化、职业专业化进程中教师的身份、地位及对当时基础教育的影响，深入思考中国中小学教师的专业化特征、身份和灵魂（到底什么是现代社会专业教师的灵魂），思考中小学教师能否超越时代和政治社会环境的视野，在承担建立理想社会的使命的同时铸造其专业灵魂。

鸦片战争以来，中国经历了晚清、民国、中华人民共和国三个时期。考虑到政治社会制度、文化社会环境和经济环境等的变化，教育现代化进程中的历史阶段远比这细碎。

如晚清是我国在西方船坚炮利之下被迫走上现代化的时期。这个时期是我国从传统的农业社会向现代社会转型的萌芽期。这个阶段，既有现代文明冲击下的抵制、抗争，也有救亡图存目标下的无奈和变革。在这种环境下的教育发展和教师发展必然有着自己的特征。

民国的历史并不长，从1912年推翻帝制到1949年中华人民共和国成立，共37年。在这37年中前16年是军阀混战时期，这个时期表面上建立了共和国，但共和国需要的政治体制和经济制度等并没有真正建立起来。袁世凯去世后，军阀们纷纷抢夺地盘，致使民不聊生，但给了文化教育难得的发展空间。在这样一个经济支持匮乏、政府无力也无心顾及文化教育的时代，有着强烈民族责任心和使命感、深受中西方双重文化影响的知识分子义无反顾地承担起中华民族文化教育建设的使命，教育界出现了欣欣向荣的局面。在现代化历程中的中国教育开始真正从中央向民间、从少数知识分子领导的城区向乡村拓展，教师也成为一个专门职业出现在历史舞台上。

北伐之后国民党成为一支独大的政治力量开始统治中国，原本被军阀分割的势力范围通过北伐和历次战争逐渐被国民党统一。强有力的中央领导的确立使得国民党可以开始在中国进行全面的现代化建设：从政治制度到经济制度，从军事到外交，从文化教育领域到乡村建设。各个领域的建设大都是从法律层面建立现代制度开始的。正是通过这个时期的建设，我国的现代教育在制度层面逐渐完善，教师被纳入现代专业人员的范畴，教师的培养、任用、管理也逐渐从现代制度层面规范。然而，经济的匮乏，特别是1937年以后全面抗战的爆发，使得我国各项事业的现代化进程受阻，文化教育事业的发展和教师专业化进程也同样受阻。我国教师开始面临制度化约束增强，应享有的社会地位、专业尊严却未能体现的尴尬局面。

新中国成立初期，中国共产党缺乏建设社会主义国家的经验，除了苏联之外没有任何一个可以学习的榜样。因此，这个时期的探索没有很好地与国际接轨，文化教育事业和教师队伍的建设发展也显示出中国自己的特征，甚至出现了与现代化建设发展理念不同的特征。

改革开放之后的中国在再次打开国门之后积极与西方接轨，抱着极大的热情向西方学习。虽然政治制度层面的建设不尽相同，但是中国的发展思路越来越与国际接轨，中国成为国际社会的一分子，作为现代化建设发展的重要楷模出现在国际舞台上。这个时期也是中国进入现代化建设以来经济发展最好的时期，稳定的政治社会环境和高度发展的经济为中国全面的现代化奠定了重要的基础，教育事业也因此蓬勃发展，最突出的就是中国用了不到20年的时间基本普及了九年义务教育。中国中小学教师的专业化历程进入实质性的阶段，如教师教育的专门化，教师资格的标准化（资格制度），教师任用的规范化和程式化等。

从上述思考出发，基于教育发展的阶段性特征，本研究把教师专业化进程分为清末民初、民国后期、新中国成立初期、改革开放至今几个阶段。（由于"文化大革命"十年是我国社会主义建设的特殊时期，当时整个社会的政治、经济、文化各项事业处于非正常状态，故本研究不涉及这个时期。）下面，我们从这几个阶段出发，探讨政治社会学视角下的我国中小学教师的专业化历程。

第一章 清末民初：传统教师的转型与现代教师的崛起

中国的近现代史是一部由传统的封建王朝转向现代民族国家的历史。清末民初的中国社会是传统农业社会向现代工业社会转型的初期，也是教育由古代教育向现代教育转型的开端。这个时期的教师在中国社会被迫现代化的历程中，开始由传统社会中的"亦师亦绅"的角色艰难地走上独立的职业人道路。

一、传统中国社会与教育的裂变、转型

要研究清末民初我国中小学教师现代化开端的历史，就不得不简单陈述一下那个时代我国社会的基本状况。

（一）西方列强的入侵打破了传统农业社会的宁静

传统的中国社会是一个自给自足的农业社会，具有传统社会的典型特征：传统取向的；农业的；身份取向与阶层取向的；神圣的、权威的；以原级团体为社会主要结构；特殊主义和关系取向的；功能普化的；准开放的二元社会。① 陶渊明笔下记载的田园般宁静的"桃花源"，那种以家庭为单位、自给自足、闲散、缓慢、手工化、关系亲密、与外界隔离的小农社会，在鸦片战争中逐渐被摧毁。

一系列不平等条约在西方国家的军事威胁下被一一签署。那个认为自己是天下之中心的王朝遭受了前所未有的欺凌与压榨，割地、赔款充斥着晚清的历史。与此同时，自给自足

---

① 金耀基：《从传统到现代》，10 页，北京，法律出版社，2010。

的小农和以家庭为单位的小手工业者被迫卷入充满竞争和血腥的市场环境中。一方面，西方商人大量收购茶丝等产品，使从事小生产的中国农民卷入他们所不了解的市场："不平等条约开始于中国普通民众尚未参与国家政治生活的时代。"①另一方面，西方工业品的大量倾销，（因其廉价）使原有的农民家庭手工业和城镇手工业受到了排挤，棉纺织业受伤尤重："松太利在棉花梭布……近日洋布大行，价才当梭布三之一。吾村专以纺织为业，近闻已无纱可纺，松太布市，消减大半。"残酷竞争下的农民和手工业者受尽盘剥，生计极为困难。"外国资本主义对于中国的社会经济起了很大的分解作用，一方面，破坏了中国自给自足的自然经济的基础，破坏了城市的手工业和农民的家庭手工业；又一方面，则促进了中国城乡商品经济的发展。"②中国遭遇了"数千年来未有之变局"③。

晚清时期，我国的政治、经济、外交、军事等遭遇前所未有的失败。传统的农业文明在生机勃勃的西方工业文明的强势入侵下显得不堪一击。

(二)科举教育不能培养社会所需的新型人才

面对"人为刀俎，我为鱼肉"的现实环境，我国迫切需要能够拯救国家、人民于水火之中的人才，特别是懂得现代科学和人文知识，懂得工业文明下的游戏规则，能够力挽狂澜的人才，而传统以举业为目的的科举教育只能培养"平时袖手谈心性，临危一死报君王"的迂腐书生。

长期以来在"学而优则仕"功利主义价值观的指导下，传统学校成为科举制的"婢女"，知识成为人们求取功名的敲门砖，人们对世俗利益的追求代替了对知识本身的探求。正如一个来华传教士所说：从古代到现在一千多年来，中国的教育实质内容没有经历什么变化。美国社会学家 E. A. 罗斯说："中国旧式教育主要注重中国历史和古典文学，在学校里见不到自然科学、地理、他国历史等基本学科。"还有许多日常生活必备的知识和技能，均未纳入学校教育的范畴。明恩溥说："可令人难以置信的是，学堂竟然没有对这种最有必要的技能提供任何教育。加、减、乘、除，以及小数的应用，这都是每个中国人

---

① 费正清：《剑桥中国晚清史（1800—1911 年）》（上卷），233 页，北京，中国社会科学出版社，1993。

② 《毛泽东选集》（第 2 卷），626 页，北京，人民出版社，1991。

③ 李鸿章：《筹议海防折》，见丁守和：《中国历代治国策选粹》，799 页，北京，高等教育出版社，1994。

每天必需做的事情，但这些事情没有人教。""典型的中国教师有时完完全全是个文化暴君。"①

面对西方列强的入侵，除了魏源、林则徐等少数先进人士外，举国依旧沉浸在古老的社会秩序中。绝大多数读书人依旧埋头于"四书五经"的故纸堆里以博取功名。所谓的"社会精英"，即已经获取功名的士大夫，则依然陶醉于心性之学，对中国社会面临的危机表现出极端的迟钝和冷漠。

鸦片战争的失败不仅是军事的失败、外交的失败，也是中国传统教育的失败。

(三)教育变革为社会变革的基础

在经历了一系列屈辱的战败以后，清王朝不得不以强敌为师。中国伴随着屈辱和曲折的现代化历程由此开启。

1842年，面对鸦片战争的失败，魏源在《海国图志》中提出"师夷之长技以制夷"，并指出夷之长技有三——一战舰，二火器，三养兵练兵之法。随后，洋务派掀起的洋务运动正式开始了向西方现代军事工业学习的历程。以李鸿章为首的洋务派虽然积极开办现代军事企业，但在技术和生产资料上严重依赖西方国家，加上家族式的管理方式，导致经营不善，很不成功。事实上，连李鸿章的淮军都不用江南制造总局制造的来福枪。究其原因是缺乏现代军事工业所需要的各种人才——从技术工人到工程师，从翻译人员到现代企业管理人才。洋务派不得不开展洋务教育，培养急需的人才。他们开设了一系列培养现代职业人才的学堂(如翻译学堂、军事学堂、科学技术学堂等)。但1894年中国在甲午战争中的战败，宣告了19世纪60年代以来以自强求富为目标，以追求工业和军事现代化为主要内容的洋务运动的失败。

痛定思痛后，以康有为、梁启超为首的维新派人士认识到只有对政治、经济、教育、科技进行全面变革，才有可能改变落后挨打的局面。1895年康有为、梁启超发动了著名的"公车上书"，提出下诏鼓天下之气，迁都定天下之本，练兵强天下之势，变法成天下之治；认为中国要改变落后挨打的局面，必须向日本学习，走变法自强之路，而变法之本在教育："今日为中国前途计，莫亟于教育"。他们认为救亡之道应从改良教育入手，变科举，兴学校，育人才，开民智，引进西方和日本的教育制度，在全国各省、府、州县、乡

---

① [美]明恩溥：《中国乡村生活》，午晴、唐军译，100页，北京，时事出版社，1998。

普遍设立学校，形成初等教育与高等教育相互衔接，普通教育与专门教育并举的学校教育体系。

戊戌变法失败了，维新人士的种种设想也随之灰飞烟灭，但教育的重要性被很多开明人士所认识。正如蔡元培所说："我国输入欧化，六十年矣，始而造兵，继而练军，继而变法，最后乃始知教育之必要。"[①]而这种教育一定不是洋务教育那种只学习一点简单技术的职业教育。[②] 因为，没有现代意义上的基础教育，没有完整的现代学制和现代学校管理制度，没有掌握现代科学文化知识的专门教师，根本就不可能培养出掌握现代科学技术、现代管理知识的管理人员和具有现代国家意识的现代国民，整个国家的现代化也只能是雾中花水中镜。民国初期袁世凯复辟充分说明人的现代化对于现代国家建立的重要意义。

二、现代教育推进与现代师资匮乏的矛盾

从晚清到北洋政府统治时期推动教育现代化的力量主要有两股。一股是民间力量，以开明绅士为代表，他们或以个人之力，或建立社团组织，动用多种民间资本投入新教育的建设。另一股是官方力量。清末民初的中央和地方教育行政部门，一方面积极出台各种政策引领教育变革；另一方面积极设立各级各类新式学堂，进行新式教育的建设。

(一)民间、官方推动下的新式教育

1. 士大夫阶层积极推进新式教育

其实，早在康梁戊戌变法提倡现代教育之前，已经有一些先进的知识分

---

① 蔡元培：《告北京大学学生暨全国学生联合会书》，转引自钱曼倩、金林祥：《中国近代学制比较研究》，56 页，广州，广东教育出版社，1996。

② 洋务派设立的新式学堂远未形成一个有机的体系。从纵横两方面看，绝大多数教育机构属于中等教育阶段的职业教育，下无新式初等教育做基础，上无相应的高等教育机构与之衔接。很多学校不得不从小学教育补起，以给学生学习职业教育的起码的基础知识。从微观方面看，即使是同一类型的学校，在学制、科目、师生待遇方面也差别甚大。京师同文馆于 1876 年后实行 5 年和 8 年制，上海广方言馆实行 5 年制。天津电报学堂实行 4 至 5 年制，学习电磁学、材料学、数学等 16 门课程；而福州电报学堂学制则仅一年，学习内容是"竖桩、建线、报打、书记、制造电器等艺"，浅显得多，加之师资不良，教学效果极差。洋务派建立的新式学堂也非真正意义上的现代学校。这类学堂没有现代基础知识的生源，缺乏系统的现代课程设置，没有合格的专门师资，也没有现代学校的管理制度。

子创办现代新式学堂，开始了士大夫阶层的"教育救国"之路。1878 年上海邑绅张焕纶等创办正蒙书院。学校仿照宋儒胡安定分斋教学法，"以读书为体，治事为用……务以体用兼备为主"①，培养有用之才。该校是当时最早的国人办的新式学堂。

甲午海战以后，新的学堂、学会和报刊纷纷出现，"西方文化在转型时代有着空前的扩散"，西方的知识和思想也在这些载体的支持下，以前所未有的速度传播。战败于日本并怀有深深屈辱感的中国，很快以日本为师。② 而教育是众多志士仁人一致认可的"救亡之道"。

教育上的推动力量首先来自民间。1896 年钟天纬创办上海三等公学，以白话文编教本为国语教科书。1897 年盛宣怀创办南洋公学外院，让师范生分班教授。课程有国文、算术、英文、舆地、历史、体操等科。同期，很多开明绅士创办了新式学堂，如上海育才书塾（1896）由邑绅王维泰创办，天津严氏家塾（1898）由严范孙创办。新学制颁布前开办的新式学堂多由这些开明绅士创办。

清代朴学大师孙诒让针对艰难局势，在浙江瑞安创办了有别于传统以举业为目的的时务学堂。他的思考和实践，代表了当时一部分先进知识分子改造传统教育，培养经世致用人才的责任担当。他在《瑞安新开学计馆叙》中说："光绪乙未，东事甫定，中国贤士大夫始蠡然有国威未振之惧，于是京都及南洋皆有强学书局之举，而瑞安同人亦议于邑城卓忠毅公祠开学计馆，以教邑之子弟。皆以甄综术艺，培养人材，导厥涂彻，以应时需，意甚盛也。夫时局之艰难，外变之环伺而沓至，斯天为之也。然人材之衰荼，学艺之不讲，朝野之间岌焉有不可终日之虑，则人事或不能无过矣。瑞安褊小，介浙闽之间，僻处海滨，于天下形势不足为重轻，然储材兴学，以待国家之用，而出其绪余以泽乡里，则凡践土食毛者皆有责焉，故不容以僻远而自废也。"他于1896 年在家乡瑞安创设学技馆，后又创办方言馆、瑞平化学学堂、蒙学堂、高等小学堂、女学堂等，为浙江新教育的普及做出了极大的贡献。

1904 年"癸卯学制"之后至民国初年，民间团体，如天津广育学会和以江

---

① 张在新：《先君兴办梅溪学程事略》，见朱有瓛：《中国近代学制史料》（第一辑下册），570 页，上海，华东师范大学出版社，1986。

② 张灏：《再论戊戌维新的历史意义》，转引自葛兆光：《中国思想史——七世纪至十九世纪中国的知识、思想与信仰》（第 2 卷），541 页，上海，复旦大学出版社，2001。

苏教育会为代表的各地教育会等也是一支重要的力量推动新式教育的发展。

2. 官方推动下的新式教育

官方对新教育的推进主要是通过颁行新学制，出台新教育推广政策，以及设立新式学堂等引导各地建立新式学堂。

制定新学制。甲午海战后的清廷内外交困，被迫实施新政。而新政的最大成绩是在教育上。1901年，清政府命令各省城书院改成大学堂，各府及直隶州改设中学堂，各县改设小学堂，并多设蒙养学堂。1902年，清廷公布推广学堂办法，同年又颁布《钦定学堂章程》。1904年颁行的《奏定学堂章程》，详细规定了包括初、中、高等学校系统，以及普通教育、职业教育、师范教育在内的各级学堂章程及管理体制，并以法令形式要求在全国推行。我国第一个现代学制由此产生。

强制地方承担新教育推广的责任。1904年颁行的《奏定初等小学堂章程》规定，"国民之智愚贤否，关国家之强弱盛衰；初等小学堂为教成全国人民之所，本应随地广设，使邑无不学之户，家无不学之童，始无负国民教育之实义。今学堂开办伊始，虽未能一律齐设，所有府厅州县之各城镇，应令酌筹官费，速设初等小学以为模范"；并明确"地方官有承办本地小学堂之责任"。①《奏定中学堂章程》更是要求"中学堂定章各府必设一所，如能州县皆设一所最善；惟此初办不易，须先就府治或直隶州治由官筹费设一中学堂，以为模范，名为官立中学"。② 为此，地方各级政府官员多方筹措资金兴学。研究发现，张之洞主政湖北时，于1903年将川淮入鄂之盐每斤加抽4文作为兴学的费用，加之其他措施，1904年筹集办学经费白银75万两，1905年激增至128万两，1907年跃为206万两，一时，"湖楚教育之盛，甲于全国"。③由此，各地的官办新式学堂纷纷建立。

这一时期，清廷还予以地方绅士"襄办学务之责任"④，并通过奖励学堂

① 《奏定初等小学堂章程》，见朱有瓛：《中国近代学制史料》（第二辑上册），175页，上海，华东师范大学出版社，1987。

② 《奏定中学堂章程》，见朱有瓛：《中国近代学制史料》（第二辑上册），382页，上海，华东师范大学出版社，1987。

③ 陈东原：《中国教育史》，转引自李国钧、王炳照：《中国教育制度通史》（六），335页，济南，山东教育出版社，2000。

④ 《奏定初等小学堂章程》，见朱有瓛：《中国近代学制史料》（第二辑上册），176页，上海，华东师范大学出版社，1987。

出身，改良私塾快速设立新式学堂等措施促进新教育的发展。清末的新教育由此获得了一定的发展（参见表 1-1）。

表 1-1　清末中小学堂发展表

年份	小学堂								中学堂	
	初等		两等		高等		合计			
	学堂数	学生数	学堂数	学生数	学堂数	学生数	学堂数	学生数	学堂数	学生数
1907	29199	684657	2451	126191	1955	84623	33605	895471	419	31682
1908	35420	904987	2936	155214	1954	93579	40310	1153780	440	36364
1909	44749	117874	3513	199018	2039	112551	50301	429443	460	40468

注：小学堂数据自"光绪三十三年（1907）各省小学堂统计表""光绪三十四年（1908）各省小学堂统计表"，"宣统元年（1909）京师及各省小学堂统计表"，中学堂数据自"各省中学堂及学生统计表"，见朱有瓛：《中国近代学制史料》（第二辑上册），270～273、490 页，华东师范大学出版社 1987 年版。

学堂数单位为"所"，学生数单位为"人"。

虽然晚清新式中小学教育在科举制度被废除之后获得了一定的发展，仅就 1907—1909 年三年看，中学堂数和中学生数是有进步的，但小学生数在1909 年有大幅度下降，特别是初等小学生数下降更是惊人。

民国之后，因为国体的变化，新教育的推动已呈不可阻挡的趋势。1912年，北洋政府出台的《学校系统令》（也称"壬子学制"）规定，初等学校四年，为义务教育；初小毕业后得入高等小学校或实业学校。1914 年 12 月，北洋政府出台的《整理教育方案草案》规定：确定义务教育年限，明白宣示，使地方知建学对于国家之责任；教育部分学区实施义务教育；凡学区内居户稠密，满 500 户以上者，设多级小学校，满 200 户以上者设单级小学校；不满 200户之村集，得设联合小学校。1915 年，袁世凯颁布的《特定教育纲要》规定："施行义务教育，宜规划分年筹备办法，务使克期成功以谋教育之普及。"但义务教育并未因换成中华民国的招牌而迅疾收到奇效。由于北洋政府穷兵黩武，加上经济的极端困难，现代中小学校发展并不顺利（参见表 1-2）。从 1907 到1922 年（一些年份没有统计数据），小学校数增加了 4.1 倍，小学生数增加了6.2 倍，中学校数增加了 0.37 倍，中学生数增加了 3.2 倍。从表面上看，中小学校获得了较大的发展，但相对于四亿人口来说，学龄人口估计为 8000 万人①，这 660 多万的小学生实在不足挂齿（就学率仅 8.25％）。

表 1-2　晚清民初中小学堂发展表

年份	小学堂		中学堂					
	学校数	学生数	学校数		学生数		合计	
			公立	私立	公立	私立	学校数	学生数
1907	34650	918586					398	30734
1908	41739	1192921					420	25006
1909	51678	1532746					438	128881
1912	86318	2793633	319	54	45428	6672	373	52100
1913	107287	3485807	360	46	51667	6313	406	57980
1914	121080	3921727	388	64	58881	8373	452	67254
1915	128525	4140066	385	59	61148	8622	444	69770
1916	120103	3843455	299	51	53277	7647	350	60924
1922	177751	6601802					547	130385

注：小学堂、中学堂数据自蒋致远：《中华民国教育年鉴第一次第三册》，423 页；《中华民国教育年鉴第一次第二册》，193～194 页，宗青图书出版公司 1991 年版。

表 1-1 和表 1-2 中 1907—1909 年小学堂和中学堂数据不一致，是统计来源不同所致。学校数单位为"所"，学生数单位为"人"。

（二）师资成为阻碍新教育发展的关键

新式教育推行缓慢，有多方面原因，现代师资不足是其中重要的因素。

1. 中西不同文明对教师的素质要求截然不同

正如前述，传统的中国社会是一个自给自足的小农社会。在这样的社会里，封建统治者发明了一套为其服务的人才选拔制度和教育制度——科举取士和以此为目的的"科举教育"。"中国的考试制度，最大的功能之一是把士大夫有系统地转变为儒吏（用现代的术语是官员），使'学而优则仕'与'内圣外王'的观念成为一建构化的制度"，使士人阶层、官僚阶层、地主阶层形成中国特有的"士绅阶层"。②"中国的官僚治体所要求官员的第一任务是

① 袁希涛：《义务教育之商榷》，38 页，上海，商务印书馆，1921。
② 金耀基：《从传统到现代》，38～39 页，北京，法律出版社，2010。

为庶民树立榜样，而经典则是育化人格最重要之工具，故中国官僚治体具有很深的学术的性格，而此学术的性格则以展现全幅的人文性格为主，重在圆通之知识，而不在一技之专长。由于考试以经典为本，整个官僚治体不自觉地对经典所描写之远古产生一景慕，并变为传统性的、保守性的、礼仪性的及文学性的，其结果则不自觉地对庶民之事与日常问题产生一不屑之态度"。① 这就导致中国人的思维方式是注重整体的"天人合一"的，在教育上注重人伦教育，教学法重在体悟，强调直觉思维。例如，朱熹就曾坦诚地指出，所谓"格物"，"非欲穷尽天下之物，但于一事上穷尽，其他可以类推"。此"一事上穷尽"，即指对那永恒"天理"的体悟和把握，明乎此理，其他一切即可类推。

西方的现代文明是建立在科学、理性基础上的，在打破了西方中世纪神权统治，经历了文艺复兴的洗礼、工业革命技术和经济的迅猛发展后，西方的文化更为强调对客观世界的把握，对客观世界的求真、求实，强调对科学、对真理的追求，以及在求真、求实过程中对个人平等、自由的追求。西方是理性主义占优势的，这与西方人崇尚"天人相分"的分析思维和注重自然科学的研究传统有关。

中国传统文化是以"求善"为目标的"道德型"的，西方文化则是以"求真"为目标的"科学型"的。这就导致中国传统教育无论在价值取向还是在培养目标、课程设置，乃至教学方法上与西方教育有很大的不同。前者是主德型的教育，注重通过人文性的经典著作的学习、钻研实现个人"内圣外王"的目的。后者则是主智型的教育，古希腊时期的七艺包括哲学、科学、艺术等学科。工业革命以后，西方国家更是强调教育应培养具有科学、理性、务实精神并能充分发展自己的人。这就导致西方教育对现代科学的强调，对探究能力的培养，对教育的实用价值的肯定，特别是对个人价值、个人独立意识和自由精神的肯定。

文化不同、教育不同必然对教师的要求不同。中国传统社会聘用教师，第一位的是品行端正，"必择人品端方，学问通彻，不嗜烟赌，而又不作辍、不惮烦、勤于讲解者，方足以当此任"。② 清代的李淦，叮咛自己的子

---

① F. M. Marx, *The Administrative State*, University of Chicago Press, 1957, pp. 55-57，转引自金耀基：《从传统到现代》，39～40 页，北京，法律出版社，2010。

② 崔建利、袁时霞：《古代私塾先生》，载《秘书》，2008(10)。

孙在延请塾师时不能"只取能文，不论其行"，"既谓之师，必其范足以为楷模而后可。故当择其文行兼优者为上，文优而大德不逾闲者次之。若品行有亏之人，虽文才出众，教法超群，不敢请也。"①其次是学问好，要"文义通晓"，"才华擅长"，"经书熟习"，"学问通彻"。古人在强调塾师必须"以身率人，正心术，修孝弟，重廉耻，崇礼节，整威仪，以立教人之本"的同时，也强调"守教法，正学业，分句读，明训解，考功课，以尽教人之事"。②

这与掌握科学、系统、逻辑严密的专门知识，能条分缕析地把相关知识传授给儿童的西方教育有很大的不同。现代教育学之父赫尔巴特的"四段教学法"是典型的西方思维下的产物。他在心理学基础上建立的四段教学法——"明了、联想、系统、方法（应用）"体现了西方文化中学习新事物的思维过程，他提出的叙述教学、分析教学、综合教学三种教学类型反映了科学、理性、严密逻辑下的有效教学形式。能开展此类教学的教师，掌握所教授的专门知识（包括学科知识）是第一位的，其次是用符合儿童思维习惯的方式开展恰当的教学，使学生掌握科学、系统的知识。这样教育学、心理学，包括教材、教法等就显得很重要了。具备此种素质的教师是现代教师，这类教师显然不能自成，是需要专门培养的。

2. 我国新教育的发展迫切需要现代师资

洋务教育失败的原因之一是缺乏合格的师资。1896 年，陈其璋在《请整顿同文馆疏》中认为，同文馆开馆三十余年，竟无建树："计自开馆以来，已历三十余年，问有造诣精纯洞悉时务，卓为有用之才乎？所请之洋教师果确知其教法精通，名望出众，为西国上等人乎？授受之法，固不甚精，而近年情弊之多，尤非初设馆时可比。"③"洋教师"何止教法不精，他们基本上都没有掌握现代学校所需的学科知识。

梁启超更是对当时的师资状况进行了深刻的剖析："今之府、州、县学官，号称冷宦，不复事事，固无论矣。此外握风气之权者，为书院山长，为

---

① （清）李淦：《燕翼篇·延师》，转引自徐梓：《传统学塾中塾师的任职资格》，载《教师教育研究》，2006(4)。

② 《庄渠遗书》（卷九），转引自徐梓：《传统学塾中塾师的任职资格》，载《教师教育研究》，2006(4)。

③ 陈其璋：《请整顿同文馆疏》，见李友芝等：《中国近现代师范教育史资料》（内部资料），87 页。

蒙馆学究。车载斗量，趾踵相接，其六艺未卒业，四史未上口，五洲之勿知，八星之勿辨者，殆十而八九也。"洋务派创办的洋务学堂的师资主要是聘请的外国人，存在许多弊病："西人言语不通，每发一言，必俟翻译展转口述，强半失真，其不相宜一也。西人幼学，异于中土，故教法亦每不同，往往有华文一二语可明，而西人衍至数十言者。亦有西人自以为明晓，而华文犹不能解者，其不相宜二也。西人于中土学问，向无所知，其所以为教者，专在西学，固吾国之就学其间者，亦每拨弃本原，几成左衽，其不相宜三也。所聘西人，不专一国，各用所习，事杂言庞……其不相宜四也。西人教习，即不适于用，而所领薪俸，又恒倍于华人，其不相宜五也。""师范学校立，而群学之基悉定"。他主张"故欲革旧习，兴智学，必以立师范学堂为第一义"①，强烈要求通过现代师范学校培养专门师资。

1904 年"癸卯学制"颁行。虽然学制设有专门的师范教育系统，但由于新式学堂大量举办，而师范教育又在初创时期，所以其规模、质量难以满足需要，师资问题更为突出。1907 年全国小学堂总数为 34033 所，教员总数为 34763 人，学生总数为 900364 人。学堂与教员之比为 1：1.02，学堂与学生之比为 1：26.45，教员与学生之比为 1：25.9。② 可见，初创时期的小学堂和私塾相差无几，基本是一个教员掌管一所学校，一身而多任。

民国初期，这种状况也没有发生大的变化。当时师范学校的数量和规模极小，学校不过 300 所左右，在校生三四万人③，与 8000 万学龄儿童数不成比例④。师范毕业者只占新式教师的 10％左右⑤，其余多数是传统塾师和少

---

① 梁启超：《论师范》，见李友芝等：《中国近现代师范教育史资料》（内部资料），130～132 页。

② 李国钧、王炳照：《中国教育制度通史》（六），340 页，济南，山东教育出版社，2000。

③ 北洋政府时期师范学校最多的年份是 1922 年，是年全国有师范学校 385 所，师范生 43846 人。师范学校数、在校生数见蒋致远：《中华民国教育年鉴第一次第二册》，311 页，台北，宗青图书出版公司，1991。

④ 袁希涛在 1921 年对民国初期所需要的义务教育师资数量推算时说，依中国现在学龄儿童折半数 4000 万人讲，平均每 40 人有一教员。见袁希涛：《义务教育之商榷》，38 页，上海，商务印书馆，1921。

⑤ 1931 年之前的小学教职员数自蒋致远：《中华民国教育年鉴第一次第三册》，423 页，台北，宗青图书出版公司，1991。1931 年之前的师范学校数、学生数自蒋致远：《中华民国教育年鉴第一次第二册》，311 页，台北，宗青图书出版公司，1991。

量的新式学堂毕业生。而且，私塾在初等教育中的比例不小。① 师范教育薄弱直接影响新教育的发展。

由于缺乏受过专门训练的师资，清末所说的新式学堂也多为新瓶装旧酒。如清末涿州的小学堂，学生"所读者，不过仍《三字经》、《千字文》、《四书》之类"，学堂多"在一破庙中，坛宇颓剥，芜秽不治，不过六十九岁之聋老翁，环守村童八、九人而已"。② 民国初期依然如此。教师普遍不会"编制教授细目"，不能活用教科书；没有课程、课时的概念；不会运用班级授课制教学法。塾师教学内容陈旧，教育理念陈腐，教学方式与日常生活隔膜等。③ "这一个时期可以说是小学教育的草创时期。小学教育差不多完全没有什么根基，学生多半是年岁较幼的'童生'，教师是年龄较长的'秀才'们。课程则注重读经、策论，也是科举的遗传。至于训育及教学方法，自然更谈不到了。而且所谓小学，也是举贡生监等所谓士人子弟的专有物，根本不能算是'国民教育'，和大多数的国民，并不发生什么关系。"④

三、官民合力推动下的现代教师造就历程

显然，能否造就现代师资已经关系到国家的存亡。没有了现代师资，新式学校制度就无法真正落实，也就无法培养在抵御外敌入侵时能保家卫国的志士，无法培养在现代社会中能帮助国家在国际竞争中取胜的现代人才。因而，清末民初，官、民双方都认识到了现代师资养成的重要性，并合力推进专业教师的养成。可以说，中国教师的专业化进程由此开始。研究发现，清末民初，我国多管齐下，主要通过建立师范教育制度、教师研修机构、教师检定制度等方式推动现代专业教师的养成。

---

① 据教育部 1935 年的调查发现，私塾在全国初等教育中占 1/3，其中未改良私塾占到 60％以上。见教育部统计室：《二十四年度全国私塾统计》，转引自丛小平：《师范学校与中国的现代化——民族国家的形成与社会转型(1897—1937)》，164 页，北京，商务印书馆，2014。

② 《光绪三十年顺天府属查学高步瀛、刘桂芬调查涿州学堂利弊禀》，见朱有瓛：《中国近代学制史料》(第二辑上册)，273 页，上海，华东师范大学出版社，1987。

③ 胡艳：《民国时期我国中小学教师的学习研究组织及其活动》，载《教师发展研究》，2007(1)。

④ 庄俞、贺圣鼐：《最近三十五年之中国教育》，3 页，上海，商务印书馆，1931。

（一）设立独立的师范教育系统，培养专门师资

在我国，教师被看作一个专门职业，并需要经过专门培养，是晚清国门打开以后的事情。最早提出设立师范学校培养专门师资的是梁启超。他在《论师范》中明确提出"师范学校立，而群学之基悉定"，"师范也者，学子之根核也。师道不立，而欲学术之能善，是犹种稂莠而求稻苗，未有能获也"；"故欲革旧习，兴智学，必以立师范学堂为第一义"，并提出模仿日本学制，设立专门的师范教育系统。我国最早的师范学校出现在民间，其代表为南洋公学师范院（1896）和通州师范学校（1902），官方最早的师范学校是京师大学堂师范馆（1902），成体系的师范教育制度是 1904 年设立的。

1. 民间率先设立师范学堂

我国近代教育史上的第一所师范学校是著名的政治家、企业家和慈善家盛宣怀创办的南洋公学师范院。

甲午战争之后，盛宣怀认识到"自强首在储才，储才必先兴学"，"西国人材之盛皆出于学堂"，于是开始创办新式学堂。1896 年，盛宣怀奏准在上海创设南洋公学。盛宣怀认为"师范小学，尤为学堂一事先务中之先务"，"惟师道立则善人多，故西国学堂必探源于师范。蒙养正则圣功始，故西国学程必植基于小学"，于是先设师范院。1897 年秋，他开办了外院（小学），"令师范生分班教之"。1898 年春，他设立中院（二等学堂）。1900 年，他又设上院（头等学堂）。由此建立由师范到小学，再到中学，再到大学的南洋公学系统，目的是实现盛宣怀"诸生选自幼童，收效旨在十年以后"的办学理想。① 师范院是其中的关键。

这个我国历史上第一所专门培养师资的学堂虽然仅存 7 年，但为我国培养了第一批掌握现代专门知识、以教师为职业的师资。

继盛宣怀之后，1902 年，我国近代著名实业家和教育家张謇创办通州师范学校，该校是我国第一所独立的培养小学教师的现代师范学校，也是民间创办的第一所独立的中等师范学校。

甲午战争之后，张謇目睹清政府的腐败，认为欲雪耻救亡必须普及教育，而普及教育的根本在于师范教育的兴办："一艺之末，学必有师，无古今中外之

---

① 盛宣怀：《筹集商捐开办南洋公学折（附章程）》，见李友芝等：《中国近现代师范教育史资料》（内部资料），100～104 页。

通义也；况图国家强立之基，肇国民普及之教育乎！"①"师范启其塞，小学导其源，中学正其流，专门别其派，大学会其归。"他利用在大生纱厂六年未支的薪俸（2万余元）和亲友的资助共9.3万余元作为办学资金，筹办学堂。随后他又将大生纱厂的余利花红中的一股分派给通州师范学校作为常费。1902年开始建校，1903年4月27日正式开学，名为"通州民立师范学校"，校训为"艰苦自立，忠实不欺"。

南洋公学师范院和通州师范学校的最大特点是把教师作为专门人才进行培养，他们对教师职业的认识融合了中国传统文化中对教师的要求（如注重教师的品行）和西方现代师范教育中对教师的要求（专业素质——学科知识和教学能力并重）。

两校作为中国师范教育的开端，其办学有很多值得推崇之处。第一，明确提出培养小学教师的目标。南洋公学师范院"期以三年，培养深具经史大义，兼通西文西学之教习"；通州师范学校则"亟造小学校教习计"。第二，为传统的读书人找到一条在新时代安身立命的出路。两校都招收确有中学根基的人为师范生，南通师范学校明确提出"择举贡生监中性淑行端，文理素优者入格"。第三，将现代学科内容纳入课程。南洋公学师范院设有中学、西文、西学。由于学生中学基础扎实，所以课程以西学为主。西学分数学（笔算数学、代数备旨、勾股六术等）、格致（以物理、化学为主，还做实验），以及科学教育、动植物学、生理学、矿学、地理学等，但没有摒弃中学内容，中学沿用旧式书院的学习方法，由中文总教习指导学生研读经史子集等传统经典，开办外院是为了培养师范生的教学技能。通州师范学校的课程包括管理法、修身、教育、历史、地理、算术、文法、理化、测绘、体操等。第四，注重教师品质的培养。南洋公学师范院确立了"明体达用，勤学善诲"的办学宗旨，并确立五层格的目标。② 从其内容看，每一个层格都是对一个优秀教师的品行、学识的要求。第五，注重教学结合，知行并进。南洋公学"复效日本师范院有附属小学之法"，开办了外院，以使"师范诸生且学且诲，颇得知行并进

---

① 张謇：《通州师范学校议》，见朱有瓛：《中国近代学制史料》（第二辑下册），279页，上海，华东师范大学出版社，1989。

② 第一层之格曰：学有门径，材堪造就，质成敦实，趣绝卑陋，志慕远大，性近和平；第二层之格曰：勤学诲劳，抚字耐烦，猝就范围，通商量，先公后私；第三层之格曰：善诱掖，密稽察，有条理，能操纵，能应变；第四层之格曰：无畛域计较，无争无忌，无骄矜，无吝啬，无客气，无火气；第五层之格曰：性厚才精，学广识通，行正度大，心虚气静。

之益"。通州师范学校于 1906 年设立附属小学"通州民立师范附属小学",供应届师范毕业生实习;1909 年又设立初等附属小学、高等附属小学;1921 年设第二附属小学作为师范生实习场所。这些无疑承袭了西方办师范学校的基本特征:注重学科知识和教育知识的学习,注重师范生教育实践能力的培养(重实习),注重教师德行的培养,等等。

两校为我国培养了第一批掌握现代学科和教学知识,并以教学为职业的现代小学教师。

2. 官方设立师范教育体系

在民间创办专门培养师资的师范学堂的同时,清廷也开始设立师范学堂,并在新设立的现代学制体系中设立了独立的师范教育体系,以培养现代师资。

(1)京师大学堂师范馆

我国最早的官办培养新式师资的学堂是京师大学堂师范馆。1902 年,清廷实施新政,下令恢复京师大学堂,任命吏部尚书张百熙为管学大臣。张百熙首先举办速成科,速成科分为仕学馆和师范馆,于 1902 年 10 月开始招生,师范馆于当年 12 月 17 日正式开学,招生对象主要是已有科举功名的学生。

这个官办的师范学堂在招生标准、办学目标、课程设置等方面与南洋公学师范院和通州师范学校并无二致,只是课程更完善些。课程中西学并重,突出科学;注意普通课程与专门课程的区分与衔接;突出师范生的特点,重德育,将伦理课程放在首位;教育课程与专业课程混编,具体包括伦理学、经学、教育学、习字、作文、中外史学、中外舆地、博物、算学、物理、化学、外国语、图画、体操。修业年限也最长,为 4 年。1904 年之后京师大学堂师范馆改为京师大学堂优级师范科,1908 年改为京师优级师范学堂。

(2)独立的师范教育体系

成制度、成体系培养教师的专门机构是 1904 年"癸卯学制"颁行之后设立的。仿照日本现代学制建立的"癸卯学制"纵向分为初等、中等、高等三段,横向分为普通、师范、实业三个系统。师范教育自成体系,分为三种:优级师范学堂、初级师范学堂、实业教员讲习所,分别培养中学、小学和职业学堂的教师。初级师范学堂(完全科)招收高小毕业生,学制 5 年,造就高等小学堂和初等小学堂教员。优级师范学堂招收中学和初级师范学堂毕业生,学制 5 年,造就初级师范学堂和中学堂教员、管理员。实业学堂讲习所附设于农工商大学及高等农工商实业学堂之内,招收初级师范学堂毕业生,以及修习中学堂和中等实业学堂课程者,主要是培养实业学堂教员。

自此，我国独立、完备的现代师范教育制度产生。这个全面抄袭日本师范教育制度的产物充分体现了现代师范教育鼻祖法国、德国师范教育的精髓。

严格招生，确保质量：在现代教育中，教师必须是德行兼备、学识渊博者。早在七月王朝时期，法国国民教育大臣基佐就指出，是教师而不是别的什么人创造学校。"一个坏的教师，就像一个坏的教区牧师一样，是一个区的灾祸的根源"，因此，"必须尽力提高一般教师的质量"。① 他所谓高质量的教师是指学识和品行俱佳，能担负起现代国民教育重任的人，这也成为师范教育的办学目标所在。晚清时期，为了造就品行、学识俱佳的教师，初级和优级师范学堂严把招生关，这体现在标准严格，程序严谨，考试与推荐并重上。如初级师范学堂要求"须取品行端谨，文理优通，身体健全者"，"初入学之四月以内，谓之试学，须在此四月以内细察其资性品行实在相宜者，始准留学"。优级师范学堂要求"公共科学生须由本地府州县官荐举，复经本学堂考验后，始行选取入学；其荐举之地方官，须出具荐举凭单、学生履历凭单、身体检查凭单、学业成绩凭单及人品考定凭单，以备考核。""考毕后仍面试问答，以觇其学识气概。"

师范教育必须为国家服务："癸卯学制"提出师范教育要为国家服务。如"初级师范教育总要"中特别提出"孔孟为中国立教之宗，师范教育务须恪遵经训，阐发要义，万不可稍悖其旨，创为异说"，"国民之智愚贤否，实关国家之强弱盛衰；师范生将来有教育国民之重任，当激发其爱国志气，使知学成以后必当勤学诲人，以尽报效国家之义务"；并明确"膺师范之任者，必当敦品养德，循礼奉法，言动威仪足为楷模"。虽然内容上带有很浓的封建意识，却体现了师范教育必须为国家服务的理念。该学制在师范学堂设立上，提出以区域为单位，服务当地教育的精神："初等师范学堂为小学教育普及之基，须限定每州县必设一所。"省城师范学校毕业生，"应有从事本省各州县小学堂教员之义务，州县初级师范学堂毕业生应有从事本州县各小学堂教员之义务"。"优级师范学堂，京师及各省城宜各设一所"，其毕业生"有效力本省及全国教育职事之义务"。上述要求与西方现代师范学校的理念是一致的，即师范教育必须为国家强盛、地区的建设及发展服务。

课程设置体现对现代师资的要求：现代师范教育制度的一个重要特征是培养掌握扎实的学科知识，具备娴熟的教学能力，在品行上能做儿童典范的

---

① E. P. 卡博莱：《教育史读本》，转引自滕大春：《外国近代教育史》，171～172 页，北京，人民教育出版社，2002。

教师。课程设有广博的通识知识（涵盖教师所需要的"中学"和"西学"知识，如英语、体育、图画），以中小学教学需要为基础的专精的学科知识，一定的教育知识（涵盖教育理论、学科教学法、生理学、心理学等教师必需的基本知识），教学实践能力（如教育实习），师德伦理。尤其是要求设立附属学堂，"备研究普通教育之成法，以图教育进步，为各普通学堂之模范，且以资本学堂学生之实事练习"。民国初期依然如此。

晚清，高等师范（优级）开设四个专业（第一类以中国文学和外语为主，第二类以地理、历史为主，第三类以算学、物理、化学为主，第四类以植物、动物、矿物、生理为主）。民国初期分为六部，相当于六个专业——国文部、英语部、博物部、历史地理部、数学部、物理化学部。除此之外，为了培养师范生的教育教学技能，所有的师范学校必须附设中小学堂以供师范生实习之用。

享受免费待遇和履行服务义务并存：奏定师范学堂章程规定师范生免费，但必须履行服务义务，并规定了师范生毕业后履行服务义务的年限，如初级师范学堂官费生完全科（本科）为6年，简易科为3年；私费生完全科为3年，简易科为2年。"优级师范学堂分类科毕业生，有效力本省及全国教育职事之义务，其义务年限暂定为六年。又此六年中之前二年，经学务大臣及本省督抚指派职事，不论何地何事均为当尽之义务，不得规避。"对不履行服务义务者，初级师范学堂毕业生"如有不得已事故，实不能尽效力义务者，由州县官查明，禀奉本省督抚允准，可豁免其效力年限"。但"毕业后如有不肯尽教职之义务，或因事撤销教员凭照者，当勒缴在学时所给学费"。优级师范学堂毕业生"有不得已事故，实不能尽教育职事之义务者，可具禀声明实在情形，经本省督抚及学务大臣核准得豁免其效力年限"。但"毕业生有不尽教育职事之义务，或因事撤销教员凭照者，当酌令缴还在学时所给学费以示惩罚"。这体现了师范教育由国家承担，培养的人必须为国家服务的思想。

晚清这一独立的师范教育制度在民国初期得以沿袭。1912年9月3日，教育部颁布《学校系统令》，对"癸卯学制"进行全面改造。但事实上，这个学制除了办学理念与清制不同外，其制度构架并没有多少变化。其师范教育制度基本沿袭晚清制度，师范学校分为高等和中等两级，前者招收中学和中等师范毕业生，以培养中学和师范学校教师为目的；后者招收小学毕业生，以培养小学和蒙养院教师为目的。在办学责任上，"壬子学制"强化了各级政府的责任，如高等师范学校由省立改国立，中等师范学校则改县州立为省立。不同的是它允许私人或私法人设立师范学校，这显然是出于国家经费匮乏欲引入民间资本的考虑，但放弃了国家办师范的责任，严重影响了师范教育的发展。在课程上，"壬子学制"弱化了读经讲经之类的中国古典文学的内容，其他没有大的变化。

清末民初，我国建立了独立的师资培养制度，该制度从开办初期就体现出师范教育的独特性：第一，形成了一个完整、独立的师范教育制度，使我国基础教育的师资有了专门培养的场所；第二，确立了国家办师范教育的概念和做法，把师范教育与现代国家的建立相结合；第三，建立了师范生独特的招生制度，免费、强制服务相结合的措施，确保了培养的师范生能为国家服务；第四，建立了相对科学的、完善的、专业的师范教育课程体系和实习制度，确保了具有现代素质的教师的养成。

独立的师范教育制度的建立，为教师这一职业实现专门化、终身化奠定了基础。自此，受过专门训练、拥有专业知识和技能的现代教师开始出现在教育舞台上并开始把教学作为终身职业来追求。我国现代基础教育发展开始有了师资的保障。

(二)建立教师研修机构，改造旧师资

清末民初，虽然政府与民间大力推行现代教育，但传统私塾依然大量存在，少数新式学堂的师资也多由传统塾师组成，现代新教育有名无实。这时的师范教育处在萌芽阶段，国家财力不足、人才匮乏，短期内很难培养大量合格的教师，改造现有教师可谓明智之举。因此，以改造教师知识结构，传授现代教学方式和技能，规范教学行为，确保教学质量为目的的教学研究机构应运而生。而起先导作用的是民间人士和民间团体，一些学校也自发进行补救，教育行政部门在其中起助推的作用。

1. 民间积极投入在职教师的改造

(1)张伯苓等率先设立教研组织

1903年年初，张伯苓"为储备师资人才，与王寅皆、林墨青、严修发起成立普通学社。每星期六在第一小学堂集合开会，组织讨论教育问题"。学社活动主要是传授新知识，如张伯苓等给教师演示加减算法、讲演教育、翻译、动植矿物等课，传授算学、数根、几何等新知识。是年年底，严修、张伯苓等又设立师范补习所①，张伯苓为教师讲授算学、公倍数与代数、几何、物

---

① 瀚青、苏弘毅：《严修教育思想论略》，载《河北师范大学学报(教育科学版)》，2001(4)。

理、制造与化学、光学、电学等西学内容。这一年，张伯苓、严修还创办天津教员研究所，每周末集合天津各小学堂教师研究改进课程和教学方法。① 同期，天津教师还开展"批评会"。1905 年 10 月 15 日，张伯苓、严修、李琴湘赴"批评会"，演习者为展香谷、王屿庭，评论者为日本人渡边。同月 29 日上午，张伯苓又到单级小学堂"听刘、庞、白、牛四教师讲实验教学法"。②

可见，上述几种组织是典型的教师学习研究组织，目的是进行教师知识结构的改造和新式教学法的学习研究。"批评会"更像今天的教研活动中的"听评课"或"展示课"，目的是展示新式教学法，教授教师如何实施此种教学法。

（2）民间组织致力于教师改造

此期，一些民间团体也致力于教师知识结构的改造和现代教学方法的传播，其中影响较大的是江苏教育会、天津广育学会、上海私塾改良会等。

我们以江苏教育会为例看民间组织在教师现代转型中的作用。清末，江苏教育会就设立"教员研究会""单级教授练习所"，"为各会员研究改良教授之法"。③ 民国初期，鉴于新教育发展中的颇多问题，该会要求各县市乡教育会依照地方状况，斟酌开展教育研究。④ 为此，该会设立英文教授、小学教育、理科教授、师范教育、体育教育等各科研究会等，组织教师开展学科教学研究。⑤ 我们以 1921 年的理科教授研究会会议看其工作。1921 年 8 月 28 日，理科教授研究会举行大会。会议内容如下。第一，演讲：整顿理科教育应注意之事项；理科教学法及上海算术理科之情形及应改革之点。第二，讨论：各县报告各县规定之理科教材大纲；函致上海劝学所，建议将上海各校级任兼本级理科教授制改为理科专任制；函致上海劝学所，请设置公共学校园。第三，提议：小学理科应加入主科案；各县组织理科教育参观团案；组织理科器械审查会案。⑥ 从上述内容看，理科教授研究会是研究讨论改进中小学理科教学的组织，其工作内容包括确立课程地位、教学大纲，传授教学方法，

---

① 梁吉生：《张伯苓年谱长编》（上），30～33 页，北京，人民教育出版社，2009。

② 梁吉生：《张伯苓年谱长编（上）》，50 页，北京，人民教育出版社，2009。

③ 俞子夷：《现代我国小学教学法演变一斑——一个回忆简录》，见陈学恂：《中国近代教育史教学参考资料》（上），672～678 页，北京，人民教育出版社，1986。

④ 《唤起研究教育之兴味》，载《教育杂志》，1915(3)。

⑤ 《江苏省教育会大会记事》，载《教育杂志》，1915(10)。

⑥ 《理科教授研究会大会》，载《教育杂志》，1921(9)。

购买实验仪器，开展教师培训，调研理科教育现状及其改进等。

2. 学校开展教学研究

学校内部设立类似组织是民国以后。一些学校为了统一教学进度、规范教学行为成立专门机构开展教学研究。

（1）教学研究

1914 年，江苏省如皋县掘港镇县立第四高等小学辟出场地，供教师利用课余时间进行教研，内容包括教学进度和教学方法。针对后者，该校明确提出"教授本非易事，非极力研究不能达完美之域。故各教员课前相互讨论，课时相互参观，课后相互批评"。①

（2）讲习批评会

讲习批评会类似今天的公开课。某教师授课后，各观摩教师和同学发表批评意见，内容涉及教材批评、教法批评、教师批评，目的是使"教法益臻完善"。② 据 1918 年《京师教育报》报道，京师公立南城小学教员定期开展讲习批评会。从 1918 年 4 月到 6 月，该校至少召开了九次会议，每次都针对某位教师的课堂教学开展分析批评。第一次批评会是针对第二学年第三学期国民科任长海老师的《礼让》一课的教授状况进行分析批评。以后批评会涉及的学科有国文、算术、书法、体操、地理等。在具体的评课环节，我们能看到教者和评者开诚布公地探讨。

（3）教学实验

1920 年前后，西方教育理论对我国现代教学影响很大。一些学校纷纷实验新式教学法，其中影响最大、推行最广的为设计教学法、道尔顿制教学法和文纳特卡制教学法。如南京高等师范学校附属小学从 1918 年起在个别年级实验设计教学，1923 年在全校推开，教师间的相互学习、参观、演讲、研究和实验在其中发挥了重要作用。③

（4）跨校教研

1914 年 7 月，江苏省南汇县（现属上海市）利用暑假召集四乡小学教员，在该县第一高等小学开设单级教授讲习所。主讲教师讲授并示范单级教授法，

① 黄观艺：《如皋县掘港镇县立第四高等小学状况》，载《教育杂志》，1914(5)。
② 邓菊英、李诚：《北京近代小学教育史料》（上），344 页，北京，北京教育出版社，1995。
③ 徐珍：《中外教学法演进》，80～81 页，北京，群言出版社，1996。

然后由其他教师学习教授，再开"批评会以讨论其得失，能使实习者与参观者，均或稍受厥益"。① 同期，京师各校也开展类似的跨校教研活动，探讨作文标准、国文读法、国文作法、国文书法等课的教学。②

由上可见，民国时期一些学校为了统一教学进度，规范并改善教师的教学行为，学习新的教学方式等，开展了校内外的教学研究活动，这些教学研究活动在推动教师掌握现代教学方式，开展有效的教学方面无疑具有积极意义。而且，其目的和方式与今天的教研组活动几无差别，由此可见，学校的教研组织产生建立的目的就在于推动现代教学的发展。

3. 政府着力于教师改造

此期，政府也致力于塾师的改造。1907 年，京师学务局下设劝学所，从事调查（调查私塾的教学状况）、劝导（劝导塾师教学改良）、研究（研究新式教学和管理方式）、甄别（举办私塾观摩会评定塾师教学等级）、奖励（对中等以上教学水平的塾师予以奖励）、扩充（对按初小简易科授课的私塾认定为改良私塾，对能按程度划定年级并用部定教科书讲授者认定为私立初等小学堂）工作。同时，劝学所开设夜班、师范讲习所，开展塾师培训与教学研究工作。1908 年，京师学务局开设小学教育研究会，要求"各私塾均到会研究"，研讨教学法改良。③

民国初期，除了塾师改良外，主管部门开始关注全体教师的教学规范和改进，教育教学研究是其重要渠道。相比较而言，地方行政的工作更扎实。1912 年，教育部公布《教育会规程》，明令"教育会以研究教育事项，力图教育发达为目的"，要求设立省、县、城镇/乡三个层次的教育会，不同层次的教育会之间"得互为联络，不相统辖"④。但真正将此目标落到实处的是地方行政。

明令教育会和学校开展学科教学研究。1914 年 9 月 8 日江苏省召开视学会议，要求视学员"劝导各县县教育会组织小学校教员国文教授之研究会"。⑤

---

① 顾旭侯：《单级教授实习评案》，载《教育杂志》，1914(7)。

② 邓菊英、李诚：《北京近代小学教育史料》（上），288～324 页，北京，北京教育出版社，1995。

③ 胡艳：《晚清我国中小学教师的教学研究机构及其活动》，载《教师教育研究》，2017(3)。

④ 《教育会规程》，见宋恩荣、章咸：《中华民国教育法规选编(1912—1949)》，71～72 页，南京，江苏教育出版社，1990。

⑤ 《江苏视学会议》，载《教育杂志》，1914(7)。

1917 年京师学务局颁行《中学教授研究会简章》《中学教授研究会分科研究规则》，要求中学成立分科教授研究会，教师每周两次按照中学课程标准所列科目，开展分科研究。会员是担任某科之教员及校长、学监。① 1919 年 2 月，教育部训令学校教员组织各科研究会，"就教授经验所得，公同讨论。随时将对于各教科书之意见，陈明本部。……以备参稽而策改进。"②

设立教育教学研究会。1914 年，江苏省武进县教育局设立"单级小学研究会"。在其第二次会议上，市立各校校长、教员 30 余人研究授课时间表适用可否，研究配置授课时间表之方法，研究使用教授案之方法。③ 1918 年，浙江省教育厅厅长训令各县知事，将之前设立的假期小学教员研究会改为常设机构，附设于县劝学所内，以期通过教师间的相互参观、研究，改进小学教育。④ 江浙一带的教师假期研究会⑤、校长研究会⑥等也在同期开展活动，组织教师学习、观摩、研究，研究涉及课表的编制、教科书选编、教学方法的采用、教具的制作、教学管理、单合级教授之时间支配，等等。

由上可见，清末民初我国已经建立了校内外教学研究组织，这一由民间推动、政府支持的组织的主要目的是改良私塾，落实现代教育特别是现代教学方式。它开展活动的目的是切实推动现代教学的发展，规范和改善在职教师的教学行为，提升班级授课制的教学质量。从已有的活动开展看，它确实促进了我国中小学教师学习和教学研究活动的展开，推动了传统教师向现代教师转型。

（三）建立教师检定制度，对教师任用进行规范

但凡专门职业，无不需要一种特殊资格。即使是中国古代的任官，也有着重视条件和资格的传统。隋至清的科举考试就是文官任职资格考试。科举制对官场的构成以及社会生活的影响，更是无时不在、无处不在。但在中国古代，

---

① 《中学教授研究会章程》，转引自韩朴、田红：《北京近代中学教育史料》（上），147 页，北京教育出版社，1995。
② 《2 月 21 日，教育部训令学校教员组织各科研究会》，载《教育杂志》，1919(4)。
③ 《单级教授之兴起》，载《教育杂志》，1914(10)。
④ 《浙省小学教员研究会》，载《教育杂志》，1918(2)。
⑤ 朱元善：《夏期讲习会之学科问题》，载《教育杂志》，1915(7)。
⑥ 《武进之校长研究会》，载《教育杂志》，1913(5)。

没有专业人员资格检定的考试，包括教师资格检定的考试。我国的教师资格制度是晚清引进的师范教育制度中的一部分。清末民初是教师检定制度在我国建立的初期，该制度的出现无疑对现代教师的形成有着重要的推动作用。

1. 晚清，我国教师检定制度初步建立

教师任用制度是教师检定制度的基础，没有教师任用制度，教师检定制度就无标准可依。我国的教师任用制度始于清末。洋务学堂新办时，如同文馆、北洋学堂等特别注重学习外国语言和技术，"故学校教员大多以外国人充任，职员多以当时官吏兼任，或请旨擢用，或由总教习辟用奏调，或由学校聘请"。① 1904 年新学制颁行之前，我国新式学堂的教师的任用均是按照这个方式进行的，没有一个科学规范的标准。"癸卯学制"之后，我国的教师任用标准开始建立，教师检定制度也随之建立。

（1）制定教员任用标准

对教师资格进行检定是传统中国社会从未发生的事情。我国从日本引进现代学制时也引进了教师检定制度。

1904 年的《奏定学堂章程》中专门拟定了"奏定任用教员章程"，对各级学校教师任职的资质首次作出了明确的规定。中学、小学和师范学堂的教师任用规定如下：

普通中学堂正教员："以将来优级师范毕业考列最优等及优等，及游学外洋高等师范毕业考列优等中等，及得有毕业文凭者充选。暂时只可择游学外洋毕业生，曾考究教育理法者充之，不必定在师范学堂毕业；或择学科程度相当之华员充之亦可。"

副教员："以将来优级师范毕业考列优等及中等，及游学外洋得有高等师范毕业文凭者充选。暂时只可择游学外洋毕业生，曾考究教育理法者充之，不必定在师范学堂毕业；或择学科程度相当之华员充之亦可。"

高等小学堂正教员："以初级师范毕业考列最优等优等，及游学外洋寻常师范毕业得有优等中等文凭者充选，暂时以简易师范生充选。"

副教员："以初级师范毕业考列中等，及游学外洋得有寻常师范毕业文凭者充选，暂时以简易师范生充选。"

初等小学堂正教员："以曾入初级师范考列中等，及得有毕业文凭者充

---

① 蒋致远：《中华民国教育年鉴第二次第二册》，366 页，台北，宗青图书出版公司，1991。

选。暂时以师范传习生充选。"

副教员："以曾入初级师范得有修业文凭者充选。暂时以师范传习生充选。"

优级师范学堂正教员："以将来大学堂分科毕业考列优等及中等，及游学外洋高等师范考列优等中等，及得有大学堂毕业文凭，暨大学堂选科毕业考列优等者充选。暂时除延访有各科学程度相当之华员充选外，余均择聘外国教师充选。"

副教员："以将来大学堂选科毕业考列中等，及游学外洋得有大学选科毕业文凭者充选。暂时延访有各科学程度相当之华员充选。"

初级师范学堂正教员："以将来优级师范毕业考列最优等及优等，及游学外洋寻常师范毕业得有优等文凭及毕业文凭者充选。暂时只可择游学外洋毕业生，曾考究教育理法者充之，不必定在师范学堂毕业；或择学科程度相当之华员充之亦可。"

副教员："以将来优级师范毕业考列中等，及游学外洋得有高等师范毕业文凭者充选。暂时只可择游学外洋毕业生，曾考究教育理法者充之，不必定在师范学堂毕业；或择学科程度相当之华员充之亦可。"[①]

可见，这个教员任用章程首先把中学、小学及师范学堂教员分为两个层次——正教员和副教员，并对不同类别、层次教员的学历、毕业院校、考试等做了规定。在资质规定中，重视受过师范教育正规训练者，但不拘泥于师范毕业者。如中小学和初级师范的教师资质第一条都要求是师范毕业，成绩中等以上者。但可以用海外毕业者，"曾考究教育理法者充之，不必定在师范学堂毕业"；也可以用简易师范毕业生，或学科程度相当的华人教师。

这种对教师的要求与传统中国聘用教师的标准有很大不同。传统社会聘用教师讲究德高、年长、学识渊博、能尽心尽力等，尤其注重品行。如清代的李淦，叮咛子孙在延请塾师时不能"只取能文，不论其行"；"既谓之师，必其范足以为楷模而后可。故当择其文行兼优者为上，文优而大德不逾闲者次之。若品行有亏之人，虽文才出众，教法超群，不敢请也。"[②]而晚清任用教师更注重外在的学历、成绩、专业训练，而非人品。这显然是受西方现代教

① 《奏定任用教员章程》，见李友芝等：《中国近现代师范教育史资料》(1)(内部资料)，60～62 页。

② (清)李淦：《燕翼篇·延师》，转引自徐梓：《传统学塾中塾师的任职资格》，载《教师教育研究》，2006(4)。

育制度中注重学历、注重专业训练影响的结果。

(2)制定教师检定制度

然而在兴学之初，正规师范毕业生须待数年之后才能服务社会，远水难解近渴。大批未受师范训练者，甚至传统塾师纷纷跻身教师之列，这严重影响了教育的健康发展。1909 年 12 月 31 日的《学部奏遵拟检定小学教员及优待小学教员章程折》明确指出："现在各小学渐次设立，需用教员至为急切，而师范学堂设立无几，毕业者更属寥寥，势不得不通融聘用，以资教授，惟察之不严，则学术浅陋者，不免滥竽充数；待之不优则学有根柢者又或夷然不屑，舍而他图，甚非鼓励学人振兴教育之道。"①于是，学部把小学教员质量的提高作为突破口，对教师检定制度进行了初步设计。1911 年 1 月的《学部奏检定初级师范学堂中学堂教员及优待教员章程折》，明确规定对中学教师和初级师范学校教师实施检定制度，并对检定组织、检定办法、检定内容都做了具体规定，这是我国近现代教师资格检定制度肇始的标志。

检定小学教员旨在拓宽师资来源，严把质量关，实行教师准入制度。优待小学教员旨在保障教师待遇，吸引更多优秀人士充实教师队伍。这些章程可视为教师专业化的初步设计。此处以小学教师检定为蓝本，介绍晚清的教师资格检定制度。

检定机构：京师督学局、省提学使司、府厅州县距省会较远者提学使司派员。

检定人员：深通学科并谙教育理法之学务职员，及学望优著之专门教员，或初级以上师范完全科毕业生（须充任教员已满三年者），或高等以上各学堂之毕业生。

检定方式分两种：试验检定和无试验检定。

无试验检定——审查各项资格。如小学堂教员在正规中学及以上学堂毕业，或曾充任高小教员一二年，确有经验获得督学局提学使司认可者。

试验检定——分笔试与口试。如小学堂教员在初级师范简易科或传习所毕业，工作年限二年以下者。

师范学堂毕业生按奏定师范奖励义务章程，充任相应学堂的正副教员（按学业程度）者，以及其他符合规定的人无庸检定。其他均须检定。

---

① 李桂林、戚名琇等：《中国近代教育史资料汇编 普通教育》，49 页，上海，上海教育出版社，2007。

检定科目：

高等小学教员：修身（人伦道德要旨），经义（《四书》《五经》大义），国文（讲读及文法要义），算学（整数、分数、小数、诸等数、百分数、比例、开方），教育学（教育学及教授法、管理法），历史（中外历史），地理（中外地理），博物（植物、动物、矿物、生理、卫生），理化（物理、化学），体操（游戏体操、普通体操、兵式体操）。① 几乎与初级师范完全科课程相同。

初等小学教员：修身（人伦道德要旨），经义（《四书》《五经》大义），国文（讲读及文法要义），算术（整数、分数、小数、诸等数、四则杂问），教育学（教育学及教授法、管理法大意），历史（本国历史大要），地理（本国地理大要及世界大势），格致（博物理化初步），体操（游戏体操、普通体操）。② 几乎与初级师范完全科课程相同。

执照种类：

两等小学堂正副教员，初等小学堂正副教员，暂时准充教员执照。

不得检定的人员：曾犯刑律者；曾犯刑事诉讼者；沾染不良嗜好者；举贡生监学生曾经斥革者；曾经斥革教员尚未开复者。

下列人员应予辞退（业经检定者）：一学业荒废，教授不合法；二不尽心教授，久旷功课者；三现有词讼案久不结者；四患病难期速愈者。

下列人员撤销检定文凭（业经检定者）：一经学务官绅查明，确有逾闲荡检之证据者；二身犯刑律者；三干涉教育范围以外，如地方词讼等事，以及投入各种违法之会党者。

教师检定的时间和程序：试验检定每年举行一次，如初级师范学校教员、中学堂教员检定在冬季或夏季举行一次。

晚清在制度层面对教师资格检定的机构及组成成员、检定程序、检定办法、检定标准、有效期及续检等都做出了详细的、有操作性的规定。从理论上来说，该制度的出台有助于规范当时教师的入职资格及提高教师的素质，有助于教师的现代转型。但由于当时的政治、经济等条件极端落后，初级师范学堂和优级师范学堂培养的人才根本无法满足新教育发展的需要，所以当时新式学堂教员仍以"能者为师"的原则录用，教师检定制度基本停留在制度

---

① 舒新成：《中国近代教育史资料》（上），345 页，北京，人民教育出版社，1981。

② 舒新成：《中国近代教育史资料》（上），345～346 页，北京，人民教育出版社，1981。

设计层面，真正实施的地区少之又少。据有关史料记载，从教师检定制度颁行至辛亥革命爆发，尽管朝廷一再行文催办，但全国真正实施这一制度的仅有福建、湖南、江苏、湖北、直隶、京师等寥寥数省的少数县份，偏僻地区多推迟检定。即便是实施检定的地方，参与者也寥寥无几。①

2. 民初，教师检定制度的延续

（1）教师任用标准的确立

民初虽然没有晚清那么详尽的教师资质的规定，但对任用什么样的教师还是做了规定。相对而言，小学教师的资质和任用规定比中学教师更明确。如1912年的《小学校令》明确提出，"凡充小学校教员者须受有许可状"，"受许可状者必需在师范学校或教育总长指定之学校毕业，或经小学教员检定委员会检定合格者"。小学教师不敷时，"得以未受许可状者代用为小学校副教员"。② 高等小学和中学也是如此。

民初对小学教师的任用有较明确的规定，但对中学教师的任用没什么要求，而且对小学校长、教师的任用只是强调了任用的主体是谁：县立小学校校长由县行政长官确定，但须报省行政长官。城镇乡立小学校长，则由"城镇总董乡董或学校联合长呈由县行政长官定之"。对于教员的任用，校长有主要的决定权，但须呈报主管领导，如县立学校须报县行政长官，城镇乡立小学须由"城镇总董乡董或学校联合长呈报县行政长官"。在这样的规定中，办学者和校长有更大的自主权，而行政部门只是起一个备案、知晓的作用。

当然，《小学校令》还规定"有违背教育法令或怠废职务，及有不名誉行为者"，校长或学校董事会负责人呈报县行政长官予以惩戒处分，惩戒的方式有"训戒、减俸、免职三种"。

（2）民初的教师检定制度

民初的教师检定制度沿袭晚清，作为制度构建主要体现在1912年颁布的《小学校令》《中学校令》，1915年颁布的《检定中学以下教员章程概要》，1916年颁布的《检定小学教员规程》，1917年颁布的《施行检定小学教员办法》及1920年颁布的《给予教员许可状规程》几个法规中。

---

① 《宣统二年教育大事记》，载《教育杂志》，1911（1）。《苏提学定期检定教员》，载《教育杂志》，1911（11）。《甄别初等小学教员》，载《申报》，1910-02-23。《检查教员已经揭晓》，载《大公报》，1911-08-08。《关于检定教员之通知》，载《大公报》，1910-12-15。

② 《小学校令》，见李友芝等：《中国近现代师范教育史资料》（2）（内部资料），151页。

1912 年颁布的《小学校令》《中学校令》，明确规定教员须经检定委员会检定合格者充任，具体检定规则依晚清旧章。这从政策法规上确立了教师任用必须依据一定的原则。

1916 年 4 月 28 日，教育部颁行《检定小学教员规程》。该规程共 34 条，内容主要涉及教师检定的对象、承担教师检定的机构、教师检定的方式等，较清末的《检定小学教员章程》更为完备。该规程规定：

教师资格检定的机构："应由各省区行政公署组织检定委员会，并得就所属地方酌量地点分行检定。"①

教师资格的检定方式："检定教员分无试验检定与试验检定"。无试验检定的条件和试验检定的资格，与晚清类似，但程度明显提高。

教师检定委员会组成：由会长、常任委员、临时委员组成，并得"雇佣书记，分掌记录及庶务"。

其他变化有：第一，小学教员分正教员、助教员和专科教员；第二，试验检定的科目酌减，并留有选择的余地；第三，除用笔试外，得兼用口试，并宜酌加演习；第四，可获取单科合格的试验检定"证明书"。

1916 年 6 月 6 日，袁世凯病逝，黎元洪接任大总统，范源镰复任教育总长。在此背景下，原定是年 8 月 1 日实行的小学教员检定当然不可能如期进行。教育部又专门发文，通知各省区撤销《教育纲要》和《预备学校令》。同年 10 月 9 日，教育部颁布《修正国民学校令》和《修正国民学校令施行细则》，决定继续普及四年制义务教育。1917 年，教育部订定《施行检定小学教员办法》10 条，决定继续执行《检定小学教员规程》，选定以提升基础教育师资质量为突破口，要求在 1918 年 8 月前完成第一届小学教员的检定工作。该办法部分内容如下：

第一，对教师检定的机构进行了规定，如小学教员检定中的试验检定，宜以县为单位分别举行，由省派出巡视员进行督察。

第二，就命题、阅卷和成绩计算等问题进行了规定。

第三，规定了有效期："检定合格之教员，以满五年至八年为有效期间。此项期间，由各省区依地方情形，分别规定之。但代用教员，应以二年至三年为限。"②

---

① 李桂林、戚名琇等：《中国近代教育史资料汇编 普通教育》，504 页，上海，上海教育出版社，2007。

② 李桂林、戚名琇等：《中国近代教育史资料汇编 普通教育》，511 页，上海，上海教育出版社，2007。

为了使小学教师岗位具有吸引力，教育部参照清末订定的《优待小学教员章程》，于 1917 年颁发《小学教员褒奖规程》和《小学教员俸给规程》，从而使小学教师检定制度具备了施行的前提。

（3）民初教师检定制度的实施

《施行检定小学教员办法》规定，各省区应于 1918 年 7 月 1 日以前"一律办竣"。但由于政局不稳，匪患、兵乱不断，多数省份并未真正实施。少数省份有所实施但也是不定期进行的。如奉天于 1915 年对全省小学教员进行了检定，1923 年对中学教员进行了检定。① 1917 年 9 月，浙江省小学教师检定委员会颁布《检定小学教员章程汇刊》，对小学教师的资质和检定方式等进行了规定。② 1917—1918 年，江苏省举行了第一届小学教员检定。③ 下面以山西省和山东省为例看当时的教师检定工作及对教师质量的影响。

·山西省的教师检定与教师质量

20 世纪二三十年代，在全国而言，山西是现代教育发展较快、较好的地区。1904 年"癸卯学制"颁行后，山西遵循新学制，开始设立新式学堂。但因经费不足、设备简陋，"一般腐儒守旧观念太重，每立一小学，辄有用夷变夏之非难"④，新式小学发展缓慢。民国以后，"终以民智晚开，小学之推广仍不免于迟滞"。1917 年，阎锡山主政山西，"创设育才馆及行政研究讲习各所，嗣又创办国民师范，造就师范人才"⑤，并采取"激进主义政策"推行义务教育。从 1918 年起，山西教育便在全国处于领先地位，超过了清末教育最发达的江苏。1923 年，山西省据说"已经使 60% 的学龄男童和 11% 的女童上了小学"。当年山西国民学校学生达 1089141 人，是江苏省的 2 倍多，而山西省的人口仅为江苏省的一半。山西教育的这种先进地位保持到 20 世纪 30 年代初。⑥

为了发展山西，更为了给自己的政治野心奠定人才和经济基础，阎锡山实施启民德，长民智，立民财，改变山西贫穷、落后、愚昧面貌的施政方针——

① 郭建平：《奉系教育》，133 页，沈阳，辽海出版社，2010。

② 浙江省小学教师检定委员会：《检定小学教员章程汇刊》，1917。

③ 高海燕：《1927—1937 年间江苏小学教师研究》，硕士学位论文，南京师范大学，2008。

④ 蒋致远：《中华民国教育年鉴第一次第三册》，457 页，台北，宗青图书出版公司，1991。

⑤ 蒋致远：《中华民国教育年鉴第一次第三册》，457 页，台北，宗青图书出版公司，1991。

⑥ 杨东平：《艰难的日出：中国现代教育的 20 世纪》，35 页，上海，文汇出版社，2003。

用民政治。他积极发展山西的教育，其内容包括国民教育、职业教育、人才教育、社会教育，以推进国民教育为重心。1917年出台《改进全省义务教育程序》。1918年颁布更为详尽的《山西施行义务教育规程》，明确各级行政人员职责；对学龄儿童实行强迫入学，儿童无故失学对其家长进行处罚；规定强迫入学之儿童概不征收学费。在义务教育普及中最大的问题是师资，缺乏受过专业训练的师资严重影响义务教育的普及。为此，山西一方面大力发展师范教育（参见表1-3），1919年于太原建立当时规模最大、设备最全、人数最多的国民师范学校，为山西的小学教育培养师资；另一方面通过教师检定制度大量补充可以使用的师资，做到人尽其才。山西的教师检定制度是配合教师补充而设立的制度。

表1-3　1912—1930年山西省师范学校数及师范生数

年份	学校数	学生数
1912	4	569
1913	6	1088
1914	6	1014
1915	6	1149
1916	6	1273
1917	6	1284
1918	8	1990
1919	11	3772
1920	11	4705
1921	12	3731
1922	13	3731
1923	13	3439
1924	13	3469
1925	13	3267
1926	13	3081
1927	13	3061
1928	13	2953
1929	13	2809
1930	13	2032

注：资料来自蒋致远《中华民国教育年鉴第一次第二册》，341～343页，宗青图书出版公司1991年版；中国第二历史档案馆：《中华民国史档案资料汇编》（第三辑），357～368页，南京，江苏古籍出版社1991年版，转引自申国昌：《守本与开新：阎锡山与山西教育》，234页，山东教育出版社2008年版。

学校数单位为"所"，学生数单位为"人"。

可见，从 1918 年开始，山西的师范学校数量和培养人数显著上升。1928 年以后才在培养规模上有所下降。但由于山西省立师范学校与女子师范学校不专门培养国民小学师资，且培养周期长（长达五六年），加之小学教师地位不高，因此一些师范生不愿意到小学任教。国民小学师资仅仅依赖师范学校培养很难满足需要，于是设立师范传习所、开办短期培训班及进行教师资格检定成为补充合格教师的重要措施。"施行强迫教育，必设学校，设学校须有教员。国民教员自以师范毕业者为最合格，然以山西全省计之，最少有三万村庄，其户口较多之村，每村一校，尚恐不足。一校即以一教员计，亦须三万多教员。目下全省师范已毕业与将毕业者，不过几千人，相差尚远。于此当求救济之法。去年检定教员，所有合格者，已给允许状准充教员；其不合格者，拟由各县组织传习师范之机关，由省派员前往传习，半年毕业；毕业后即允许其充任教员。"①希望通过教师检定，确定不合格师资，并使之到师范传习所训练，以补充所缺师资。

1918 年山西省教育厅制定了《山西省各县设立师范讲习所办法》，要求每县设立师范讲习所一处，各所至少先办一班，毕业后继续添招，"以足敷县内义务教育所需教员之数为度"。招生资格为：曾任小学教员或曾在中等学校肄业者，学制为一年或半年。"一年毕业者，准充国民学校教员并得于年内暂缓检定；半年毕业者，准充任代用教员或国民学校教员并有受试验检定之资格。"②1918 年，在阎锡山的号令下，山西省 105 个县均筹备设立县立师范讲习所，到 1919 年，每县 1 所，共计 105 所。

1917 年，山西省按照教育部的文件要求，结合本省的实际情况，拟定了《检定小学教员试验细则》和《检定小学教员委员会办事规则》，并开始对各县教员进行检定。1927 年 8 月，山西省颁布了《山西检定初级小学教员暂定规程》，规定各县成立初级小学教员检定委员会，由县知事、县视学等组成；检定的科目有党义、国语、算术、教授、训育管理五门；若检定合格，有效期为三年。③ 1933 年，山西省又颁布了《修正山西省各县检定小学教员暂定规程》，对检定资格和检定科目等做了详细的说明。该规程规定，检定小学教员委员会由县长就下列人员中聘请组织：一是县政府第一科科长或一等科员；

---

① 太原绥靖公署主任办公处：《阎伯川先生言论辑要》（第 2 册），转引自申国昌：《守本与开新：阎锡山与山西教育》，120 页，济南，山东教育出版社，2008。

② 申国昌：《守本与开新：阎锡山与山西教育》，242 页，济南，山东教育出版社，2008。

③ 黄述连：《最近考察山西义务教育报告》，转引自申国昌：《守本与开新：阎锡山与山西教育》，147 页，济南，山东教育出版社，2008。

二是中等以上学校之校长（如无该项学校得由各高级小学校长选一人）；三是各高级小学校长互选一人；四是当地人士中办理教育富有经验、乡望素孚一人至三人。试验检定及格者以各科平均分数满六十分以上者为丙等，七十分以上者为乙等，八十分以上者为甲等。①

从 1930 年的小学教职员的状况来看，山西当年的教师检定制度是在切实实施的。到 1935 年，山西全省国民学校教员共计 29952 人，其中师范学校毕业者 6731 人，其他学校毕业者 19304 人，非学校毕业者 3917 人，累计正规学校毕业者占 87%。②

表 1-4　1930 年小学教师状况

合计	幼稚园教师及所占比例	小学教师资格					
		师大和高师毕业者及所占比例	旧制师范及高中师范科毕业者及所占比例	大学、中学毕业者及所占比例	短期师范毕业者及所占比例	检定及格者及所占比例	检定不合格者及所占比例
31244（原文31233，有误）	11	31	2655	2936	3071	19847	2693
100%	0.04%	0.10%	8.50%	9.40%	9.82%	63.52%	8.62%

注：资料来自蒋致远《中华民国教育年鉴第一次第三册》，459 页，宗青图书出版公司1991 年版。

人数单位为"人"。

通过小学教师资格检定，山西省扩大了小学师资的来源，缓解了师资短缺的现状。由于缺乏连贯的数据，我们只能从有限的数据中说明教师检定制度在山西教师补充中的作用。1931 年，全国各省市的小学教师，从师范类学校毕业者仅占受统计教师人数的 36.14%，从其他学校毕业者占 48.26%，非学校毕业者占 15.60%。山西初级小学教师中师范学校毕业人数的比例非常低，仅为 22.47%，位居各省排名的倒数第二位，低于全国的平均水平。而其他学校毕业者所占的比例则位居各省排名的第二位，达到了 64.45%，高出全国平均水平 16 个百分点。非学校毕业者占到 13.08%，略处在全国

① 《山西省各县初级学校改进办法》，载《山西教育公报》，第 85 期，1933。
② 《山西省立民众教育馆月刊》，第 2 卷，第 7、8 期（合刊），转引自申国昌：《守本与开新：阎锡山与山西教育》，147 页，济南，山东教育出版社，2008。

平均线之下。① 这些非专业训练者是通过教师检定制度成为合法教师的。

1933 年，在初等小学教职员人数排名前七的省份中，山西位居第七位。而山西所有初级小学教职员中受过师范教育的人数仅占 20.5％，并且在这部分受过师范教育的人中，又有很大一部分毕业于短期师范学校。山西高级小学教职员人数位于全国各省市第九位，其中受过师范教育的有 1609 人，位居全国第四位，达到 56.7％，其中仅有 101 人为短期师范毕业者，大部分教师是从正规的师范学校毕业的。② 可见，大部分的山西小学教师没有受过系统的师范教育，而这些未受过师范教育的教师，很大比例是试验检定合格者。

·山东省的教师检定

山东省的基础教育在北洋政府时期发展极其缓慢。1924 年以前，"省教育经费不多，且时有拖欠，常有积至三四月之久延不支付者，然尚能勉强支持"。③ 1924 年之后，军阀张宗昌统治山东，滥发金库券和军用票，拖欠、克扣教育经费，学校几乎停顿。即便如此，在北洋政府时期，山东省还在办理教师检定工作。

山东省于 1919 年 11 月筹办第一届小学教员检定工作，1920 年依据教育部的章程，制定了《各县承办检定小学、乙种实业教员事务要则》和《山东检定小学教员、乙种实业教员施行细则》等，对检定者的资格、机构、检定标准、方式等进行了详细的规定。1920 年，山东正式举行第一次小学教员检定试验。1929 年，《山东省政府教育厅第一次工作报告》中说"本省检定小学暨乙种实业教员，于民国九年举行第一届检定，计分无庸检定、无试验检定、受试验检定三项。受试验检定区域分全省为五区十四路；高小、乙实教员，分区试验，初级小学教员，分路试验，报名者约计二万人。举办结果：审核及格者，计无庸检定教员三千二百余人，无试验检定教员三千一百余人，试验及格者，计受试验检定完全及格教员二千零十人，代用教员四千一百余人，合计一万二千余人"。④ 之后每年举行一次试验检定，至 1927 年，山东省共举行七次小

---

① 国民政府教育部：《中华民国二十年度全国初等教育统计》，11 页，南京，大陆印书馆，1935。

② 国民政府教育部：《中华民国二十二年度全国初等教育统计》，61、79 页，上海，商务印书馆，1937。

③ 蒋致远：《中华民国教育年鉴第一次第三册》，464 页，台北，宗青图书出版公司，1991。

④ 陆兴焕：《筹办检定小学教员事项纪要》，见《山东省政府教育厅第一次工作报告》，181 页，海口，海南书局，1929。

学教员检定试验。研究发现，山东省每年报名人数不等，除了第一年人数较多外，其他时间均是四五千人。但教师检定很严格，除了第一年外，无庸检定者只占 5％ 左右，无试验检定者也只占报名者的 20％ 以下，受检定合格的教师占 34％ 左右，而报名后未考试及考试不合格的人数占到了百分之三四十。可见，那时的教师检定制度在实施过程中还是很严格的。具体状况如表 1-5。

表 1-5 1920—1927 年山东省小学教员检定情况表①

届别	报名人数	无庸检定教员人数及占报名人员的比例	无试验检定教员人数及占报名人员的比例	试验检定教员人数及占报名人员的比例		未考和不及格人数及占报名人员的比例
				完全及格教员	代用教员	
1	19127	3250	3158	1165	4977	6577
		17％	16.5％	32.1％		34.4％
2	4210	206	755	280	1120	1849
		4.9％	17.9％	33.3％		43.9％
3	5062	319	794	447	1285	2217
		6.3％	15.7％	34.2％		43.8％
4	5586	245	831	1387	559	2564
		4.4％	14.9％	34.8％		45.9％
5	5407	318	989	1621	290	2189
		5.9％	18.3％	35.5％		40.5％
6	4762	276	921	1710	105	1750
		5.8％	19.3％	38.1％		36.7％
7	5680	193	1099			
		3.4％	19.3％			

注：报名人数合计 44154 人，无庸检定教员合计 4614 人，无试验检定教员合计 7448 人，试验检定教员中完全及格教员合计 6610 人、代用教员合计 8336 人，未考和不及格者合计 17146 人。第七次检定试验，仅进行了登记和审查，未能举行考试。受试验检定教员 4000 余人，"因道路梗阻"，未能举行考试；合计不包括第七届。

人数的单位为"人"。

---

① 孟令棠：《民国时期山东省的初等教育》，载《山东教育史志资料》，1986(2)。

这个时期是军阀混战时期，为扩大自己的地盘，军阀之间战争不断，教育经费经常被克扣，在这种情况下开展小学教师检定工作实属不易。就山东而言，由于军阀混战，社会动荡，经济落后，教育经费常被克扣，开展教师检定工作极为困难。而且，由于各县遵办不力，考试揭晓迟慢，试区县份太多(试验场所与"所属各县相距二百余里者，小学教员薪金既属廉薄，又多系寒俊，除应缴之费用外，其赴试费用几占全年薪水四分之一，故多裹足不前")，试期夏季不宜(道路不便)①等原因，山东全省并未开展此项工作，表1-5的数据是试验区的状况，1927年由于道路问题本欲参加检定的教师并未参加检定考试。全国其他地方亦如是。

可以说，由于经济落后、政治腐败、师范院校培养能力弱等，教师任用制度和教师检定制度并未在多数省份持续实施，这也导致当时仍有不少不合格教师任职。我们从山东的检定信息中就可以看出一斑。但不论怎样，教师检定制度的重建至少意味着当时教育主管部门认可教师检定制度有助于教师素质的提升和教师任用制度的规范，有助于教师管理制度的科学化和规范化，更有助于现代学校教育质量的提升。当然，教师检定制度未能真正实行，致使其对教师专业化、现代化的实质影响有限。

(四)废科举，建立奖励制度，吸引人们从教

在传统的中国农业社会，读书是一种身份的象征，"读书做官"不仅能光宗耀祖，更能实现一个男人"兼济天下"的人生理想。读书人参加科举考试的目的有二：一是读书做官，改变自己及家庭的地位；二是实现经世治国的人生理想。在古代，读书、科举考试背后是很重的利禄诱惑。如顾炎武所描述的："一得为此(指生员)，则免于编氓之役，不受侵于里胥，齿于衣冠，得以礼见官长，则无笞捶之辱。故今之愿为生员者，非必其慕功名也，保身家而已。"②参加科举考试获得士绅身份的读书人获得了看得见的好处：第一，以"一邑之望""四民之首"的身份获得知县的礼遇，可以自由见官；第二，可被尊称为"老爷"或"大老爷"；第三，可以穿着贵重的质料做的服饰以区别于平民；第四，可以参加某些礼仪，主持各种祭祀；第五，获得经济特权，如免

---

① 陆兴焕：《筹办检定小学教员事项纪要》，见《山东省政府教育厅第一次工作报告》，183~184页，海口，海南书局，1929。

② 顾炎武：《顾亭林诗文集》(卷一)，21页，北京，中华书局，1983。

除田赋、徭役，获得在官学学习的资格及相应的物质利益，如月例及各种民间势力的捐资。① 科举制度所带来的诱惑在一千多年里深深吸引着读书人，陈独秀有一段精彩的论述：如果能够跟着先生进城过一次考，胡乱写几百字交了卷，哪怕第一场就榜上无名，回家去也算得出人头地。穷凶极恶的地主们，对这一家佃户，便另眼看待。所以当时乡间有这样两句流行的谚语："去到考场放个屁，也替祖宗争口气。"

这些现实的好处随着新教育制度的颁行、科举制度的废除丧失殆尽，但传统"学而优则仕"的观念根深蒂固。如何在一个有着深厚"学而优则仕"文化的国度吸引人们从教，是现代教育普及、现代师资造就过程中需要解决的问题，晚清则通过废除科举制度和建立教师奖励制度来进行。

1. 废除科举制度

新学制颁行，但国人对新式学堂并没有多大的兴趣，各地新教育的推进举步维艰，正如张之洞、袁世凯所说，"是科举一日不废，即学校一日不能大兴；将士子永远无实在之学问，国家永远无救时之人才；中国永远不能进于富强，即永远不能争衡于各国。"②。在张之洞、袁世凯、张百熙等重臣的强烈呼吁下，1905 年，清帝颁布上谕，指出"方今时局多艰，储才为急。朝廷以提倡科学为急务，屡降明谕，饬令各督抚广设学堂，将俾全国之人咸趋实学，以备任使"；然而"科举不停，民间相率观望，推广学堂必先停科举"。因而，"著即自丙午科为始，所有乡会试一律停止，各省岁科考试亦即停止。"③自此，在中国延续了一千多年的科举制度被废除，官员选拔与学校教育彻底脱钩。由此，官方推动下的新式教育才有了发展的可能，师范教育才有了招募到学生的可能。

2. 建立师范奖励制度

科举制度的废除把读书人向上进阶的渠道堵死了，但老百姓对教师的认识还停留在"孩儿王"的印象中，所以教师并不是吸引人的职业。而承担着教师培养任务的师范院校更是缺乏吸引力。为了吸引当时的读书人来师范院校

---

① 刘云杉：《从启蒙者到专业人：中国现代化历程中教师角色演变》，5 页，北京，北京师范大学出版社，2006。

② 《张之洞、袁世凯奏请递减科举折》，见朱有瓛：《中国近代学制史料》（第二辑上册），105 页，上海，华东师范大学出版社，1987。

③ 《光绪三十一年八月初四日上谕》，见朱有瓛：《中国近代学制史料》（第二辑上册），113 页，上海，华东师范大学出版社，1987。

就学，1904 年 1 月 13 日，学部颁行《优级师范学堂毕业奖励》《优级师范选科及初级师范简易科毕业奖励》。1907 年的《学部奏师范奖励义务折》，内含"奏定师范学堂毕业奖励章程"，包括优级师范、初级师范、优级师范选科、初级师范简易科的毕业奖励，以及师范义务章程。为了使师范生毕业后从教，该折明确提出，"凡师范生得有奖励，必俟义务年满，始准服官。其有心规避或迁延过久不尽义务者，即将应得奖励撤销"①，把奖励与履行服务义务联系在一起。

上述规章按传统书院奖励生员的方式对师范生进行奖励，意味着变相把师范学堂看作过去的官办书院，把师范生看作未来官员。奖励的方式为把学生的学习成绩与预给的官衔结合起来，按毕业考试成绩把学生分为五等，前几等可奖给官衔。参见表 1-6。

表 1-6　不同级别师范学堂奖励等次表②

学堂级别	考试等级	预给官阶或文凭	教员等级	其他
优级师范学堂	考列最优等者	师范科举人，内阁中书，并加五品衔	中学堂、初级师范学堂及程度相当之各项学堂正教员	俟义务年满，以应升之阶分别京外分部分省遇缺即补
	考列优等者	师范科举人，中书科中书	中学堂、初级师范学堂及程度相当之各项学堂正教员	俟义务年满，以应升之阶分别京外分部分省遇缺即补
	考列中等者	师范科举人，以各部司务补用	中学堂、初级师范学堂及程度相当之各项学堂正教员	俟义务年满，以应升之阶分别京外分部分省尽先补用
	考列下等者	及格文凭	中学堂及程度相当之各项学堂副教员高等小学以下各项学堂正教员	俟义务年满，作为师范科举人，奖给中书科中书衔。也可留堂实习一年后再考，按等奖励
	考列最下等者	修业文凭	高等小学以下各项学堂副教员	可留堂补习一年后再考，按等奖励

---

① 《学部奏师范奖励义务折（附章程）》，见朱有瓛：《中国近代学制史料》（第二辑下册），268 页，上海，华东师范大学出版社，1989。

② 《学部奏师范奖励义务折（附章程）》，见朱有瓛：《中国近代学制史料》（第二辑下册），269～270 页，上海，华东师范大学出版社，1989。

续表

学堂级别	考试等级	预给官阶或文凭	教员等级	其他
初级师范学堂	考列最优等者	师范科贡生，以教授用，并加六品衔	小学堂及程度相当之各项学堂正教员	俟义务年满，以应升之阶尽先补用
	考列优等者	师范科贡生，以教谕用	小学堂及程度相当之各项学堂正教员	俟义务年满，以应升之阶尽先补用
	考列中等者	师范科贡生，以训导用	小学堂及程度相当之各项学堂正教员	俟义务年满，以应升之阶尽先补用
	考列下等者	及格文凭	小学堂及程度相当之各项学堂副教员	俟义务年满，作为师范贡生，奖给训导衔。也可留堂补习一年后再考，按等奖励
	考列最下等者	修业文凭		留堂补习一年后再考，按等奖励
优级师范选科（按部章办理，所收学生由师范简易科毕业，及在中学堂有2年以上学力，或先入预科再入本科2年毕业者）	考列最优等者	师范科举人，以各部司务补用	中学堂、初级师范学堂及程度相当之各项学堂正教员	俟义务年满，以应升之阶，分别京外分部分省尽先补用
	考列优等者	及格文凭	中学堂及程度相当之各项学堂副教员	俟义务年满，作为师范科举人，奖给中书科中书衔
	考列中等者	及格文凭	中学堂及程度相当之各项学堂副教员	俟义务年满，作为师范科举人，奖给中书科中书衔
	考列下等者	及格文凭	小学堂及程度相当之各项学堂副教员	
	考列最下等者	修业文凭		

学堂级别	考试等级	预给官阶或文凭	教员等级	其他条件
初级师范简易科（由官设立，年限2年以上，成绩优著者）	考列最优等者	师范科贡生，以训导用	小学堂及程度相当之各项学堂副教员	俟义务年满，以应升之阶尽先补用
	考列优等者	及格文凭	小学堂及程度相当之各项学堂副教员	俟义务年满，作为师范科贡生，奖给训导衔
	考列中等者	及格文凭	小学堂及程度相当之各项学堂副教员	
	考列下等者	及格文凭		
	考列最下等者	修业文凭		

1911年1月19日的《学部奏检定初级师范学堂中学堂教员及优待教员章程折并单》①进一步将优级师范学堂毕业生充任教员者看作中举之举人，予以优厚待遇。如第二十四条，优待初级师范学堂中学堂教员章程缮具清单：

①现充初级师范学堂中学堂教员者，地方官即应待以职绅之礼。

②现充初级师范学堂中学堂教员者，其本无出身者，得比照举贡，准用顶戴。

③现充初级师范学堂中学堂教员者，本身得免徭役。

④现充初级师范学堂中学堂教员者，其本身犯罪，不得牵连逮捕。

⑤凡在一学堂教授已逾五年确有成绩者，……除照章请奖外，……酌量加给津贴，至每年所得薪金十分之三。其学款支绌不能加给者，请督学局或提学使给予实力尽职之文凭，作为名誉奖励。

⑥凡在一学堂教授已逾十五年，如因老告退或罹疾病告退者，应由该学堂支给一年薪金。

⑦凡在一学堂教授已逾十五年之教员病故时，无论已否告退，准其家属呈请该学堂查明在堂时每年所得薪额平均计算，给予一年薪金。

---

① 《学部奏检定初级师范学堂中学堂教员及优待教员章程折并单》，见璩鑫圭、童富勇、张守智：《中国近代教育史资料汇编 实业教育 师范教育》，614～620页，上海，上海教育出版社，2007。

　　⑧凡在一学堂教授已逾五年应请奖者，无论已否核准，若遇覃恩，其原有官职者系外官，得比照京员例给予封典，如无官职，准以七品职衔貤封父母。

　　⑨凡现充某处初级师范学堂中学堂教员者，其子孙或胞弟胞侄如在该处官立公立中等以下学堂肄业，准免一人学费（膳宿不在其列）。

　　⑩凡充某处初级师范学堂中学堂教员已逾五年者，其子孙或胞弟胞侄如在该处官立公立中等以下学堂肄业，准免两人学费。

　　⑪凡充某处初级师范学堂中学堂教员已逾十五年者，其子孙或胞弟胞侄不论在该处何等学堂肄业，准免四人学费。

3. 晚清师范奖励制度的实施及对教师专业化进程的影响

　　科举制度被废除后，传统读书人感到惶惑、迷茫，但又不愿意放下身段，这时师范奖励制度无疑为他们的前程指了一个方向，给他们提供了一个可以接受的道路。

　　师范生的奖励制度主要体现在两个方面，一是对师范生作为官员身份的奖励；二是对从事教学职业的教师及其家人在社会身份、经济待遇、物质回报等方面的奖励。就奖励制度本身而言，它在当时的环境下还是有价值的。

　　第一，它符合传统中国人对"读书做官"的期盼，有助于师范教育的创设与实施。正如前述，以前国人读书的目的是做官，在新教育萌芽的当时，大多数人除了做官，对社会、人生、未来缺乏基本的设想。在科举制度岌岌可危乃至被废除的当时，师范奖励制度的出台为读书人找到了另外一条走向官阶的出路。它在师范教育缺乏吸引力，人们对读书做官还抱有很强幻想的当时促进了师范学堂的办学。

　　第二，奖励本身还是很优厚的，有助于增强教师职业的吸引力。该制度从社会地位、个人身份方面对师范生给予很大的承诺，如免除从教者的徭役，免除其一部分家人的学费，给予其父母一定的官员家属身份，等等。这些措施无论从精神层面还是物质层面都让世人认识到教师与过去的官员一样具有很高的社会地位和待遇，是一个值得选择的职业。该制度的出台有助于当时的人们选择教师职业，也有利于新教育的普及。

　　遗憾的是，晚清师范奖励制度是在清王朝即将灭亡的那几年陆续出台的，当时清王朝面临内忧外患，既没有财力，也没有稳定的政治环境实施这一制度，这导致这一制度不过是一纸空文。

　　教师培养制度、教师检定制度，再辅以奖励制度，把新式人才纳入旧的官僚制度中，正如刘云杉所说："新式学堂就这样自上而下，用官服、雅言，再诱以利禄，用外来文化对中国社会进行改造，教师并不厚实的肩上承担起塑造新国民的重任。"①

（五）现代教师造就措施的结果

现代教师是受过现代西式教育的，其知识结构和终身追求完全不同于传统教师。一个合格的现代教师最起码拥有分门别类的现代科学和人文知识，掌握现代教育知识，拥有有效开展班级授课制教学的方法，并以教学为终身职业。

清末民初是我国教育现代化初期，也是教师现代化初期。1904年"癸卯学制"颁行之后，我国的现代学校如雨后春笋般建立起来。在新教育萌芽时期，新式学堂在课程设置、授课内容、教学方式方面与传统私塾教育有很大的不同。如数学、物理、化学、算数、农学、体育、图画、音乐等是我国传统教育中从来没有的课程。教学方式除了传统的记诵方法外，还有传统教育中从未使用过的图解、模型、仪器、实验等方式。可以说，新式学堂的教学组织形式、教学内容、教学方式等都与传统私塾、书院教育有很大的不同，这也注定了在新式学堂从事教学工作的教师的知识结构、教学方式、教学能力与传统教师有着很大的不同。这就意味着我国需要大量的在知识结构、教学能力上完全不同于传统教师的师资。

从上述研究发现，我国现代教师的产生是民间与政府共同努力的结果。在现代教师的造就过程中，民间起先导者的作用，政府则在其中发挥了举足轻重的作用。这个时期，我国建立了一个立体化、系统化的现代教师造就工程：建立和实施现代教师培养制度使得教师有了专门的培养机构；废除科举制度强制性地改变传统读书人的生涯规划；对优秀师范毕业生予以奖励吸引其从教；建立教师检定制度要求所有从教者必须接受现代教育和专业训练；建立教师学习与教学研究机构改造旧塾师的知识结构，传授现代教学法。这些多管齐下的措施无疑对我国现代中小学教师的造就发挥了重要的作用，使我国有了拥有现代知识、受过专业训练的教师队伍。

1. 造就了最早一批受过专业训练的教师

师范学堂的毕业生是新式学堂教师的主要来源。1904年，"癸卯学制"颁

---

① 刘云杉：《从启蒙者到专业人：中国现代化历程中教师角色演变》，48页，北京，北京师范大学出版社，2006。

行。在这个学制体系中，以培养师资为目的的师范学校自成体系。师范教育分为两个层次：初级师范学堂和优级师范学堂。民初"壬子癸丑学制"中，改为中等、高等两个层次，分别培养小学和中学教师。

经过官方和民间的共同努力，我国最早的培养专业教师的师范教育机构建立，并开始培养现代教师。从晚清到民国，师范教育机构为中小学培养了上万名接受过现代科学和人文教育，并掌握一定的教育知识，能开展现代教学的教师(参见表1-1、表1-2)。在毫无现代教育基础、战争频仍、经济困顿、内忧外患的现实背景下，这个成绩的取得实属不易。参见表1-7、表1-8、表1-9。

表1-7 清末民初小学校数、师范学校数及师范毕业者占小学教职员总数的比例等

年份	小学校				师范学校		
	小学校数	学生数	教职员总数	师生比	学校数	学生数	师范毕业者占小学教职员总数的比例
1907	34650	918586			541	36091	
1908	41739	1192921			581	33072	
1909	51678	1532746	85213（教员）	1：17.99	415	28572	
1912	86318	2793633	214453	1：13.03	253	28605	13.30%
1913	107287	3485807	270544	1：12.88	314	34826	12.90%
1914	121080	3921727	294269	1：13.33	231	26679	9.10%
1915	128525	4140066	312097	1：13.27	211	27975	8.96%
1916	120103	3843455	296319	1：12.97	195	24959	8.40%
1922	177751	6601802	264818	1：24.93	385	43846	16.60%
1925					301	37992	

注：晚清师范学校数据来自光绪三十三年(1907)、光绪三十四年(1908)、宣统元年(1909)各省师范学堂学生统计表，见朱有瓛：《中国近代学制史料》(第二辑下册)，465～468页，华东师范大学出版社1989年版；小学校数据来自蒋致远：《中华民国教育年鉴第一次第三册》，423页，宗青图书出版公司1991年版；民国时期师范学校数据来自蒋致远：《中华民国教育年鉴第一次第二册》，311页，宗青图书出版公司1991年版。

小学校数、学校数单位为"所"，学生数、教职员总数单位为"人"。

表 1-8　清末中学校数、优级师范学校数及师范毕业生数等

年份	中学校				优级师范学校						
	学堂数	学生数	教职员总数	师生比	完全科		选科		专修科		各类学生总数
					学堂数	学生数	学堂数	学生数	学堂数	学生数	
1907	398	30734	2111（教员）	1：14.6	2	527	12	2603	8	894	4024
1908	420	25006	3005（教员）	1：8.3	1	1018	16	3243	12	1678	5939
1909	438	38881	3266（教员）	1：11.9	8	1504	14	3154	8	691	5349

　　注：优级师范学校数据来自光绪三十三年（1907）、光绪三十四年（1908）、宣统元年（1909）各省师范学堂学生统计表，见朱有瓛：《中国近代学制史料》（第二辑下册），465～468页，华东师范大学出版社1989年版。中学堂相关数据来自蒋致远：《中华民国教育年鉴第一次第二册》，193～194页，宗青图书出版公司1991年版。

　　学生数、教职员总数的单位为"人"，学堂数的单位为"所"。

表 1-9　民初中学校数、高等师范学校数及师范毕业生数等

年份	中学校				高等师范学校		
	学校数	学生数	教职员总数	师生比	学校数	在校生数	毕业生数
1912	373	52100	1743	1：29.9			
1913	406	57980	1938	1：29.9			
1914	452	67254	2123	1：31.6			
1915	444	69770	2125	1：32.8	10[①]	1917	719
1916	350	60924	1849	1：32.9			
1922	547	130385	9349	1：13.9			
1925	687	129978	12825	1：10.1	7[②]		

　　注：高等师范学校数据来自1915年全国高等师范学生统计表（据教育部行政纪要），见李友芝等：《中国近现代师范教育史资料》（2）（内部资料），790页。中学相关数据来自蒋致远：《中华民国教育年鉴第一次第二册》，193～194页，宗青图书出版公司1991年版。

　　学生数、教职员总数的单位为"人"，学校数的单位为"所"。

---

　　① 此数据没有计算北京女子高等师范学校。1908年7月，御史黄瑞麟奏请设立京师女子师范学堂。1912年改名北京女子高等师范学校，1925年改名北京女子师范大学，1931年并入北平师范大学。

　　② 1922年学制后，高师形成一股为非师范大学的趋势，原独立的10所高师，除北京高师1923年正式升格为师范大学，北京女高师1924年升格为女子师范大学，其余相继并入或改为综合性大学。如1922年10月，东南高师改名为上海大学；1922年12月20日，东南大学评议会、教授会联席会决定将南京高师并入东南大学。1923年，沈阳高师改为东北大学，武昌高师升格为武昌师范大学，翌年改为武昌大学（武汉大学前身）。1924年，广东高师与广东公立农业专门学校、广东公立法政专门学校合并为广东大学（中山大学前身）。

虽然如前所述，这一时期师范生的人数有限，但他们成为新式学堂重要的师资来源。1907—1925 年，中等师范学校培养学生每年达到三四万人。当然，他们所占的比例很小，1907 年，全国各省新式中小学教员共计 36974 人，其中师范毕业者 13728 人，占 37.13%。1909 年，全国有中小学教员 84715 人，其中师范毕业者 41063 人，占 48.47%。两年内增长了 11 个百分点。① 高等师范院校由于缺乏足够的数据难以说明，但 1909 年优级师范学堂已经有在校生 5349 人，这个数字竟然高于当时中学教员数 3266 人。虽然这不能说明当时师范教育培养了足够多的现代师资，但至少说明一个专业的师资队伍已经出现。

在知识结构上，师范学校培养的教师与仅以举业为目的、以儒家经典为主要知识的传统塾师相比已经发生根本性的变化。他们拥有现代社会的专业教师所需要的包括传统经学和现代科学的广博的通识知识，掌握了以中小学教学需要为基础的学科知识，学习过教育理论、学科教学法、生理学、心理学等教师必备的教育理论知识，拥有综合运用以上知识开展教育实践的能力。虽然人数极其有限，但他们称得上中国第一代现代专业教师。他们和那些受过新教育训练的教师也不同，因为只有他们接受过专业的师范训练。

那么，这批师范生的质量如何呢？从有限的资料发现，正规师范院校的毕业生质量不错。李搢荣调查武清县东北两路各学堂报告显示，初级师范学堂毕业充任教员者，"口齿清楚"，"纯谨老成"，"热心教育"，虽然"五段教授法稍欠研究"，但教学尽心尽力。北蔡村两等小学堂教员马瑞芳为直隶优级师范学堂毕业生。该教员"循循不倦"，"耐勤耐劳"。但速成师范、传习所的毕业生就差了。天津武清定福庄初等小学堂、小营村初等小学堂教员均是传习所毕业生，他们"于教授管理法未能实力奉行。学生 20 人，每周只 6 小时科学，余皆诵读"。学生也不用教科书。②

中学堂的情况也是如此。直隶某中学"汉文教员二人，皆初级师范速成毕业生，学业固非中学教员，而某且素有嗜好，曾经小学之摈斥。"③教员人品、

----

① 学部总务司：《光绪三十三年分第一次教育统计图表》《宣统元年分第三次教育统计图表》，转引自陈学恂：《中国近代教育史教学参考资料（下）》，308～309、342～343 页，北京，人民教育出版社，1987。

② 《光绪三十四年李搢荣调查武清县东北两路各学堂报告》，见朱有瓛：《中国近代学制史料》（第二辑上册），278～285 页，上海，华东师范大学出版社，1987。

③ 《直隶高等学堂各府学生禀复各该府中学堂情形公函》，见朱有瓛：《中国近代学制史料》（第二辑上册），512 页，上海，华东师范大学出版社，1987。

素质俱差可见一斑，这种状况可在很多调查的描述中见到。

可见，由正规完全师范毕业的师范生的教学能力、教学态度总体不错，但速成师范、传习所的毕业生则差。

2. 形成了复杂多元、新旧交杂的教师队伍

清末民初，在现代学校传授知识的教师应该是具有现代教师身份的教师，虽然他们从整体上不一定具备一个合格的现代教师的素质。本研究认为，经过民间和政府的努力，清末民初，我国已经出现了一些具有现代特征的现代教师，但从严格意义上说，作为教师群体，他们还不是真正合格的专业教师群体。

科举制度被废除之前，传统读书人还抱着读书做官的理想，私塾仅是他们应举途中的暂且之地，私塾先生只是其应举路上的暂且角色。1905年，科举制度被废除，读书人读书做官的道路被堵死，教师成为很多新、旧式知识分子一个正式的并可能终身从事的职业。一支以教师为终身职业的队伍出现在中国教育舞台上。但这批人的成分极为复杂，既有来自日本和西方的外国学者，也有从欧美、日本留学回来的留学生，还有国内新式学堂毕业的学生，以及受过传统教育的私塾先生。

"我国清末开办学堂时，主张以中学为体，西学为用，而尤注重吸收西方文化，当初所设学校如同文馆、北洋学堂等，均以学习外国语文为主，故学校教员大多以外人充任，职员多以当时官吏兼任。"①1904年"癸卯学制"颁行后，学堂按照《奏定任用教员章程》的要求聘用教师。教师检定制度颁行后，国家似乎对教员的要求更为明确，但在教师匮乏的年代，这一制度并没有真正实施，当时新式学堂还是以能者为师。我们以直隶地区的中学为例可以看出当时师资的基本状况。

据《宣统元年分直隶教育统计图表》，当时教育较为发达的直隶地区共有官立、公立、私立中学堂33所，在堂学生2419人，平均每校约有学生73人，规模较小。这33所学校有职员84名，教师165名，共计249名。其中直隶高等工业学堂附属中学教员全部由高等工业学堂教员兼任，不在统计之列。从表1-10可知，清末直隶中学堂的教师来源多样，比例最高者为旧式读书人（包括官员、获得功名者和未获得功名者），占全部教师的39.4%；其次为师

---

① 蒋致远：《中华民国教育年鉴第二次第二册》，366页，台北，宗青图书出版公司，1991。

范毕业者，占全部教师的 28.5％；再次为受高等教育者，占 18.9％。如果按任用制度评估，只有优级师范和高等学校毕业者才是合格教师，那其中只有 31.3％的教师是合格教师。

表 1-10　1909 年直隶中学堂教师队伍状况

类别	高等及以上学堂		师范学堂		留学	外国人	新式学堂				旧式读书人		
	大学	高等学堂	优级师范	师范/简易			中学	武备/水师/同文/警务/法政/北洋陆军	教会	高小	官员/后补官员	举贡廪监附拔贡等	其他
职员	3	1		16	1		1	6			21	27	8
教员	34	9	31	24♯	3	4	4*	11	2	1	11&	23	8
小计	37	10	31	40	4	4	5	17	2	1	32	50	16
各类总人数	47		71		4	4	25				98		
各类总人数所占比例	18.9％		28.5％		1.6％	1.6％	10％				39.4％		

注：4* 其中一名为高等预科毕业；24♯ 其中 1 名为音乐传习所毕业，11& 其中 4 名为 5—6 品军功，1 名为宣化府教授。上述数据自《宣统元年分直隶教育统计图表》，见朱有瓛：《中国近代学制史料》(第二辑上册)，501～511 页，华东师范大学出版社 1987 年版。

职员、教员单位为"人"。

表 1-11　1907 年杭州府中学堂教职员状况①

职守	姓名	年龄	籍贯	履历
监督兼法制教员	邵章	36	浙杭仁和	癸卯翰林，日本法政大学速成科毕业生
修身兼国文教员	俞玉书	33	浙湖乌程	壬寅举人
经学兼国文教员	寿锡恭	44	浙绍诸暨	廪贡生

① 据"光绪三十三年(1907)杭州府中学堂职教员名单"整理，见朱有瓛：《中国近代学制史料》(第二辑上册)，552～553 页，上海，华东师范大学出版社，1987。

职守	姓名	年龄	籍贯	履历
国文教员	沈士远	25	浙湖归安	监生
历史教员	张相	30	浙杭仁和	廪生
地理教员	姚汉章	26	浙杭仁和	癸卯举人
英文教员	范琦	27	浙杭仁和	上海圣约翰书院头班生
算学教员	陈纯	34	浙台天台	浙省育英书院毕业生
英文兼算学教员	许以清	35	浙杭仁和	浙省求是书院肄业生
博物教员	铃木珪寿	41	日本东京	东京高等师范学校毕业从七位
博物译员	寿昌田	24	浙绍山阴	日本振武学校毕业生
博物副译员	沈慰宸	27	浙杭钱塘	附生，日本同文书院毕业生
理化教员	沈璧	37	浙湖归安	浙省育英书院毕业生
音乐教员	元桥义敦	39	日本东京	东京音乐学校专修科毕业生
普操教员	富长德藏	28	日本东京	东京体育会体操学校毕业生
图画兼兵操教员	潘伯勋	24	浙杭钱塘	癸卯年浙江武备学堂 第二次优等毕业生
监学员	吴道震	27	浙杭钱塘	附生
监学员	戴克绍	32	浙杭钱塘	附生
检察员	姚文燕	34	浙嘉秀水	附生
检察员	傅国桢	27	浙杭钱塘	附生
检察员	王万舞	36	浙杭钱塘	壬辰附生
会计员	虞仰南	52	浙杭钱塘	廪贡生即选训导
庶务员	董康	29	浙杭仁和	附生
书记员	陆绍鸿	35	浙杭仁和	附生

　　这是 1904 年新学制颁行 3 年后的杭州府中学堂的师资队伍状况，该校前身为 1899 年创建的养正书塾，1901 年改为杭州府中学堂，1911 年改为浙江省立第一中学堂。这是官办的最好的新式学堂之一。从表 1-11 可知，该校当时有教职员共计 24 人，其中 1 人为监督（校长），教员 15 名，职员 8 名。职员全部由当时的旧式读书人——举贡廪附生担任，教员中担任国文、史地等科的教师也是这一群体中的人，英文、算学、理化、图画教师由教会学校（圣约翰书院、育英书院）和新式学堂（求是书院、武备学堂）的毕业生担任，博物、音乐、体操等课则由日本人担任教师，这是最好官办学堂的师资队伍的状况。

小学教育的状况也是如此，教师中旧式读书人所占的比例更高，特别是未获得功名者更多。1906 年省视学查视天津各学堂情形时谈到，所调查的天津各小学堂教员 40 余人中，"保定师范毕业者只一、二人，其余俱系自请，并不由司加札。就中初师毕业者不过十之一、二，传习毕业者不过十之四、五，此外均未经传习。夫以传习生而教高等，已属不合，况未经传习者。视学调查限迫，匆匆一过，不敢断言其均不称职。但就资格而论，亦恐未必尽能胜任。"①1908 年李撂荣调查天津武清县东北两路各小学堂发现，各学堂学生人数甚少（十来人），教员一般仅一两名，多为师范传习所、初级师范学堂毕业，或是旧式读书人，能有效开展教学的实在有限，监督、学董多为举贡廪生或僧人，很多学堂虽有学堂之名，实乃私塾之实。② 这是当时大多数小学堂的实际情形。

民国初年，虽然在制度层面要求检定合格者才可充任教师，但当时军阀混战，经济萧条，检定制度并未真正实施，师资又极为匮乏，"然实际因高级师范之毕业生仍不敷全国中学之用。……民国九年以后，一方增设高等师范学校，一方于高等师范学校增设各种研究科，中学教职员任用资格之规定方渐趋严整。"③

1921 年俞子夷调查江苏、浙江、四川、江西、山东、安徽等小学教师发现，小学教师中各类师范毕业者占到 58.4%（包括函授师范、师范传习所、单级师范、简易师范、完全师范、高师、农业教员养成所等），其他还有中学毕业、高小毕业、甲种实业学堂毕业、职业学校毕业、高专肄业等，可谓五花八门。④

中学教师的情况也是如此。据 1924 年中华教育改进社对全国 21 个省中学教师调查发现（回收 1522 份问卷），我国中学教师不尽由学校出身，这 1522 名教师中，科举出身者有 287 名，占总数的 18.86%；学校出身（现代学校）者

---

① 《省视学高奎照、张良弼、陈恩荣、焦焕桐等查视天津各学堂情形报告》，见朱有瓛：《中国近代学制史料》（第二辑上册），276 页，上海，华东师范大学出版社，1987。

② 《光绪三十四年李撂荣调查武清县东北两路各学堂报告》，278～285 页，见朱有瓛：《中国近代学制史料》（第二辑上册），上海，华东师范大学出版社，1987。

③ 蒋致远：《中华民国教育年鉴第二次第二册》，366 页，台北，宗青图书出版公司，1991。

④ 俞子夷：《小学教员生活状况调查》，见李文海、夏明方、黄兴涛：《民国时期社会调查丛编 文教事业卷》，183～198 页，福州，福建教育出版社，2004。

有 1235 人，占总数的 81.14％。在学校出身者中，高师毕业者的比例最大，占到 31％，公私立大学毕业者占 18％，师范学校毕业者占 16.5％，优级师范毕业者占 2％，欧美学校毕业者占 3％，日本学校毕业者占 4.5％，其他由各种专门学校毕业（22.5％），甚至由书院（1％）、存古学堂（0.5％）、进士馆（0.5％）、武术传习所（0.5％）等毕业。①

可见，清末民初，新式学堂教师的成分复杂、质量堪忧。除了受过专业训练的师范毕业者外，到底哪些人组成了新式学堂的师资，其教学质量如何？

（1）传教士

教会学校与西方殖民化历程形影相随，是西方侵略者在军事、经济、政治侵略之外深化侵略的手段。1834 年，我国于澳门出现第一个教会女学，1839 年澳门的马礼逊学堂开办，1844 年宁波女塾开办。两次鸦片战争之后，为了配合西方列强对中国的侵略，更为了使中国全面基督教化，西方传教士加紧了在中国的办学，教会学校日渐发达。到 1899 年，中国的教会学校总数增加到 2000 所，学生 4 万人以上。② 到 1921 年，基督教势力范围之教会学校达到 6854 所，学生为 198821 人。③ 据 1926 年的《圣教杂志》记载，是年天主教小学校为 2616 所，学生为 95632 人。天主教中学校为 118 所，学生为 19980 人。④

这些直接从西方现代教育制度和办学模式中移植而来的教会学校，在进行强制宗教灌输的同时，进行现代科学和人文教育，间接促进了中国教育的发展。

早期教会学校的教师就是来华传教士及其家属，传教为其第一目的，教学并非其主业。他们虽然学历不高（如登州文会馆——齐鲁大学前身——的创始人狄考文只有中等教育程度，他的妻子受教育程度更低），但受过正规的西

---

① 廖世承：《我国中等学校教师的概况》，见李文海、夏明方、黄兴涛：《民国时期社会调查丛编 文教事业卷》，302～306 页，福州，福建教育出版社，2004。

② 蒋纯焦：《一个阶层的消失》，博士学位论文，华东师范大学，2006。

③ 基督教国民学校 5607 所，学生 150779 人；高等小学校 956 所，学生 32829 人；中学校 291 所，学生 15213 人。数据自基督教势力范围中之教会学校及学生统计表（1921 年），见朱有瓛、高时良：《中国近代学制史料》（第四辑），392 页，上海，华东师范大学出版社，1993。

④ 天主教小学男校 2048 所，学生 68233 人；女校 568 所，学生 27399 人；天主教中学男校 67 所，学生 13148 人；女校 51 所，学生 6832 人。数据自全国天主教小学总数表、全国天主教中等学校总数表，见朱有瓛、高时良：《中国近代学制史料》（第四辑），382～386 页，上海，华东师范大学出版社，1993。

方现代教育。普遍而言，当时教会学校由传教士担任基督教教义、英文和西学课程的教学，再招聘少数中国举贡廪生担任中文、经籍教师。

19 世纪 70 年代以后，教会学校逐渐被中国上层社会认可，于是教会中、高等教育逐渐出现并迅速发展，教会学校的大量出现、学生规模的扩大使得原本主要开展传教活动的教会不得不把很多的精力放在办学上。聘用专门从事教学工作的教师成为教会学校的必然选择。19 世纪后期至 20 世纪初，教会学校通过由宣教差会总会派教师，从教会学校毕业生中招募教师，以及从中国人中聘用教师等途径聘用专门的教师。① 教师的学历层次有了很大的提高，不少是受过大学教育者。这些人的教育教学质量得到了学生的认可。

（2）外国教习

清末民初，师范教育处于初创时期，无论是规模还是质量都难以满足新式学堂发展的要求。不得已，很多新学堂用高薪聘用外国教习开展教学。梁启超的《论师范》已经描述了这种现状。为缓解师资奇缺的窘况，袁世凯不惜重金聘请外国人来直隶任教②。当时直隶几乎每所中等以上学堂都聘有外籍教师，模范小学及一些著名的私立小学也有外籍教师。其中最多的是日本人，也有英、美、德等国人。据不完全统计，1901 年，中国共聘用日籍教师 26 名，1904 年又有 218 名日本人来华从教，1908 年有 555 名日本人来华从教。③中岛半次郎在《日清间之教育关系》一书中记载，1909 年中国聘用的外籍教师总数为 356 人，其中日本人为 311 人，占总数的 84％以上。④

聘用外国人做教师的状况一直延续到民国初年，随着师范教育的发展、新式学堂毕业生的增多，国人充任教师的比例越来越高，外国人充任教习者的比例开始降低。

这批人的教学质量如何呢？梁启超在《论师范》中描述了早期外国人充任

---

① 吴霓、胡艳：《中国古代私学与近代私立学校研究》，267 页，济南，山东教育出版社，1997。

② 日本教习月薪一般为 100—500 两白银，是中国教师工资的 10—20 倍。按当时的生活水准，每月有银 4 两即可养活五口之家，其待遇之高可想而知。

③ 金淑琴：《直隶省新式教育发展概况》，见《河北文史资料》编辑部：《河北文史资料》（第 25 辑），5 页，1988，转引自王金霞：《河北与中国教育早期现代化》，博士学位论文，河北大学，2006。

④ ［日］实藤惠秀：《中国人留学日本史》，谭汝谦、林启彦译，73 页，北京，生活·读书·新知三联书店，1983。

教师的种种不如意之处，到 1904 年"癸卯学制"之后，外国人充任教习者在我国现代教育的落实、发展中发挥了一定的积极作用。

陆殿舆的回忆录《清末重庆府中学堂》描述了当时日本教习的情况。当时国内理化教师极少，该校理化、博物课程一般由日本教师教授。理化课由日本人藤川勇吉教授，"日本教师比一般待遇高，又要用翻译和仪器设备等等，故理化科花钱最多，但教学效果也最大。"他评价这位藤川先生有充足的专业知识，又富有责任感，教学很有特色。第一，授课时用汉字写标题或大纲，或画图或做实验，条理清晰，简单明了。第二，专业知识扎实，教法得当。"他对教材和实验，很熟练，在课堂上对教材和实验，大约只用三分之一的精力来对付，而三分之二的精力用在教法安排和教室管理上。"他还善于问，不让每一个学生松懈。第三，教学循序渐进，边讲边练。当时学生基础薄弱，他调整教材内容，先浅后难，让学生易于接受。在授课过程中他边讲边练，让学生当堂消化。第四，运用直观性原则。为了便于学生理解，他注重用实验、观察等方式开展课堂教学。"藤川先生整整教了我们五年的理化，所得的知识很多，印象最深"。① 不少回忆录都谈到外国教师知识扎实，教学认真严谨，学生收获大。

（3）留学归国人员

早在制定现代学制之前，洋务派就认识到新式人才培养的重要性。在曾国藩、李鸿章和容闳的努力下，1872—1875 年，清政府先后派出四批共 120 名幼童赴美国留学，开启了中国人留学之路。1894 年，在甲午战争中中国战败，但中国人很快以日本为师，纷纷留学日本。据 1903 年《江苏》杂志第 10 期报道："湖南、湖北、山东、四川各省，其前派之官费留学东京者数已不少，近期湖北新来八十余人，湖南又续派一百二十人，广东闻亦新派百人，四川则有二百人之多……系学速成师范，专为地方新办教育者。"② 1905 年，清政府决定废科举，兴学堂，要求各地注重师资培养，"出洋就学，分习速成师范及完全师范……此为办学入手第一要义，不可稍涉迟缓。"③ 1907 年，学

---

① 陆殿舆：《清末重庆府中学堂》，见朱有瓛：《中国近代学制史料》（第二辑上册），539~541 页，上海，华东师范大学出版社，1987。

② 《各省竞派留学生》，载《江苏》，1903（10）。

③ 袁世凯、赵尔巽、张之洞等：《会奏请立停科举推广学校折暨清帝谕立停科举以广学校》，见陈学恂：《中国近代教育史教学参考资料》（上），578 页，北京，人民教育出版社，1986。

部调查发现，仅直隶派遣日本留学速成师范生就达 200 余人。① 研究发现，当时官费和自费留日学生大增，1905—1906 年达到高潮，多达七八千人，除辛亥革命时稍有影响外，1913—1914 年，又恢复到四五千人。② 在经济不发达的清末民初，从教是一个谋生的途径，更何况他们中的一些人是学速成师范的，回国后大多从教。

除了留日学生，还有一些留学欧美的学生。庚款留美始于 1909 年，主要由清华学校选派，到 1929 年结束，21 年间共派出 1279 名学生，另有 476 名庚款津贴自费生、10 名特别生和各机关转入清华的 60 人，四者之和达 1825 人。事实上，这仅是此阶段留美总人数中的一小部分，在此期间历年赴美入大学学习的达 5362 人。③

"戊戌以后的中国政治，无时不与留学生发生关系，尤以军事、外交、教育为甚……高等教育界之人员亦十分之九以上（据民国十四年东南大学、北京师大同学录）为留学生，全国重要事业无不有留学生在其中。"④同样，他们也在中小学教师队伍中占有一定的比例。

这些留学归国的人员，特别是早年留学日本回国从教者，大多获得学生的认可。陆殿舆的《清末重庆府中学堂》记载了两名留学日本回来的教师，一名曾老师到日本学习博物，回国后在重庆府中学堂教此科。他利用当地的物产和现代仪器（显微镜）开展教学，教学效果很好。另一位教体操的罗老师，曾经留学日本学习体育，他专业知识扎实，教学得法。"他教体育，操场上整齐严肃，鸦雀无声。那时还没有音乐课，唱歌并入体育、舞蹈内。他对徒手操、器械操、舞蹈、游戏、唱歌，件件俱行。各种活动随时变化，花样翻新，如入山阴道上，应接不暇。所以学生精神振作，乐而忘倦。"⑤

---

① 《学部奏派调查直隶学务员报告书——关于师范教育》，见朱有瓛：《中国近代学制史料》（第二辑下册），404 页，上海，华东师范大学出版社，1989。

② 李志英：《近代中国的留日运动》，载《太原城市职业技术学院学报》，2008(2)。

③ 据梅贻琦、程其保《百年来中国留美学生调查录(1854—1953)》逐年大学入学人数相加而得，转引自陈学恂：《中国近代教育史教学参考资料》（下），373 页，北京，人民教育出版社，1987。

④ 舒新城：《近代中国留学史》，137～138 页，上海，上海书店出版社，2011。

⑤ 陆殿舆：《清末重庆府中学堂》，见朱有瓛：《中国近代学制史料》（第二辑上册），538～541 页，上海，华东师范大学出版社，1987。

（4）新式学堂毕业生

清末民初中小学校的教师有不少是新式中小学校毕业的学生。那么，这些没有受过师范教育的人开展现代教学的状况如何呢？良莠不齐。前面调查的直隶某中学"洋文教员某君，程度不过二年，无兼人之资，又不好学，任意妄为，毫无忌惮，且饮酒为淫，赌博为乐，于常狎游于前经厅某公馆，缘是经厅之子共与为奸也。彼既以夜为昼，势必俾昼作夜，致使酣睡到午时，有午饭将鼓，彼始昏昏上堂，虽至浅近之文法算术，辄形竭舌搁笔，妄自武断，将误就误。"①

但很多毕业于新式学堂的教师是非常具有开创性和教育情怀的人。如国学大师钱穆（1895—1990），因家境困难，1912 年到三兼小学任教，开始乡村教师的生涯。1923 年之后他又在中学任教 8 年。在近 20 年的中小学教学生涯中，钱穆可谓新教师的典范。他教学与治学并重，一边教学，一边研读国学，著书立说。在小学任教期间，他担任国文、数学、英文、史地、体操、音乐等多门课的教师，在教学中他十分关注儿童学习，开展教学研究，提升教学质量："因念当转入初级小学，与幼童接触，作一番从头开始之实验，可明白古今中外对教育思想异同得失之究竟所在。二则当时大家提倡白话文，……因而极想转入初小，一试白话文对幼童初学之利弊得失所在。"他把自己在国学研究中的成果、心得用于教学实验。一次，他将自己研究"汉字奇妙规律"的成果在公开课上展示，令听课的督学大加赞赏。之后，督学亲自写了一篇详细报道，公布在无锡县某月刊上，钱穆因此成为无锡、南通两地的著名"课改教师"。在做后宅镇泰伯市立第一初级小学校长期间，他动员另外两位教员和他一起探讨新的管理办法和教学方法，如先废除体罚，继而又规定课后学生一律到操场活动。在教学中他示范、实验新的教学法。每天，他在校园里巡游，细心观察新教育措施在实行过程中发生的问题，然后想出办法来解决问题。他也根据儿童的特点开展品行教育，挽救了个别问题学生。在钱穆和他的同事的努力下，后宅小学呈现出一派好学乐教、生动活泼的景象。家长及泰伯市市长纷纷夸其办学有方："君等来，校风大变，皆三师善尽教导之功"②。

朱自清（1898—1948）曾做过 5 年的中学教师。他于 1917 年考入北京大学

---

① 《直隶高等学堂各府学生禀复各该府中学堂情形公函》，见朱有瓛：《中国近代学制史料》（第二辑上册），512 页，上海，华东师范大学出版社，1987。

② 钱穆：《八十忆双亲 师友杂忆》，108～114 页，北京，生活·读书·新知三联书店，1998。

哲学系，于 1920 年提前一年毕业，因家庭经济原因，是年暑后到杭州第一师范学校任教。1921 年暑假，朱自清就聘扬州市江苏省立第八中学（今扬州中学）教学主任，1923 年到温州市浙江省立第十中学（今温州中学）教书（《桨声灯影里的秦淮河》写于这个时期），教授国文。据学生回忆："朱先生来教国文，浓眉平额，白皙的四方脸。经常提着一个黑色皮包，装满了书。不迟到，不早退。管教严，分数紧，课外另有作业，不能误期，不能敷衍。"1925 年以后他在大学任教。① 不少像钱穆、朱自清这样受过新式学堂教育，但未受过师范专业训练者，由于其知识结构新颖，思想开放，勇于创新，其教学和管理得到了学生和同仁的认可，他们也成为那个时代优秀的教师。

（5）旧式读书人

受传统儒家经典浸润的旧式读书人，有着深厚的中学根底，但缺乏现代科学人文知识。在科举制度被废除，新式学校兴起之后，他们遭遇了前所未有的挑战，直接影响到了他们的生存。此时他们的出路有两个：一是到新式学堂从教，二是维持传统私塾。

第一，新式学堂的旧师资。

"癸卯学制"的制定者之一张之洞秉持"中学为体，西学为用"的兴学理念，确定各新式学堂的办学宗旨是"端正趋向、造就通才"，要求学堂教师秉持儒家的人伦大纲，在讲授功课时，"晓之于尊亲之义，纳之于规矩之中。一切邪说诐词，严拒力斥"，并要求"各学堂章程，以忠孝为敷教之本，以礼法为训俗之方，以练习艺能为致用治生之具"。② 新式学堂在大量引进西方自然和人文科学的同时，确保传统知识、文化占据重要课程内容。如小学堂开设修身、读经讲经、中国文字等课，中学堂除西学课程外开设修身、读经讲经、中国文学等课。该学制对课程内容进行了详细的规定。③ 这些课程的讲授就依赖于旧式文人，而且，为了给旧式官员和读书人以出路，清廷也有意识地接纳旧式读书人。我们从表 1-10、表 1-11 中可以看出传统读书人在学校中的位置。旧式官僚多到新式学堂充任监督、学董等职位，少数充任教员、职员。小学

---

① 朱自清：《最完美的人格》，见汪修荣：《民国教授往事》，210 页，郑州，河南文艺出版社，2008。

② 《张百熙、荣庆、张之洞〈学务纲要〉》，见朱有瓛：《中国近代学制史料》（第二辑上册），79～80 页，上海，华东师范大学出版社，1987。

③ 《奏定初等小学堂章程》《奏定中学堂章程》，见朱有瓛：《中国近代学制史料》（第二辑上册），176、383 页，上海，华东师范大学出版社，1987。

堂和改良私塾的教师更是由这些传统读书人充任。"就教师说，据宣统元年统计，纯粹出自科举者专门学校有百分之二十五，中学有百分之三十三，优级师范有百分之十七，初级师范有百分之二十七，师范讲习所有百分之二十，高小有百分之四十一，初小有百分之四十八，实业学堂有百分之二十八，其他出身学校者也多有科举出身，或者是吊过了几年卷袋的老童生。"①1907年直隶分派到各属高等小学堂的209人中，无一人受过师范训练。② 在同年的全国教员统计中，56％的新学堂教员是旧式文人。随着新式学堂和师范毕业生的增多，旧式文人所占的比例越来越小。到1918年，全国的高等、国民小学才实现了教师全部来自学校毕业生的目标。③

虽然成为新式学堂教师的旧式读书人在形式上进行了角色的转换，但实际上他们中的多数依然难以胜任新学校的教育。如1908年李揩荣调查天津武清县东北两路小学堂发现，旧式读书人充任小学教职者效果很差，"教员某系以七十岁冬烘先生，一切科学及教授管理等法戒所未闻。学生是死人，终日叫嗥书注。"再如杨村清真初等小学堂，"该学堂借用铺房三间，并无黑板、讲台等事。学生十余人，皆面壁坐，仍用《三字经》《四言杂字》等书。教员、学董等均不知学堂之宗旨及教育之关系，教授管理各法是其生平所未研究"。④

中学教师的情况也不乐观。陆殿舆在《清末重庆府中学堂》一文中回忆，那时中学各科没有教科书，没有教学大纲。"各科教学都由教师自定标准，自编教材，形形色色，得失互见"，教学水平也是参差不齐。一位向姓老师"所选的不是平易而不太奇奥的文章；讲授时又缺乏紧密结合时代背景和作者的哲学思想与政治主张，自然效果很小。讲时尽管兴趣盎然，引人入胜，但向先生教学方法更有问题，只重讲解，很少练习、提问，也没有复习提纲、出席辅导等措施，因此学生很少温习，上课时也只是欣赏。"另一位梅先生就很不错，在教学中有自己独到的见解。以作文为例，"梅先生教作文，初令写实事，戒避难就易，谓愈复杂愈见气力工夫。出题如'记川黔两军冲突事''记运动会''书生活程度提高之原因'等，要求文章明白简当，字句雅洁；题目中内

---

① 陈翊林：《最近三十年中国教育史》，168页，上海，太平洋书店，1930。

② 《光绪三十三年分派各属中学堂、高等小学堂教员表》，载《直隶教育杂志》，1907(2)。

③ 刘玉梅：《清末民初教师群体过渡性特征分析》，载《河北大学学报（哲学社会科学版）》，2006(6)。

④ 《李揩荣调查武清县东北两路各学堂报告》，见朱有瓛：《中国近代学制史料》（第二辑上册），279、284页，上海，华东师范大学出版社，1987。

容繁多，又要求布置得体。……所改课文，气极跳飑，总评顶批殊周到，书法时间行草，整润可观。"①

那些旧式官僚任学校监督者，不少人不懂现代教育，不会管理。如直隶某府中学将监督"乃竟委之腐败迂拙某县儒学教官之手，该监督年近八十，耳目昏花，问以学务，则曰不知，询以教育，则曰未谙。然果出以毅力表率学生，有何不可。乃对于教员，不过任役使之劳。对于学生，动辄出敷衍之语。观其内蕴，不过徒食薪金而已。"该监督用本县一附生充任庶务，"此人系本县富绅，不惟不谙学务，且文理不通，人皆称为目不识丁。"此人对上溜须拍马，对校务管理久弛不治，导致"校中器具类多损伤遗失，柴炭灯油任意浪费，夫役随便应差，常年虚耗经费甚巨。"②这种情况在很多描述中都可见到，难怪新式教育发展缓慢。

第二，传统私塾先生仍占据一席之地。

"癸卯学制"颁行后的很长一段时间，私塾依然是中国基础教育的支撑力量。由于新式学堂与中国传统农业社会的隔膜，在经济、文化不发达的乡村，传统私塾依然大量存在。据研究，晚清私塾相对于新式学堂仍占有绝对优势。直隶是当时新教育较为发达的省份，但 1907 年统计，与私塾比较，新式学堂尚不及其十分之一。浙江奉化 1909 年有小学堂 76 所，学生 2714 人，在县一级机构中可谓佼佼者，但同期散见于乡间村野的蒙馆有 399 所，塾生 5920 人，蒙馆占绝对优势。即使到了民国，私塾在广大农村地区也仍普遍存在。据国民政府教育部 1935 年统计，江苏共有 24259 所私塾，学生 436647 人。在农村，私塾的数量超过新式学校。③

前述民国初期小学和中学教师来源多元化的表现也体现了教师身份的多样性。

3. 现代教师的造就措施对教师的现代转型作用有限

虽然清末民初我国建立了独立的师范教育制度，并采取多种措施致力于教师的现代转型，但从上述教师队伍的状况可见，清末民初在教育方面采取的措施在现代教师的造就方面作用有限。

---

① 陆殿舆：《清末重庆府中学堂》，见朱有瓛：《中国近代学制史料》（第二辑上册），532～536 页，上海，华东师范大学出版社，1987。

② 《直隶高等学堂各府学生禀复各该府中学堂情形公函》，见朱有瓛：《中国近代学制史料》（第二辑上册），511～513 页，上海，华东师范大学出版社，1987。

③ 蒋纯焦：《一个阶层的消失》，博士学位论文，华东师范大学，2006。

(1)师范教育没有培养足够的现代教师

虽然清末民初我国建立了师范教育制度和最早的师范学堂，但由于内忧外患，师范教育并未获得长足的发展。这就导致新教育发展缺乏足够数量的合格师资。

自晚清到1922年(北洋政府时期的数据不全)，中等师范学校的学校数和学生数发展很缓慢，民初不但没有进步，反而退步。晚清的师范学校以开展短期教育的传习所和简易科(1907年的541所中等师范学堂中，传习所有276所，学生为9844人，分别占当时初级师范学堂学校数和学生数的51%和27.3%；简易科有179所，学生为15833人，分别占初级师范学堂学校数和学生数的33.1%和43.9%)为主。清末初级师范学堂完全科不过占初级师范学堂学校数的15.9%，受过完全师范教育的学生不过占初级师范学堂学生数的28.8%。当时中等师范教育的质量可见一斑。

高等师范学校的状况更不乐观。1909年，全国23个省中承担高等师范教育责任的有21个省(新疆和安徽除外)，当时接受高师教育的各类学生有5349人。① 到1915年，全国只有11所高等师范学校②，在校生仅1917人，无论学校数还是学生数都大幅度下降。1922年学制颁行后的几年内，伴随着对师范教育的专业性否认，以及中等师范学校升格、高等师范学校合并的浪潮，高等师范院校一度只剩北京师范大学一所学校。由于缺乏统计数据，难以求证高等师范培养状况，但从1915年的数据看，高等师范学校毕业生只占当年教职员总数的33.8%，高等师范教育不能满足中学教育的需要已成事实。

师资培养不足严重影响新式中小学教育的发展。据统计，1907年，全国学校统计数据为33605所，仅占28万所预算数的12%；入学儿童仅占适龄儿童的3.19%。1912年全国儿童平均入学率仅为1%。③ 中学情况也很不乐观，当时受中学教育者不过几万人，到最多的1925年也不过12万人。对于4亿

---

① 《宣统元年各省优级师范学堂学生统计表》，见朱有瓛：《中国近代学制史料》(第二辑下册)，468页，上海，华东师范大学出版社，1989。

② 这11所高等师范学校分别是北京高等师范学校、北京女子高等师范学校、武昌高等师范学校、直隶高等师范学校、山东高等师范学校、河南高等师范学校、南京高等师范学校、湖南高等师范学校、四川高等师范学校、江西高等师范学校、广东高等师范学校。

③ Marianne Bastid：*Educational Reform in Early Twentieth-Century China*，The University of Michigan，1988，p.82，转引自贾国静：《清末民初私塾改良述论》，硕士学位论文，四川大学，2009。

多人口的大国，8000 多万的学龄人口，经过 20 世纪 20 年代的新学制推行，依然只有区区 600 万小学生、12 万中学生。师资不足是导致这种状况的重要原因。

（2）清末民初的教师任用、检定和奖励制度并未真正实施

教师任用制度如一纸空文。晚清的教师任用制度是 1904 年"癸卯学制"的内容之一，但在现代教师极度匮乏的当时，这种抄袭西方教师任用标准的制度只能如一纸空文。我们可以从前述出身不同、学历各异、质量参差不齐的教师队伍组成看出一斑。如清末直隶一些中学的状况反映了当时师资队伍的实际状况："盖中学课兼中西性质，与他校迥异，绝非局外人能调停。而各属总办监督不惟谙西学者少，而通学务者亦希。然类皆愚好自用，妄行干涉功课，致令杂乱无章。……我国既无教科书，又无教员，尤非其时。此其故，皆以中学功课无人稽查，教员胜任与否亦无黜陟，所用教科书亦参差不齐，课程任管理员随意更改，恐数年后不惟中学腐败，而高等学堂亦将无人。"①

教师检定制度并未真正落实。教师检定制度从制度层面来说尚属完善，但由于社会环境的影响，在实施层面难有实质进展。时人戴克敦在《教育杂志》上曾发表《论教员检定》一文，认为"吾国兴学近十年，而学务进步殊不足满人意者，其原因诚不止一端，而教师之不得其人，亦其一也"。"自己酉年颁布《检定小学教员章程》迄今已将二载，尚未举行。近各省虽有行文催办者，或则约期本年六月，或则约期本年底。岁月滔滔，终必有举行之一日。故吾所虑者，不在检定之无期，而在已有定期之后，或主事者因有别故缓之又缓，使来受试验者既耗光阴，复亏旅费，欲归不得，欲留不能。"②可见，清末的教师检定制度只是流于形式，并未真正实施，也未发挥其选拔教师的功能。

民国初期只有个别省份进行了教师检定，多数省份并未实施。从留存的教育史料来看，举行教师检定试验之县在教师任用时也难以按规定进行。如1922 年冬，安徽省调查歙县、英山、泗县、贵池、婺源、芜湖 6 县共计教师4500 人，其中小学教师中塾师出身者 2978 人，占总数的 66.18%；未受检定者 1162 人，占总数的 25.82%；师范毕业者 188 人，占总数的 4.18%；已受

---

① 《直隶高等学堂各府学生禀复各该府中学堂情形公函》，见朱有瓛：《中国近代学制史料》（第二辑上册），514 页，上海，华东师范大学出版社，1987。

② 戴克敦：《论教员检定》，载《教育杂志》，1911(1)。

检定者 172 人，占总数的 3.82%。如果以后两项为合格教员，也仅有 8%。①
由此可见，教师检定制度在实施，但并未对教师队伍质量产生实质影响。

表 1-12 民国时期直隶省小学教师资格统计表

资格	师范毕业者	师范肄业者	中学毕业、肄业者	讲习所毕业者	高小毕业者	受检验者	职业学校肄业、毕业者	高师生	其他
所占比例	12%	8%	12%	60%	3%	3%	1.5%	1.5%	12%

注：由于资料出处未标明统计时间，而《小学行政概要》是 1925 年 1 月出版的，该书前文提到了中华职业改进社 1921 年对全国教育的统计，因此，笔者推测此表应该是 1921—1925 年之间的统计。见程其保、沈廪渊：《小学行政概要》，174 页，商务印书馆 1925 年版，转引自汪丞：《理想与现实——中国近代小学教师任用制度研究》，博士学位论文，华中师范大学，2009。表中数据之和为 113%，原文如此。

晚清的教师奖励制度未能落实。晚清师范生和教师奖励制度是在清王朝即将灭亡时陆续出台的，当时清王朝面临内忧外患，既没有财力也没有稳定的政治环境实施这一制度。这一奖励制度实际成了一纸空文。师范生奖励制度还规定奖励必须在师范生完成服务义务后兑现，但当时师范生履行教育服务的政策就没有很好实施，奖励更是难以兑现。因而，实际上，它很难真正吸引人们就读师范院校并从教。我们从中小学教师队伍中诸多教师不合要求，甚至不少人品恶劣、学识不佳、无力无心从教的人充斥教育领域可见一斑。

总之，由于"学而优则仕"观念的根深蒂固的影响，教师检定制度和教师任用制度缺乏社会心理基础；由于外力入侵和内乱，其实施缺乏相对稳定的社会环境和雄厚的经济支持；加之现代教师极度匮乏难以提高教师入职门槛，以及制度本身的不完善等，上述制度、政策并未得到很好的落实，但上述制度对推进教师转型及造就现代教师还是发挥了一定的作用的。

这几种制度彼此相互联系，师范教育专注教师培养，教师检定制度确保培养和任用的教师具有合格资质，教师任用制度则确保任用有资质的专业教师，教师学习与研修制度让在职教师的转型有路径可依赖。这种制度设计，有助于我国在专职教师队伍出现以后实现教师任用的科学化、管理的规范化，也有助于现代教师队伍的建设。而且，这种彼此之间相互关联、相互牵制的制度，也有助于教师培养更符合教师任用的要求，使教师任用和检定在学术

---

① 程湘帆：《中国教育行政》，138 页，上海，商务印书馆，1930。

◆ 68 ◆

上、理论上得到支持。

师范生的奖励制度应该是传统官办书院奖励制度的沿袭。在当时的环境下，这个制度是为了吸引优秀的青年进入教职的权宜之计。在刚性的培养、检定、任用制度之外，有这样一个人性化的、充满人文关怀的奖励制度做补充，有助于制度本身的柔性化和人性化。而且，对于传统上并不是很有吸引力的教师职业，它的出台，如果假以时日，应该有助于吸纳优秀的人进入该领域。但这一制度的实施是立足于官本位的社会的。

四、新旧转型时期教师的生存状况

众多研究表明，一个职业的专业化程度与其社会地位呈正比。衡量教师专业化水平的标志之一是教师的社会地位。社会地位是一个人在其他社会成员或社会中某一阶层的人眼里所占有的位置。地位是一个人行使权威、施加影响及受人尊敬的程度的综合反映。这关系到年龄、性别、种族背景、财富及职业等特征。在国际上，人们划分社会地位时一般参照声望、财富和权威三个指标。人们普遍认为声望、财富和权威三者是一体的。即只要能充分占有其中一项，就会得到其他两项。但事实并非如此。[①] 很多研究分别在这三个方面进行。由于很难对一个多世纪之前的教师用这样的指标进行衡量，本研究更愿意用生存状态这一经验性的语言来描述这一群体的地位。

本研究主要从教师工作的稳定性、教师的工作负荷、教师的待遇、教师的社会形象几方面描述其生存状态。

（一）教师职业缺乏稳定性

如前所述，清末、民初都对教师的任用做了明确的规定，并颁行了教师检定制度，但由于战乱频仍，政治腐败，经济困顿，加上师范教育薄弱，此制度并未真正实施。中央政治力量的薄弱带来的是地方和民间势力的强大，在清末民初的教育界，教师的任用权更多在学校而非政府。

清末小学教员的任用有委派制、聘任制和派充制三种形式。一般而言，学堂堂长、监督由主管长官直接任命，教员由堂长聘任，报请知州或知县核

---

① 教育与科普研究所：《培格曼最新国际教师百科全书》，548 页，北京，学苑出版社，1989。

准。除此之外，官立学堂需要教师时，由劝学所报请知县或知州委派，并尽量选用师范毕业生。私立学堂通常由办学者自己聘用。民国初年，教师的聘任权主要在学校，一般由校长聘任，教育厅立案、认可，或并缴纳履历等备审查，必要时学校可自行考试或聘请教师。

人际关系在教师聘用中发挥了重要作用。虽然清末民初建立了教师任用等制度，但由于处于初创时期，各种制度并未真正落实，加之我国教师聘用中的重要人物（如官绅）推荐的传统，此时人际关系在教师聘用中发挥了重要作用。晚清，虽然师范学堂毕业生由官府指派，要求履行教育服务义务，但由于新教育初办，清廷腐败，这一措施并未很好地实施。多数时候教员由创办者通过自身的人脉关系延揽。如 1905 年秀才出身的李任仁回乡办小学堂，他"恐怕一个人的力量不够，还约了一些同乡朋友同去……推同乡朋友吕璜当校长"，他自己任校董兼教员。① 民初也是如此，如钱穆、朱自清均是通过熟人或朋友介绍进入教职的。钱穆有一个年龄比他大的远房侄子——冰贤，冰贤的一个亲戚为三兼小学校长秦钟立，当时秦钟立急需聘一位"共学之人"一起办学，于是在冰贤的推荐下，钱穆赴三兼小学任教。朱自清大学毕业后先是应聘于杭州第一师范，后回到母校江苏省立第八中学（今扬州中学）教授国文、哲学，并任教学主任，后又应夏丏尊的邀请到春晖中学任教。熟人推荐在其中发挥了重要作用。

为了能顺利进入学堂任教，应聘者挖空心思寻找门路，诸如委托同乡、同窗、故交等举荐，就是很常见的事了。1903 年，三江师范学堂初建，需要招聘教员。一时间，江苏、安徽、江西三地官绅纷纷向该学堂保荐师资人选。为此，《申报》发表评论，直言官绅要慎重师资，不能仅凭一己之私保荐不称职教员："凡官绅保荐必须深知其人，实系学问优长、品行端谨者方可保荐……尔等须知招考三江师范学堂教习系为振兴学校、慎选师资起见，务当自揣才能入觐，品行无乖者方可邀具保结呈县查验。保荐投考倘或才具欠能品望不足，毋得冒滥充数，转致徒劳跋涉自贻后悔。"② 一旦关系成为聘用教师的重要因素，教师的尊严、人格就受到威胁。

---

① 李任仁：《同盟会在桂林、平乐的活动和广西宣布独立的回忆》，见中国人民政治协商会议全国委员会文史资料委员会：《辛亥革命亲历记 亲历·亲见·亲闻》，520 页，北京，中国文史出版社，2001。

② 《慎重师资》，载《申报》，1903-05-27。

教师聘期短，稳定性差。晚清，"学堂教习既列为职官，当有任期，或三年一任，或二年一任，或视该学堂毕业之期为一任。除不得力者随时辞退，优者任满再留，中平者如期更换，未满时不得自行告退，另就别差。"①但规定是规定，实际状况主要由学校校长决定。那时，教师的聘期普遍较短。以民初为例，民初小学普通教师任期为1学期或1学年，中学稍长。据1921年俞子夷调查江苏、浙江、四川、江西、山东、安徽等省小学教师发现，小学教员任期的中数是4.4年。② 据1924年中华教育改进社对全国21个省中学教师调查发现（回收1522份问卷），我国各省中学教师的平均教授年数是2.35年，其中最短是绥远，平均为1.25年，最长为江西，平均为3.45年。③

教师工作负荷重。当时对教师的管理尚未走上科学化的轨道，很多学校并不知道多少工作量是合适的工作量，学校聘用教师多视经费多寡而定，而那时教师短缺，所以教师工作负荷普遍偏重。以民初学校为例，据邰爽秋1921年调查，小学教师授课最少者为每周6小时，最多者为每周34小时，其中65.1%的人为每周20小时以上，有32%的教师绝少或根本无休闲。④ 而且，由于学校经费少，不能多请教师，往往一人兼多种课程和职务，顾此失彼，很多教师授课多达4门。中学教师的情况也好不到哪里。1924年中华教育改进社调查发现，中学教师每周教授时数中数为17.62小时。但20小时以上者也不在少数，每周最多者达40小时。除了课时多，还有兼课种类多，多数教师兼教2—4门不等，其结果就是"担任钟点过多，预备自不能充分。除照教科书讲述以外，一切便无暇顾及。所谓补充教材哩，练习问题哩，课外实验哩，调查研究哩，都成了一句空话"。另外，占32.85%的教师还校内兼职，几乎所有校内职务都由教师兼任，包括级任、教务主任、校长、训育主任、学监、舍监等。⑤

---

① 《奏定学务纲要》，见璩鑫圭、唐良炎：《中国近代教育史资料汇编 学制演变》，505页，上海，上海教育出版社，2007。

② 俞子夷：《小学教员生活状况调查》，见李文海、夏明方、黄兴涛：《民国时期社会调查丛编 文教事业卷》，183～198页，福州，福建教育出版社，2004。

③ 廖世承：《我国中等学校教师的概况》，见李文海、夏明方、黄兴涛：《民国时期社会调查丛编 文教事业卷》，307～310页，上海，福建教育出版社，2004。

④ 邰爽秋：《小学教员的生计》，见李文海、夏明方、黄兴涛：《民国时期社会调查丛编 文教事业卷》，119页，福州，福建教育出版社，2004。

⑤ 廖世承：《我国中等学校教师的概况》，见李文海、夏明方、黄兴涛：《民国时期社会调查丛编 文教事业卷》，310～311页，福州，福建教育出版社，2004。

其实，一个教师任教三五年以后才由生手成长为熟手，如此短的任期必然影响其专业成长，也影响教育质量："教师在校的年期短，与学校的关系浅，与学生的感情淡薄，对于教学、训育，均不能发生多大效果。要知一校有一校的历史，一校有一校的精神，不深悉学校的背景，不明了学校的宗旨，自不能团结一致，休戚相关。现今的缺点，第一在教师缺乏专门职业的观念，以教学为一种普通职业，因之得过且过，视学校如传舍。第二在学校自身的基础不稳固。校长的更易，学潮的起伏，经济的压迫，都会使教师不安于其位。"①另外，教师工作极不稳定，给教师造成了极大的不安全感。如有教师说，"学校聘请教师以一学期为约。此一学期在此，不知下一学期又在何处？在本地教师生活是不安定。苦极！"②且随时可由督学报告撤换之。

除此之外，教师其他待遇也难以得到保障，尤其是女教师。如任桐君1923年任安徽安庆一女师训育主任，工作繁重，怀孕后难以支撑，她"几乎每天要昏厥一次"，不得已向学校提出享受产假，但遭到了拒绝，她也因此流产3次。③ 从任桐君的情况我们可以看出当时女教师工作、家庭兼顾的不易。

(二)教师的独立性、创造性受到抑制

我们知道现代教师是工业革命的产物，是现代民族国家在建立过程中依赖的重要手段、工具。因而，现代教师从产生之日起，就受到国家（政府）的控制，这一特征必然影响到形成初期的我国现代教师。

相对来说新式教育产生之前的传统私塾和书院的先生有极大的教育教学自主权，"癸卯学制"颁行之后，新式学堂的课程、教学内容、教学时间都有了明确的规定，教师自主安排、自由发挥的时代渐去渐远。

同时，师范教育传授的是班级授课制，主要讲授教学应具备的知识和能力。虽然在师范教育初创时期现实与理想距离甚远，但师范教育给予的系统学科专业知识、教育教学知识和教学技能，在相当大程度上规范了教师的教

---

① 廖世承：《我国中等学校教师的概况》，见李文海、夏明方、黄兴涛：《民国时期社会调查丛编 文教事业卷》，307～308 页，福州，福建教育出版社，2004。

② 张钟元：《小学教师生活调查》，见李文海、夏明方、黄兴涛：《民国时期社会调查丛编 文教事业卷》，181 页，福州，福建教育出版社，2004。

③ 任桐君：《一个女教师的自述》，73、268 页，北京，生活·读书·新知三联书店，1989。

学思想与教学行为。因此，受过此训练的教师可能会丧失个人的职业发展创造性和自觉性。

清末师范学堂的确立，提高了教师产出的数量，适应了当时社会和教育发展的需求，却也在一定程度上开始了以牺牲教师的个性、创造性和艺术性为代价的演变过程。

在这样的演变过程中，"教师发展的整个图景是从'中化'向'西化'转化，职业特征从'艺术型'向'技能型'转变，从知识的传授者与道德化身的双重身份向单纯的知识传递者单一身份转变。"①这种"引进式"培养模式使我们的先辈看到自身与他人的差距，感到自卑，从而在思想上否定自我，不再立足于本土、本国文化研究中国教师自身问题，切断了中国教师的发展传统。

（三）教师的待遇窘迫

由于缺乏详细的材料，我们主要以薪水来考察清末民初教师的待遇。由于晚清和民国有所差别，我们分别研究这两个时期的教师待遇。

1. 晚清中小学堂教师的待遇

总体而言，晚清中小学堂（包括私塾）教师的待遇不高，如果按 12 月计，月薪通常为银元几元至几十元不等（参见表 1-13），远低于当时的官员和邮局职员、英文打字员等的收入。

晚清的新式学堂成分较为复杂，既有官办学堂，又有公私立学堂，还有教会办的学堂。研究发现，不同学堂、不同学科教师的薪水还是有不小的差距的。

各省间教师薪水差异相当明显。据《第一次教育统计图表》可知，各地教师薪水差距很大。如中学堂教师年薪最高的是江宁省 446 元（37.2 元/月），最低的是湖南省 192 元（16 元/月）。高等小学堂教师年薪最高的是江宁省 298 元（24.8 元/月），最低的是湖南省 98 元（8.2 元/月）。初等小学堂教师年薪最高的是江宁省 93 元（7.8 元/月），最低的是湖南省 37 元（3.1 元/月）。参见表 1-13。

---

① 朴玉华：《回溯与展望：中国中小学教师发展的世纪转型》，91 页，济南，山东教育出版社，2007。

任教学段不同，教师的薪水存在很大的差异。表 1-13 同样显示，任教学段不同，教师的薪水存在很大差异。一般而言，所教学段越高，教师的薪水越高。中学堂教师的年薪高于小学堂教师的年薪，尤其高于初等小学堂教师的年薪，有的省份高出三四倍，如湖北、云南；山东高出 10 倍多。这可能与私塾中蒙学塾师收入低的传统有关（蒙馆的塾师一般由无功名的白首先生担任，又只进行启蒙教育，因而收入一直很低）。

表 1-13　1907 年部分省份中小学堂教员平均薪水(银元/年)一览表

省份	中学堂	高等小学堂	两等小学堂	初等小学堂
湖北	279	190	181	87
湖南	192	98	49	37
江宁	446	298	153	93
江苏	395	191	128	66
浙江	301	165	100	68
福建	296	132	114	61
山东	434	228	342	38
山西	335	233	175	64
河南	437	224	117	51
江西	327	144	80	40
广东		254	109	56
广西	387	207	125	56
云南	331	204	172	91

注：资料来源于学部总务司编《第一次教育统计图表》，所有省份均以银元计算，本来使用银两的省份以 1 银元＝0.7 银两计算，在绘制过程中银元银两并用的省份剔除。

学校的资金来源不同，教师的薪水存在很大的差异。通常，官立学堂教师的薪水高于公立和私立学堂教师的薪水。如表 1-14。

表 1-14　1909 年浙江省松阳县各小学堂教员薪水表

学校名称	教职员数	教职员年薪总数	教职员人均年薪
官立两等小学堂	8	1578	197.3
公立古市初等小学堂	9	420	46.7
官立初等小学堂	6	390	65

学校名称	教职员数	教职员年薪总数	教职员人均年薪
商会公立养正初等小学堂	4	180	45
公立初等育英小学堂	4	134	33.5
公立明达初等小学堂	5	134	26.8
私立世珍初等小学堂	4	200	50
僧立贯一初等小学堂	6	200	33.3
僧立尼宗初等小学堂	5	160	32
私立益智英算专修学堂	4	600	150
公立仑西初等小学堂	3	？	？
公立养正初等小学堂	3	120	40

注：资料来源于朱有瓛《中国近代学制史料》(第二辑上册)，286～295 页，华东师范大学出版社 1987 年版。

教职员数的单位为"人"，年薪的单位为"银元"。

教师所教科目不同，薪酬也有很大差距。一般来说，外语和经学的教师薪酬较高，文理科教师其次，音乐和体操的教师薪酬最低。外语教师因为数量奇缺，所以薪酬较高。经学教师往往是鸿学大儒，他们的地位本来就比较高，故薪酬较高。如果经学教师地位较低，那薪酬也低。如在安徽省公立尚志两等小学堂的教师中，英文教师的薪酬最高，年薪为 360 银元，其次为经学教师，年薪为 240 银元，理科和文科教师的年薪普遍为 180 银元。

表 1-15　安徽省公立尚志两等小学堂教员薪酬表

教师姓名	资格	担任科目	年薪
金承光		修身	180
胡荫桐	廪生	国学、经学	240
朱之桐	武备学堂毕业	理科、算术	180
金鸣歧	文华书院毕业	英文、音乐	360
张景朱	本县师范生毕业	地理、算术	180

续表

教师姓名	资格	担任科目	年薪
江天泽	教员研究员	国文、历史、地理	180
姜体经	附生	读经兼会计	144
徐清泰	高等学堂师范生	国文、历史、地理	180
徐召佰	武备练军毕业	体操、算术	180

注：资料来源于京外学务报告《学部官报》(第38册)，375～378页，该校开办年月为光绪三十年(1904)三月，学生定额120名，现额106名。教员9人，教职员薪水常年约2200银元。原表薪水以月计算，此表按每年12个月换算。

年薪的单位为"银元"。

同一学堂中教师身份不同，待遇也不同。如1895年创办的天津中西学堂，二等学堂总办月薪银60两，汉文教习月薪银20两，洋文教习月薪银25两。[①]

塾师的待遇最低。传统塾师的职业收入主要是束脩及少量礼节性的收入。除非入仕，否则塾师不是一个能够产生富豪和名流的职业。就大多数塾师而言，无论坐馆家塾，还是自设私塾，能够勉强维持一家人的生计就不错了。因此，塾师被称为"穷书生"。

研究发现，影响塾师收入的因素主要有三。一是塾师自身的素质，主要根据塾师的功名和教学经验而定。二是教学层次。塾师的待遇因所教经馆和蒙馆的不同而迥异，经馆多是为乡试做准备，塾师必须具有生员以上的资格，所以收入较高。蒙馆的塾师多为白首先生，所以薪酬较低。三是学生或塾馆东家的情况。名门望族或家道殷实者，会尽力给塾师提供较为优厚的经济待遇。但如遇刁钻吝啬之家，塾师非但日子不好过，连微薄的薪水都难以如数到手。

据张仲礼研究发现，具有生员以上资格的塾师每年收入约为100两银子，而那些没有绅士身份的塾师，平均年收入则不足50两银子。19世纪末，山西举人刘大鹏做塾师的束脩为100两银子，同期，南京钟山书院的山长的年收入是984两银子，苏州存古学堂山长的年俸为1200两银子。[②] 但白首先生的收入就很低了。徐特立先生早年在蒙馆从教，"教蒙馆十年，总共只得到二百

---

① 蒋致远：《中华民国教育年鉴第二次第二册》，370页，台北，宗青图书出版公司，1991。

② 张仲礼：《中国绅士——关于其在19世纪中国社会中作用的研究》，280页，上海，上海人民出版社，2008。

元左右。开始教书的第一年只得三串钱，合大洋还不够四元"，还不够买一部《十三经注疏》(时价 12.5 串钱)。① 据创造社成员张资平回忆，他的父亲设蒙塾，教授三四十名学生，一年的收入有五十余元，这个数字"可以说为农村的蒙塾冠"了。② 可见，学堂教员的收入总体上远远超过塾师。

2. 民初中小学校教师的待遇

民国初期基本延续晚清教师待遇的状况，学段越低教师收入越差。

小学教师待遇低下。1917 年，民国政府教育部公布《小学教员俸给规程》，规定校长及正教员月俸分为 14 级，8—60 元不等；专科正教员及专科教员分为 11 级，6—40 元不等；助教员分为 8 级，4—22 元不等。而且，"受一级俸后确有劳绩者"，月俸可分别递增至 80 元、60 元、30 元。③ 似乎民国政府教育部规定的小学教员薪水高于晚清。但事实上，教师薪水与晚清处在同一水平。

据俞子夷 1921 年调查江苏、浙江、四川、江西、山东、安徽等省小学教师薪金发现，小学教师年俸第一年中数是 125.10 元，现年俸中数是 160.25 元，而个人用度年中数为 99.77 元，每年能给家庭用度的费用很少，44.6% 的教师有欠债。④ 邰爽秋的调查结果差不多。他调查了 87 名在南京高师的暑期学校学习的教员发现(这些教员来自浙江、江西、山东、湖南、福建、山西等省)，小学教师平均年薪为 203.4 元，而平均每人的家庭用度为每年 376.5 元，入不敷出。不少小学教师靠借债度日。难怪邰爽秋说，"小学教育已完全破产了！有许多小学教员差不多没有饭吃了！"⑤不少教师不得不兼职(到他校兼职)，或依靠家庭的其他收入(如田产、经商等)谋生。

中学教师待遇不高。中学教师待遇，全国自清末以来"向无通例之规定，即使同一省市亦因公私立而有差别。而中学教员待遇在制度上亦渐由月薪制度演变为时薪制度，与月薪制度并行。施行时薪制在民国十一年以前旧制中学时代，普通每小时自五角(以私立中学为多)至两元(如高等师范附属中学)。

① 蒋纯焦：《一个阶层的消失》，博士学位论文，华东师范大学，2006。

② 《张资平自传》，12 页，南京，江苏文艺出版社，1998。

③ 中国第二历史档案馆：《中华民国史档案资料汇编》(第三辑)，494 页，南京，江苏古籍出版社，1991。

④ 俞子夷：《小学教员生活状况调查》，见李文海、夏明方、黄兴涛：《民国时期社会调查丛编 文教事业卷》，183～198 页，上海，福建教育出版社，2004。

⑤ 邰爽秋：《小学教员的生计》，见李文海、夏明方、黄兴涛：《民国时期社会调查丛编 文教事业卷》，119 页，福州，福建教育出版社，2004。

施行新学制以后，省立初级中学普通每小时一元贰角五分(如江苏省立初级中学)或一元五角(如浙江省立初级中学)。高级中学普通每小时为一元七角五分(如江苏省立高级中学)或两元(如浙江省立高级中学)。"①

中华教育改进社调查发现，1924年前后，我国中等学校教师的年薪中数为 706.45 元，而教师个人年用度为 273.47 元，占全薪的 38.71%，家庭用度为 366.19 元，占全薪的 51.83%，两项相加占到 90.54%，很少有结余。这导致"中学教师的子女，就无力享受中等教育的机会；……况且逢到国库省库竭蹶的时候，学校中半薪还发不出，处于这种情景之下，要叫各教师专心致志的研究，有时实在陈义太高"。②

3. 教师待遇与其他行业的比较

研究发现，由于地域不同、资金来源不同、学段不同、所授课程不同等，教师收入存在一定差距，甚至有较大的差距。但总的来说，新式学堂教师的薪水普遍高于塾师。私塾的没落已经在教师薪水上显示出来。在新式学堂内部，不同学段、不同职位教员的薪水是不一样的，学段越高薪水越高，职位越高(如正教员、副教员，总办/校长、教务长等)薪水越高。小学教师待遇是最低的。

但无论清末还是民初，中小学教师的薪水明显低于其他知识阶层的收入。晚清山西官员的固定收入是年薪 274 两银子，额外收入是固定收入的 19 倍，合计一个官员一年的总收入约为 5000 两银子。据张仲礼推测，上层塾师 100 两银子的年收入，是官员平均收入的 1/50、幕僚收入的 1/5。③ 而新式学堂教员的年收入也不过几十至三四百两银子，也是大大低于官员的收入。1909 年西安邮政总局职员的薪水情形是：4 位会英文的职员年薪各 900 元，不会英文的职员则年薪不到 360 元，其中投递员(邮差、信差)的年薪只有 72 元。④ 教员的收入也低于报社的编辑。如《时报》编辑包天笑在报社每月写 6 篇论说，再写点小说，得月薪 80 元，计年薪 960 元。他同时在《小说林》兼职，只在每

---

① 蒋致远：《中华民国教育年鉴第二次第二册》，370 页，台北，宗青图书出版公司，1991。

② 廖世承：《我国中等学校教师的概况》，见李文海、夏明方、黄兴涛：《民国时期社会调查丛编 文教事业卷》，318~323 页，福州，福建教育出版社，2004。

③ 张仲礼：《中国绅士——关于其在 19 世纪中国社会中作用的研究》，291 页，上海，上海人民出版社，2008。

④ 《清末邮局用英文记账》，载《三秦都市报》，2001-10-11。

天上午工作三小时，逢星期日还有休假，得月薪 40 元。合起来年薪有 1440 元，远远高于教员工资。① 小学教师薪酬比一般手工业者要高，但优势并不明显。1902—1911 年大连一般工人年薪在 90—360 元（大多数工种是 250—300 元）；1905 年上海工人年薪在 80—300 元（大多数工种在 210 元左右）；汉口工人年薪在 50—120 元。② 和普通百姓相比，小学教师的收入略高。据美国人马丁·米勒报道：晚清教师的日收入为 0.1—0.5 美元，而一般劳动者为 0.04 美元，教师的年收入为 30 两到 150 两银子，一般劳动者年收入为 10 两银子。③ 也就是说，一个塾师的年收入相当于受雇的普通劳动者的数倍甚至 10 倍以上。

到民国，中小学教师的待遇依然低下，1919 年，南京高师校长郭秉文聘请陶行知为该校教务主任，薪水按教育部直辖专门以上学校职员薪俸暂行规程，每月致送通用银元 250 元。④ 北洋政府时期荐任（相当于处级）分 6 级，月薪为 220—370 元，委任（低级公务员）分 12 级，月薪为 40—200 元，而中学教员的月薪也不过几十元，很少过百元。小学专科教员的工资只相当于公务员的最低工资，高于熟练男性工人的工资。小学正教员的工资只相当于公务员的倒数第三级的工资。小学助教员的工资相当于男性工人的平均工资。公务员没有这么低的工资。⑤

总体来说，清末民初，教师的经济地位不高，属于社会的中下层，要高于普通手工劳动者，但在新型知识分子中属于较低水平。

（四）教师的形象并不伟岸

教师的形象很难一言以蔽之，更何况一百年前的教师。但我们可从教师的待遇、出身、身份、认可度等方面推测那时新式教师的形象。

---

① 包天笑：《钏影楼回忆录》，324～376 页，香港，大华出版社，1971。

② 汪敬虞：《中国近代工业史资料》（第 2 辑下册），1226、1251 页，北京，科学出版社，1957。由于性别、工种等差异只能做粗略估计，本处工资以每月 30 日、每年 12 个月计算。

③ 张仲礼：《中国绅士——关于其在 19 世纪中国社会中作用的研究》，285～286 页，上海，上海人民出版社，2008。

④ 《1919 年 10 月 4 日校长郭秉文聘任陶行知为教务主任公函》，见朱有瓛：《中国近代学制史料》（第三辑下册），662 页，上海，华东师范大学出版社，1992。

⑤ 慈鸿飞：《20 世纪二三十年代教师、公务员工资及生活状况考》，载《经济社会史评论》，2012(6)。

新式学堂的教师出身寒门。由于师范学堂的毕业生是新式学堂教师的重要来源，所以师范生的出身映射了这一职业群体的身份面貌。

研究发现，师范毕业生大多为寒门子弟。由于师范学堂减免学费、膳宿费，还按季节分发操衣，甚至还有膏火津贴，因此吸纳了很多寒门子弟。虽然，新学制实施初期，几乎所有官办学堂不收费①；但1906年后，除师范学堂、初等小学堂、艺徒学堂等外，各校还是要缴纳学费的。这对一般人家是不小的负担。如天津私立第一中学，学生每月纳费三元。明德学堂，"每人取学费二千文（二两，接近三元），寄宿者另收膳费二千一百文"。安徽公学，"学费本省人不收，外省人每月收英洋二元。膳金无论本省外籍，每月均收制钱二千文"。可见中等学堂学费一般在每月三元左右，如果住宿的话共要六元左右。师范学堂免费对寒门子弟吸引力很大。

寒门子弟因此选择师范学堂的记载很多，如音乐人霍存慧的父亲在宣统年间入宾州府立师范学堂，于民国初年毕业。霍家祖先世代为农，生活在一个只有七八户人家的小村庄里。②饶漱石的父亲饶思诚（1882—1958），六岁丧母，八岁丧父，科举制度被废除后，他肄业于江西优级师范选科，后又保送两江师范学堂。蔡寄鸥，1905年考进两湖总师范学堂。他14岁时父亲病死，毕业后因家庭困难，开始向《汉口中西报》等报刊投稿，以稿酬补贴家用。③朱德出生在四川省一个贫苦的佃农家里，后来考取四川省师范学堂的体育学堂。虽然也有一些家境较好的学子来报考师范学堂，如何育杰，他是京师大学堂师范馆学生，他的父亲何麟祥是光绪二年（1876）的举人，曾任江西新喻知县、贵溪知县；张肇麟，19岁考入温州师范学堂，他出自书香门第，其曾祖父张振夔为举人，不愿当县官，先后三次任宁波镇海县学教谕。但绝大多数师范生是寒门子弟。这就注定了未来教师出身寒门。

新式学堂教师的身份由官、绅转为职业人。传统教师中的官学教师虽是"冷官闲秩"，但依然是官，享受官的待遇。新式学堂设立之后，教师的待遇初期是按官员的待遇给予的，但是随着科举制度的被废、新教育的发展，加

---

① 1906年11月10日，学部颁发《通行京外征收学费章程文》，规定视各地财力、办学现状和学级程度征收学费。次年3月8日，又奏定《学堂收费章程》，除初等小学堂暂予酌免，师范学堂及半日学堂、艺徒学堂全免外，各级学堂均应缴纳学费。可见之前不收费。

② 高虹：《霍存慧——当笑今生》，载《音乐生活》，2006（5）。

③ 武汉地方志编纂委员会：《武汉市志 人物志》，680～682页，武汉，武汉大学出版社，1999。

上清廷困顿的经济形势，教师的身份发生了根本的变化。

1904年《学务纲要》颁行时，对教员身份做了规定：学堂教员宜列作职官，任期或三年一任或两年一任，或视该学堂毕业之期为一任。[①] 1905年政务处在奏请设学部时，有关教员身份再次建议："学堂教员宜列作职官也……别以品秩，判以正副，重以礼貌，优以俸薪……列入官籍之中。"[②]1907年，清廷颁布的《师范学堂毕业奖励章程》又按成绩把学生分为五等，前四等可奖给官衔。这些规定似乎表明中小学教员为官员，但实际上，他们并没有官员的身份和待遇。1911年，清廷颁布的《优待初级师范学堂、中学堂教员章程》及《检定初级师范学堂中学堂教员及优待教员章程》，规定："现充初级师范学堂中学堂教员者，地方官即应待以职绅之礼。""其本无出身者，得比照举贡，准用顶戴"，"本身得免徭役"，"非本身犯罪，不得牵连逮捕"。"凡在一学堂教授已逾五年照章应请奖者，无论已否核准，若遇覃恩，其原有官职者系外官，得比照京员例给予封典，如无官职，准以七品职衔貤封父母。"[③]职官改职绅，虽一字之差，但其内涵发生了变化。在职为官，退职为绅。原来的官职身份被淡化。教员虽然依旧有出身，准用顶戴，但是已由官的身份转变为绅的身份。[④] 1912年1月19日，中华民国教育部颁布了第一个改造封建教育的法令《普通教育暂行办法》，规定"旧时奖励出身，一律废止""中学校、师范学校毕业者，称中学校、师范学校毕业生"。

由此，我国传统的教师由官员到职官，再到职绅，民国以后直接称为教员，教师的身份完全由官、绅到了从事教学职业的职业人。

新式学堂教师的认可度远远低于传统塾师。虽然从表面上看新式学堂欣欣向荣，但在民间新式学堂的认可度并不高，这可以从清末民初乡民毁学的情况得到印证。宣统元年(1909)七月，江西袁州乡民因办新式学堂发起暴动；宣统二年(1910)正月，江苏宜兴乡民焚毁学堂；宣统二年三月江苏江都乡民毁学、浙江慈溪乡民焚毁学堂。这个时期，浙江、四川、江西、广东、江苏

① 《学务纲要》，见朱有瓛：《中国近代学制史料》(第二辑上册)，89页，上海，华东师范大学出版社，1987。

② 舒新成：《中国近代教育史资料》，271页，北京，人民教育出版社，1981。

③ 《学部奏检定初级师范学堂中学堂教员及优待教员章程折并单》，见璩鑫圭、童富勇、张守智：《中国近代教育史资料汇编》，619～620页，上海，上海教育出版社，2007。

④ 刘玉梅：《清末民初教师群体过渡性特征分析》，载《河北大学学报(哲学社会科学版)》，2006(6)。

等地屡有乡民焚毁学堂的事情发生。① 民间对新式学堂的认可度直接影响新式学堂教师的职业声望。

和传统私塾相比新式学堂是外来物，在中国有诸多的不适应，这也导致新式学堂教师的认可度远远低于私塾先生。

在传统中国，塾师是深深扎根于乡村社会的绅士阶层。他们是自然的、草根的、乡土的，在语言、思维和生活习惯上与乡村社会浑然一体。他们所生活的空间是一个以血缘和地缘关系为中心的熟人社会，其职业活动基本上是固定的，流动性弱，他们自身就是乡村的一分子。他们的人生定位是进可以仕、退可以耕（达则兼济天下，穷则独善其身），他们承担着人才培养的职责——上可为国培养官员，下可为百姓提供基本的知识和道德教育，如乡民日常生活所需的识字、作文和珠算，为那个时代的家、国做出了他人难以替代的贡献。塾师在乡村社会不只是教书匠。他们还扮演着道德楷模、纠纷调停者、公共事务热心人、社会秩序维护者、乡村文化生活的组织者和建设者等社会角色，是乡村社会不可或缺的精英。他们赖以生存的私塾投资成本低，收费低廉，方式灵活。私塾纳费不像学堂一次收取，而是按端午、中秋、春节三节分期收取，这更符合农民现金流动的习惯，而且穷则穷出，富则富出，很多家长能负担起费用，所以私塾遍及乡间。私塾根据农时安排学校作息的方式，满足了农业生活的需要。总之，私塾先生与乡村社会的关系是血溶于水的关系，所以私塾先生虽然经济地位不高，但在乡村有相当高的社会威望。

而在乡村社会，新型教师的地位不如学堂未兴之前的塾师。新式学堂教师是洋派的、外来的，独立于乡村社会，是乡村的异类。教师的职业活动场所是新型学校，这些学校不论在校园建设上，还是在经费来源上，一般都独立于乡村社会。学校有围墙，明显地表达着其属于乡村社会"他者"的姿态。学校与乡村社会的剥离，使得乡民无权过问学校的内部事务，自然他们也不会视学校为其社会生活的一部分。教师在学校里忙碌着，看不见外面的世界，其作息规律和生活方式完全是城市化的，与乡村生活格格不入，他们更不可能参与到乡村社会事务中来。新式学堂教师属公职人员，他们从政府或"集体"中获得生活来源，而不需要直接与乡民有经济往来。公职人员的身份将乡

---

① 《乡民毁学》，见朱有瓛：《中国近代学制史料》（第二辑上册），302～306 页，上海，华东师范大学出版社，1987。

村教师从乡村社会中剥离出来，他们从属于或依附于更为强大的政府系统，而不是扎根于乡村社会。这使他们在教书育人中主要是对上负责，为国家培养所需要的人才，而不需考虑乡民和乡村社会实际的教育需求。学堂教育不仅成本高昂，而且产出的学生也多显"无用"。庄泽宣在《如何使新教育中国化》中提到农民大多指责学校课程几乎与社会生活无关，尤其批评教师"只是奉行故事，把他在中学师范所知的全盘搬到乡间来"，"全不知道因地制宜适应需要的道理"。相比乡间自办私塾，学堂成本过高。学堂在校舍、教具和延聘师资等方面的花费远高于私塾，学费也高于私塾。这就导致乡民对新式学堂教师缺乏认同感。

由于学堂教育质量差、教育成本高而且教育内容不切实际，在广大乡村，从事学堂教育的小学教师反不如塾师受尊重。

新式教育自身与中国传统的割裂导致教师的地位下降。新教育制度是模仿西方制度建立的，这个模仿西方建立的制度以培养具有现代公民意识和公民精神的公民为目标，以西方现代科学知识为核心内容，以西方工业社会治理工厂的理念、方式管理学校，这使得以儒学为核心的人文知识渐渐被挤到边缘的位置，结果导致儒学失去最基本的信仰群体，"学堂之害，良非浅鲜，自学堂设立以来，不但老师宿儒坐困家乡，仰屋而叹，即聪慧弟子，亦多弃儒而就商。凡入学堂肄业者，莫不染乖戾之习气，动辄言平等自由，父子之亲，师长之尊，均置不问，为父兄者知其悖谬，不愿子弟入学堂，遂使子弟学商贾。"[1]

儒学不被尊重，尊师传统亦被遗忘。在传统社会中道统高于政统。西汉太学，没有校长，博士为师。如果发生争议，都由博士决断，朝廷官员只能参与意见，没有决定权。新式学堂采取西方科层制的管理体制，教师居于其中最底层。"如此则又何复言中国文化传统尊师重道之教育精神之所在乎？"[2]

钱穆认为，传统中国教育在于教人学为人，受教育者当终身奉行此种人生教育。然"新学兴起，则皆承西化来。皆重知识传授，大学更然。一校之师，不下数百人。师不亲，亦不尊，则在校学生自亦不见尊。所尊仅在知识，不在人。人不尊，则转而尊物"。[3]

---

①　刘大鹏：《退想斋日记》，162～163页，太原，山西人民出版社，1990。

②　钱穆：《现代中国学术论衡》，转引自卜玉华：《回溯与展望：中国中小学教师发展的世纪转型》，88页，济南，山东教育出版社，2007。

③　钱穆：《现代中国学术论衡》，转引自卜玉华：《回溯与展望：中国中小学教师发展的世纪转型》，88页，济南，山东教育出版社，2007。

　　清末民初是中国社会发生巨大变革的时期，是教师从传统教师转变为现代教师、专业教师的初期。这个时期教师地位的高低，直接影响教师职业的吸引力，影响我国现代教师队伍的质量和现代教育的质量。我国在现代化进程中夹杂着国家独立、民族富强这些更宏大的叙事，以及后发展国家自身存在的沉重的包袱——落后的经济，现代人才的匮乏，共和国制度的不完善，再加上在传统社会中教师原本就是一个自谋生路的群体，等等，这些直接影响到教师的生存状况。

　　在现代化进程中，教师从传统社会"亦师亦绅"的旧制度的维护者、代言人、主导者转而成为现代社会的职业人、专业人，科层制下的被管理者。教师失去了原本在乡民社会中的威望和一定的自尊、自傲、独立性，这为教师现代化进程的艰难与曲折埋下了伏笔，也为教师职业缺乏吸引力埋下了祸根。

第二章 民国后期：现代教师的形成与专业化的困境

一、社会的现代化与中国教育的现代化历程

（一）民国后期，政府主导下的现代化历程

晚清，随着西方资本主义武力、经济的强势入侵，统治者越来越在国家治理中表现出无力与无能，而以李鸿章、张之洞、袁世凯等为代表的汉族官僚以其远见和能力，逐渐在地方形成势力。北洋政府统治时期（1912—1928），16 年间更换了 47 届政府；1912—1926 年，14 年间教育总长更替了 50 次，教育次长更替了 38 次。政治之动荡、政府之无能可见一斑。① 袁世凯死后的中国群龙无首，军阀混战，形成了强地方弱中央的政治格局。这种格局一方面为地方、民间的自主发展提供了机遇；另一方面，因缺乏统一的部署和国家的强力支持，使我国的现代化进程特别是教育现代化进程举步维艰。正如有的学者所说："国家权威的式微使政府推动早期工业化的能力大打折扣。"②

为了解决国家权威式微的问题，为了确保自身绝对的统治地位，国民党在获得统治地位以后，一方面通过中原大战和五次围剿镇压了军阀势力，驱逐了共产党（使之处在远离政

---

① 杨东平：《艰难的日出：中国现代教育的 20 世纪》，43 页，上海，文汇出版社，2003。

② 马敏：《现代化的"中国道路"——中国现代化历史进程的若干思考》，载《社会科学文摘》，2016(11)。

治经济文化中心的偏远地区）；另一方面在全国实行中央集权的统治（一党专政），并通过国家的力量推进各个领域的现代化进程。例如，在政治上，结束军政，实施训政，准备宪政；在军事上，实施征兵制度，训练干部，建立军事工业，发展陆海空军；在外交上，基本废除不平等条约，收回国家权利，与他国建立相对平等的外交关系；在财政上，建立全国性的财政系统，整顿混乱的金融界，收回关税自主权，尽量筹资从事工业、商业、矿业、农业、水利、交通等方面的建设，试图把传统、落后、分裂的中国带向现代、进步、统一的中国。① 到 1937 年中期，中央政府已稳操政权，从而出现了自 1915 年以来政治上从未有过的稳定局面。经济好转，政府大力推进种种运输及工业计划；货币比以前更统一了。②

国民党的独裁、腐败，以及抗日战争和解放战争，使得国民党在现代化道路上步履蹒跚，成绩索然。但和清末民初相比，应该说，在国家治理和现代化发展中，国民党是重要的推动力量。

民国后期是社会现代化的重要时期。

（二）一党专制下的教育规范化运动

西方主要发达国家的近现代发展历史告诉我们，现代民族国家在教育现代化进程中发挥着举足轻重的作用。在教育领域，它们利用国家的力量普及义务教育，培养忠诚于现代民族国家的公民，建立服务于社会经济、政治的现代教育制度等。国民党获得统治权以后，也把教育现代化作为推进整个国家、社会现代化的重要手段加以推动。但这一时期的教育现代化的推进在更大程度上表现为国家、政府发挥主导力量。

在国民党获得全国的统治地位后，民国初期的地方自治被中央集权所替代。20 世纪 20 年代自由宽松的风气渐为国家主义、权威主义所取代。国民党在文化教育上开始全面整顿，主要表现在中央教育行政部门积极收回各种教育权力，统制各类教育发展。"国家统制教育，使教育为政治的工具，在今日已认为事理之当然。举其荦荦大者言之，如宪法教育专章的规定，教育宗旨

① 吴家莹：《中华民国教育政策发展史 国民政府时期（一九二五～一九四〇）》，11 页，台北，五南图书出版公司，1990。

② 费正清、费维恺：《剑桥中华民国史（1912—1949 年）》（下），184 页，北京，中国社会科学出版社，1994。

的颁行，课程教材的控制，教育经费的筹支，行政组织的规划，均以国家的意志为主体而谋其实现。世界大战已还，各国已舍弃以前的放任政策而谋教育的统制。"①国民党统治时期的民国，是教育现代化推动的重要时期，主要表现在对现代教育的全面的规范与推动。

1. 确定三民主义的教育宗旨

1929 年 3 月 25 日，国民党第三次全国代表大会通过了《确定教育宗旨及其实施方针案》。确定的教育宗旨是："中华民国之教育，根据三民主义，以充实人民生活，扶植社会生存，发展国生民计，延续民族生命为目的；务期民族独立，民权普遍，民生发展，以促进世界大同。"三民主义从此成为教育的主导方针。1931 年颁行的《中华民国训政时期约法之国民教育专章》明确规定"三民主义为中华民国教育之根本原则"，② 1936 年颁行的《中华民国宪法草案》中，把这一思想融入教育宗旨中并指导当时各级各类教育："中华民国之教育宗旨，在发展民族精神，培养国民道德，训练自治能力，增进生活知能，以造成健全国民。"③

2. 大力推进义务教育

义务教育的普及在概念上从晚清就开始了，但由于战乱频仍、政治腐败、经济困顿等原因，清末民初义务教育的普及成效很低。据统计，1930 年全国初等教育入学儿童仅占学龄儿童总数的 21.8％。④ 这种教育状况显然不利于教育乃至国家的现代化。国民党在获得统治权之后开始致力于义务教育的普及。

1928 年 5 月，第一次全国教育会议决定厉行义务教育，要求从中央到各市县建立义务教育委员会，制订计划和指定专门款项，每两年使失学儿童减少 20％。1930 年第二次全国教育会议通过《厉行国民义务教育与成人补习教育》提案，要求 20 年普及义务教育，前 5 年重点培养师资，后 15 年着力普及义务教育。规定义务教育年限为 4 年。对不能连续 4 年在学的儿童，可酌量缩短在学时间。1935 年国民党制定了分期普及义务教育的办法及细则，将义务教育分四个阶段实施，最终使全国学龄儿童接受至少 4 年的初等教育。同

---

①　樊兆庚：《我国小学教育最近的趋势》，载《教育杂志》，1937(9、10)。

②　《中华民国训政时期约法之国民教育专章》，见宋恩荣、章咸：《中华民国教育法规选编(1912—1949)》，47 页，南京，江苏教育出版社，1990。

③　《中华民国宪法草案》，见宋恩荣、章咸：《中华民国教育法规选编（1912—1949)》，64 页，南京，江苏教育出版社，1990。

④　蒋致远：《中华民国教育年鉴第一次第三册》，487 页，台北，宗青图书出版公司，1991。

年制定《市县划分小学区办法》(1936 年进行修订)，1937 年公布了《实施二部制办法》和《改良私塾办法》，推进义务教育的实施。①

由于抗战的爆发、经济的贫困，以及缺乏足够的师资，义务教育的计划并未实现。但即便是抗战期间，国民党还是在规划普及教育。1940 年 3 月 21 日，国民政府教育部公布《国民教育实施纲要》，1944 年又公布《国民学校法》和《普及失学民众识字教育计划》。

虽然上述义务教育推行计划多流于纸面，但儿童接受教育的人数还是在战争年代缓慢上升。据 1930 年统计，全国初等教育入学儿童仅占学龄儿童的21.8%。② 经过多年的努力，到了抗战之后，据 1946 年统计，全国实施国民教育的 19 个省市，共计 315780 保，设国民学校、中心国民学校及其他小学237000 所，平均每 4 保设 3 校，已接受教育的儿童有 29160803 人，约占学龄儿童总数 38173765 人的 76%。③ 这样的成绩在一个战争频仍的社会可谓卓著。

3. 制定教育法规，规范各级学校管理

为了规范全国各级教育的发展，国民政府教育部制定各种教育法规，通过法律制度来规范学校办学。如《中华民国宪法草案》第 132 条规定，"中华民国人民受教育之机会，一律平等"；第 133 条规定，"全国公私立之教育机关，一律受国家之监督，并负推行国家所定教育政策之义务"；第 134 条规定，"六岁至十二岁之学龄儿童，一律受基本教育，免纳学费。"④同时，制定各级学校的法规。如在初等教育，1932 年制定《小学法》，1933 年制定《小学规程》。在中等教育，1932 年制定《中学法》《师范学校法》《职业学校法》，1935 年颁行修正的《中学规程》《师范学校规程》《职业学校规程》，废除综合中学，中学、职业学校、师范学校分别设立。在高等教育，1929 年公布《大学组织法》《专科学校组织法》《大学规程》和《专科学校规程》，1948 年又公布《大学法》《专科学校法》等，对各级各类学校的目标、修业年限、课程设置、招生毕业标准及程序等进行了规定。

另外，国民政府还制定了包括中小学、大学教师在内的各级教师的资格检定条例、任用和待遇保障办法，规范各地、各校用人制度。

---

① 于述胜：《中国教育制度通史》(第 7 卷)，96～97 页，济南，山东教育出版社，2000。

② 蒋致远：《中华民国教育年鉴第一次第三册》，487 页，台北，宗青图书出版公司，1991。

③ 李兴华：《民国教育史》，649 页，上海，上海教育出版社，1997。

④ 《中华民国宪法草案》，见宋恩荣、章咸：《中华民国教育法规选编（1912—1949）》，64 页，南京，江苏教育出版社，1990。

二、中小学教师的供给与现代师范教育制度的重建

(一)现代学校的发展与专业师资的匮乏

1. 师资培养如无水之源，师资状况难合人意

民国后期是我国义务教育的"厉行推展期"①。现代学校的发展是政府实现现代国家目标的重要基础，在民国后期短暂的和平建设时期，经过国民党政府的努力，我国的现代中小学校还是获得了一定的发展。但由于经济落后、师资匮乏，现代学校发展依然举步维艰。

(1)初等教育发展缓慢，专业师资匮乏

以小学为例，1909 年我国有现代小学 51678 所，在校生 1532746 人，教职员 85213 人。到有统计的 1945 年，小学校已经达到 269937 所，学生21831898 人，教职员 785224 人。学校数、学生数和教职员数分别比 1909 年增长了 4.2 倍、13.2 倍和 8.2 倍。② 表面上，现代小学发展迅速，但实际上，教职员数跟不上学生数的增长。我们拿 1930 年的 4911 万③学龄儿童测算，是年接受小学教育的学生数仅占学龄儿童的 22.2%。小学的数量和规模远远不能满足学龄人口受教育的需求。

表 2-1 1929—1946 年小学校数、小学生数、小学教职员数及师范学校数、师范毕业生数等

年份	小学校数	小学生数	小学教职员数	师生比	师范学校数	师范毕业生数(包括正规、简易、简易乡村)	师范毕业生(包括正规、简易、简易乡村)在小学教师中所占比例
1929	212385	8882077	407044	1：21.8	667	29470	7.24%
1930	250840	10943979	568484	1：19.3	2992	65695	11.56%

① 熊贤君：《中国近代义务教育研究》，150 页，武汉，华中师范大学出版社，2006。

② 1909 年的小学校数据来自蒋致远：《中华民国教育年鉴第一次第三册》，423 页，台北，宗青图书出版公司，1991。1945 年的小学校数据来自蒋致远：《中华民国教育年鉴第二次第一册》，230 页，台北，宗青图书出版公司，1991。

③ 陶行知：《攻破普及教育之难关》，见《陶行知全集》(第 2 卷)，783 页，长沙，湖南教育出版社，1985。

续表

年份	小学校数	小学生数	小学教职员数	师生比	师范学校数	师范毕业生数（包括正规、简易、简易乡村）	师范毕业生（包括正规、简易、简易乡村）在小学教师中所占比例
1931	259863	11720596	564032	1：20.8		514609	91.24％
1932	263432	12223066	557840	1：21.9			
1933	259095	12383479	556451	1：22.3			
1934	260665	13188133	570434	1：23.1			
1935	291452	15110199	610430	1：24.8			
1936	320080	18346956	702831	1：26.1	814	24162	3.44％
1937	229911	12847924	482160	1：26.6	364	9396	1.95％
1938	217394	12281837	432630	1：28.4	312	11200	2.59％
1939	218758	12669976	427454	1：29.6	339	12478	2.92％
1940	220213	13545837	490053	1：27.6	374	18964	3.87％
1941	224707	15058051	547737	1：27.5	408	23065	4.21％
1942	258283	17721103	669616	1：26.5	455	22931	3.42％
1943	273443	18602239	696757	1：26.7	498	24525	3.52％
1944	254377	17221814	655611	1：26.3	562	26808	4.09％
1945	269937	21831898	785224	1：27.8	770	28163	3.59％
1946					902	47784	

注：小学校数、小学生数和小学教职员数自蒋致远《中华民国教育年鉴第二次第一册》，230页，宗青图书出版公司1991年版。1931年之前的师范学校数、师范毕业生数自蒋致远《中华民国教育年鉴第一次第二册》，311页，宗青图书出版公司1991年版；1931年之后的师范学校数、师范毕业生数自蒋致远《中华民国教育年鉴第二次第三册》，929～930页，宗青图书出版公司1991年版。另，民国时期的统计数据原本不全。

小学校数、师范学校数单位为"所"，小学生数、小学教职员数、师范毕业生数单位为"人"。

◆ 90 ◆

从表 2-1 可知，小学阶段受过专门培养的师资的数量远远赶不上学校发展的速度。由于缺乏在职教师的学历和专业背景的完整数据，本研究用师范毕业生数代替。虽然师范毕业生数并不代表在职教师受过专业训练的实际情况，但在一定程度上能反映此种状况。从表 2-1 可知，民国后期，师范学校的数量和规模极小，能培养的师范生非常有限。1931 年之前（1931 年的数据奇高，与其他年份差距太大，此处把它除外），各地中等师范学校的毕业生在整个小学教师中的比例在 12% 以下。1931 年之后，师范毕业生在整个教师队伍中的比例在 5% 以下。由此可见，教师队伍中受过师范专业训练的人微乎其微。更何况，当时师范教育的质量并未得到一致认可。从师生比看，有统计数据的各年份的比例居高不下，师资不足的情况可见一斑。师资的数量不足、质量不佳必然影响现代教学方式的应用和新教育普及的步伐。

民国时期小学师资学历低下，对于未受专门训练者居多的状况学者多有反映。国民党统治末期有学者撰文道："抗战期间，小学教育确是退步，其原因不消说是师资的贫乏。十九省国民教育师资，不合格的占 46%，全国小学教师 62 万，师范毕业的不过 82000 人，小学毕业教小学的，倒有 85000 人。我在民国二十年到内地去，听说有许多地方小学毕业生要避免兵役，就在本乡当小学教师，招十几个小孩子，挂一块'国民学校'的牌子，其贻误儿童，不堪设想。"①

（2）私塾改良任务繁重，师资改造是关键

民国后期政府着力普及义务教育。但由于经费和师资缺乏，散见于乡间村落的私塾成为很好的代用机构。民国后期政府仿照清末民初的"私塾改良"办法，通过改良私塾为小学，加快义务教育普及的步伐。

1937 年 6 月，教育部颁布《改良私塾办法》，对当时的私塾改造提出了具体的办法："现有或新设立之私塾，均须于每学期开学前，填具'设立私塾表'，请求主管机关核准设立发给设塾许可证"。设立私塾需满足下列条件：第一，不违背中华民国教育宗旨及其实施方针者；第二，塾师文理清通，常识丰富者；第三，塾舍宽敞，光线、空气充足，并由空场足资学生活动者；第四，能遵用教育部审定之教科书者；第五，收容学龄儿童及失学儿童，不妨碍当地小学学额之充实者。课程设置分基本与补充两种，基本的包括国语（读书、作文、写字），常识（社会、自然、卫生），算数（笔算、珠算），体育，补充课程则由塾师自定。基本课程是新式学校的主要课程，《改良私塾办法》要求基本课程要占到 60%；

---

① 吴增芥：《战后中国的初等教育》，载《教育杂志》，1947(2)。

教材要用教育部审定的用书，教学"须以引起儿童学习之兴趣为主，并须注重理解，不得专重背诵"；强调对儿童的教育"注重积极诱导方法，绝对禁用体罚"；明确要求"主管机关对于所辖私塾，除已核准改称改良私塾者外，其成绩较优者得酌改短期小学、简易小学或代用小学"。对不合上述要求的私塾可以取缔。①从上述内容看，教育部要把私塾作为代用的小学来改造。

私塾改造为改良私塾或小学并非易事。自晚清推行新教育以来，私塾改良作为新式学堂发展的方法被加以利用，然而，由于新式师资的匮乏，加上经济的困难，民国时期依然有大量的传统私塾存在。由表2-2可见，1935年时依然有私塾110144所，其中占到65%的私塾仍然是传统私塾。而当时的小学校为291452所，小学生为15110199人（参见表2-1），如果把小学和私塾合计为普通初等教育机构，我们发现私塾数占到了整个普通初等教育机构的27.4%，就学私塾的学生占到整个普通初等教育就学人数的11.1%。塾师占到整个从事初等教育师资（共计721383人，其中小学教职员610430人）的15.4%。这个比例是相当大的。而在塾师中受过师范教育专业训练者只占到8.5%，受过现代中小学教育者占到了22.4%，也就是说高达69.1%的塾师依然是蒙受传统教育的旧式读书人。

表 2-2 1935 学年度全国私塾统计情况

项目	合计	已改良者及其所占比例		未改良者及其所占比例	
私塾	110144	38525	35%	71619	65%
塾师	110953	39191	35.3%	71762	64.7%
曾受师范教育	9483	6784	71.5%	2699	28.5%
曾受中小学教育	24805	15116	60.9%	9689	39.1%
学生	1878351	754465	40.2%	1123886	59.8%
全年所收经费	7195883	3188853	44.3%	4007030	55.7%

注：资料来源于中国第二历史档案馆《中华民国史档案资料汇编》（第5辑），682页，江苏古籍出版社1994年版，转引自田正平、杨云兰：《中国近代的私塾改良》，见《浙江大学学报（人文社会科学版）》，2005(1)。

人数单位为"人"，全年所收经费单位为"元"，私塾单位为"所"。

---

① 《改良私塾办法》，见宋恩荣、章咸：《中华民国教育法规选编（1912—1949）》，317～320页，南京，江苏教育出版社，1990。

塾师改造的重点在于改造其陈旧的知识结构、教学理念和教学方法等。经过 30 多年的改造，到 20 世纪三四十年代，塾师依然与新教育格格不入。据《汉阳县教育志》记载，当时汉阳县塾师的教学情形是这样的：塾师把学生叫到讲桌跟前，先生读一句，学生跟着读一句，先生教到一个段落，反复领读几遍后，让学生回到座位上诵读。学生读熟后再到先生那里去背诵，背得熟练，没有遗漏，先生再教一个新的段落。点读分量随着学生记忆的增长而增加。下次上新课前，学生必须将上次所学的课文一并背诵。塾师管教甚严，对那些不用心读书的学生施以体罚，或用竹片打屁股、手心，或拧耳朵、眼皮，或罚跪晒太阳、顶水碗等。当时有学者调查后得出如下结论："私塾塾师类多三家村学究，思想顽固，学识陈腐，所用教材，亦莫非忠君尊孔之文献，百家姓、千字文、古文观止及龙文鞭影之类，几成私塾至高无上之读品。教法专重背诵，不加讲解，学生读书数年，常不识一字义，终日咿唔，毫无休息，身体衰弱，浸成病夫，暮气沉沉，实为私塾一致之现象。"①

（3）中学教育发展不合人意，师资质量参差不齐

民国后期，普通中学也获得了一定的发展。从 1907 年到 1946 年的数据看，和晚清相比，民国后期中学获得了较大的发展，但从绝对数量看，学校数和学生数增长有限，中学状况并不理想。据表 2-3 统计，从 1907 年到 1946年，学校数、学生数、教职员数分别增长 9 倍、45.9 倍、42.3 倍，似乎成绩喜人。其实这是清末中学校的学校数量、学生数量十分低下的现实造成的。民国后期中学的发展十分有限。从 1928 年到 1946 年，学校数、学生数、教职员数分别增长 3.4 倍、6.9 倍、2.3 倍（教职员数用 1929 年数据）。然而，四万万人口的国度到 1946 年时，不过有中学校 4192 所，学生 1485147 人，实在令人汗颜。这其中固有战事的影响，但师资不足也是重要原因。

表 2-3 1907—1946 年普通中学发展状况与师资状况

年份	学校数	学生数	教职员数	师生比
1907	419	31682	2395	1：13.2
1908	440	36364	3309	1：11.0
1909	462	40468	3598	1：11.2

① 辛润堂：《安徽和县第二区乡村教育初步调查》，见李文海、夏明芳、黄兴涛：《民国时期社会调查丛编 文教事业卷》，76 页，福州，福建教育出版社，2004。

续表

年份	学校数	学生数	教职员数	师生比
1912	373	52100	5382	1：9.7
1913	406	57980	5838	1：9.9
1914	452	67254	7059	1：9.5
1915	444	69770	7186	1：9.7
1916	350	60924	6267	1：9.7
1918		117740		
1922	547	103385	9349	1：11.1
1925	687	129978		
1928	954	188700		
1929	1225	248668	30957	1：8.0
1930	1874	396948	42754	1：9.3
1931	1893	401772	43666	1：9.2
1932	1914	409586	44244	1：9.3
1933	1920	415948	43486	1：9.6
1934	1912	401449	41016	1：9.8
1935	1894	438113	42235	1：10.4
1936	1965	482522	41180	1：11.7
1937	1240	309563	23505	1：13.2
1938	1246	389009	28028	1：13.9
1939	1652	524395	29491	1：17.8
1940	1900	642688	39449	1：16.3
1941	2060	703756	44332	1：15.9
1942	2373	831716	57068	1：14.6
1943	2573	902163	64197	1：14.1
1944	2759	929297	67477	1：13.8
1945	3727	1262199	91289	1：13.8
1946（扣除了侨外设学）	4192	1485147	103644	1：14.3

　　注：本表中的数据根据王伦信《清末民国时期中学教育研究》（2001年华东师范大学博士论文）135～136页的表格进行计算而成。

　　学校数单位为"所"，学生数、教职员数单位为"人"。

　　不仅中学规模发展有限，中学教师的质量也难合人意。"中学程度之低落，已成为现今教育上最严重的问题之一。六年一贯制中学之试行，以及大学之所以补授基本学科者，率由乎此。而其所以然者，中学师资之不良，实为一大原因。查战前之调查，中学教师之具有大学毕业程度者，在文化水准较高的各省，约已占半数（郑西谷氏于二十四年调查 12 省 3 市 98 校 3188 名教师之结果：大学毕业者占 40.28％，专门学校毕业生占 14.11％，高师或师范专科毕业者占 12.99％，师大或教院毕业者占 11.35％，留学外国而有学位者占 5.02％），但多半系因无正当出路，相率在中学任教，学非所用，用非所学，完全是一种不正常的现象，不足为训。观乎已受专业训练者之少（上述高师师专与师大教院毕业生合计不过占 24.34％），以及任课不专之情形，似过半矣。"①

　　同时，民国时期中小学教师的教学质量也不敢恭维，这在民国初年各地巡视员巡视地方学校时有普遍的反映。湖北教育当局考察当时各校的情况时，如是描述当时的师资状况："所有现在充各校教员，知名之士固多，滥竽充数者亦复不少。有虽毕业科学，不知门径者。有冒称毕业而实未入校者。一知半解之徒，莫不以攫取金钱为目的。纷纷钻营请托，而长教育者，不问资格，不查程度，一经私人之关说，权要之介绍，遽于委任。及上堂授课，几至有不能讲解，即讲解而错误多端者，以致排斥教员之事，各校有所闻。"②这种情况在整个民国时期没有得到根本性的改善。

　　师资力量的不足必然带来学校发展的困顿。民初贾丰臻《说教育界之破产》一文所反映的情况在民国后期依然存在："今试就教育界之现状而观之，中央减政首主此说，各省高师迟迟不发，中学师资，无所取法，滥竽充数，不可殚述。时则有若教育部无米之炊巧妇技拙。省校七成，县校八折，市乡如之，入不敷出。实业学校亦遭殃，及高等专门势难建设。失学之祸不可终日，时则有若吾苏邻省财政，更行竭蹶。中小学校几近中辍。"③

2. 中师合并、高师升格，使师资培养雪上加霜

　　从表 2-1 发现，1922 年"壬戌学制"确立的开放的师范教育制度的弊病很快显示出来，中师合并、高师升格，致使原本稀少的师范教育资源更加稀缺。

---

①　林本：《战后中国的中学教育》，载《教育杂志》，1947(1)。
②　《鄂省考查学校教员之提议》，载《教育杂志》，1913(5)。
③　贾丰臻：《说教育界之破产》，载《教育杂志》，1913(9)。

据《第一次中国教育年鉴》发表的统计数据显示，1922年全国师范学校为385所，学生为43846人；到1928年全国师范学校减少为236所，学生减至29470人。反映在教育实际中，中等师范因"中师合一"而被大量削减。单独设立的师范学校经费无着，师范生的免费制度随之消亡。结果，师范科的入学志愿者年年减少，毕业生也无心从教，小学师资越来越缺乏。

到了国民党统治时期，这种弊端愈加显露。"据教育部统计，全国学龄儿童总数为四千九百十一万。又据十九年统计，全国有一千零九十四万小学生，共需五十六万八千教职员。平均每教师教导小学生二十人，四千九百十一万小孩子共需小学教师二百四十五万人。"①陶行知指出，1930年的高中师范、乡村师范、短期师范的毕业生合起来只有23402人。即使师范毕业生长生不死，也要费100年的培养，才够普及小学之用。显然，当时师范教育严重不能满足基础教育发展的需要。在教师极为匮乏，教师的地位和待遇又缺乏足够吸引力的时候，实行开放的教师教育制度不利于义务教育的普及。

在1922年学制的引导下，一些省为了建（综合性）大学，在财力、人力等条件尚未具备的情况下，不惜牺牲已具规模的高师，拆东墙补西墙，把高师升格或合并为大学。原独立的7所高等师范学校，除北京高师（1922年正式升格为师范大学，北京女高师1924年升格为女子师范大学并于1931年与北京师范大学合并一校），其余相继并入或改为综合性大学，成为综合性大学下属的一科或一系。例如，1922年10月，东南高师改名为"上海大学"。② 1922年12月20日和1923年1月3日，东南大学评议会、教授会联席会议决定将南京高师并入东南大学。③ 1923年，沈阳高师改为东北大学，武昌高师升格为武昌师范大学，翌年改为武昌大学（武汉大学前身）④。1924年，广东高师与广东公立农业专门学校、广东公立法政专门学校合并为广东大学（中山大学前身）⑤。北京师范大学成为硕果仅存的师范大学。

---

① 陶行知：《攻破普及教育之难关》，见《陶行知全集》（第2卷），783～784页，长沙，湖南教育出版社，1985。

② 于颖：《"红色学府"是如何炼成的：1920年代的上海大学》，载《文汇报》，2017-12-15。

③ 秘书处编纂组：《国立中央大学沿革史》，15页，秘书处编纂组编印，1930。

④ 蒋致远：《中华民国教育年鉴第一次第二册》，54页，台北，宗青图书出版公司，1991。

⑤ 蒋致远：《中华民国教育年鉴第一次第二册》，27页，台北，宗青图书出版公司，1991。

1927 年 8 月，北洋政府以经费困顿和国外一个城市中没有如此集中之大学为借口，下令北京国立九校（北京国立九校是：北京大学、师范大学、女师大、工业大学、农业大学、法政大学、医科大学、女子大学和艺术专门大学），改组为"国立京师大学校"，每月经费 15 万元，由财政部按月发放。

1928 年，国民党统一中国后，实行大学区制，决定将北京国立各高校合组为"国立中华大学"，后又改称"国立北平大学"①。计划将北京师范大学改为国立北平大学第一师范学院，院长为张贻惠；北京女子师范大学改为第二女子学院，院长为徐炳昶。② 此时，20 世纪 20 年代硕果仅存的独立的北京师范大学仅仅成为综合院校国立北平大学的一个院。

高师合并升格、中师合并导致当时的初、中等教育师资匮乏，义务教育推行严重受阻，中学发展极为缓慢。为解决师资短缺问题，各学校不惜网罗无正规出路（非师范毕业者）的人做教师，中小学教师素质严重下降。

（二）重建师范教育制度：务实与前瞻

1. 建立混合的师范教育制度

伴随着第一次世界大战以后西方发达国家师范教育升格、综合化的趋势，加上我国开放的师范教育制度导致师资来源匮乏的现实，以及师范教育的价值在我国一直没有得到真正认可的社会背景，建立一个怎样的教师培养制度是当时的政府和学界关注的关键问题。

经过对师范教育独立与否的激烈争论，在国家现代化对民众素质的要求以及普及教育目标的明确背景下，1932 年 12 月，国民党四届三中全会通过《确立教育目标与改革教育制度案》，对师范教育体制做了明确规定，具体内容为：

①中等师范教育机关，分简易师范学校、师范学校等，均由政府办理；

②师范学校应脱离中学而独立；

③现有之师范大学应力求整理与改善，使其组织、课程、训育各项，均

---

① 吴惠龄、李壑：《北京高等教育史料》，410 页，北京，北京师范学院出版社，1992。

② 耿申、邓清兰、沈言等：《北京近代教育记事》，216 页，北京，北京教育出版社，1991。

合于训练中等学校师资之目的，以别于普通大学，且与师范学校等力谋联络；

④大学设师资训练班，凡大学毕业生愿任教师者，应入该班加修教育功课一年，以备中等学校教师之选；

⑤师范学校与师范大学概不收学费，师范学校应以由政府供给膳宿制服为原则；

⑥师范学校及师范大学修业完毕后，由教育部或省教育厅、市教育局指定地点派往服务，期满始发给毕业证书，始得自由应聘或升学，其有规避服务或服务不尽力者，取消资格，并追缴费用。①

以上规定把民国以来逐渐削弱的师范教育的专业性、独立性、免费和义务服务相结合等师范教育精神重新恢复并加以强化。但它并不是固守封闭、独立的师范教育制度，而是在中等师范教育阶段维护独立性，确保义务教育阶段稳定的专业师资来源；在高等师范教育阶段则追随世界潮流，建立相对开放的师范教育制度，如独立师范和大学师资训练班并存，提升中等教育师资的质量。随后，国民政府教育部出台了一系列有关师范教育的法规，把上述规定加以细化。如 1932 年出台的《师范学校法》及《师范学校规程》，1938 年颁布的《师范学院规程》（后经 1942 年、1946 年、1948 年三次修订），对中、高等师范学校的办学进行严格规范。1939 年颁布的《师范学院分系必修及选修科目表实施要点》，确定了师范院校各分系必修及选修课。1942 年颁行的《修正师范学校毕业生服务规程》和 1944 年行政院颁布的《全国师范学校学生公费待遇实施办法》，进一步强化了师范生免费和强制义务服务制度。

结果，民国后期实际上建立了一个混合的师范教育制度。即小学教师的培养机构——中等师范基本独立设置（但特别师范科、简易师范科也可设在公立中学内②），中学教师的培养机构——高等师范则是独立师范，与综合性大学的师范学院/科、教育学院共同承担教师的培养任务。具体见表 2-4。

---

① 宋嗣廉、韩力学：《中国师范教育通览》（上），66 页，长春，东北师范大学出版社，1998。

② 蒋致远：《中华民国教育年鉴第二次第三册》，911 页，台北，宗青图书出版公司，1991。

表 2-4 20 世纪 30 年代初独立后的师范教育制度①

级别	学校类型	修业年限	入学资格	培养目标	备注
高等师范	师范大学	4	高级中学或同等学校毕业	中学师资	
	大学教育学院	4	高级中学或同等学校毕业	中学师资	
	独立教育学院	4	高级中学或同等学校毕业	中学师资	
	师范专修科	2 或 3	高级中学或同等学校毕业	初中师资	
	美术或体育专科	2 或 3	高级中学或同等学校毕业	中学师资	
中等师范	师范学校	3	初级中学毕业	小学师资	
	乡村师范学校	3	初级中学毕业	乡村小学师资	
	简易师范学校	3 或 4	高级小学毕业	一般为初级小学师资	后改为3 年
	简易乡村师范学校	3 或 4	高级小学毕业	乡村国民小学师资	
	简易师范科	1	初级中学或同等学校毕业	国民小学师资	中学和师范学校均可设
	特别师范科	1	高级中学或同等学校毕业	小学或初中师资	
	幼稚师范科	2 或 3	初级中学毕业	幼稚园或初小教师	
	专科师范	3	初级中学毕业	小学美术、音乐、体育、劳作、童子军等科师资	

2. 混合的师范教育的推进与效果

民国后期是国民党推动混合的师范教育制度的时期，由于战事的影响，这一制度的推行十分乏力。但在这样困难的时期，教育行政部门力推此制度，以此为中小学特别是小学提供相对稳定的专业师资来源的初衷可见一斑。

---

① 宋嗣廉、韩力学：《中国师范教育通览》(上)，73 页，长春，东北师范大学出版社，1998。

(1)中等师范学校恢复独立为小学教育提供了可贵的专业师资

独立的中等师范教育制度恢复后，各地方首先开始恢复中等师范学校的独立设置。如原来与普通中学合并的江苏省立镇江中学，1932年7月，要求独立设置，改名为省立镇江师范学校。原来合并为无锡中学的江苏官立第三师范学堂，1932年要求改名为无锡师范学校。1927年改组的江苏省立第二女子师范学校，1932年又改回省立苏州女子师范学校。就全国而言，1928年中等师范学校最少时为236所，学生29470人，到1937年达到363所，增加了53.8％，学生48793人，增加了65.6％。中等师范教育获得了很大的发展。

全面抗战期间及之后，国民政府几次颁布师范教育推进方案，推进师范教育的改革。如1938年5月，国民政府颁布第一次师范教育实施方案，明确"小学教员以师范学校及乡村师范学校毕业生为合格，初小及高小教员以简易师范及简易乡村师范学校毕业为合格"，要求各地以此为标准配备师资。对不合格、不健全之教师要分期分批予以训练。各地确保师范独立设置，并按照法律法规严格实施师范生的免费待遇及指派服务的规定；要求各省根据若干年内对教师的需求，制定本省师范教育发展方案，各省区应划定师范教育区，每区至少设立师范学校和乡村师范学校各一所。1941年12月，教育部颁布第二次师范教育实施方案，要求各省市中等教育优先发展师范教育，师范教育的发展以满足国民教育需要为原则，并注重其"素质之改进"；要求"师范学校应特别注重建国信仰之坚定，人格之陶冶，专业之训练，并充分培养学生自信之道与献身教育事业之精神"。为"诱导学生升学师范之志趣而裕师范生之来源"，要求各地制定指导中心学校和初级中学毕业生升学师范办法。方案规定所有师范生的膳食费用完全由政府供给，并逐步实现供给书籍、文具、制服、零用、校服及分发服务旅费等，力求完全达到公费待遇。自1942年3月29日起，每年举行推进师范教育运动周，推进师范教育的发展。1943年7月，教育部颁布第三次师范教育实施方案，提出师范教育的扩充应以国民教育的师资需求为标准，注重提高质量；要求各地逐渐减少短期师范训练班，俟师范、简师学生数足敷国民师资需求时，逐渐减少简易师范校、班学生数，改招师范学生，确保国民教育师资出于师范一途。1944年4月，鉴于战事即将结束，将来的收复区师资奇缺的状况，教育部订定"预筹战事结束推进师范教育要点"10项，要求沦陷区省市教育厅局应设法设立师范学校，招收来自原省市战区的学生学习师范，以为复员时国民教育师资做准备，亦可在安全地带培养未来服务教育的师资；要求各地加紧师范学校及简易师范学校和班级的设立，并在中等教育筹设的计划中优先发展师范；师范学生原以公费待遇凡遇战区失学之优秀青年，经济来源断绝，须全部救济者，应尽量令其肄习师范，庶推进师范教育与救济失学青年二者兼顾并进。1944年6月，教育部又制定筹划经费改善招生办法，加紧设法增设各类师范校班，培养合格师资。要求优先拨付师范教育所需费用；教育部从其补助省市国民教育经费内酌拨一些给各地新设简易师范学校开办设备经费，同样也补助附设在简易师范中学内的一年制的简易师范科办学。师范学校招生实行保送制，各省立师范学校招生，应指定各区内各县市保送80%，毕业后回原县市服务。各县市简易师范学校应指定本县市各乡镇中心学校保送优秀毕业生入学，毕业后派回原乡镇服务；要求各地足量（每区两所，每县1所）按规模（每校设双轨六班）设立师范学校，等等。①

通过以上措施，中等师范教育在全面抗战期间获得了长足的发展。据统计，从1928年到1946年，师范学校数和学生数分别增加了2.8倍和7.3倍。即便在全面战争期间，师范教育也获得了一定的发展。师范学校由364所发展至770所，增加了1.1倍，学生由48793人增加到202163人，增加了3.1倍。毕业生由9396人增加到28163人，增加了2倍。另外，国民政府还在内地设立14所国立师范学校、12所边疆师范学校和10余所国立中学师范科培养沦陷区和内地师资，对全面抗战时期及后来的中小学校的师资供给发挥了重要的作用。

表2-5　1912—1946年师范学校的发展状况

学年度	校数			学生数			毕业生数		
	小计	师范及乡师	简师及简乡师	小计	师范及乡师	简师及简乡师	小计	师范及乡师	简师及简乡师
1912	253			28605					
1913	314			34826					
1914	231			26679					
1915	211			27957					

---

① 蒋致远：《中华民国教育年鉴第二次第三册》，930～939页，台北，宗青图书出版公司，1991。

学年度	校数			学生数			毕业生数		
	小计	师范及乡师	简师及简乡师	小计	师范及乡师	简师及简乡师	小计	师范及乡师	简师及简乡师
1916	195			24959					
1922	385			43846					
1925	301			37992					
1928	236			29470					
1929	667			65695					
1930	2992			514609					
1936	814	198	616	87902	37785	50117	24162	11225	12937
1937	364	97	267	48793	19889	28904	9396	4394	5002
1938	312	100	212	56679	22923	33756	11200	4594	6606
1939	339	107	232	59431	19760	39671	12478	5511	6967
1940	374	130	244	78342	22011	56331	18964	4437	14527
1941	408	152	256	91239	23849	67390	23065	6107	16958
1942	455	182	273	109009	31713	77296	22931	6713	16218
1943	498	195	303	130995	36286	94709	24525	7491	17034
1944	562	221	341	157806	44976	112830	26808	9438	17370
1945	770	318	452	202763	62786	139977	28163	13069	15094
1946	902	373	529	245609	76991	168618	47784	16253	31531

注：1912—1930 年数据自蒋志远《中华民国教育年鉴第一次第二册》，311 页，宗青图书出版公司 1991 年版。1936—1946 年数据自蒋志远《中华民国教育年鉴第二次第三册》，929～930 页，宗青图书出版公司 1991 年版。

校数单位为"所"，学生数、毕业生数单位为"人"。

从表 2-5 发现，师范学校的数量、在校生数和毕业生数在民国后期获得了一定的发展。但由于国民党的腐败和战事的影响，这一时期师范毕业者在小学师资中的比重十分有限（参见表 2-1）。

（2）混合的师范教育制度为中学提供了更多的专业师资

民国后期，高等师范教育实行的是混合制度，即师范院校和综合性大学中的教育学院、师范学院共同承担培养师资的任务。到抗战结束后的 20 世纪

40 年代后期，我国有独立设置的师范学院或教育学院 14 所、独立设置的师范专业学校 8 所，拥有教育/师范院系的大学有 7 所，拥有教育系的大学有 27 所，未设立教育/师范院系的大学只有 17 所(参见表 2-6)。也就是说，20 世纪三四十年代，高达 60%—70% 的综合性大学参与教师培养。① 例如，1938 年 8 月 3 日，西南联大改文学院哲学心理教育系为哲学心理系，5 日增设师范学院，并将哲学心理教育系的教育部分并入师范学院，进行中学教师培养。1938 年 12 月 12 日成立开课。师范学院设立的系别有教育系、公民训育系、国文系、史地系、理化系、英语系、算学系、晋修班。② 同时期，中央大学及西北联合大学在原来教育学院的基础上扩充为师范学院，国立中山大学及浙江大学则把原来的大学教育系扩充为师范学院③，培养中学师资。

表 2-6　抗战结束后从事教师教育的机构

类别	性质	学校名称	数量	合计
独立设置的师范学院或教育学院	国立	北平师范学院、西北师范学院(兰州)、昆明师范学院、国立女子师范学院(重庆)、贵阳师范学院、南宁师范学院、湖北师范学院(湖北江陵)、长白师范学院(黑龙江永吉)、国立师范学院(湖南衡山)、国立社会教育学院(江苏苏州)	10	14
	省立	河北省立女子师范学院、台湾省立女子师范学院、江苏省立教育学院、四川省立教育学院	4	
独立师专	国立	国立国术体育师专、国立康定师专、国立体育师专	3	8
	省立	福建师专、河北师专、山东师专、陕西师专、江西省立体育师专	5	
拥有教育学院或师范学院的综合性大学	国立	中央大学(师)、中山大学(师)、浙江大学(师)、四川大学(师)	4	7
	私立	北平辅仁大学、大夏大学、武昌华中大学	3	

---

① 胡艳：《民国时期综合大学参与教师教育的特点》，载《教育学报》，2006(6)。

② 北京大学等：《国立西南联合大学史料》(总览卷)，134~135、139~140 页，昆明，云南教育出版社，1998。

③ 蒋致远：《中华民国教育年鉴第二次第三册》，915 页，台北，宗青图书出版公司，1991。

续表

类别	性质	学校名称	数量	合计
拥有教育系的综合性大学	国立	政治大学、北京大学、暨南大学（1929年增设文、理、教育3学院。1932年淞沪抗战起，改教育学院为系，隶属文学院）、复旦大学、中正大学、重庆大学、南开大学、河南大学、陕西大学、厦门大学（1921年设教育学部，1923年改为教育科，1924年并入文科，1926年恢复教育科，1930年扩充为教育学院，1936年又并入文学院）、西北大学（1939年，国立西北联大改为国立西北大学，师范学院与医学院分立，1945年奉部令增设教育学系）、广西大学、东北大学、长春大学	14	27
	私立	金陵大学、燕京大学、广州大学、岭南大学、光华大学、大同大学、震旦大学、圣约翰大学、武昌中华大学、华西协和大学、齐鲁大学、福建协和大学、私立珠海大学	13	
没有教育学院（系）的综合性大学	国立	清华大学（有心理系）、交通大学、同济大学、英士大学、安徽大学、湖南大学（以前有师范）、武汉大学（前身是师范）、山东大学（前身有教育学系）、兰州大学、贵州大学、云南大学（曾设教育学院，后并入西南联大）、台湾大学	11	17
	私立	中法大学、东吴大学、沪江大学、民国大学（曾有教育系）、东北中正大学、江南大学	6	

注：教育系一般设在大学文学院或文理学院、文法学院。

数量单位为"所"。

虽然1932年以后的中学教师培养并未形成由师范大学/学院独立培养的局面，但非师范院校承担教师培养的任务依然是由大学内的教育学院、师范学院这样的专业院系来承担的，也就是说，在制度层面，教师培养的专业性并没有因混合制度的建立而削弱。由于当时的战争环境，今天我们无法知晓到底是独立的师范学院还是综合高校的师范/教育院系更有助于师资培养，但由得到的有限的回忆录、访谈得知，当时无论是独立的师范院校还是大学的师范/教育院系，为新中国成立前后当地中等学校培养了高质量的师资。需要说明的是，在经济条件有限的当时，混合制度更有利于多渠道地培养专业教师。而事实上，也正是这样一个制度使得这一时期中学教师的专业性得到加强。因为这一时期受过专业训练的中学教师比以往任何时期都多。

三、教学规范化要求下的教师专业化

师资数量不足，必然要充分挖掘现有师资。面对比例甚高的非专业教师充斥基础教育领域的局面，一方面，教育当局沿袭北洋政府时期的做法，通过政策引导和实践推进，致力于在职教师的现代化、专业化推进；另一方面，民间教育团体和学校积极配合，通过建立教师研究学习组织，开展教学研究，改善教师教学状况，提升教师的专业化水平。

(一)开展塾师培训和学习研究活动，改良塾师教学

面对困顿的经济和匮乏的专业师资，国民政府不得不把改良私塾作为推进义务教育的重要措施之一，塾师改造则是私塾改良的关键，而塾师的知识结构和教学方式的改革又是塾师改造的重点。

政府对私塾进行改造时，除了要求塾舍按照现代小学校舍的标准改造(塾舍宽敞、光线空气充足，并有空场足资学生活动)，添置必要的现代教学器具外(如安徽省明确要求私塾必须添置以下器具：第一，总理遗像、党旗、国旗；第二，时钟、黑板及粉笔；第三，面盆及手巾；第四，痰盂；第五，一定量的书籍等①)，还有两项对塾师而言困难之至的改革：一是改革教学内容，即按照现代小学开设的主要课程开课；二是进行班级授课制教学，"私塾得视学生之年龄程度及其家庭状况编级教学。教学时须以引起儿童学习之兴趣为主，并须注重理解，不得专重背诵"②，即开展年级制的分班教学。就改革教学内容来说，塾师缺乏基本的现代学科知识；就班级授课制来说，塾师既缺乏儿童心理知识，也没有组织教学的训练，根本无法开展班级授课制教学。因而，民国后期政府对塾师的改造主要从这两方面着手。

其实，地方政府在塾师的改造方面比中央政府更早一些。这是对清末民初中小学现代化进程中的私塾改造的延续。如河南省于 1927 年颁行考试私塾塾师简章及私立小学校规程，想要切实整顿塾师教育；1928 年，又明确规定"考试塾师"；1929 年，规定督饬全省各地"改善私塾"，"河南教育行政

---

① 《安徽改进私塾暂行规程》，载《安徽教育行政周刊》，1929(7)。
② 《改良私塾办法》，见宋恩荣、章咸：《中华民国教育法规选编(1912—1949)》，319 页，南京，江苏教育出版社，1990。

计划大纲"第17条"通令各县设立塾师训练班"①，加强对塾师的培训与管理。安徽省先后出台《改良私塾办法》(1932)、《安徽省省会小学分区辅导私塾办法》(1934)、《安徽省各县优良小学辅导其他小学及私塾办法》(1936)，限令塾师遵章登记并接受检定，举办塾师考试，使其逐渐过渡为教员，并举行私塾学生会考，禁止在小学附近开办私塾，等等。1934年，江西省出台《江西省改进私塾暂行规程》《江西省改进私塾实施方案》《江西各县塾师检定实施细则》几个文件，加强对塾师的改造。这一时期，浙江、贵州、陕西、上海、湖南、湖北等地纷纷出台私塾改良和塾师改造的文件。

同期稍后，中央政府也把私塾改造作为现代学校推进的重要手段。1935年6月，教育部颁布《实施义务教育暂行办法大纲实施细则》，要求"各县市应在县市立初级中学或县立师范学校或规模较大之县市立小学内，设置塾师训练班，招收私塾教师，予以短时期之训练，专授短期小学课程之教材及教学方法，训练期满，考查及格，给以证明书，准其充当改良私塾之教师。"②对各地塾师按照现代教育规范进行培训。

1937年6月1日，教育部公布《改良私塾办法》，对塾师的改造进行具体的布置：第一，"应于寒暑假期或相当时期，举行塾师训练班或讲习班。"讲习学科知识，并注重公民训练、科学常识与各科教学法之实际研究；第二，令塾师参加当地小学研究会，在附近小学作艺友或参观优良小学；第三，设立专门的义务教育视导人员，并"由主管人员、教育委员、中心小学或优良小学教职员等组织辅导网"，随时对所辖私塾予以辅导。③ 即通过开展培训、参观、辅导、研究等活动，帮助塾师进行知识更新和教学改良。

这一时期，各地塾师改造主要有如下几个办法：备案、培训、辅导、教学研究、教师检定及监督取缔。

设塾备案：为了规范塾师办学，一些省份要求设塾备案。如陕西省《整顿私塾办法》规定，"凡拟设私塾者，须填具请设私塾表连同塾师资格证明文件，

---

① 河南省地方史志编纂委员会、河南省档案馆：《河南新志》(上)，387~393页，郑州，中州古籍出版社，1990。

② 《实施义务教育暂行办法大纲实施细则》，见宋恩荣、章咸：《中华民国教育法规选编(1912—1949)》，303页，南京，江苏教育出版社，1990。

③ 《改良私塾办法》，见宋恩荣、章咸：《中华民国教育法规选编(1912—1949)》，319~320页，南京，江苏教育出版社，1990。

呈请县教育局核准发给设塾证书，方得设立。"①同期，江西省也颁布《江西省改进私塾暂行规程》，其中强调，私塾设立，须于开学一个月前呈请核准，许可设立后并须于一个月内呈报主管教育行政机关备案。呈文上要求写明：塾名、地点、设立年月、塾东及塾师履历、学生一览表、教学科目、塾内设备、征收学费办法及数量等。② 江苏对私塾备案，要求履行登记手续，缴验塾师毕业检定及格证明书及服务证件。而对于不合格的私塾，各级政府都规定应予以取缔。

塾师培训：培训是各地改造塾师的基本办法。如 1932 年，浙江省教育厅颁发《改进私塾纲要》，对塾师开展调查登记，对审核合格的塾师进行培训，并规定 50 岁以下的必须参加培训。③ 1935 年 6 月，湖南省教育厅制定了《各县市塾师训练班办法大纲》，规定塾师训练班由各县市教育行政机关举办，训练内容要遵照教育部规定，讲授国语、算术、常识等基础科目及教授方法，训练班教师由市县督学，市县教育行政机关对于教育有研究的人员，师范学校校长、教员，市县境内优秀小学教员充任，训练时间每次不得少于四星期，训练成绩合格者发给相应证明书，不合格者，不得充任塾师。④ 湖南省教育厅于 1936 年 9 月便开设了塾师训练班，对现任塾师"与以新教育方法之训练"。⑤ 陕西省规定各地设立塾师训练所，对塾师进行严格训练，每期三个月，授以党义、国语、算术、体育、科学常识、教育概论、心理学、小学教学法等课程，结业时进行考试，不合格者不得充任塾师。⑥

一些省份也在切实展开塾师培训。如 1931 年年初，安徽省教育厅举办塾师讲习会，集中培训，开设了党义、中国近代文学、应用文、注音符号、教育原理、儿童心理学、幼儿教育、私塾管理法、普通教学法、国语教学法、算术教学法、常识教学法、教材选择、常识、自然科学常识、社会科学常识

---

① 《陕西省整顿私塾办法》，见吴寄萍：《改良私塾》，147 页，上海，中华书局，1939。

② 《江西省改进私塾暂行规程》，见吴寄萍：《改良私塾》，135 页，上海，中华书局，1939。

③ 徐海水：《衢州市教育志》，35 页，杭州，杭州出版社，2005。

④ 湖南省档案馆藏档案，转引自罗玉明、汤水清：《三十年代南京政府对私塾的改造述论》，载《江西社会科学》，2003(3)。

⑤ 《湖南教育厅直辖乡村短期义务教育实验区两年来的工作》，见《刘寿祺教育文集》，57 页，长沙，湖南教育出版社，1992。

⑥ 《教育部公报》，第 7—8 期，1935。

等课程。①

塾师辅导：所谓塾师辅导就是由新式小学成绩优良的老师，对塾师进行日常教学辅导。1937年浙江省教育厅颁订《辅导私塾办法》，规定"由中心小学、辅导分区和私塾所在地学校三级辅导，接受辅导而成绩优良之私塾改为代用小学，塾师成为代用小学教师，并由各县教育行政部门给以经费补助"。② 20世纪30年代，安徽省一些教学质量好、师资水平高的小学还承担了辅导塾师的任务，如安庆市黄家狮小学成立了辅导私塾委员会，制订了翔实的辅导计划。③

塾师检定：一些省份通过对塾师的检定敦促塾师的改良，江苏、江西、绥远、湖南、湖北等均有此措施。我们以江苏省为个案了解当时塾师检定的措施。

1930年江苏省通过《江苏省管理私塾暂行规程》23条，要求私塾按此规程办理。第18条明确规定："私塾之塾师均须经由各该县教育局之登记及检定，登记及检定办法由教育厅另订之"。④ 随后，江苏省教育厅颁布了《江苏省各县塾师登记及检定暂行办法》。该办法规定各县私塾塾师，均须填写塾师登记表两份，送至各县教育局登记，登记后接受检定。检定分为试验检定和无试验检定两种，具体要求见表2-7。

表2-7 江苏省试验检定、无试验检定塾师资格

试验检定塾师资格	无试验检定塾师资格
1. 高等小学或乙种实业学校毕业者	1. 师范简易科或师范讲习所二年以上毕业者
2. 初级中学肄业二年以上者	2. 中学以上学校毕业者
3. 曾任小学教员一年以上者	3. 小学教员检定合格未过有效期者
4. 通解文义，设塾三年以上者	4. 曾任小学教员三年以上，取得优良成绩，得有县督学或教育委员评语者

《江苏省各县塾师登记及检定暂行办法》明确了塾师的检定科目：党义、国语、算学、常识、体格和口试。其中，"党义即考三民主义；国语即了解注音符号，熟谙新式标点，能作通顺文字；算学即珠算或笔算，能解答四则及简易等诸等数；常识即自然、社会、卫生常识；口试即发音正确、语有条理；

---

① 《塾师讲习会开幕》，载《安徽教育行政周刊》，1931(3)。
② 徐海水：《衢州市教育志》，35页，杭州，杭州出版社，2005。
③ 徐希军：《民国时期安徽私塾整顿论析》，载《安徽史学》，2014(6)。
④ 《江苏省管理私塾暂行规程》，载《江苏省政府公报》，1930(5)。

体格即无暗疾。"①凡经试验检定合格，即可得到县教育局发给的塾师许可状，有效期暂定为三年。从上述内容看，江苏省的塾师检定是比较严格的，第一，它要求对所有塾师进行登记；第二，基本按照教师检定的标准对塾师进行检定，检定的科目基本与私塾的必修科目一致。1933 年，江苏省又颁布《江苏省管理私塾实施办法》，明确依据条件将受检塾师分为三个等级："当然塾师""甲种塾师"和"乙种塾师"。"凡高中师范科及师范本科毕业生，均称为'当然塾师'，充任学校级编制，相当于完全小学之家塾或某地私塾塾师。无试验检定及格者，及试验检定及格者，成绩总分在八十分以上，或国语、算术、常识、口试等四科成绩均在八十五分以上的塾师，均称'甲种塾师'，充任家塾或学级编制，相当于初等小学之某地私塾塾师。其他试验检定及格者，称为'乙种塾师'，充任学级编制，相当于简易小学及短期小学之某地塾师，并不得充任家塾之塾师"。

《江苏省管理私塾实施办法》对塾师的登记、检定、备案、以及入职后的管理进行了明确的规定：凡具有塾师检定资格愿为塾师者，须于每学期开学前三个月内，填具塾师登记表，附缴证明文件，向该学区管理私塾委员会或义务教育委员会登记；教育局集齐"塾师登记表"后，在一月内办竣检定手续，公布及格塾师姓名，及其所取得之资格，并分别发给塾师许可状，呈报县政府及教育厅备案。《江苏省管理私塾实施办法》还对检后塾师进行管理。虽经检定，但查明有下列情事之一者，得停止塾师的职务：第一，不以教育为主旨，或违背中国国民党党义；第二，违背国民政府教育方针者；第三，不服从本局指导者；第四，行为不检或有不良嗜好者；第五，办理不力改进无方者；第六，身体残废者。②

此外，安徽、湖北等省对私塾也展开检定。1936 年《安徽省各县优良小学辅导其他小学及私塾办法》，限令塾师遵章登记并接受检定，规定举办塾师考试，使塾师逐渐过渡为教员，举行私塾学生会考，禁止在小学附近开办私塾，等等。《湖北省各县改良私塾暂行办法》开宗明义，凡塾师必须满足下列条件之一，并向县政府呈准登记后，方能设塾授徒，其条件是：曾在简易师范学

① 《江苏省各县塾师登记及检定暂行办法》，转引自曾雯：《20 世纪上半叶江苏私塾教育改造政策史研究》，硕士学位论文，南京师范大学，2017。

② 《江苏省管理私塾实施办法》，转引自吴寄萍：《改良私塾》，149 页，北京，中华书局，1939。

校或简易师范班毕业者；曾在初级中学毕业或与初级中学资格相等者；曾经塾师检定委员会检定合格领有证明书者；曾在塾师训练班毕业领有成绩证明者；曾任小学教员二年以上者。最后，还必须履行必要的手续。

监督取缔：各地除了开展培训、辅导、研修、检定等方式改造塾师外，还派专员巡回检查监督，防止塾师"挂羊头卖狗肉"。如湖南省教育厅厅长朱经农率随员到益阳、邵阳、长沙、岳阳等地进行检查，责令各县市严厉取缔不合格的私塾和各种变相私塾。由此，岳阳县对私塾"认真取缔督促改良，一律责令教授教科书及注重珠算，其教师学识过劣，不堪胜任者，即勒令封闭，其强悍违抗者，呈请县政府印发封条，令饬区公所派员查封"。①

由于经费不足和战事影响，上述措施并未很好实施。如1934—1935年，湖南"亢旱不雨，禾田尽裂"，财政极其困难，不少县市对塾师的培训"因经费奇绌，无法筹措"，不得不终止举行或延期举办。而有的县市则由于战争环境，"各乡塾师奔走流离，类多无力自备各种膳费"，又加上"头脑顽固，耻于从人受训，以致届期无人来局报到"。② 但这些措施为塾师的现代转型创造了条件，在一定程度上促进了塾师的转型。一些地方的塾师摒弃了原来的灌输式的、死记硬背的个别教学法，开始采用分班教学，注重讲解。以湖南省为例，不少塾师经过培训等初步掌握了现代教学的基本范式。如该省教育相对落后的泸溪县，"确与定章相符之私塾十有八所，每塾学生多至二十五六人，少亦十七八人或二十人不等，教授大至不差，成绩亦颇有可观"。许多塾师"未受训练以前，大都头脑冬烘，教法呆板，即所教用之书籍亦不脱离四书五经暨千字文百家姓之类。训练之后即恍然觉上项书籍不合儿童心理，即教法亦知有彻底改良之必要"。他们多能"明白课程标准、坐次排列，以及教学方式概要"。③

(二)建立体系化的教师进修与研究组织

如前所述，这个时期的中小学教师多数未受过专业训练，加之为数不少的私塾改良学校，故这一时期的教学质量让人不敢恭维。为了促进中小学教

---

① 湖南省档案馆藏档案，转引自罗玉明、汤水清：《三十年代南京政府对私塾的改造述论》，载《江西社会科学》，2003(3)。

② 湖南省档案馆藏档案，转引自罗玉明、汤水清：《三十年代南京政府对私塾的改造述论》，载《江西社会科学》，2003(3)。

③ 湖南省档案馆藏档案，转引自罗玉明、汤水清：《三十年代南京政府对私塾的改造述论》，载《江西社会科学》，2003(3)。

师的专业化，更为了提升现代学校的教学质量，民国后期的国民政府开始通过建立制度化、体系化的教师培训与研究组织，致力于教师的专业提升。

1. 通过政策指导各地建立体系化的教师研究组织

(1)成立省—省分区—县市—区四级初等教育研究会，加强教师教育教学研究

民国时期教学问题最严重的应属小学阶段，教师质量参差不齐也以小学为最。要提升在职教师的专业化水平，在职教师的培训研修必不可少。

1935 年 8 月 7 日，教育部颁发《初等教育辅导研究办法大纲》，要求各地组织从省市(行政院直辖市)、省分区、县市到学区的各级初等教育研究会，研究小学行政、课程、教学方法、训练方法等，并对研究会的主旨、组织、人员、活动方式、频次和内容等做了明确规定。①

第一，各级初等教育研究会的主旨是负责研究和改进区域范围内的初等教育。

第二，研究会的人员主要由各区域最高教育长官、主管部门长官、专家等组成。如省级初等教育研究会的人员构成：省市教育厅局长、主管科科长、督学及地方教育指导员(或辅导员)、省市教育厅局长临时聘任之教育专家、省分区或市学区初等教育研究会之代表。省分区则由省督学，本分区所属的地方教育指导员，师范学校校长、主任、教员及教育科教员，本分区内省立小学校长、主任、教员，幼稚园主任，本分区内各县市初等教育研究会之代表组成。县市和学区也是如此。

第三，《初等教育辅导研究办法大纲》明确要求各级研究会要定期开展活动，省级至少每年开会一次，省分区至少每半年开会一次，市县至少每半年开会一次，学区至少每两个月开会一次。

第四，上级初等教育研究会对下级机构具有指导作用。"省分区以下各级初等教育研究会开会时，应由上级教育行政机关派员列席指导"，其研究报告"应送请上级教育行政机关备案"，"上级教育行政机关，得提出关于初等教育之问题，令由各级初等教育研究会研究具报"。

为了使各层级的小学教育研究会落到实处，1936 年修订的《小学规程》中关于"辅导研究部分"明确，分属于不同行政区域的小学应联合组织本区小学教育

---

① 《初等教育辅导研究办法大纲》，见宋恩荣、章咸：《中华民国教育法规选编(1912—1949)》，266～269 页，南京，江苏教育出版社，1990。

研究会，研究改进本区小学教育。小学教员参加本校及本地的教育研究会，幼稚园主任及教员及与小学教育有关系之教育人员，均得参加小学教育之研究。①

由此，教育主管部门明确我国设立由省—省分区—县市—区四级初等教育研究会，加强小学教师的教学研究。

（2）设立乡镇国民学校研究会，改进乡镇国民学校的教育教学

1939年9月，国民政府颁布《县各级组织纲要》，推行新县制。关于教育方面，提出每乡（镇）设立中心学校，每保设立国民学校。乡镇中心学校和保国民学校，均包括儿童、妇女、成人三部分，使民众教育与义务教育打成一片。② 由于中心学校和国民学校是集儿童义务教育与失学成人补习教育为一体的新的学校制度，因此对教师的教育提出更大的挑战。为了确保乡镇中心学校和保国民学校的教学质量，1942年10月，教育部颁发《各省国民教育辅导研究办法大纲》，要求各省督导组织各级国民教育研究会，分乡（镇）、县（市）、省师范学校区、省（市）四级，由下而上，分层组织。教育部设立专门的指导机构对研究会进行指导。从表2-8看，各地成立了不少国民教育研究会。

表2-8　1943—1946年国民教育研究会发展状况表③

年份	研究会数量	登记会员人数
1943	4460	36059
1944	7798	93096
1945	10439	127851
1946	11795	142403

注：研究会数量为"个"，登记会员人数单位为"人"。

1945年9月公布的《国民学校及中心国民学校规则》，要求（中心）国民学校开展辅导及研究工作，中心国民学校要承担辅导各保国民学校教员的任务。第一，每两个月召集各校教员举行乡镇国民学校研究会一次，研究改进教材、教学及训育等事项。第二，每三个月至少举行一次观摩教学。由教学方法优

---

① 《小学规程》，见宋恩荣、章咸：《中华民国教育法规选编（1912—1949）》，280～282页，南京，江苏教育出版社，1990。

② 蒋致远：《中华民国教育年鉴第三次第一册》，116页，台北，宗青图书出版公司，1991。

③ 蒋致远：《中华民国教育年鉴第二次第一册》，229页，台北，宗青图书出版公司，1991。

良之教员，轮流担任示范教学，以供各校教员观摩，并举行批评会，讨论教学方法之改进。第三，中心国民学校校长延聘教育专家讲演教育问题以资各校改进。第四，中心国民学校选购各种教育参考图书，以及教师进修用书，巡回递送各校阅览。同时要求各省市应分别组织省市、县市国民教育研究会、师范学校区国民教育研究会督导国民教育研究改进。①

南京国民政府保甲制的基本形式是 10 进位制（10 户为甲，10 甲为保，10 保以上为乡镇）。以后鉴于各地地理、交通、经济情况，实行"新县制"时采取了有弹性的办法，规定"甲之编制以十户为原则，不得少于六户，多于十五户"，"保之编制以十甲为原则，不得少于六甲，多于十五甲"，"乡（镇）之划分以十保为原则，不得少于六保，多于十五保"。《国民学校法》要求每保设立一所国民学校，有特殊情形者可联合数保设立一所国民学校，一乡镇范围内应以一校为中心国民学校，兼负辅导各保国民学校的职责。② 这就意味着这个中心学校开展的乡镇国民学校研究会及其相应的活动是在跨校的区域（乡镇）范围内展开的，属于区域教学研究活动和组织。

（3）各地切实开展教育教学研究

在中央政策的推动下，一些地方政府建立地方教育教学研究会，切实推动本区域教师学习与研究。各省以区域为单位设立学校，中心学校负有指导区域内其他学校的职责。"现在的小学，有好多无日不在研究改进中，有的老当益壮，经验愈多，偏偏愈要改良。尤其是那富有辅导地方小学责任的中心小学，设立的目标不仅在自己的不断进步，同时还要做一定的区域里的领袖，做大家的模范与中心。"③"各省得由省教育厅制定省分区内之省立小学或省立师范学校附属小学为该省分区之中心小学。各县市教育行政机关得指定各学区之一小学为中心小学。""前项中心小学，应充分以研究所得供给该省分区域该学区内之小学参考实施。"④这负有辅导职责的中心小学，必然带领省域或县市内的学校开展跨校教研。我们以北平为例看区域教研的开展。

---

① 《国民学校及中心国民学校规则》，见邓菊英、李诚：《北京近代小学教育史料》（上），90～91 页，北京，北京教育出版社，1995。

② 《国民学校法》，见宋恩荣、章咸：《中华民国教育法规选编（1912—1949）》，292 页，南京，江苏教育出版社，1990。

③ 俞子夷：《新进教师常遇到的难问题》，载《教育杂志》，1935(3)。

④ 《小学规程》，见宋恩荣、章咸：《中华民国教育法规选编（1912—1949）》，281～282 页，南京，江苏教育出版社，1990。

1934 年，北平市社会局筹设实验小学，计划按区域设立四所实验小学，实验新的教学组织形式和教法，引领区域教育改进和教学改良。

如西南区市立绒线胡同实验小学，"实验全日隔时部合式二部制一种与算术、体育两科"；西北区市立报子胡同实验小学，"实验半日部合式二部制及社会、美术两科"；东北区市立府学胡同实验小学，"实验国语、工艺两科，编制实验"；东南区市立象鼻子中坑实验小学，"实验半日部合式二部制及复式制与自然、音乐两科"。资料显示，这些学校也确在开展相应的实验研究。① 这些实验小学相当于区域的教学研究的中心，学校的教师按照社会局的计划，开展自己的教学研究，并带动区域内的教师开展相关的研究，这个过程对相关学科教师的教学水平的提升有很大的帮助。

在各地的努力下，在职教师的进修学习得到广泛实施："近年来，各省教育行政当局及各小学行政当局都同样的感觉，教师的研究和进修不可或少，一致的提倡起来。江苏省教育厅关于督促小学教师进修事宜，有各项设施，如编印小学教师半月刊，悬奖征求进修成绩，举行小学教师进修播音，组织各县小学协进团等，均奏有成效。浙江省教育厅除办理小学师资进修通讯研究外，更由各县分区举行小学教师训练及优良小学举办益友制等，以为教师进修和研究之一助。其他如江西、安徽、湖北、湖南、福建等省教育厅对于教师进修，亦无不竭力提倡。"②

2. 学校设立学科教学研究会，开展学科教学研究

民国初期，学校范围内的教学研究机构很少。教学研究机构有规模地出现是在 20 世纪 20 年代前后，而大规模地出现是在 20 世纪 30 年代。学校教研机构的出现与教育行政部门的大力倡导关系很大。

20 世纪三四十年代，国民政府教育部制定章程，明确学校设立学科教学研究组织，并使之成为学校行政的一部分，意欲通过行政的力量强制性地要求教师展开教学研究。例如，1936 年教育部公布修正的《小学规程》，要求"小学有教员五人以上者，应组织教育研究会，研究改进校务及教学训育等事项"，并要求每月至少开会一次。除此之外，明确要求"小学教员应参加本校及本地关于教育研究之组织，研究儿童生活所表现之事实及教训方法"，"幼

---

① 《筹设本市实验小学计划大纲颁行后实施的过程及今后改进的步骤》，见邓菊英、李诚：《北京近代小学教育史料》(上)，58 页，北京，北京教育出版社，1995。

② 樊兆庚：《我国小学教育最近的趋势》，载《教育杂志》，1937(9、10)。

稚园主任及教员及与小学教育有关系之教育人员，均得参加小学教育之研究"①，把教师参加教育教学研究作为应该或者必须参与的活动。

1935 年颁布、1947 年修订的《中学规程》要求学校举行校务会议、教务会议、训育会议、事务会议四种会议研讨和决策学校各种事务，其中教务会议"讨论一切教学及图书设备添置等事项，每月开会一次"。② 此时的教务会议更多的是教学管理工作会议。1941 年教育部发布《中等学校各科教学研究会组织通则》，要求学校设立学科研究会，开展教师专业学习和教学研究。

第一，设立各科教学研究会和专业研究会。各校设立一般和专业两种教学研究机构。一般是以学科为单位设立学科研究会，开展分科教学研究，"但为谋各科教学之联络，亦得联合举行"。专业则分为教育学科教学委员会（师范学校）和技术学科教学委员会（职业学校），开展专业教学研究。

第二，研究会承担教与学研究与改进。具体为：课程标准实施结果之讨论；教学方法之研究；补充教材之选择；乡土教材之搜集；教科用书及教育参考书之选定；每学期教学进展之预定；实验实习之规划及指导；教学及实验实习设备之规划；教员进修阅读图书杂志之报告及讨论；学生课外读物之调查及辅导；学生课外作业之规划及指导；其他关于教学研究等事项。

第三，鼓励跨校教研。"各科教学研究会要与同地各中等学校取得联络，相互参观教学，交换研究意见"。如果"本校该项学科教员人数较少，得与其他学科联合组织，或与同地学校联合组织之"。

第四，接受上级主管部门的管理和督查。每学期伊始，"拟订本学期研究计划，并于学期终了时，缮具研究报告，由校汇呈省或市教育行政机关审核，并作为学校考成之一项"；且要求至少每月开会一次。

第五，接受地方教育研究会的辅导。"各校一般学科之研究，由该区之中教育研究会辅导之，各专业学科教学之研究，由各省教育行政机关指定该学区内之省立师范学校或职业学校辅导之。"③

---

① 《小学规程》，见宋恩荣、章咸：《中华民国教育法规选编（1912—1949）》，280～282 页，南京，江苏教育出版社，1990。

② 《中学规程》，见宋恩荣、章咸：《中华民国教育法规选编（1912—1949）》，397 页，南京，江苏教育出版社，1990。

③ 《中等学校各科教学研究会组织通则》，见李友芝等：《中国近现代师范教育史资料》(2)（内部资料），426～429 页。

　　1942 年，教育部公布《中等学校校务处理办法大纲》，明确学校当局对教学工作和教学研究负有责任。"大纲"规定八年级以下中学设教务、训导、体育、卫生等组，九年级以上设教务、训导、体育、事务四组。教务工作包括：拟定或修订教学规章、各科教学计划、各科教学研究计划、学生实验及实习计划，会同各科教员选定教科书参考书及教具，查阅各级教学日记，查阅各级各科教学预定及实际进展，办理教员缺课补课及调课事宜，等等。其中"拟定各科教学研究计划"是与教师的教学研究联系最直接的内容。同时，要求校长有"考察辅导教学，督促研究及协助进修"的职责。为此，校长要每周对各科教学、实验等，轮流考察至少 3 次，考察结果应随时与各科教员商讨改进，应出席参加各科教学研究会，督促研究，协助进修。由此可见，教师的教学研究已经列入学校日常工作和学校行政体系中。

　　此时的学科教学研究会或者专业研究会，与今天学校的学科教研组非常接近，其设立的目的、承担的职责、开展活动的方式、在学校行政体系中的地位，以及与地方教育部门的关系都与今天的学科教研组非常接近。

　　学校积极开展教师学习和教学研究活动。

　　民国时期，虽然从全国的范围内很难做到每一所中学都设立教研机构，但从有限的材料发现，当时好一点的中学基本都设立了此类机构，并把它置于学校行政组织系统中。

　　(1)北平师大附属中学设立教学研究部

　　研究发现，早在 1925 年，北平师大附属中学的组织系统图中就设有各科研究部会议，它与其他的职教员会议、校务会议、级务会议等共同组成学校管理机构。各科研究部会议下设各学科研究部，由本学科主任和教员组成，其主要工作就是承担学科教学研究工作，这一机构一直延续到民国后期。我们从 1925 年的"国立北平师大附中行政组织系统图"(参见图 2-1)发现，"各学科设教学研究会，由各该学科教员组织之，开会时以教导主任或学科主任为主席，并得请师范大学各关系学科之系主任或教授出席"。[①] 研究会隶属各科研究部会议，研究探讨教学相关事宜，如地理教学研究会注重"中学地理教授法商讨"，并实验研究讲演法、暗示法、比较法、加叙法、精说法等教学方法。"关于教材方面，本校负有实验之使命，共同选择，共同搜集，有时自编

---

　　①　北京师大附中：《北京师大附中》，150 页，北京，人民教育出版社，2000。

教材。"。①

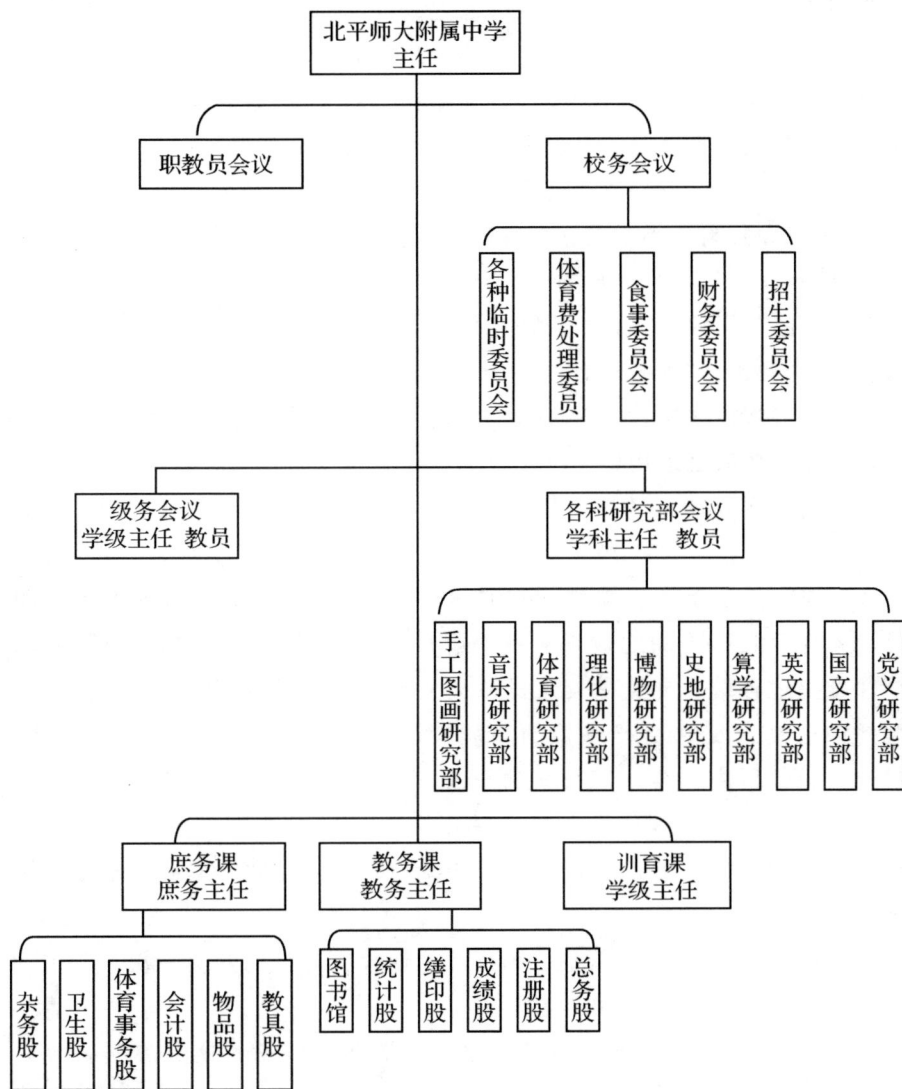

图 2-1　1925 年国立北平师大附中行政组织系统图

　　从目前看到的有限资料，我们难以了解该校开展教研活动的具体状况。但研究发现，在教学研究会的影响下，北平师大附中的教师热衷于教学研究，

---

　　①　万方祥：《中学地理教授法商讨》，见北京师大附中：《北京师大附中》，191～194页，北京，人民教育出版社，2000。

从《师大附中成立 40 周年纪念特刊》(1941)中发现，一些教师写了不少有质量的教学研究文章，如无名氏的《劳作课之现状》，张鸿来的《国文科教学之经过》，王述达的《国文科教学法刍议》，赵海天的《英语教学法之点滴》，万方祥的《中学地理教授法商讨》。万方祥的文章中说："本校曾正式或非正式试验过各种教法，大致长短互见，在学科会议上有详细之讨论"。① 可见，北平师大附中的教学研究会的确一直在开展教学研究。

（2）北京高师附属小学设立学科研究会和教学法研究会

创办于 1912 年 9 月 5 日的北京高师附属小学（现为北京第一实验小学）一贯注重教师的教学改善。该校首任主任郑际唐在《论教师对于教育事业宜有责任心》一文中提出："为教师者，果能以造就国民为己任，启发国民应有之知识，参酌各科教授之宗旨，考证学生活动之状态。教授之前，于教材之处理，教具之准备，教法之运用，一一予计周到，胸有成竹；教授之际，聚精会神，引起一般向学之兴味；教授之后，更详细审查其所处理者，法有未善，立即改良，领悟未彻，立即补救。某事也，宜详细调查。某生也，宜特别注意。予习练习应如何指示，成绩笔记宜如何校改，审慎周详，不丝毫苟且，积年累月，未有不能得美满之效果者。吾愿世之为师者，能于按时授课讲解外，更能注意上述各端，庶免学校为机械文字传习所之讥尔。"②。为了养成教师教学严谨认真、及时反省改善的品质，该校不但要求教师不断学习进取，而且建立教师研究制度，督促教师开展教育教学研究。早在 20 世纪 20 年代，该校就建立了教师研究制度，并以会议形式参与学校的管理。当时学校会议制度分为三种——职员会、学科研究会、教学法研究会，分述如下。③

职员会："本会专研究管理、训练及一切校务，每周开会一次，于土濯日午后行之。会议时间以二小时为限。"

学科研究会："本会以谋各学科之改良进步为宗旨，研究方法暂分为八科：公民、国语、数学、史地、观察科理科、体育乐歌、美术工艺、英语。

---

① 万方祥：《中学地理教授法商讨》，见北京师大附中：《北京师大附中》，194 页，北京，人民教育出版社，2000。

② 郑际唐：《论教师对于教育事业宜有责任心》，见北京第一实验小学：《北京第一实验小学》，2 页，北京，人民教育出版社，1997。

③ 北京第一实验小学：《北京第一实验小学》，114 页，北京，人民教育出版社，1997。

每科设干事一人，经理本科一切事物。各科分会每周开会一次，各科总会每月开会一次。其日期及地址由各干事定之。"

教学法研究会："本会以改良教学方法为宗旨，每月开会一次，由教员轮流作研究教授，其余各员参观批评，共同研究。"

其中的学科研究会和教学法研究会主要关注学科改良和教学改善。前者以学科为单位，后者专注于教学方法的改良。二者都定期开展活动，与今天的学科教研组的目标和活动内容很接近。

这一制度在南京政府时期依然延续。当时学校设主任一人，主任下有职员和教员，之下又设有校务会议，校务会议下设两个部门三个会议，分别是校务处(卫生股、教导股、事务股)，委员会(招生试验委员会、实习指导委员会、出版委员会、设计委员会、食事委员会、各种临时委员会)，级务会(高级级务会、中级级务会、初级级务会)、研究会(小学教育研究会、分科研究会)、幼稚部。① 其中的研究会与20世纪20年代的学科研究会、教学法研究会大同小异，只是把原来的教学法研究会改为小学教育研究会，后者的范围更宽。

总之，从20世纪20年代起，北京师范大学附中、附小的任课教师组成学科纵向教研组，定期活动，互相切磋，这种浓厚的学术研究气氛一直持续至今。

在20世纪二三十年代很多学校有类似学科教研和教育研究的会议及活动。当时很多有名的学校，如南开中学、扬州中学、北平师大附属实验小学、湖南省立第一中学等均在学校行政组织系统中设有专门的学科教学研究部，开展教学研讨活动。另外，民国后期也是现代教学非常活跃的一个时期，此期我国学校教育人士一方面自创新的教学法，如陶行知的教学做合一法、廉方教学法、导生传习教学法及分组编制教学法，以适应我国的实际情形；另一方面引进外国的教学法，如社会化教学法、德可乐利教学法和莫礼生单元教学法。② 这些教学法的创造和引进同样与教师间的相互切磋研究不可分割。

---

① 北京第一实验小学：《北京第一实验小学》，136页，北京，人民教育出版社，1997。

② 徐珍：《中外教学法演进》，114页，北京，群言出版社，1996。

3. 制定教师进修办法，提升教师水平

（1）制定义务教育师资训练班办法

这个时期国民政府制定了普及义务教育办法，义务教育普及最大的问题是师资短缺。为了补充师资，1935年6月，教育部公布《实施义务教育暂行办法大纲施行细则》，提出各省市给与通过"招考文清理通，常识丰富，有志为短期小学教员人员，考试及格，予以证明书，准其充任一年制短期小学教员"，此为代用教员。但毕竟这是权宜之计，为了提升这批教师的质量，教育部要求各地简易师范学校、简易师范科在培养小学师资的同时，"设法给与短期小学教员及不合格之小学教员以进修之机会"。① 1936年8月，教育部又发布《各省市义务教育师资训练班办法》，要求各省按照师范区或其他办法集中举办义务教育师资训练班，各行政院直辖市至少举办一所师资训练班，"招收初级高级中学及师范学校或同等学校毕业生之尚未就业者，甄别训练，其训练期间分别定为三个月至六个月"，训练班"除讲授关于义务教育之法令以及办理小学与短期小学之方法与教学法外，并注重民族意识之训练、军事训练，农村经济与公共卫生常识"。② 希望通过短期训练的方式解决师资短缺的问题。

然而，义务教育师资的匮乏问题并未得到解决，为了尽快普及国民教育，造就大量所需教师，国民政府要求各省市利用假期办理国民教育师资短期训练班及假期训练班训练教师。1942年，教育部颁发《各省市国民教育师资短期训练班实施办法及国民教育师资短期训练班教学科目及每周时数一览表》，规定训练班分甲乙两种，甲种半年制，收容初级中学同等学校肄业一年或具有同等学力年满17周岁的学生；乙种一年制，收容小学毕业或具有同等学力年满17周岁的学生。训练期满后由县市政府分发至所属各乡镇内学校服务，服务期限至少4年。"服务5年并参加假期训练，五次成绩合格者，准予参加无试验检定，改为合格教员"。③

在上述政策的引导下，各地设立短期训练班，培训教师。1942年，川、黔、滇、桂、粤、闽、浙、湘、豫、鄂、陕、甘、宁、青等省均设立这样的短期师资

---

① 《实施义务教育暂行办法大纲施行细则》，见宋恩荣、章咸：《中华民国教育法规选编(1912—1949)》，303页，南京，江苏教育出版社，1990。

② 《各省市义务教育师资训练班办法》，见宋恩荣、章咸：《中华民国教育法规选编(1912—1949)》，312页，南京，江苏教育出版社，1990。

③ 蒋致远：《中华民国教育年鉴第二次第一册》，229～230页，台北，宗青图书出版公司，1991。

训练班，共设 298 班，受训学生 15330 人。1943 年设立短期师资训练班 274 班，训练学生 10636 人。之后，随着师范学校的增加，此类学校开始减少。①

（2）制定小学教师假期进修办法

可以说，上述政策意在通过短期培训为义务教育提供合格师资，而不是致力于在职教师的专业发展。为了促进在职教师的发展，国民政府制定各种政策，敦促中小学教师进行进修学习，提高素质。

1929 年，教育部制定《中小学校教职员进修办法》，要求每年暑假由各国立大学开办暑期学校，为中小学教职员提供进修机会。1930 年 4 月，第二次全国教育会议通过了《筹设各级各种师资训练机关计划》，要求各地应开办暑期学校和假期讲习会等机构，加强中小学教师培训。暑期学校每年由各国立大学开办，各省、特别市每年应办一所，不收学费。各市县应开办假期讲习会，讲习会由一县或数县联合办理，经费由县负担。不举办暑期讲习会的市县，应各派二人入暑期学校学习。学习课程要适合需要，讲习材料要注重实际问题，并应征求各会员的意见。② 该次会议进一步推动了教师的暑期培训。

即便在抗战非常艰苦的时期，国民政府也致力于通过进修提高中小学教师素质。1941 年 5 月，教育部特别提出"全国小学教员应特别注意培植，并可利用暑假期间举办小学教员训练"，并颁订《各省市小学教员假期训练实施办法》，将假期训练列为教员最重要的进修义务。③ 1943 年，教育部颁布《师范学校附设中心国民学校教育进修班暨函授学校办法》，指定国立师范学院办理进修班，并令湘、粤、桂、赣等省派优良小学教员入班进修，1944 年夏天，第一期进修班结业。1943—1944 年，教育部又指定中央大学、浙江大学、中山大学、国立西北师范学院等办理函授学校，据称西北师范学院的函授学校办理颇有成绩。④

---

① 蒋致远：《中华民国教育年鉴第二次第一册》，229～230 页，台北，宗青图书出版公司，1991。

② 汪懋组等著，延陵缪辑录：《第二次全国教育会议始末记》，18～20 页，上海，江东书局，1930。

③ 蒋致远：《中华民国教育年鉴第二次第一册》，230 页，台北，宗青图书出版公司，1991。

④ 蒋致远：《中华民国教育年鉴第二次第一册》，229 页，台北，宗青图书出版公司，1991。

抗战即将结束的 1945 年 5 月，教育部又颁订《各省市小学教员假期训练实施计划》，通令各省市教育厅局于每年暑假举办小学教员假期训练班，要求中心国民学校及其他公私立小学教员，包括校长、主任及教员，以及代用教员、不合格教员等均应按期受训。期限为 4—6 周，期满成绩及格者发给毕业证书，不及格者取消其任教资格，计划五年内完成对所有教师的培训。由于抗战，这一计划无法在全国实施，但非战区基本都在办理这样的培训班。①

在中央政策的引导下，各地积极开展教师假期培训，提升教师素质。如 1935 年浙江省开始教师的暑期培训，以受训对象和内容的不同，暑期培训分为两种，一种是由师范区省立师范学校主办的专科训练，分国音符号科、算术科、社会科、自然科、教育学科、音乐体育科、劳作图画科，受训人员为各师范区内各县的现任教员；另一种是由各县市举办的一般训练，内容包括精神训练、生活训练、知能训练，受训人员为国民学校或中心学校中未经试验合格的现任教员。全省从 1941 年到 1944 年共举办暑期师资训练班 121 班，受训人员达到 8951 人，遍布全省各地。② 1935 年江西省政府将全省分为 8 个中心区，利用暑假分区举办讲习会。各区讲习会由行政督察专员担任委员长，并由委员长聘定当地行政长官及教育机关职员，组织委员会主持工作。讲习会的内容如同中学修养会，一方面注重教师的精神训练，另一方面研讨小学教材教法，提升教师教学能力，并注重解决学员的实际问题。仅 1938 年，全省 8 个中心区师资训练所及 10 余所省立师范学校就训练了师资 3000 名，这对解决义务教育师资的急缺问题起到了一定的缓解作用。③

此类师资训练班在抗战最困难的 20 世纪 40 年代也依然在举行，1941 年，甘肃、湖南、贵州、河南、广西、福建、云南、四川、广东、浙江、江西、重庆 12 省市暨陪都附近的迁建区都办理了小学教员假期培训班，受训教员达到 64651 人。以后各年度非战区均举办假期师资训练班，训练小学及国民学校教师。④

---

① 蒋致远：《中华民国教育年鉴第二次第一册》，229～230 页，台北，宗青图书出版公司，1991。

② 张彬：《浙江教育史》，624 页，杭州，浙江教育出版社，2006。

③ 刘燕云：《民国时期江西义务教育师资保障措施探究》，载《江西教育学院学报》，2008(4)。

④ 蒋致远：《中华民国教育年鉴第二次第一册》，229～230 页，台北，宗青图书出版公司，1991。

（3）关注中学教师进修研究

政策层面关注中等学校教师的进修是在抗战期间。1941 年 12 月 9 日，教育部颁发《教育部奖励师范学校教员进修及学术研究暂行办法》，提出为"增进与所任学科教学有关之专门知识及技能"，师范学校教员可以进修。进修分休假研究及参观考察两种，于校外行之，时间暂定半年。休假研究必须到教育部指定的学校和研究机关从事研究；参观考察则到教育部核定的地区进行；研究和考察期满的教师，应回原校服务。为了鼓励教师进修，该办法规定，那些"曾经检定合格，并继续担任师范学校专任教员五年以上著有成绩者"可以申请奖励金。① 1942 年 2 月 17 日，教育部又颁发《教育部奖励中等学校教员休假进修办法》，要求对检定合格，且服务于公立或已立案之私立学校，经教育行政机关视导人员认为成绩优良、品格健全无不良嗜好的专任教员，并"在一校继续服务满九年"者可以休假进修。该办法规定休假期限为一年，保留原薪和各项津贴。休假可分为研究及考察两种，均应"以与所任教课或职务有关者为限"。休假结束后"应回原校服务，非经主管教育行政机关核准，不得转往其他学校服务"。为了鼓励教师开展高质量的进修，教育部要求教师在进修的半年及一年完成时期，要给主管教育行政机关提交书面报告，机关据此给予奖金。②

在实践层面，一些省份在 20 世纪 30 年代就开展了中学教师的培训。如1933 年，江西省教育厅举办以教师学习、教师发展为目的的"江西中等以上学校及省会小学教师寒假修养会"。③ 这个以厅长程时煃兼任会长的修养会以"提倡友教精神，增加修心修养，共谋本省教育之发展"为宗旨，以"训练团体生活为青年的模范、注重身心锻炼为事业的根本、发挥友教精神为修养的工夫"为目的，于每年寒假召开为期一周的会议。会员以中等以上学校及省会小学教师为主体，教育行政人员及省会各社教机关主管人员亦得加入。④

---

① 《教育部奖励师范学校教员进修及学术研究暂行办法》，见宋恩荣、章咸：《中华民国教育法规选编（1912—1949）》，693～694 页，南京，江苏教育出版社，1990。

② 蒋致远：《中华民国教育年鉴第二次第二册》，371～372 页，台北，宗青图书出版公司，1991。

③ 第一届名为"江西中等以上学校及省会小学教师寒假修养会"，随后三届均定名为"江西省全省第 N 届教师寒假修养会"。

④ 《教师寒假修养会简章》，载《江西教育旬刊》，第 8 卷第 2 期，1933。

修养会的活动为讲演、讨论、游艺、运动、集会。以讨论活动为例，我们发现修养会教师学习研究的氛围很浓。如第一届修养会将全体会员根据兴趣和意愿分为 10 组（如教育行政组、教学问题组、儿童青年训练组、科学教育组、体育卫生组、职业教育组等），研讨相关内容，之后形成决议以供政府决策。据称"每组案件均不下十余件，内容大都切实可行"。如科学教育组提出"关于本省之科学资料，如瓷器、钨、矿、煤、铁等，应如何做实际之调查研究并介绍给学生，引起严切注意案。决议：请本厅（省教育厅）编辑或征集此项资料，成为若干小册子，作为学校自然科学之补充教材。"①1934—1937年，江西省教育厅曾连续举办四届教师寒假修养会，为推动全省教师学习研究、提升教师质量发挥了重要的作用。

中学教师的进修也在一些地区实施。如 1932 年，全国中等学校毕业会考数、理化、生物等科成绩不佳，其原因或为教材不合，或为教法欠佳，为此，教育部要求各省教育厅会同各地适当大学于当年暑假举办中等学校理科教员暑期讲习班。由此，各地纷纷举办这样的培训班。湖北省决定由教育厅统筹举办中学理科教员暑期讲习会。他们修订章程，造具预算，呈经省府委员会通过后举办。教育厅下文要求各校斟酌派员一二人参加。1934 年暑期，该讲习会正式举办。此次讲习会设在武汉大学，以公共科学实验馆为讲习地点，由武汉大学、华中大学、中华大学等大学的教授为讲授队伍，采用讲演、讨论、实验三种形式，讲授科目和内容如表 2-9。讲习会到会的教员有50 余人。②

表 2-9　1934 年湖北省暑期理科讲习会讲授科目、专家、内容一览表

组别	讲座教授个人信息	讲座内容
物理组	石鸿翥 比国工科大学毕业北大教授	物理学的科学方法（附讲科学的系统），牛顿的宇宙引力新理论（补充摆动的方式），光之波动，距离案律，（光学）的解析式，用以太颤动的定理解释光之干涉现象，论交流电之基本公式，多相交流之重要特性，旋转磁场论

---

① 《江西中等以上学校及省会小学教师寒假修养会经过誌要》，载《江西教育旬刊》，第 8 卷第 9 期，附刊，1933。

② 湖北省教育厅编审委员会：《本省中学理科教员暑期讲习会会务纪要》，载《湖北教育月刊》，1934(10)。

续表

组别	讲座教授及个人信息	讲座内容
化学组	魏文悌 英国伦敦大学毕业，曾任湖南大学教授，时任武汉大学教授	化学史演进原子之分类(周期表、气体运动论、分子及原子量之求法)，放射论，原子结构论，溶液论，电离学说均系平衡论，不均系平衡及相则，热化学论，重氢及重水论，液化煤论，有机化学不同于无机化学之基点，空间化学论，有机化学上近代几个重要合成法，电化学，炸学及毒气论，电子原子价论
	张资琪 英国约翰大学化学博士，时任华中大学教授	中学化学问题一斑，中学化学之目的、内涵及其与大学化学之关系。关于课本之选择及一般中学化学课本之批评。课室内之化学教学：一，教学之诸方式；二，学生之习作(摘录问答等)；三，教员教学之效率与学生成绩之考核测验方法及其他考试问题；教材不可避免之困难(化学术语与命名，化学上之计算，方程式化学组之平衡，诸基本理论如伊洪论质量作用律等之教法)；四，课室演证，演证之预备与方法，演证与实验室，实验利弊之比较；五，补助教材、图标模型、标本、幻灯片之制法及购买。关于实验室及实验者：一，实验室之合理设备；二，药品及仪器之购买、储藏与供给；三，药品及仪器之可自制者；四，实验与课室讲演之联络及先后问题；五，实验进程与实验之选择，设计实验；六，学生实验时，实验室之管理；七，学生实验报告之写作与处理；八，定性分析在中学化学中之地位，化学学生之课外作业。中学化学之图书设备，中学化学教员学问修养上之问题
生物组	张镜澄 日本东京帝国大学毕业，曾任武昌大学教授、武昌中山大学理科委员会主席，时任武汉大学教授	种子植物之系统及近时分类学之变迁 种子定义

组别	讲座教授个人信息	讲座内容
生物组	钟心煊 美国哈佛大学植物学博士，曾任南开大学、厦门大学教授，时任武汉大学教授	中学植物学教授上几个问题
	叶雅各 美国宾夕法利亚州立大学毕业，耶鲁大学森林硕士，曾任金陵大学教授，时任武汉大学教授	中学植物学教授上应用之树木
	章盈	生殖与发育
	何春乔	遗传学大意

注：资料来源于《武汉日报》，1934年7月17日第2张第4版。

从表2-9发现，湖北省的暑期理科讲习会还是很正式且很有质量的，师资队伍是名牌大学毕业且在名大学任教者。讲座的内容关注学科知识和教学实施，切中中学教学实际和教师教学中的问题及需要。由此可见，一些省份是按照教育部的要求开展教师进修活动的。

(4)开展其他形式的教师进修活动

1944年，教育部颁行《各省市中心国民学校及国民学校教员进修办法大纲》，通令各省市按照规定，按当地实际情形，拟定实施办法，举办下列各种业务：进修刊物、巡回辅导、通信研究、进修班或函授学校、教员假期训练。[①] 除了前面谈到的进修班外，各地的确通过进修刊物、巡回辅导、通信研究等方式加强在职教师的进修。

进修刊物：由于战事的影响，以及人力、财力等有限，政府无力支撑庞大的面对面教师进修，为此，1941—1947年，教育部国民教育司特设《国民教育指导月刊》社，以"推行国民教育实际问题为中心"，开设教育讲座、行政计划、教材教具、教导方法、实验报告、检查统计、书报介绍、通信研究、教师园地等栏目，为教师开阔视野、答疑解惑、学习提高之用。该刊分为中央版与地方版，中央版由《国民教育指导月刊》社承担，编辑有关全国性的共同

---

① 蒋致远：《中华民国教育年鉴第二次第一册》，228页，台北，宗青图书出版公司，1991。

材料指导全国国民学校。地方版则由各地教育厅局自行征集有关"一省市之共同材料，以及一县一校之特殊材料"指导当地国民学校教师。为使教师从中获益，教育部还酌量补助，使每所中心学校获赠 2 册。据称，该刊是抗战时期"小学教员进修月刊中发行最广，收效最宏"的刊物。此外，教育部还编辑《国民教育实际问题》小丛书，内容涉及国民教育行政、国民教育设施、精神训练、政教联系等，指导国民学校教师进修学习。广西、四川、福建、广东等省，也编辑其他的辅导丛书，供地方教师进修学习。①

巡回辅导：民国后期，在教育部的要求下，各省市县设立由富有教育经验的优秀教师组成的巡回辅导队或辅导团，到各地的中心国民学校或国民学校作示范教学，或举行座谈会研讨教师遇到的问题和困难，帮助解决。如果没有辅导团，则由中心国民学校承担相应的职责。

通信研究：为改进小学教育，便利小学教员进修，1936 年 5 月 23 日，教育部颁布《学校附设小学教育通信研究处办法大纲》，要求师范大学、大学教育系或独立教育学院，成绩卓著的省市立师范学校及附属小学、省市立小学办理小学教育通信研究处，承担以下工作：第一，用通信的办法征集小学教育中的实际问题，加以研究解答；第二，解答小学教员书面提出的有关小学教育的实际问题；第三，视教师的需要，分别科目，用通信的方法指导教师进修。② 由于战事的影响，这一举措并未立即实施，1941 年以后，一些学校开始办理此研究处，国立西北师范学院、国立中山大学师范学院、国立重庆师范学校，以及河南、甘肃、西康、广东等省开展相应的工作，均有不错的成绩。③

4. 各地积极开展形式多样的教师进修活动

民国后期，鉴于小学教师普遍存在"不能彻底明了教育目标；缺乏民族意识；只重教室里教学，不重劳作；不识改造社会；无研究兴趣，身体欠健康；没有乐业专业精神"等问题④，各地教育当局积极鼓励学校设立各种教师进修及研究组织，并开展相应的活动。"各省教育厅既提倡于上，各小学自靡然从

① 蒋致远：《中华民国教育年鉴第二次第一册》，228～229 页，台北，宗青图书出版公司，1991。
② 《学校附设小学教育通信研究处办法大纲》，见宋恩荣、章咸：《中华民国教育法规选编(1912—1949)》，270 页，南京，江苏教育出版社，1990。
③ 蒋致远：《中华民国教育年鉴第二次第一册》，229 页，台北，宗青图书出版公司，1991。
④ 赵欲仁：《今日小学教师的缺点及其补救》，载《教育杂志》，1935(7)。

风于下，即以江苏省立各小学而论，每校皆有教师进修及研究的各种组织，如江苏省立镇江师范附属小学关于教职员的进修，有下列六种方法：第一，读书会，第二，座谈会，第三，专题研究，第四，交互参观，第五，外埠参观，第六，其他（如听受省府电台进修播音，阅读《小学教师》半月刊等）。"樊兆庚当时正主持江苏省立徐州小学，对于提倡教师进修，亦不遗余力；后更规定了教师进修及研究办法，其中所列方法，约有下列几种：第一，专题研究（每学期每人认定一题研究）；第二，集会研究（每月开会一次，共同讨论研究）；第三，循环讨论（由某教师提出困难问题后，用循环讨论簿，按教师号码传递研究）；第四，阅读书报（凡校内举行全体会议时，由教师分别报告心得）；第五，校内教学交互参观；第六，外埠参观；第七，其他（如听电台教育播音等）。小学教师进修和研究如此重要，所以负小学行政责任的人，莫不积极提倡。①

除此之外，一些学校还出现教学演示活动："自神圣的抗战结束以后，小学教育界有一个新鲜的活动，就是'教学演示'。因为抗战结束以后，亟需扫除文盲，多多添设学校，又因为师资缺乏，教法不合，只能想出一个救济的办法，这个办法就是'教学演示'。""到任何一个学校的教室参观一下就可以知道，有的教师竟连问题也不会发，订正也不会做，说话也不合适，板书也不得体，哪里谈得到教育理论。所以，主持教育行政者，不约而同的都把教学演示，当作施政方针中的第一个要著。""所以，教学演示完毕以后，必须接着开个讨论会（不称批评会）。讨论的中心应该注重商讨现实的缺点而谋未来的改进。"②教学演示类似今天的公开课，其目的就是把优秀的课例展现给大家，为教师学习提供一个样板。当然也不乏对其的批评指正。此种教学演示对教师开展规范的有质量的教学很有帮助。

由上可见，民国后期教育当局和学校都积极致力于在职教师的专业发展。教育主管部门把教师的专业发展看作分内的工作，并纳入行政工作的范畴中加以引导。他们通过强势的行政力量，一方面，强行要求对塾师进行登记、检定、培训，使之适应现代小学的教育教学；另一方面，试图在我国建立层级性的教师研究体系，如通过建立省—省分区—县市—学区四级初等教育研究会、乡镇国民学校研究会、学校学科教研会，敦促教师开展教育教学研究和进修活动，这些方式无疑有助于我国中小学教师的专业化进程。

---

① 樊兆庚：《我国小学教育最近的趋势》，载《教育杂志》，1937(9、10)。
② 沈百英：《教学演示杂谈》，载《教育杂志》，1948(8)。

四、教师资格检定制度与中小学教师的质量

某个职业专业化的重要体现是该行业的人员入职时需要得到专业的资质认证，这反映在教师职业上就是教师资格制度的建立和实施。民国后期是我国中小学教师资格检定制度进一步发展和完善的时期，也是我国中小学教师专业化进程的重要历史阶段。

民国时期最早付诸实施的教师检定为党义教师的检定。为了真正实现"以党治国""以党义治国"的独裁统治，1928 年 7 月 5 日，国民党中央常务会议通过《各级学校党义教师检定委员会组织条例》和《检定各级学校党义教师条例》，要求全国各级学校之党义教师一律受检。检定合格者给予证书，允许执教。证书有效期为 2 年，逾期后须重新检定。考试科目有：孙文学说、民权初步、建国大纲、三民主义。① 由于这种检定是"突出政治"的结果，并未体现出对教师职业的专业要求，加之仅为专科或单科的教师检定，故不宜视为普通意义上的教师检定。

但中小学教师的检定制度的确是在这一时期得以完善和切实实施的。

（一）日趋完善的中小学教师检定制度

国民政府时期教师资格制度的构建最早出现于 1932 年公布的《小学法》《中学法》，随后在 1933 年 3 月公布的《中学规程》《小学规程》，以及 1934 年 5 月公布的《中学及师范教员检定暂行规程》《小学教员检定暂行规程》《中学及师范学校教员检定委员会组织规程》《小学教员检定委员会组织规程》中进一步完善。后来颁发的《修正中学规程》(1935.6)、《修正小学规程》(1936.7)、《小学教员检定规程》(1936.12)和《小学教员检定办法》(1944.1)、《国民学校教员检定办法》(1946.11)则在原来的基础上进一步完善，从而形成了国民政府时期教师检定制度的主体部分。现从教师检定的目标或宗旨、教师检定的机构及人员、教师检定的程序、教师检定的标准、教师检定的方式、教师检定的管理和有效期等方面进行论述。

---

① 中央教育科学研究所：《中国现代教育大事记》，158 页，北京，教育科学出版社，1988。

1. 教师检定的目标：确保受聘教师的专业性和合法性

民国后期的教师检定制度建立的目的是让从教者具备专业资格，这在相关的法规条例中有明确的规定。《小学法》明确规定：小学教员由校长聘请合格人员充任；如合格人员有不敷时，得聘任具有相当资格者充之；均应呈请主管教育行政机关备案；小学教员之检定、任用、保障各规程，由教育部定之。① 《中学规程》规定，中学教员的聘任，"由校长开具合格人员详细履历，径呈或转呈省、市教育行政机关核准后，由学校备具聘书于学年开始前二月或学期开始前，送达受聘教员，遇有不合格人员，主管教育行政机关应令原校更聘。"② 所谓合格资格，就是由教育主管部门检定后认可的资格，意在法理上保证入职者有专业资质。

为了确保教师任用的专业性，一些省做了更为明确的规定。如山东省就明确规定，"凡小学校长教员，非经检定合格领有许可状或登记书者，不得充任。"而且具备不同学段资质的教师不得跨界，如"凡领有小学初级正教员许可状者，不得充任小学高级正教员（专科同）"，"凡领有专科教员许可状者，不得充任小学正教员；其领有小学初级专科教员许可状者，亦不得充任小学高级专科教员"。③ 江苏省规定"本省现任小学教员检定不及格或不受检定者，得由本厅令所在学校校长停止其职务"。④

2. 教师检定机构及检定人员的专业性和合法性

为了使受检合格教师具备专业资格，首先需要检定机构和检定人员具备权威性和专业性。这个时期的教师检定制度在沿袭清末民初的制度的基础上，更加严格、规范。主管部门专门制定检定委员会章程，如《中学及师范学校教员检定委员会组织规程》《小学教员检定委员会组织规程》《国民学校教员检定办法》，明确检定委员会成员的人数、资格、职责等，确保鉴定者的专业性和合法性。我们以中学教师为例呈现教师检定机构及其人员的组成以及职责等。

---

① 《小学法》，见宋恩荣、章咸：《中华民国教育法规选编（1912—1949）》，244 页，南京，江苏教育出版社，1990。

② 《中学规程》，见宋恩荣、章咸：《中华民国教育法规选编（1912—1949）》，396 页，南京，江苏教育出版社，1990。

③ 蒋致远：《中华民国教育年鉴第一次第一册》，193 页，台北，宗青图书出版公司，1991。

④ 蒋致远：《中华民国教育年鉴第一次第一册》，165 页，台北，宗青图书出版公司，1991。

《中学及师范学校教员检定委员会组织规程》和《小学教员检定委员会组织规程》都明确规定，各省市（行政院直辖市）教育行政机关，组织专门的教员检定委员会，开展教员检定工作。

中学及师范学校教员检定委员会由 7—11 人组成，由省市教育行政机关长官充任主任委员，省市教育行政机关主管科科长、省市督学、现任或曾任大学校长、教育学院院长或师范学院院长担任委员。

检定委员会的工作职责如下：第一，各项试验规则之拟定；第二，受检定各教员呈缴各项文件之审查；第三，受检定各教员检定合格或不合格之核定；第四，检定试验成绩之核算及揭示事项；第五，其他关于检定之重要事项。

为了确保检定过程的专业性，上述两个规程还对试卷的命题、阅卷委员会成员的资质进行了明确的要求，以确保考试试卷命题与阅卷的科学性和专业性：主要由富于某科教学经验之大学教授、中学教师及师范教育专家组成。

3. 教师检定的方式与要求[①]

教师检定的开展首先取决于教师合格标准的确立。教育主管部门在《小学规程》和《中学规程》中，就明确了中小学教师的资格标准（后叙），在此基础上，对已经入职的教师进行资格的认定，以确定任职教师的专业性和合法性。

民国后期的中小学教师检定主要有两种方式，一为无试验检定，亦可称资格认定；二为试验检定，亦称考试检定。要求所有教师均须接受检定，符合教师资格要求者直接登记，其他进行考试检定。具体如下。

（1）无试验检定（资格认定）

一般而言，小学教师直接进行资格认定者是具有中学（高中）以上学历，有一定的教育实践经验，并受过专业训练者，或有能证明其具有专业素质的著作等；中学教师直接资格认定者是专科以上学历。具有上述资质者，满足无试验申请条件的人可直接提交申请材料，审核通过后即可获得教员资格。中学基本条件与《中学规程》中确立的任职资质几乎一致（除初中第 5 条），小学对已任职教师的直接登记条件更宽松。具体如表 2-10。

---

① 《小学教员检定规程》《中学及师范学校教员检定暂行规程》，见宋恩荣、章咸：《中华民国教育法规选编（1912—1949）》，677～684 页，南京，江苏教育出版社，1990。

表 2-10 具备无试验检定者的资格和材料要求

学校类别	资格	所需材料
小学	1. 毕业于简易师范学校或简易师范科者 2. 毕业于旧制中学，或现制高级中学以上学校，或与旧制中学、现制高级中学同等之学校，曾充小学教员一年以上或曾在当地教育行政机关或大学教育学院或师范学校等所办之暑假学校补习教育功课满二暑期者 3. 毕业于旧制乡村师范学校或县立师范学校或二年以上之师范讲习科，曾充小学教员二年以上，或曾在上述暑假学校补习满三暑期者 4. 曾充小学教员三年以上，经教育行政机关认为确有成绩者，或曾在上述暑期学校补习满四暑期者 5. 曾充小学教员三年以上，有关于小学教育之专著发表，经主管教育行政机关认为确有价值者	1. 毕业证书或修业证书 2. 服务证明书 3. 本人履历书、志愿书及最近照片如有教育行政机关所给予关于教育训育等成绩之评语及关于小学教育之著作等，应一并附缴
初中	1. 具有高级中学教员无试验检定规定资格之一者 2. 国内外大学本科、高师本科或专修科毕业者 3. 国内外专科学校或专门学校本科毕业后，有一年以上教学经验者 4. 于高中程度相当学校毕业后，有三年以上教学经验，于所任学科确有研究成绩者 5. 曾任初级中学教员五年以上，经督学视察认为成绩优良者 6. 具有精练技术者（专适用于劳作科教员）	1. 毕业证书或修业证书 2. 服务证明书 3. 著作（无著作者缺） 4. 本人履历书、志愿书及最近照片
高中	1. 教育部认可之国外大学本科毕业者 2. 国内师范大学、大学本科、高等师范毕业后有一年以上之教学经验者 3. 国内外专科学校或专门学校本科毕业后，有二年以上之教学经验者 4. 曾任高级中学教员五年以上，经督学视察认为成绩优良者 5. 有专门著述发表者	1. 毕业证书或修业证书 2. 服务证明书 3. 著作（无著作者缺） 4. 本人履历书、志愿书及最近照片

（2）试验检定者（考试检定）

对那些学历不合格，且未接受过正规师范教育者则需要检定。检定方式分为笔试、口试或实习，所缴检定材料和无试验检定者一样。能参与试验检定者的资格、检定科目、检定标准要求如表 2-11。

表 2-11 试验检定的资格要求、检定科目和检定标准

学校类别	参与人员资格	检定科目	检定标准
小学	1. 曾在旧制中学或高级中学毕业者 2. 曾在师范学校或高级中学修业一年并充小学教员一年以上者 3. 曾在师范讲习科毕业者 4. 曾任小学教员三年者 5. 学有专长并充小学教员一年以上者	级任教员：公民、国语、算数、自然、卫生、历史、地理、教育概论、小学各科课程标准、小学教材及教学法 初小级任教员：上述科目酌量减低其程度 专科教员：除须试验之某科外，还须试验国语、教育概论、受试验科目之教材及教学法	级任教员：各科均分 60 分为及格； 专科教员：受检科目及教学法 60 分为及格 笔试：7/10 口试或实习：3/10 未合格但单科合格者可发单科及格证明，下次可免除该科之试验
初中	1. 国内专科学校或专门学校本科毕业者 2. 于高级中学程度相当学校毕业后，有一年以上教学经验者 3. 于高级中学程度相当学校毕业后，有专门著述发表者 4. 曾任初级中学教员二年以上者 5. 具有精练艺术技能者（专适用于图画音乐教员）	应试科目：教育概论、教学法、总理遗教、总裁言论等教育和政治的基本知识 专科应试科目：具体的从教科目，包括公民、体育、国文、英语、算学、生物、矿物、生理卫生、化学、物理、历史、地理、图画、音乐等	各科及口试均满 60 分为及格 单科合格者可发单科及格证明，下次可免除该科之试验
高中	1. 国内大学本科毕业者 2. 国内专科学校或专门学校本科毕业后，有一年以上教学经验者 3. 检定合格之初级中学教员 4. 曾任高级中学教员二年以上者 5. 具有精练艺术技能者（专适用于图画音乐教员）	应试科目：教育概论、教学法、总理遗教、总裁言论等教育和政治的基本知识 专科应试科目：具体的从教科目，包括公民、体育、国文、英语、算学、生物、矿物、生理卫生、化学、物理、历史、地理、图画、音乐等	

从上述内容看，教师检定的标准除了学历外，还要求具备学科教学能力，这一能力通过教育能力的认定与学科掌握的状况来认定。对那些未受过师范

专门训练者的教育教学能力的认定或通过相当年限的教育经验证明，或通过口试或实习证明。学科水平则通过学科考试来证明。当时的及格要求是以 60 分为标准的，而不是现在的按参考人员的比例划分分数线。

4. 教师检定的组织与管理①

检定的组织：中小学教师检定由各省市教育行政机关组织相应的"小学教员检定委员会""中学及师范学校教员检定委员会"依据相应的规程进行检定，合格者由教育行政机关发放检定合格证书。

具体的检定组织各地得依地方，"酌量情形，分区举行"。如山东省检定小学教员每年分区举行一次，小学教员试验检定全省分为 36 个区，"各区检定事务，由主试委员会商聘试场所在地之地方行政机关人员襄助办理。""各科试题，由教育厅拟定，交由各区主试委员分区进行检定试验。所有试卷应由主试委员会呈教育厅合阅。"江苏省也是分区举行的。② 1943 年 12 月，教育部颁布《修正小学教员检定规程》，各省市检定教员要求按照师范学校区组织分会，举行分区检定。③

检定时间：试验检定至少每三年举行一次，无试验检定每学期开始前举行。

有效期及续检：中学检定合格证书有效期为 6 年，期满重行检定。小学检定合格证书有效期为 4 年，在检定有效期内，经教育局审核，教学成绩特别优良者，或是服务期间在暑期学校有成绩证明书者，期满后再给 4 年的合格证书；连续两次获得合格证书者，期满后给予长期合格证书；其成绩不良者，在合格证书期满后，须重受审定。

1943 年 12 月教育部颁行的《小学教员检定办法》，对 1939 年提出的《各省市小学教员总登记办法大纲》中的"代用教员"的甄选和任用做出了补充规定，要求代用教员必须"具备试验检定资格之一"。所有从事小学教学的教师必须具有相应的资质。与该办法同时颁布的还有《小学教员待遇及服务办法》，将

---

① 《小学教员检定规程》《中学及师范学校教员检定暂行规程》，见宋恩荣、章咸：《中华民国教育法规选编(1912—1949)》，677～684 页，南京，江苏教育出版社，1990。

② 《山东省检定小学教员暂行规程》《山东省检定小学教员暂行规程施行细则》《江苏省教育厅检定小学教员暂行规程》，见蒋致远：《中华民国教育年鉴第一次第一册》，165、192～193 页，台北，宗青图书出版公司，1991。

③ 蒋致远：《中华民国教育年鉴第二次第一册》，223 页，台北，宗青图书出版公司，1991。

继续提高待遇与严格检定予以配套。可以说民国政府已经深切地认识到专业人才必须有相应的待遇作保障。

为了推进国民教育，保证国民教育的师资质量，教育部在抗日战争胜利后，于 1946 年 11 月 9 日颁布《国民学校教员检定规程》。该规程中关于教员资格、参与试验检定的条件、检定委员会的组织等项，均与此前的相关规定出入不大，只是使检定科目进一步明晰。

（二）教师检定制度的实施与教师质量

我国早期的教师检定制度多停留于纸面，很多地方并未真正实施，从而使得教师资格制度对教师专业化进程的影响有限，对教师队伍的建设也未产生实质影响。国民政府时期，我国的教师检定制度开始实施。国民党取得政权之后，中央教育主管部门尚未关注教师检定的问题，但少数现代教育发展较好、曾经在北洋政府时期试验过教师检定的省区，为了进一步推行有质量的基础教育，确保现代学校质量，开始自主地实施中小学教师检定工作，为这些地区的教师质量的提升进行了有益的探索，如上海、江苏、安徽、山东、山西等省市。

20 世纪三四十年代，随着相关法规的完善，教师检定工作也迅速展开。全国不少地区开展了教师检定工作。遗憾的是，1937 年抗日战争全面爆发后，检定工作也只是局限于某些环境安定、经济较为发达的省份，后随着日军占领区域的扩大，教师检定工作停顿。抗战结束后，由于接收敌伪区，整顿社会秩序，以及内战的爆发，这一工作也是在有限的范围内开展，也就是说，民国时期虽有相对完整的教师检定制度，但教师检定工作并未全面展开。那么，教师检定在教师专业化进程中到底发挥了怎样的作用呢？我们以江苏、山东等省为例进行分析。

1. 江苏省：教师检定制度的实施与教师专业化

近代以来，由于经济发达、教育基础良好，江苏是我国现代教育发展较好的地区。但由于 1922 年学制颁布以后实行综合中学制，加上师范学校合并浪潮，江苏省的师范学校多被合并，所以江苏省受过师范专业训练的教师较少。20 世纪 30 年代江苏普及义务教育，小学师资严重匮乏，大量不合格教师充斥小学教育界，导致小学教育质量难以保障。如 20 世纪 30 年代，江苏省立学校师资多合格，县立小学则情况大不同。经济发达的江阴县"县立现任小学教员，不合格者颇多，几占四分之一"。① 丹阳县初级小学"共152所，大多为单级小学……惟教师多不合格，或学历浅薄，或精神颓唐，其能努力改进者，仅极少数耳"。② 1928年，江苏省教育厅对全省61个县的小学师资进行了调查，发现不合格师资所占比例甚高。17个县的不合格教师超过50％，35个县的不合格教师在30％—50％，只有9个县（占14.8％）的不合格教师低于30％，而且大都在20％以上。（参见表2-12）师资队伍此种状况显然不利于确保基本的教育质量。教师检定"使未正式受师范训练者，一律加以检定，而就学识经验合格者，给予证书，使充当教员，是一种补助师资不足和防止过滥的有效办法"。③

表2-12　1928年江苏省小学师资情况表

县名	教师总数	合格人数	不合格人数	不合格人数所占比例	县名	教师总数	合格人数	不合格人数	不合格人数所占比例
靖江	175	116	59	33.7％	句容	291	202	89	30.6％
南通	937	517	420	44.8％	溧水	101	78	23	22.8％
如皋	906	689	217	24.0％	高淳	128	99	29	22.7％
泰兴	449	326	123	27.4％	江浦	91	51	40	44.0％
淮阴	215	129	86	40.0％	六合	129	77	52	40.3％
泗阳	125	85	40	32.0％	丹徒	164	81	83	50.6％
涟水	360	235	125	34.7％	丹阳	300	187	113	37.7％
阜宁	268	151	117	43.7％	金坛	144	47	97	67.4％
盐城	541	378	163	30.1％	溧阳	408	118	290	71.1％
江都	647	243	404	62.4％	扬中	28	22	6	21.4％
仪征	120	43	77	64.2％	上海	337	229	108	32.0％
东台	249	153	96	38.6％	松江	528	291	237	44.9％
兴化	206	144	62	30.1％	南汇	459	260	199	43.4％
泰县	384	212	172	44.8％	青浦	445	230	215	48.3％
高邮	272	185	87	32.0％	奉贤	186	82	104	55.9％
宝应	140	97	43	30.7％	金山	251	91	160	63.7％

① 《两月来之江苏教育》，载《江苏教育》，1935(1、2合期)。
② 易作霖：《丹阳县之教育视察报告(时在二十一年三月)》，载《江苏教育》，1932(6)。
③ 罗廷光：《教育行政》(上)，278页，福州，福建教育出版社，2008。

续表

县名	教师总数	合格人数	不合格人数	不合格人数所占比例	县名	教师总数	合格人数	不合格人数	不合格人数所占比例
铜山	510	348	162	31.8%	川沙	129	86	43	33.3%
丰县	369	114	255	69.1%	太仓	301	177	124	41.2%
沛县	192	112	80	41.7%	嘉定	363	227	136	37.5%
萧县	178	138	40	22.5%	宝山	176	138	38	21.6%
砀山	206	168	38	18.4%	崇明	450	325	125	27.8%
邳县	125	77	48	38.4%	海门	209	141	68	32.5%
宿迁	212	122	90	42.5%	吴县	1084	460	624	57.6%
睢宁	170	76	94	55.3%	常熟	881	528	353	40.1%
东海	57	14	43	75.4%	昆山	549	318	231	42.1%
灌云	305	181	124	40.7%	吴江	475	183	292	61.5%
沭阳	147	77	70	47.6%	武进	760	369	391	51.4%
赣榆	79	36	43	54.4%	无锡	1128	599	529	46.9%
启东	294	189	105	35.7%	宜兴	483	181	302	62.5%
江宁	136	56	80	58.8%	江阴	588	243	345	58.7%
淮安	230	152	78	33.9%					

注：教师总数、合格人数、不合格人数的单位为"人"。

1928 年，国民党试行大学区制。要提升教育质量，必须确保基本的教师资格。是年，江苏中央大学修订了《检定小学教员规程》，组织检定小学教员委员会。委员会将江苏全省分为 24 个区，分区分期举行小学教员检定工作，当时除宿迁 4 县因匪患未能进行外，其余各区县都分别举行了小学教员的检定工作。总计参与教师资格检定考试的应试者 2190 人，检定合格者 823 人，通过率约为 37.6%，不足 50%。① 以致大学院训令中说，"查各区受试验教师成绩，优良者甚属寥寥；虽经降低录取标准，而合格者仍不及二分之一"等语。据《第一次中国教育年鉴》统计，1928 年江苏省各县有小学教员 20602 人，其中不合格教师有

---

① 《江苏最近教育概况》，见王燕来：《民国教育统计资料汇编》（第 18 册），368～369 页，北京，国家图书馆出版社，2010。

11675 人，占总数的 56.67%，合格教师有 8927 人，占总数的 43.33%。① 其中受师范训练者有 10279 人，占总数的 49.9%，这中间还包括很多未受完整师范训练的教师，这意味着多数教师未受过师范专业训练。教师检定成为确保合格教师从事教职的重要手段。该年经检定合格的教师有 1615 人，占总数的 7.8%。（参见表 2-13）

表 2-13　1928 年江苏省小学教师资格状况②

类别	曾受高等教育者			曾受中等教育者			曾受检定者				其他			
	受师范训练者	未受师范训练者	曾受高等教育未毕业者	受师范训练者	未受师范训练者	曾受中等教育未毕业者	高小检定正教员	高小检定助教员	初小检定正教员	初小检定助教员	高小毕业者	初小毕业者	前清科举出身者	其他
人数	245	468	204	10034	4828	1457	232	87	938	358	749	23	41	938
占本类别比例	26.7%	51.1%	22.2%	61.5%	29.6%	8.9%	14.3%	5.4%	58.1%	22.2%	42.8%	1.3%	2.3%	53.6%
共计	917			16319			1615				1751			
占总数的比例	4.5%			79.2%			7.8%				8.5%			

注：共计 20602 人。人数的单位为"人"。

南京国民政府成立后，江苏省遵照国民政府的指令，相继制定了《江苏省教育厅检定小学教员暂行规程》《江苏省试验检定合格小学教员有效期间暂行标准》《江苏省小学教员试验检定细则》等法令，开始筹办教师检定工作。

和教育部的相关法律条文相比，《江苏省教育厅检定小学教员暂行规程》中对教师检定的条件规定更为严格，标准更高。如受无试验检定，需具备以下任一条件："一、大学教育科或高等师范或优级师范毕业者；二、高等师范科或师范本科毕业者；三、大学本科或高等专门学校毕业有教学经验者；四、师范专修科二年以上毕业者；五、高级中学或旧制中学毕业在本规程能够实行前曾充小学教员二年以上者；六、农村师范或师范讲习所二年以上毕业者；

① 蒋致远：《中华民国教育年鉴第一次第三册》，428～429 页，台北，宗青图书出版公司，1991。

② 蒋致远：《中华民国教育年鉴第一次第三册》，428～429 页，台北，宗青图书出版公司，1991。

七、师范简易科二年以上毕业者；八、曾得检定证书未满有效期限者。"受试验检定的条件："一、中等学校毕业者；二、曾在中等学校修业满三年以上者；三、曾任小学教员满三年以上者；四、研究专科学术兼明教育原理而有相当证明者。"①教师资格检定的有效期暂定五年。

《江苏省教育厅检定小学教员暂行规程》还对试验检定的科目、试验检定的方式、考核标准等予以规定："小学正教员之试验科目为党义、国语、算学、社会科学常识、自然科学常识、教育原理、学校行政、教学法，其程度以高中师范科课程为准。""小学专科教员之试验科目为手工、图书、园艺、家事、农业、商业、音乐、体育、外国语、自然之一科目或数科目。"试验分为"笔试、口试及实地试验三种"，"试验检定以各科目平均分数满六十分为及格"。教员检定合格后，由教育厅发给许可状，"如果本省现任小学教员检定不及格或不受检定者得由本厅令所在学校校长停止其职务"。

1929—1935 年，江苏省教育厅又进行了 5 次教师检定，由于不合格教师居多，教育普及又需要大量教师做补充，不得已，教师检定标准一降再降。如 1930 年，江苏省检定小学教员第三区无锡县报名参加检定者共 77 人，经省教育厅复核审核准受试验者有 66 人，报名手续不完备而不准受试者 9 人，不符规定而不准受试验者 2 人。检定结果如下：平均分满 75 分以上者共 2 人，录取为小学正教员；平均分满 60 分以上者共 38 名，录取为初级小学正教员；这两项占受检定者的 60.6%，其余平均分未满 60 分，由于教学师资缺乏，所以从宽一律录取为初级小学助教员，以资救济。② 然而，"唯历据各视察人员报告，各县小学师资，仍多不合资格，滥竽充数，其学识经验，不堪充任者，亦不知凡几，自应厉行甄别，以免贻误。"③

为了改善师资，中央大学区曾通令江苏各县自 1929 年起，一律不准任用不合格教师，并多次举行小学教师的试验检定。但教师队伍的现状使得各地不得不从宽处理，这一规定成为一纸空文。1937 年 9 月，江苏开始沦陷；1938 年 2 月，江苏全面沦陷。教师检定制度无法实施。抗战结束后不久，内战爆发，教师检定工作依然无法进行。

---

① 《江苏省教育厅检定小学教员暂行规程》，载《南汇教育》，1929(3)。

② 《民国十九年本届检定小学教师本县合格教员名单》，载《无锡教育》，第 126 期，1930。

③ 《工作纪要：举行本省第五届小学教员试验检定》，载《江苏教育》，1936(1、2合期)。

2. 山东省：教师检定制度的实施与教师专业化

山东省在北洋政府时期，由于军阀腐败，穷兵黩武，教育发展极为落后，教师检定制度实施有限。1928年6月北伐成功后，山东省政府在泰安成立，新任教育厅厅长何思源上任伊始便公布《山东省政府教育厅教育行政纲要》，提出了发展山东教育的方针。1929年，省政府由泰安迁回济南后，厘定预算，按时支款，并积极整顿各学校，山东的基础教育开始有起色。

为了整顿山东的小学教育，提升师资质量，何思源在《山东省政府教育厅教育行政纲要》中，将"订定检定小学教员条例"，作为"考核教育界服务人员成绩，并决定其任免"的一项内容，将教师资格的检定作为确保教育质量的手段。1929年10月，山东省教育厅拟定了《山东省检定小学教员暂行规程》。同年11月1日，成立山东省检定小学教员委员会，委员长由教育厅厅长何思源兼任。随后，山东省教育厅公布了《山东省检定小学教员委员会组织大纲》《山东省检定小学教员委员会办事细则》《山东省检定小学教员施行细则》《山东省各市县承办检定小学教员事务所简章》《山东省检定小学教员要项》，教师检定工作有了法律依据。随后，山东省成立了小学教师检定委员会，由委员长、主任委员、常任委员(4—6人)和临时委员(不定人数)组成。委员长以教育厅厅长兼任，常任委员由教育厅主管科长及督学，省立师范学校校长、教员，或高中师范科主任、教员，省立小学著有成绩的校长或教员，本省初等教育专家等组成。各市县小学教员事务所是实施检定的基层组织。

相对于教育部教师检定只分试验检定和无试验检定两种，山东省将小学教员检定分为无试验检定、暂免试验检定、免一部分试验检定、无试验检定四类。在具体的检定资格中，山东省的规定更加严格。另外，《山东省检定小学教员暂行规程》增加了"不得受检定"的规定，即违反中国国民党党义查明属实者、受剥夺公权处分未复权者、吸食鸦片及染有其他不良嗜好者，均不得受检定。《山东省检定小学教员施行细则》增加了免试单科的规定，即受试验检定的教员，如果所教授的某科目有特殊成绩，经省督学查报、教育局长切实证明、检定小学教员委员会审查合格，可以免该科目的考试。

1930年，山东省只有鲁东南7区，计18县开展了教师检定工作。[①] 从教育部的信息中我们可以看出山东省确实有教师检定工作的展开，1930年，有39.3％的小学教师属于检定及格者。(参见表2-14)

---

① 《山东省检定小学教员委员会第一次工作报告——统计部分》，20～21页，1931。

表 2-14　1930 年山东小学教职员的资格①

总计		师范大学、高等师范毕业者		旧制师范、高中师范毕业者		大学、中学毕业者		短期师范毕业者		检定合格者		检定不合格者	
人数	所占比例	人数	所占比例	人数	所占比例	人数	所占比例	人数	所占比例	人数	所占比例	人数	所占比例
55616	100%	137	0.2%	2728	5.0%	4475	8.0%	20968	37.7%	21865	39.3%	5443	9.8%

注：各类毕业者、检定合格者、检定不合格者的单位为"人"。

1931 年，山东小学教员检定试验再次启动。是年全省共登记 27993 人，审查合格 26523 人。有 16861 人报名试验，复审合格共 16648 人。符合免试及暂免试验资格的教员共 1005 人。② 1931 年 11 月，山东省教育厅开始筹备办理第二次教员检定事宜。全省共登记 14745 人，复审合格 14116 人，其中免试验检定教员 748 人，免一部分试验及受试验检定教员共 13368 人。试验（考试）结果，4273 人符合正式教员资格；4163 人符合代用教员资格，连同符合免试资格的 748 人，共 9184 人。经过两次检定试验，取得许可状的小学教员达到 18644 人，其中 41.8% 的人属于考试不足 60 分的代用教员。山东省还把考试成绩与检定证书有效期联系在一起，规定：考试平均分数在 60 分以上的为合格教员；平均分数虽达不到 60 分，却在 40 分以上的，为代用教员。分数在 80 分以上的，发给时效五年的甲种许可状；分数在 70 分以上的，发给时效四年的乙种许可状；分数在 60 分以上的，发给时效三年的丙种许可状；代用教员，发给时效两年的许可状。所填发的许可状科别，都以受试验成绩为标准。③

从教师检定的结果看，山东教师的质量还有很大的提升空间（参见表 2-15），高达 41.8% 的所谓合格教师是代用教师，其教师检定的考试成绩在不及格之列。之所以仍被任用，是因为当时的小学教师薪资低，工作负荷重，无职业竞争力，很多人不愿意从事小学教育工作，而义务教育普及导致教师供不应求，所以教师检定更多的像摸情况，不太可能按照检定的结果不聘用。

---

①　蒋致远：《中华民国教育年鉴第一次第三册》，465 页，台北，宗青图书出版公司，1991。

②　《山东省检定小学教员委员会第一次工作报告——统计部分》，20～21 页，1931。

③　《山东省检定小学教员委员会第二次工作报告——统计部分》，33、45 页，1932。

表 2-15　1931—1932 年教师检定各项合格教员情况表

合计		高级正教员		初级正教员		高级专科教员		高级代用教员		初级代用教员	
人数	所占比例	人数	所占比例	人数	所占比例	人数	所占比例	人数	所占比例	人数	所占比例
18644	100%	2923	15.7%	7862	42.2%	65	0.3%	389	2.1%	7405	39.7%

注：资料来源于《山东省检定小学教员委员会第二次工作报告——统计部分》，33、45页，1932。

教员的单位为"人"。

1931—1937 年，山东省开展了 6 次小学教师检定工作。后来，随着抗战进入胶着状态，教师检定工作很难开展。但有限的教师检定为教育主管部门甄别教师质量，为后续进行教师培养、培训、辞退等教师管理的规划和实施奠定了基础。

同期，安徽、江西、浙江、湖北、四川等地纷纷进行小学教师检定工作。

相对于小学教师，中学教师的学历状况明显要好一些，教师检定工作在时间上一般晚于小学，从铺开的面上也少于小学教师检定。20 世纪 30 年代，湖北、贵州、福建等省开展了中学教师检定工作。1946 年，"有安徽、云南、黑龙江、湖北、辽北、西康、热河、福建、台湾等十省及北平、天津、南京、上海等四市，已着手进行，并有检定合格数字，呈报教育部"。[①] 但不合格教师仍充斥着中等学校，影响到这个时期的中学教育质量。

(三)中小学教师检定制度对教师队伍专业化的影响

1. 建立了相对完善的教师资格制度，使得中小学教师的入职和退出有了法律依据

教师检定制度是晚清建立的。民国时期特别是民国后期是教师检定制度日趋完善的时期，主要表现在以下几个方面。①教师检定包括小学教师、中学教师、职业学校教师等主要基础教育领域的教师，并设立了不同类别教师的检定章程，实现了教师检定的分类别、分层次。②在制度内容上，这一时期的教师检定制度包括一系列的学校规程及教师资格检定规程、教师检定委员会章程等，对中小学教师资格检定的机构、检定委员会成员组成、资质标准，检定人员的资质标准、教师资格的检定标准、检定内容（包括考试科目）、

---

① 司马融：《略谈我国现行高级师范制度》，载《教育通讯（复刊）》，1948(3)。

检定办法、检定组织形式、检定程序、资格期限和检定管理等进行了明确的规定，使得教师资格检定的每一步都有章可依。③国家制度与地方制度配合。在国家层面，教育部制定了教师检定的法律文件，而各地教育主管部门在开展这项工作的同时，依据教育部的法规章程，制定了自己的教师检定章程。这对地域辽阔、发展不平衡的我国来说有助于因地制宜地实施。④无论国家层面还是地方层面的检定章程都是主管部门的行政长官挂帅，由师范院校的校长、专家、中小学校长、卓有成绩的教师共同参与制定和实施的，这就使我国的教师检定制度具有很高的权威性和社会公信力。

可以说，民国时期我国已经建立了成体系，具有专业性、完整性和可操作性，且有权威性有公信力的教师检定制度，从而使我国教师资格检定走上制度化、法制化、专业化的轨道，使我国各级各类学校教师的任用和退出有了法律依据。

2. 教师检定制度的实施，为中小学教师职业的专业地位的确立奠定了制度的基础

晚清，我国教师作为专门性职业出现。此前，教学只是读书人功名路上的"暂且"之处，教师并非专门职业，更谈不上是从业者可以终身从事的职业。"癸卯学制"后，我国中小学教师开始由专门的师范教育机构培养，但如果没有专门的教师检定制度配套，在世人心目中很难形成专门性职业的概念，更难建立专业的概念，教师的专业地位也就难以确立。

正如有的学者所言：现在"各小学渐次设立，需用教员至为急切，而师范学堂设立无几，毕业者更属寥寥，势不得不通融聘用，以资教授。惟察之不严，则学术浅陋者，不免滥竽充数；待之不优，则学有根柢者又或夷然不屑，舍而他图，甚非鼓励学人振兴教育之道"。① 而"一切教师皆受过师范教育，本属最合理想。但教育之膨胀与师资之供给，往往不能相应。于是投身教育者，遂有未曾受过师范训练者。乃设为检定制度，以检验教师之能力，非得有教师许可状者，不得充任教师。既以保证教育之效率，又可维持教师地位的尊严"。② 在教师缺口很大，又缺乏合乎专业训练的师资的情况下，进行教

---

① 李桂林、戚名琇等：《中国近代教育史资料汇编 普通教育》，49 页，上海，上海教育出版社，2007。

② 余家菊：《师范教育》，见《余家菊景陶先生教育论著》（第 5 辑），148 页，台北，慧炬出版社，2000。

师检定，一方面确定已经从业的教师的身份（如正教员、助理教员、代用教员等），并用不同的检定有效期和工资待遇加以区分，从而在合格教师不足的情况下，确保专业教师的地位，督促教师的专业发展（如未获得正教员的教师可以再进行检定来改变身份）；另一方面，在师范教育的发展不能满足小学师资需要的时候，教师检定制度可以鉴别那些自学成才，或有教育天赋的人进入教师队伍，从而使补充者必然是经过专业检定的合格教师。此种方式传达的理念对教师专业地位的确立有很大的价值。

3. 教师检定制度肯定了师范教育的专业价值

教师检定制度相关规程，对中小学教师免试要求中，特别注重学历和师范教育的训练。一般小学教师要求中学（一般指高中，对清末民初的教育经历接受旧制中学）以上学历，中学教师要求专科以上学历。在专业训练上，要求小学教师接受过完整的中等师范教育，中学教师接受过完整的高等师范教育。学历和专业训练不足者，需要有足够的教育经历和教师专业训练，如若干年的教育实践经历，若干期的暑期学校专业训练，或者有教育专著发表以证明具有对教师职业的专业认识和研究能力。这些规定体现出当时从制度层面认可师范教育和教育实践的专业价值，也为教师的培养和成长指明了方向。

在此种理念的影响下，这一时期一改民初师范教育综合化的趋势，师范教育的独立地位得以巩固；另外，未来教师培养和检定需要得到专业认可的理念进入人心。这对我国教师专业化进程的推进是有很大作用的。

4. 教师资格制度没有稳定、安全的社会环境和足够的经济保障很难真正实施

民国时期的中国，仍然是战争频仍、经济落后、民不聊生的环境。民国时期各项事业的建设、发展都遭遇了缺乏稳定的社会环境和基本的经济支持的困境。虽然相关的法律规程明确了中小学教师资格检定的时间和期限，但由于受外在环境的影响，我国从未开展过全国范围内的教师检定工作，也从未在全省范围内开展过持续的教师检定工作。各地选择教师资格检定的时间机动、灵活，还常常因为匪患、战区和缺乏经济支持使已经着手的工作夭折。同时，教师检定所需要的费用一部分是教师自己承担的，这使本来已经捉襟见肘的教师生活难以为继，因而，这个时期不少教师并没有参与教师检定，这使得通过教师检定制度来确保教师专业性的可能性进一步降低。

另外，这一时期教师的待遇，尤其是小学教师的经济待遇极差，从而导致教师岗位缺乏足够吸引力（后面会专门论述），这严重影响了人们对教师职业的认可度。教师检定制度不但不能缓解这种情况，还给社会上一种认识，这一职业的从业人员是需要监督和检查的，反而不利于教师专业地位的确立。因而，在小学教师质量堪忧的当时，一些地方就出现了教师抵制检定的现象。1932年暑期，四川奉节县欲举行小学教师检定，尽管该县"城区小学教师多为初中毕业生"，然而检定竟遭到多数教师的反对，理由是"中学毕业资格程度，堪为师表"，不需参加检定；检定科目中有数科未学习，担心"临场周张，贻笑于人，将来能否操必胜权，实难预下"。于是，他们"派代表请求教育科转达县政府收回成命免予检定。如若不成，则集体一致，均不报名投考，下期各小学聘人时，则用方法，以谋抵制"。①

5. 教师的任用和辞退并未以教师资格证书为依据，影响教师检定制度的权威性

按照制度规定，所有基础教育阶段非师范系统毕业的教员，都必须经过教师检定合格后，才能继续留任。但实际上未能执行前述规定。从山东、江苏等省的检定结果来看，即便未通过甄别试验而获得"代用教员"资历者，也未能成批裁撤，大多仍占据着教师岗位。尤其在县以下的农村或山区更是如此。这样一来，立法的权威性便受到挑战，令行禁止的管理效能也难以得到真正的发挥。这种无权威性造成的另一恶果是，学校校长在续聘或新聘教员时，不是优先考虑已获得教师检定合格证书者，而是依据中国传统的"人治"原则，依据自己的好恶或与自己关系的远近，来决定聘用人选。如此，便出现参加检定并合格者本来无多，但获有教师许可证者未能获得续聘的怪事。这也在一定程度上，影响了非师范系统毕业人员参加教师检定的积极性，同时也降低了教师检定制度的权威性。

6. 教师资格制度实施过程中的过度灵活影响教师检定的质量和权威性

我国教师资格制度总体而言还是较为完善的，但在实施过程中有很多违背章程或灵活妥协的办法，使得教师检定的质量和权威性受到质疑。

在实际实施过程中，教师检定的标准降低。如由小学教师检定制度所派生的"小学教员总登记"和"小学教员甄别试验"等，均有着降格以求的意味。"总登记"类同于"无试验检定"，但要求稍低；"甄别试验"则为"试验检定"未过关者别开出路，使大多数不合格者仍能以"代用教师"的身份留任。

① 《奉节小学校教师反对检定考试决定应付办法》，载《川报》，1932-06-23。《南充小学教师宣言反对检定》，载《川报》，1932-07-06。

显然，这与设计该制度的基本精神有违。这当然是不得已而为之的结果。如此可能产生的另一恶果是，人们对立法的权威性产生怀疑。如果小学教师检定制度在大学、中学全面推行后再付诸实施，切实实施的可能性会更大一些。

另外，教师检定都是以省为单位统筹开展的，很多省份有自己的教师检定制度，与教育部的条款有出入，有些省区所制定的地方性法规中，有些条款过于宽松，如减少试验检定需要的科目，降低无试验检定的门槛等，并且在实际检定的操作中随意性又较大，致使检定有走过场之嫌。结果导致所谓检定"合格"教师的专业性难以得到社会的认可，教师质量难合人意。

师范教育质量不高的时候，确立师范生免试验检定的资格无助于提升教师专业性。章程规定，教师资格检定分为试验检定和无试验检定。获得完整的师范教育者只要通过资格认定即可，即无试验检定。由于教师素质至今难以有一个得到广泛认可的、操作性强的指标体系加以量度，故认可师范教育的专业价值不失为一个好的办法。但这取决于师范教育办理完善。但民国时期，各地由于经济原因和人才匮乏，师范教育的质量并未得到一致的认可："无如办理师范学校者不曾严格办理，课务废弛，考试敷衍，卒至毕业生能力薄弱、不胜教职者比比皆是。"①在这种情况下，师范教育者不必接受检定必然影响教师质量。以至于一些学者呼吁："为挽救目下师范教育之废弛计，似宜取消师范学校之特权，而一并用考试检定之，以整顿其程度，保障其能力。考试时，于普通修养、担任学科、教学智能并实地演习，皆一一考之，务期能充分证明其力能胜任，然后予以教员许可状，不问其为师范毕业生否也。"②

教师检定的政治性倾向影响了其专业性的体现。民国时期国民党实行一党专政，在教师检定中以对党的忠诚替代对专业性的要求，从而影响了教师检定的专业价值。虽然教育部的教师检定制度并未体现这点，但一些地方的检定条例明确提出此类要求。如 1930 年 1 月的《江苏省教育厅检定小学教员暂行规程》，对不得受检定之人有明确规定，"一、有反革命之行为查明属实

---

① 余家菊：《师范教育》，见《余家菊景陶先生教育论著》（第 5 辑），464 页，台北，慧炬出版社，2000。

② 余家菊：《师范教育》，见《余家菊景陶先生教育论著》（第 5 辑），464 页，台北，慧炬出版社，2000。

者；二、曾有徒刑以上之刑事处分者；三、教育吸食鸦片及其他不良嗜好者；四、受撤销许可状之处分者。"①1932年山东省颁行的规程中不得受检定之人为："一、有违反三民主义之言论或行动者；二、受剥夺公权处分未复权者；三、在停止党权期间者；四、吸食鸦片及染有不良嗜好者。"②上述规定显然从政治上的忠诚程度考量是否适宜当小学教师。

教师检定未能严格实施影响了检定制度的权威性。虽然章程规定所有教师必须按要求参加不同形式的检定，但仍有些地方的一些官员以人情、面子为指引，随意处决，影响了检定的公正性和权威性。如1947年汉川教师检定就出现这样的事件。有教师反映：当时汉川小学教师检定要求所有人都参加试验检定。"在前天学校里面有两位同事，把登记表填好以后，亲自送到教育科长那里，经过科长在登记表上面加盖了一个科印，和他亲笔批了'合格'两个字以后，考试名额中便没有他的名字。这两位同事，一位是某馆长的夫人，一位是某议长的妹妹"。以至于老师感慨："如今，资格、本领，啥子都是假的哟！人情、面子，才是真的呀！"③

总体来讲，民国后期的中小学教师检定制度，对我国教师职业的专业化进程起到了初步的推动作用，为教师队伍建设指明了方向，但它对教师整体质量提升的作用并不明显。诚如国民政府考试院院长戴季陶1941年在《考试与铨叙讲词》中所言："考试不过是矮子中间拔长子，中国目前所有的人才质量只是如此，考试就不能存在过奢的期望。大凡一切制度，必须与现状符合，否则便行不通。"④更何况"吾国部章，原有检定章程，特执行不力，致成具文耳"。⑤

五、其他教师管理制度与教师专业化

民国后期是对中小学教师进行全面管理的阶段，这种管理的理念体现出

---

① 《江苏省教育厅检定小学教员暂行规程》，见蒋致远：《中华民国教育年鉴第一次第一册》，165页，台北，宗青图书出版公司，1991。

② 《山东省检定小学教员暂行规程》，见蒋致远：《中华民国教育年鉴第一次第一册》，192页，台北，宗青图书出版公司，1991。

③ 老马：《教师检定在汉川》，载《武汉日报》，1947-01-06。

④ 杨学为：《中国考试史文献集成（第7卷 民国）》，521页，北京，高等教育出版社，2003。

⑤ 余家菊：《师范教育》，《余家菊景陶先生教育论著》（第5辑），464页，台北，慧炬出版社，2000。

对专业教师的现代管理理念——专业、系统，致力于吸引更多专业人士长期从教。在具体的管理内容上，国民政府教育主管部门对中小学教师施行信息登记、资格检定、任用服务、待遇保障、进修辅导等诸方面的全面规定。由于前面专门有章节探讨教师检定和进修辅导，本部分主要涉及教师的登记、任用制度，待遇保障制度和激励制度等。

（一）教师登记、任用制度

1. 教师登记制度

对教师进行登记是教师管理的重要步骤，其意义在于"一，可使教育行政机关明了所属范围内以师资供应之实际情形，进而谋适当之调整。二，可使小学教员之未任职者，得公允之任用机会。三，可使小学在职教员之服务年资，得较正确之稽考。"①在古代，由于教育的民间性，教师队伍的状况并不被行政当局掌握，即便到了清末民初实施现代学校制度时，由于缺乏对现代学校和教师队伍的管理经验，教师队伍的状况仍不为主管部门所掌握，这种状况显然不利于教师队伍的建设和现代学校的发展。

国民党取得政权以后，开始关注通过登记制掌握在职和潜在的教师队伍的现状，这种措施首先源于地方。早在 1927 年，江苏省在实行大学区制时，就举行了各县小学教员登记，②希望借此了解当时的小学教师队伍的基本状况。20 世纪 30 年代，江苏省教育厅又令各县实行小学教师登记，各县遂听从教育厅的指令，纷纷进行小学教师登记。如涟水县，"该县小学师资尚感缺乏，今后拟厉行教师登记"③。无锡县，"鉴于本县师资庞杂，教师资格无精确统计，任用为难。为调查整顿起见，切实举办全县中小学教员登记，饬全县教员厉行登记。"④全县中小学校教员登记，无锡县从 1930 年 11 月到 1932 年 3 月登记 11 批。但由于种种原因，符合要求的教师并未如数登记，因此无锡县不得不从 1932 年 4 月再次进行登记，"督促全县各区教员继续进行登记"。⑤

---

① 蒋致远：《中华民国教育年鉴第二次第一册》，222 页，台北，宗青图书出版公司，1991。

② 相菊潭：《整顿江苏地方教育之两个中心问题：经费与人员》，载《江苏教育》，1932(3、4 合期)。

③ 江苏教育厅编审室：《江苏教育概览》，690 页，1932。

④ 《无锡教育最近概况报告》，载《无锡教育》，166 页，1932。

⑤ 《无锡教育最近概况报告》，载《无锡教育》，166 页，1932。

在江苏省实施小学教师登记制以后，教育部也认识到此种制度的价值，1936年，教育部颁行的《小学规程》宣布实行小学教员登记制，凡具有法定资格者，或经检定合格者，"得申请主管教育行政机关予以登记"，"经登记之小学教员，主管行政机关应于每学年开始两个月前，公布其姓名、学历、经历"。"各小学聘请教员应以此项公布名单为限"。①

1940年，安徽省举办小学教员总登记，到1941年年底结束时，计桐城等40县登记合格教师共5603人，1942年，各县继续进行登记，计合格教员4769人，1944年还颁布《小学教员登记办法》，通饬按期举办具报。1940年，河南省举行第一次小学教员总登记，参加者共25149人，登记合格者仅2621人，无试验检定合格者4760人，准予参加试验检定者13688人，不合格者1152人，手续不合格不予审查者2928人；1943年实行第二次总登记，参加者共16205人，登记合格者2280人，无试验检定合格者4700人，准予参加试验检定者8289人，不合格者726人，手续不合格不予审查者210人。② 可惜，由于抗战形势的恶化，很多地区沦陷，教师登记制度并没有全面实行。从掌握的有限情况看，教员登记制度主要限于小学。而且，教师登记制度是与教师检定制度相结合促进教师专业化、正规化的举措。

2. 教师任用制度

教师任用制度是教师现代化的重要环节。没有教师任用制度作保障教师检定制度就难以真正实施，教师专业化的推进，教师质量保证的目标也难以实现。任用制度最为重要的是任用人员的资质标准的确立和任用程序的规范。

我国自晚清就确立了各级学校任用的资质标准和程序，但法规达到比较完善的程度还是民国后期。民国后期，通过《小学法》《小学规程》《中学法》《中学规程》等法规，对中小学教师的任用资质、任用主体、任用期限、任用程序，以及工作时间等都做了明确的规定，从而一方面确保教师任用的科学化和规范化，另一方面，也可以保证教师的基本利益。

（1）明确合格教员的资质标准

从民国后期颁布的相关法令发现，这个阶段教师基本资质的确立主要基于

---

① 《小学规程》，见宋恩荣、章咸：《中华民国教育法规选编(1912—1949)》，278页，南京，江苏教育出版社，1990。

② 蒋致远：《中华民国教育年鉴第二次第一册》，252～253、282页，台北，宗青图书出版公司，1991。

两个原则：合格学历和专业（师范）训练。如在学历上，小学教员为高中以上（或旧制中学）学历、初高中教员为专科以上学历；在专业训练上，要求受过规范、完整的师范专业训练，未受过如此专业训练者可以通过教育实践经历来弥补。不符合上述条件者需要通过检定考试来证明其具备专业资格。（参见表2-10）由此可见，这个标准和我国古代选用教师时强调学识渊博、品德高尚这样的笼统要求相比更具有可视性和可操作性。

表 2-16　小学、初中、高中校长、教师的任职资格要求①

学校级别	条件类别	校长	教师
小学	得为小学校长和教师的条件	具备小学级任或专科教员合格资格，或经检定合格之教员服务两年以上具有成绩者	1. 师范学校毕业者 2. 旧制师范学校本科或高级中学师范科或特别师范科毕业者 3. 高等师范或专科师范毕业者 4. 师范大学或大学教育学院教育科系毕业者 5. 经主管部门检定合格者
	禁为小学教师的条件		1. 违犯刑法证据确凿者 2. 行为不检或有不良嗜好者 3. 任意旷废职务者 4. 成绩不良者 5. 身体残废或身有痼疾不能任事者
初中	得为初中校长和教师的条件	品格健全，才学优良，且合于下列规定资格之一： 1. 国内外师大、大学教育学院教育科系毕业，或其他院系毕业，而曾习教育学科 20 学分，均经于毕业后从事教育职务二年以上著有成绩者 2. 国内外大学本科，高等师范本科或专修科毕业后，从事教育职务三年以上著有成绩者 3. 国内外专科学校或专门学校本科毕业后，从事教育职务四年以上著有成绩者	品格健全，所教的学科为其所专习学科，且合于下列规定资格之一： 1. 经初级中学教员考试或检定合格者 2. 具有高级中学教员规定资格之一者 3. 国内外大学本科、高等师范本科或专修科毕业者 4. 国内外专科学校或专门学校本科毕业后，具有一年以上教学经验者 5. 于高中程度相当学校毕业后，曾任中等学校教员有三年以上之教学经验，于所任教科确有研究成绩者 6. 具有精练技能者（专适于劳作科教员）

---

① 《小学规程》《中学规程》，见宋恩荣、章咸：《中华民国教育法规选编（1912—1949）》，278～280、398～399 页，南京，江苏教育出版社，1990。

续表

学校级别	条件类别	校长	教师
高中	得为高中校长和教师的条件	品格健全，才学优良，除具有前项(初中校长)规定资格之一外，并须合于下列资格之一： 1. 曾任国立大学文、理或教育学院或科系教授或专任讲师一年以上者 2. 曾任省及直辖市教育行政机关高级职务二年以上著有成绩者 3. 曾任初级中学校长三年以上著有成绩者	品格健全，其所任教学科为其专习之学科，且具有下列规定资格之一： 1. 经高级中学教员考试或检定合格者 2. 国内外师范大学毕业者 3. 国内外大学本科、高等师范本科或专修科毕业后，有一年以上的教学经验者 4. 国内外专科学校或专门学校毕业后，有二年以上教学经验者 5. 有价值之专门著作发表者
	禁为高中校长和教师的条件	1. 违犯刑法证据确凿者 2. 曾任公务员交代未清者 3. 曾任校长或教育行政职务成绩平庸者 4. 患精神病或身有痼疾不能任事者 5. 行为不检或有不良嗜好者	1. 违犯刑法证据确凿者 2. 成绩不良者 3. 旷废职务者 4. 怠于训育及校务者 5. 患精神病或身有痼疾不能任事者 6. 行为不检或有不良嗜好者

（2）以校长或主管部门为任用主体

20世纪30年代颁布的中小学法令和中小学规程对中小学教师的任用主体进行了明确的规定，基本思路是公立学校校长由各主办的教育行政机关遴选、任用并备案，私立学校校长由校董会聘任，教员由校长聘用并由教育行政部门备案。如省、市立小学校长由教育厅或市教育行政机关提出合格人选并经省政府委员会议通过，或市政府核准后任用；县市立、区立、坊立或乡镇立小学校长，由县市教育行政机关选荐人员，呈请县市政府任用，并呈请教育厅备案。中小学教员均由校长聘请合格人员充任，呈请主管教育行政机关备案。①

（3）明确任期

中小学相关规程对教师聘期进行了明确规定，小学教师初聘1学年为原则，以后续聘任期为2学年。中学教员初聘任期为1学期，以后续聘为1学年。

（4）确立任用程序

公私立中小学各科教员的聘用程序一般是校长作出聘用决定后，由校长

---

① 《小学法》《中学法》，见宋恩荣、章咸：《中华民国教育法规选编(1912—1949)》，244、349页，南京，江苏教育出版社，1990。

开具合格人员详细履历，经省、市教育行政机关核准后，学校开具聘书，并于学年开始前二月或学期开始前，送达受聘教员手中。① 即一般会经历校长聘用——主管部门审核、备案——学校正式聘用几个环节。

(5)确定工作内容及负荷

《小学规程》和《中学规程》对中小学教师的工作时间、内容等做了明确的规定，从而限定了教师的工作负荷。如规程规定，小学教职员在校时间为每日 8 小时，任课时间每日最多 240 分钟(4 小时)。初中专任教师的教学时数是每周 18—24 小时，高中专任教师是每周 16—22 小时。兼任主任及训育主任的专任教员每周教学时数可略减，但最低限度应达到 2/3，并不得另支俸给。专门教师每日在校时间为 7 小时。同时，规程对聘任教师的类别进行了明确规定，中学要求聘用教师以专任为原则，而专任教员也不得在校外兼任职务。"但如事实上确有困难情形，得聘请兼任教员，但以限于音乐、图画、劳作等科为原则"，中学聘用兼任教师不得超过全体教员的 1/4。② 1938 年，教育部颁布《国立中学教职员暂行服务细则》，进一步对国立中学的校长、各主任、教职员等工作内容进行了明确划分。如校长的职权如下：根据部定方针，主持本校校务；执行校务委员会议决案件；督导教职员工作；主持办理学校日常行政事项。③ 如合格人员有不敷时，得聘任具有相当资格者充之，均应呈请主管教育行政机关备案。

从上述规定看，民国后期我国已经建立了较为科学、规范的教员任用制度，这种制度的内核是：在教员聘任上以校长为主(决定聘用与否)，行政主管部门为辅(审核、备案)，在校长聘用上则教育行政部门直接负责遴选、任用。在实际运行中，各地基本遵照此规定任用校长、聘请教师。

(二)教师的待遇保障与奖励制度

由于民国初期教师待遇常常因政治动荡、经济萧条而难以保障，民国后期，为了防止类似的局面再次发生，国民政府同样以制度化的方式确保教师

---

① 《小学规程》《中学规程》，见宋恩荣、章咸：《中华民国教育法规选编(1912—1949)》，278、396 页，南京，江苏教育出版社，1990。

② 《小学规程》《中学规程》，见宋恩荣、章咸：《中华民国教育法规选编(1912—1949)》，279、396 页，南京，江苏教育出版社，1990。

③ 《国立中学教职员暂行服务细则》，见宋恩荣、章咸：《中华民国教育法规选编(1912—1949)》，685 页，南京，江苏教育出版社，1990。

的基本待遇。与此同时，国民政府也认识到专业队伍稳定的重要性，通过种种奖励制度来激励教师长期服务教职。

1. 教师待遇保障制度

民国后期，教育主管部门考虑到专业教师的基本地位和尊严，制定了一系列包含工资、奖励、进修、休假、退休、抚恤等的待遇保障政策，从而形成了体系化的教师待遇保障制度。主要政策和内容如下。

(1)教师基本薪俸的确立

《小学教员薪水制度之原则》《小学规程》《中等学校教职员服务及待遇办法大纲》《小学教员待遇规程》《国立中等学校教职员薪级表》《国民学校教职员任用待遇保障进修办法》等，对中小学、国民学校教员的待遇进行了明确的规定。具体内容是"废除钟点计薪制"，确定教职员的满工作时间，明确最低工资标准等。

如小学教师的待遇最低标准是，"小学教职员之俸给，应根据其学历及经验而为差别，但至少应以学校所在地个人生活费之两倍为标准。""两倍衣食住(以舒适为度)三事之所费，为最低限度之薪水。"为了说明此标准，《小学教员薪水制度之原则》还以江苏省江宁县举例说明：江苏省江宁县城每月每人舒适之伙食费需要 10 元，住房费需要 6 元，买衣服(以 1 件土布衣服为准)需费 2 元，共计 18 元。两倍此数则为 36 元，最低年薪为 432 元。国民学校"最低薪津应以当地个人食、衣、住三者所需生活费之三倍为标准，并得比照当地县市级公务人员薪给标准支给。"各章程均要求教师的薪水按每年 12 月按月足额发放。考虑到物价问题，还提出国民学校教员的"薪额以发给国币为原则，但得以米麦等主要食粮代替其折算，价格应依市价"。①

在上述制度的规定下，一些地方确立了本地教师的薪金标准，如江苏省当时就分别确立了省立、县区立小学校长、教员的任职资质和薪金标准，省立、县立中学校长、教员的任职资质及薪金标准。武进县还制定了本县的小学校长、教员的薪金标准。

---

① 《小学教员薪水制度之原则》《国民学校教职员任用待遇保障进修办法》，见宋恩荣、章咸：《中华民国教育法规选编(1912—1949)》，671、713 页，南京，江苏教育出版社，1990。

表 2-17 20 世纪 30 年代江苏省立实验小学校长、教员月薪等级表

类别	不同级别校长、教员的月薪		
	第一级	第二级	第三级
校长	140	110	80
教员级任	60	50	40
教员科任	55	45	35

注：资料来源于蒋致远《中华民国教育年鉴第一次第三册》，428 页，宗青图书出版公司 1991 年版。

表中数据单位为"元"。

表 2-18 20 世纪 30 年代江苏省区县立小学教员月薪等级表

类别	不同级别校长、教员的月薪		
	第一级	第二级	第三级
高级小学校正教员	45—35	35—30	30—25
高级小学校专科教员	35—30	30—25	25—20
城镇初级小学校正教员	35—30	30—25	25—20
城镇初级小学校专科教员	30—25	25—20	20—15
乡村初级小学校正教员	30—25	25—20	20—15
乡村初级小学校专科教员	25—20	20—15	15—10

注：资料来源于蒋致远《中华民国教育年鉴第一次第三册》，428 页，宗青图书公司 1991 年版。另，县区立校长薪俸等级略。

表中数据单位为"元"。

表 2-19 1936 年江苏省武进县校长、教员月薪等级表

类别	教室数	不同级别校长、教员的月薪				
		第一级	第二级	第三级	第四级	第五级
校长	1—3	29	25	21	17	
	4—6	30	26	22	18	
	7—9	31	27	23	19	
	10 级以上	32	28	24	20	
正教员		28	24	20	16	12
专科教员		26	22	18	14	10

注：资料来源于《武进县小学教员薪给标准》，见武进县政府秘书室《江苏武进县单行法规汇编》，217～218 页，1937。

薪水的单位为"元"。

表 2-20 20 世纪 30 年代江苏省立中学校长月薪标准表

校长来源	不同级别校长的月薪				
	18 级以上	15 级以上	12 级以上	9 级以上	6 级以上
国外大学毕业者	280	260	240	220	200
国内大学毕业者	260	240	220	200	180
国内外高等师范毕业者	240	220	200	180	160
国内外专门学校毕业者	220	200	180	160	140

注：资料来源于蒋致远《中华民国教育年鉴第一次第二册》，199 页，宗青图书出版公司 1991 年版。

表中数据单位为"元"。

表 2-21 20 世纪 30 年代江苏省立中学教员月薪标准表

高级中学			初级中学		
一级	二级	三级	一级	二级	三级
160	140	120	120	100	80

注：资料来源于蒋致远《中华民国教育年鉴第一次第二册》，199 页，宗青图书出版公司 1991 年版。

表中数据单位为"元"。

表 2-22 20 世纪 30 年代县立中学校长、教员每月薪金标准

类别	不同级别校长、教员的薪金标准							
	第一级	第二级	第三级	第四级	第五级	第六级		
校长	100	90	80	70	60	50		
专任教员（级别未注明）	90	80	70	60	55	50	45	40
兼课教师	1 元/小时	0.9 元/小时	0.8 元/小时	0.7 元/小时	0.6 元/小时	0.5 元/小时		

注：资料来源于蒋致远《中华民国教育年鉴第一次第二册》，200 页，宗青图书出版公司 1991 年版。

薪金的单位为"元"。

虽然这个薪资标准城乡之间、中小学之间、校长和教员之间差距较大，但它却让中小学校教职员的薪资发放有据可依。但有一点，从中学校长的薪资标准看，制定者更看重学历而非师范训练，因为那时的高师应该是专科层次，而大学才是本科(师范大学也是如此)。

（2）教员休假制度

民国后期，为了保障教员的福利待遇，还制定了教员的休假制度。《小学规程》《中学规程》《国民学校教职员任用待遇保障进修办法》等都对教师的休假进行了明确规定。以最完整的《国民学校教职员任用待遇保障进修办法》看，那时教师休假的种类较多，具体包括：本人婚假（2 周），父母或配偶丧亡假（1月）；女教职员生育假（6 周）；在一县市区域内连续服务满 10 年者，休假 1年；在一县市区域内连续服务满 15 年者，每年得给假 2 周。休假期间其薪金正常发给。① 中学也有女教师休假制度和中学教师在一县市区域内连续服务满 9 年休假 1 年的制度。

（3）工作保障制度

对过去校长任意解聘教员的现象进行了限制。《国民学校教职员任用待遇保障进修办法》要求，除非有教师任职制度中禁用的条例（违反刑法、行为不检、旷废职务、成绩不良等），否则，"不得随校长或主管教育行政人员之更迭而进退"。如有违反上述规定解聘教师者，呈请主管部门查明纠正，从而确保了教师的利益。

（4）减免教员负担制度

《国民学校教职员任用待遇保障进修办法》规定家境清寒的教职员可依据其服务年限，减免其子女公立中学的学习费用。如现任职者可免县市立中学的学费；服务满五年者，免其子女公立中学学宿费；服务满 10 年者，免其子女公立中学、公立专科以上学校的学宿费；服务满 15 年者，免其子女公立中学的学膳宿费；服务满 20 年者，免其子女公立中学、公立专科以上学校的学宿费。

（5）教员退休制度

1940 年 7 月，国民政府颁发《学校职教员养老金及恤金条例》，1944 年颁发专门的《学校教职员退休条例》，1948 年 4 月 10 日，南京国民政府修正公布《学校教职员退休条例》，对前述条例进行了完善。我们以 1944 年的条例为准，介绍民国后期的教师退休制度。这一制度只是对公立学校教职员退休条件、退休金发放的要求和标准、丧失和停止领受退休金的要求等做了详细的规定（私立学校只是建议照章实施，并不强制）。《学校教职员退休条例》把退

---

① 《国民学校教职员任用待遇保障进修办法》，见宋恩荣、章咸：《中华民国教育法规选编（1912—1949）》，713 页，南京，江苏教育出版社，1990。

休金的领取分为年领和一次性领两种。可领年退休金者的条件：服务 15 年以上已达申请退休年龄且申请退休者；服务 25 年以上成绩昭著而申请退休者；服务 15 年以上已达退休年龄而应即退休者，以及服务 15 年以上心神丧失或身体残废致不胜职务而应即退休者。领取一次性退休金者是服务 5—15 年已达退休年龄而应即退休者；服务 5—15 年，因心神丧失或身体残废致不胜职务而应即退休者。但退休金的发放不是足额发放，而是按照其服务的最后三年的年薪平均数的百分比发放。服务年限不同，百分比不同，大概在 40%—60% 不等。对退休金领受权的剥夺也给了规定：死亡；褫夺公权者；背叛中国民国经通缉有案者；丧失中华民国国籍者，等等。[①]

(6)教员抚恤制度

我们以 1944 年的《学校教职员抚恤条例》为蓝本，介绍教职员抚恤制度。该制度面向公立学校的教师，连续在同一所学校服务 5 年，因病、因公死亡者，予以家属年抚恤金。具体条件如下：服务 15 年以上病故者；依法领受年退休金中而死亡者；因公死亡者。抚恤金的额度也有明确规定：专任教师按死亡或退休时的月薪合成年薪，兼任教师则按服务期限的不同而不同，服务 15—30 年者，每五年为一个期限，以 30% 的年薪为底线，以每年 5% 的比例提升。最高比例是服务 30 年以上者抚恤金为年薪的 45%。服务 25 年以上之教职员因公死亡者，其遗族年抚恤金除依前项规定外，再加 10%。另外，对服务 3—15 年(未满 15 年)病故者给予一次性抚恤金。[②]《学校教职员抚恤条例》甚至对抚恤金领受者的顺序进行了规定：由夫妻、未成年子女、已成年但残废不能自立的子女——未成年孙子孙女(其父死亡或残疾不能自立)——父母——祖父母——未成年的同父弟妹。对抚恤金领受权的剥夺也给了规定：褫夺公权者；背叛中国民国经通缉有案者；丧失中华民国国籍者。要求私立学校按此条例酌量支给。

为了确保教师的生活，1940 年至 1942 年，教育部又颁订了各种规程，如《小学教员薪给支配及实施办法》《儿童家庭供给小学教员食宿办法》《地方津贴小学教员米谷暂行办法》《小学教员子女入学免费办法》《小学教员年功加俸办

①　《学校教职员退休条例》，见宋恩荣、章咸：《中华民国教育法规选编(1912—1949)》，705～708 页，南京，江苏教育出版社，1990。

②　《学校教职员抚恤条例》，见宋恩荣、章咸：《中华民国教育法规选编(1912—1949)》，709 页，南京，江苏教育出版社，1990。

法》《优良小学教员奖励金办法》《小学教员升任初级中学及其同等学校教员暂行办法》《小学教员储金办法》等，将《小学教员待遇规程》中的规定具体化。1946 年颁布的《国民学校教职员任用待遇保障进修办法》，还提出办理储蓄合作社，为教师生活提供支持。①

2. 教师的奖励制度

南京国民政府十分重视对教员的激励，公布了多种政策激励教师长期从事教职，具体如下。

(1)教师服务奖励

《小学教员奖励金规程》《教员服务奖励规则》，提出对连续服务 10—15 年、15—20 年、20 年以上，成绩优良的教员分别授予三、二、一等服务奖。② 1945 年，又将它改为智、仁、勇字奖状。

(2)优秀教师奖励

民国后期尤为注重对优秀校长、教员的奖励，相关法规包括《优良小学教员奖励金办法》《教育部设置优良中心国民学校国民学校校长教员奖励金办法》《教育部设置各县市办理国民教育成绩优良奖励金办法》《教育部给予中等学校教员奖助金办法》《教育部奖励中等学校教员休假进修办法》等，具体如下。

国民学校校长教员之奖励：《教育部设置优良中心国民学校国民学校校长教员奖励金办法》主要奖励举办国民学校成绩优秀者：每年给实施国民教育的市县 1 个最优名额，奖金 500 元；2 个次优名额，传命嘉奖(无奖金)。具体条件是具有法定资格，并继续服务小学教育三年以上，成绩卓著者。③ 条件并不苛刻，只要认真努力，尽职尽责的校长、教师都能达到，只是奖励的名额

---

① 《国民学校教职员任用待遇保障进修办法》，见宋恩荣、章咸：《中华民国教育法规选编(1912—1949)》，714 页，南京，江苏教育出版社，1990。

② 《教员服务奖励规则》，见宋恩荣、章咸：《中华民国教育法规选编(1912—1949)》，687～689 页，南京，江苏教育出版社，1990。

③ 具体要求如：处理校务能迅速有条理；筹集学校基金及最低限度设备能努力完成；能运用教学方法指导学生认真作业，并能适合小学课程标准规定的进度与成绩；运用小学训育标准所指示的方法养成学生优良之习性、处事之能力、强健之体魄；办理民教部能如期进行并有 2/3 以上学生毕业；能遵照(中心国民学校、国民学校设施要则第 14 条)规定举办各种社会教育著有成绩；能制作适用之教具或编辑适合程度之地方性教材，在本校应用有成绩；能充分利用课余时间协助乡镇保之自治工作。《教育部设置优良中心国民学校国民学校校长教员奖励金办法》，见宋恩荣、章咸：《中华民国教育法规选编(1912—1949)》，701～702 页，南京，江苏教育出版社，1990。

太少。《国民学校教职员任用待遇保障进修办法》中，对成绩特别优良者提出给予以下奖励：发给奖金或奖状；到高一级学校任职，如到简易师范、简易师范科等学校任教；升学予以补助或贷款（如升入专科以上学校）等。[1]

中等学校教员奖励：《教育部给予中等学校教员奖助金办法》，对服务公立、已立案的私立学校，品格健全，在校继续服务三年以上，且有成绩者，达到以下至少 3 项要求者予以奖励：勤于职守，在学校上课期间未曾请假者；教学认真，每学期课程均能按照预定进度授毕者；训导有方，并能以身作则足为楷模者；努力进修并有专门著述发表者；热心公务，对于学校确有贡献者；生活艰难，直系亲属超过 5 口以上者。奖金分三等，分别是国币 500、400、300 元。[2]

休假进修制度：主要体现在《教育部奖励中等学校教员休假进修办法》和《国民学校教职员任用待遇保障进修办法》中。如后者要求国民学校教职员参加各种研修活动，增进其知识技术、道德修养，锻炼其体魄等。具体如主管教育的行政机关举办的假期训练班、国民教育研究会，师范院校附设的进修班或函授学校。

这个时期还出台了《教育部奖励中心学校及国民学校教员编著儿童读物办法》《教师节纪念办法》《国立各级边疆学校教员服务奖励办法》等，鼓励全社会形成尊师重教的氛围，促进教师服务基础教育。

可以说，民国后期，我国建立了相对完整的从教师入职到教师在职、退休、死亡等生命历程中的工资待遇、工作负荷、休假、入职与辞退、奖惩、救助、抚恤等一系列的保障制度，为保护中小学教师的基本专业地位和专业尊严提供了制度上的保证，也在制度层面实现了教师管理的现代化和专业化。但由于大部分法律法规是在 20 世纪 40 年代制定的，处在抗战和内战时期的中国很难有相应的经济支持和稳定的环境来实施这些制度，于是这些条文多为一纸空文，并未真正不折不扣地实施。

六、专业化进程中的中小学教师的生存状况

毫不夸张地说，民国后期是在制度层面推进我国教师专业化比较有力的

---

[1]　《教育部设置优良中心国民学校国民学校校长教员奖励金办法》《国民学校教职员任用待遇保障进修办法》，见宋恩荣、章咸：《中华民国教育法规选编（1912—1949）》，701～702、714 页，南京，江苏教育出版社，1990。

[2]　《教育部给予中等学校教员奖助金办法》，见宋恩荣、章咸：《中华民国教育法规选编（1912—1949）》，696～697 页，南京，江苏教育出版社，1990。

时期,专业教师在这个时期的生存状态直接反映了他们的专业地位。我们依然从教师工作的稳定性、教师的工作负荷、教师待遇、教师社会形象几方面描述其生存状态,也由此了解教师管理制度对教师生存状态的影响。

教师的工作稳定与否以及工作环境直接影响教师的社会声望、尊严和权威性,工作负荷及其与收入之间的关系更是影响教师的社会声望、经济地位。

(一)教师聘期短,工作稳定性差

从业人员工作稳定与否是衡量其所从事职业尊严的方式之一,也是衡量教师能否获得社会尊重,有无良好社会声望的前提条件之一。

前述研究已表明,南京政府时期教师聘用有着严格的法律规定。聘用主体依然采用以校长为主、教育行政部门为辅的方式(校长直接由行政部门遴选任用),教师的聘期并不长,中学教员初聘任期为1学期,续聘为1学年,小学教师初聘任期为1学年,续聘为2学年。这一政策在这一时期切实实施。据调查,当时教师聘用有两种方式:一是由校长委任,教育厅认可,必要时学校自行考试或聘请;二是由校长聘任,教育厅立案,并缴纳履历等备审查。这就造成校长在教师聘用中具有绝对权力。

如在20世纪30年代四川泸县,"此间川南共立师范毕业及检定合格之小学教师,以人数言,仅及全县学校需要量的1/2,惟实际上竟有十之八九赋闲家中,现任之小学教员,大多均与主办教育者有关。"[1]2015年暑期,笔者曾经访谈过安徽一位小学女教师,她于1947年开始任教。据她口述,当时老师从教多与校长有关系,她的叔叔是校长,所以她轻易就获得了教职。她说,每学年结束,学校会聚餐一顿,学校会给老师一个信封。有的装有下学期的聘书,意味着教职有保;有的直接装了一点现金,意味着下学期还需要找工作。

另外,教师聘期过短直接影响教师队伍的稳定,严重影响学校的办学和教师自身的专业发展。据赵石萍在1935年对南京市郊乡村小学之调查发现,当年新到教师为最多数,竟达1/3。而在一校任职不到1年的竟超过半数,达53.2%。[2]

校长独断的聘用方式和过短的聘期严重影响教师独立的人格的形成和自

---

① 《沪县小学教师生活难》,载《嘉陵江日报》,1934-08-20。

② 赵石萍:《南京市郊乡村小学之调查》,见李文海、夏明方、黄兴涛:《民国时期社会调查丛编 文教事业卷》,51页,福州,福建教育出版社,2004。

尊。"学校聘请教师以一学期为约。此一学期在此，不知下一学期又在何处？在本地教师生活是不安定。苦极！"[1]教师工作的不安全感极强。在这样的环境中，为了获得延聘，教师之间相互竞争、相互倾轧的事情时有发生；教师为了延聘阿谀奉承、自毁人格的事情也比比皆是。校长和上级行政人员甚至可以按自己的好恶决定教师的前程，从而严重影响教师的自尊和生存状态："这学期我的关约并没有满，忽被解约了。理由是见了县督学王锡权不及招呼，以无礼罪迫解约，而且解约日迟至寒假内，致空闲了一学期，请教这是不是冤枉？"[2]此种做法也导致教师随着校长的更替而去留，校长随着教育行政领导的人事变动而任免的局面产生。以致有人评价说："至言教师之地位，征诸事实，恒视学生之好恶及其他特别原因为进退，对于教学之功绩与处事之忠诚如何则非所问，已属毫无保障。而复因政局变化，校长更换，党派倾轧，社会排挤，时有朝不保夕之势。致不能为久远之计划，积渐之深功，又何能责其为学术之研究，教学之改进耶！夫社会雇佣，犹有契约维系，而教师之聘任，乃竟毫无保障，此教师地位所以至不稳固，而亟应力谋改善者也。"[3]其实，这个时期校长也常常随行政长官的进退而进退，在一所学校长期任职的校长也很少。上述问题直接影响民国时期基础教育的办学质量。

(二)中小学教师的工作负荷有差距

工作负荷繁重与否同样影响该职业的吸引力和从业人员的价值。通常而言，在工业社会中，体力劳动者或者说从事知识、技术含量低的工作的人的工作负荷更重，且工作负荷与工作报酬不成正比。民国时期中小学教师的工作负荷均很重。

小学教师工作负担重，但中学教师情况较好。沿袭民初的教师工作负荷状况，这一时期教师的工作负荷依然很重。据张钟元1935年调查浙江、江苏、安徽、山东、福建、河北、河南、广东等地的小学教师发现，男教师每周工作多为36小时，女教师每周工作多为30小时。其中占总数23%的教师

---

① 张钟元：《小学教师生活调查》，见李文海、夏明方、黄兴涛：《民国时期社会调查丛编 文教事业卷》，177页，福州，福建教育出版社，2004。
② 张钟元：《小学教师生活调查》，见李文海、夏明方、黄兴涛：《民国时期社会调查丛编 文教事业卷》，177页，福州，福建教育出版社，2004。
③ 《第一次教师节宣言》，见张骏岳：《教师节与教师幸福》，33页，上海，三通书局，1947。

每周工作 48—68 小时。不少教师教授多门课，[①] 严重多于《小学规程》规定的每日不超过 4 小时的规定（一周 6 天工作日）。但中学教师的情况明显好于小学。据郑西谷对全国中学教员的教学时数调查发现，68.93％的教师周工作时数小于 20 小时，如果以初中教师每周最多 24 小时计，仅有 3.55％超过规定时数。但为提高教师待遇，节约经费，很多学校的行政事务由教员兼任，这增加了教师的负担。

表 2-23　全国中学教员周教学时数调查表

教学时数	人数	百分比（%）	合并百分比（%）
0—4	230	8.25	
5—9	396	14.21	68.93
10—14	494	17.73（原文 17.25，错）	
15—19	801	28.74	
20—24	767	27.52（原文 27.25，错）	
25—29	88	3.16	31.07
30—34	11	0.39	

注：资料来源于郑西谷《中学师资训练问题之研究》，见《教育杂志》，1369(7)。
教学时数的单位为"小时"，人数的单位为"人"。

（三）教师的工作环境不佳

教师的工作环境主要指教师工作的硬件（校舍和设备，办公条件）和软件（师生、同事、教师与上级管理部门），直接影响教师职业的吸引力、教师对该职业的认可程度和教师的工作状态。

由于民国时期落后的经济和不稳定的社会环境，学校的办学条件都不太好。1935 年张钟元对小学教师生活的调查显示，当时学校普遍存在设备简陋，学生顽劣且程度不齐，家长不配合，同事之间很少合作等情况，这严重影响了教师工作的质量和积极性。不少调研也显示，内地学校经费少设备简陋，教学上发生困难。乡野农村，教具设备每多不齐，教学时常发生困难。而学生顽劣、程度不齐（尤以农村学生缺课太多），家长不配合加剧了教师教学的难度。

---

① 张钟元：《小学教师生活调查》，见李文海、夏明方、黄兴涛：《民国时期社会调查丛编 文教事业卷》，152～153、155 页，福州，福建教育出版社，2004。

而短暂的聘期导致同事间充满了竞争。在学校中，同事间很少进行教学研究，全凭个人开创，孤独且吃力不讨好。同事间互相嫉妒，"办学热心，校誉渐佳，反为好人所忌"；而且，学校杂务太多，使教师不能专心教学，总之，学校环境不好导致教师不能按照理想进行教学。① 学校已不是理想家实现理想的场所，甚至没有了"穷则独善其身"的清静。这在过去的私塾先生的生活中是不曾有的。可以说，教师很难在工作中获得职业的乐趣。

(四)中小学教师的经济待遇差，生活清苦

教师的经济待遇直接影响教师的社会地位和职业吸引力。民国初期由于社会环境动荡，经济萧条，没有统一的薪酬制度，中小学校多实行计时工资制，这导致教师待遇低下。南京政府执政后，制定多种法规，规范教师的薪酬标准，教师的待遇较前期有所改善。但这一时期遭遇 14 年抗战、三年内战，多数时候，教师的待遇并不能按法规保证。解放战争时期，经济的衰颓、货币的贬值，使教员的日常生活进入民国以来最为艰难的时期，他们的工资已经减少到不足以维持基本生活的地步。

此处主要以社会经济相对稳定的 20 世纪 30 年代为代表探讨中小学教师的待遇状况。

1. 小学教师的待遇差，常常入不敷出

林振镛1930 年赴全国 18 县的实地调查发现，小学教员生活相当清苦，表现在以下几个方面。第一，所居房屋，除少数祖产外，多为租赁而来。院小窗少，空气阳光均不甚充足，殊不合卫生。第二，所着衣服多属布质，着绸缎者甚少。间亦有着西装者，但均甚朴实。第三，日常食品亦仅求果腹，绝无珍馐之奉，因营养不足之故，多患病，面有菜色。他们对教师职业本身尚属满意，对子女教育尚能重视。社会上政界教育界对教师职业皆表相当敬意，但工商界及一般社会则多具势利眼光，不甚重视之。② 1935 年张钟元的调查发现，小学男女教师年薪中数分别是 196.875 元和 188.333 元。每一教师年度用费中数是 122 元。似乎教师的薪水与支出能相抵并略有剩余。但这

① 张钟元：《小学教师生活调查》，见李文海、夏明方、黄兴涛：《民国时期社会调查丛编 文教事业卷》，176 页，福州，福建教育出版社，2004。
② 林振镛：《小学教员之生计》，见李文海、夏明方、黄兴涛：《民国时期社会调查丛编 文教事业卷》，123～151 页，福州，福建教育出版社，2004。

一数据没有区分农村和城市。实际上城市教师薪水高些，消费水平也高些。①

1931 年，国联教育考察团考察了中国教育现状，在其报告书中特别提出城乡小学教师待遇低下："中国一乡村初级小学教师有时固有每月得华币 30—40 元者，但一般而论，每月仅得华币 10—15 元。薪水较高者实非常之例外。至若城市初级小学教师通常每月可得华币 20—30 元，罕有超过此数者。"②由于收入低，入不敷出，不少教师不得不兼职和依靠家庭的其他收入（如田产、经商等）维持生活。

2. 中学教师待遇明显好于小学教师，但不如大学教师

相对于小学教师，中学教师的待遇明显好些。1931 年郭枌《中小学教职员待遇之调查与研究》显示，20 世纪 30 年代初，中学教师的月薪中数校长、主任、教员、职员分别是 90 元、49.19 元、53.67 元、27.10 元。其中省立中学最好，其次为县立中学，私立中学最低。③ 1936 年，郑西谷对全国 98 所学校 2735 名专任、兼任教职员月薪进行调查，发现教师月薪中数为 100.60 元，收入在 70—130 元的为多数，占所调查教师的 53％。④

可以说，总体而言，中学教师的待遇好于小学教师，但明显不如大学教师和公务员。据慈鸿飞研究发现，民国时期讲师以上大学教师的薪水一般每月超过 150 元，教授每月会到 300 元以上，后期达到月薪 400—600 元。公务员的工资每月 40—800 元不等，大学正教授的工资相当于司局级公务员的工资，副教授的工资相当于处级公务员的工资，讲师的工资相当于司局级公务员的最低极和委任公务员的最高三级（1—3 级）。中学教员的工资相当于委任公务员 6 级左右（共 12 级）的工资，小学教员的工资未到公务员最低的 12 级（每月 40 元），和熟练工人的工资差不多。⑤ 教师的薪水，特别是小学教师的薪水，"上不足以养父母，下不足以蓄妻子"，"身为教员，自己子女无力入

---

① 张钟元：《小学教师生活调查》，见李文海、夏明方、黄兴涛：《民国时期社会调查丛编 文教事业卷》，159 页，福州，福建教育出版社，2004。

② 国联教育考察团：《中国教育之改进》，转引自陈育红：《二十世纪二三十年代小学教师的薪水及其生活情况》，载《民国档案》，2004(4)。

③ 郭枌：《中小学教职员待遇之调查与研究》，见李文海、夏明方、黄兴涛：《民国时期社会调查丛编 文教事业卷》，210～211 页，福州，福建教育出版社，2004。

④ 郑西谷：《中学师资训练问题之研究》，载《教育杂志》，1937(7)。

⑤ 慈鸿飞：《20 世纪二三十年代教师、公务员工资及生活状况考》，载《近代史研究》，1994(3)。

学，好像泥匠住的是破房，成衣匠穿的是破衣"。有的教师通过当人力车夫解决生存的问题，① 甚至有的教师被逼卖自己的妹妹为童养媳为生。② 以致20世纪30年代初安徽芜湖、江苏宜兴、扬州、武进、高邮等地再次爆发小学教师索薪罢教事件。③

抗战期间，由于战乱的影响，通货膨胀严重，中小学教师的待遇急剧下降。1943年，教育部向国民参政会报告教育界人士生活状况时说，各级教员的收入都无法养家。④ 抗战胜利后，虽然教师的薪水标准有所提高，但随着内战的爆发，物价飞涨，货币贬值严重。教员增加的薪水远远赶不上物价飞涨的速度，而且规定的薪金还不能按时如数发放到位，教师生活再度陷入困顿。

(五)教师退休和抚恤制度很少实施

1926年12月21日，国民政府教育行政委员会颁布了《学校职教员养老金及恤金条例施行细则》，提出在全国实施教师的退休和抚恤制度。各地在20世纪30年代有所实施，但范围极小。据《第一次中国教育年鉴》统计，1930年实行养老金抚恤金制度的只有江西、湖南、福建、青岛、上海等省市，其余如浙江、云南、广西、山东等省的少数县份推行。根据《第二次中国教育年鉴》统计，全国能享受此种待遇的教师每年不过几十人。

表 2-24　1938—1946 年享受退休金、抚恤金的国立、省市立小学教员统计

年份	享受退休金		享受抚恤金	
	人数	金额	人数	金额
1938	21	8083	6	775
1939	36	10874	6(其中国立小学1人，金费600)	1947
1940	38	10243	44	7856
1941	58	18831	67	21868
1942	70	21141	51	15256

---

① 《小学经费积欠，教员欲拉人力车，呈请市当局备案》，载《时报》，1930-04-14。
② 《苏州通讯》，载《时报》，1930-04-14。
③ 1931年的《教育杂志》(23卷)对此多有报道。
④ 教育部：《第三届国民参政会议第二次教育部工作报告书》，1942年7月至1943年7月。

续表

年份	享受退休金		享受抚恤金	
	人数	金额	人数	金额
1943	33	13668	4	4524
1944	120	392953	17	349558
1945	46	88643	14	191322
1946	67	9610502	70	7457962

注：表中数据为教育部统计处根据 1938 年至 1946 年呈请教育部核准案件登记册及各省市给予教育人员退休金统计报告表汇编。除特别标注外，其余均是省市立学校。

人数的单位为"人"，金额的单位为"元"。

(六)中小学教师的社会声望

我们从教师的自我职业认知和他人对教师职业的认知来看待教师的社会声望。教师对自己职业的认知是教师自我职业地位认知的体现，而他人对教师职业的认知则反映了教师职业的社会声望，这两者是体现教师社会地位的重要指标。

小学教师多对自己的职业不满意。据张钟元 1935 年调查显示，多数教师对自己的职业不满意。被访谈的 51 名教师中有 27 名想改变教师职业，或从商，或从政，有人甚至提出"欲杭城去拉车或当工役"，占总数的 52.9%；有 18 名想改变职业或升学，只是条件不允许，占总数的 35.3%；只有 6 名还想从事教师职业，占总数的 11.8%。调查中有教师说，"我觉得小学教师的生活太枯燥了，大家以为当小学教师是非常苦的，都不愿干，即使不得已干了亦是敷衍了事。这是小学教育前途的大障碍，亦是教育不能普及的一个大原因。还有一般人以为一个人去做小学教师，这个人已经走了绝路。把小学教师的人格看得低贱得很，这也是小学教育不得发展的又一个大原因。"①

小学教师的社会认可度低。民国时期一些学者对中小学教师的研究涉及教师的社会声誉或者社会形象。他们的研究表明，民国后期社会对小学老师的认可度低于中学教师，商业经济发达地区对教师的尊重程度不及经济发展

---

① 张钟元：《小学教师生活调查》，见李文海、夏明方、黄兴涛：《民国时期社会调查丛编 文教事业卷》，180 页，福州，福建教育出版社，2004。

一般的地区。不同行业人士对教师的态度也不一致，如安庆地区，政界、教育界、普通知识界对教师表相当敬意，而工商界及一般社会则多具势利眼光，不甚重视之。滁县农业及教育界人士重视小学教师，而政界、工商界则多轻视之。福建临清教员颇蒙受农人工友之青睐，知识界人士多鄙视之。教师自身对职业不满，认为是痛苦牺牲之工作，"逼于环境，难图改业，生计日绌，困守而已"。江南一些省会城市，冠盖云集，一般艳羡做官者之富贵，对小学教师则轻藐之。归绥教师的地位尚不恶，民间仍甚尊师，厕身教育界者，皆目"先生派"，虽不十分器重，亦表相当敬意。但一般绅士则多轻视之。多数地方的教师对本人的待遇、地位不满意，如安徽蚌埠、福建临清等地，但福州小学教师对自身地位多满意，认为从事教育为救国之根本，是高尚职业。多数教师希望改善待遇。①

小学教师社会声望低。由于经济待遇低，生活难以维持，小学教师队伍不稳定。据 1935 年《时论》称：小学教师因教育生活清苦，大多见异思迁，另谋别就。现在除经费比较充裕设施比较安定的地方外，小学教师流动的情形，真可惊人。至穷乡僻壤优秀的教师，固不易多见，即服务时期比较久长的，也不易多得。② 而另一个结果是一些素质不堪的人进入教育界，以为暂时栖身之所，从而形成小学教师队伍的人才逆淘汰现象。这些又导致小学教师普遍丧失社会信誉，社会声望低。

中学教师的社会声望高于小学教师，不及大学教授和富裕的工商阶层。相对于小学教师，中学教师的自我职业认可度和社会认可度都较高，但远不及大学教授和工商阶层。其中重要的原因还是待遇问题。

七、结论

民国后期是中国社会现代化进程中的重要历史时期。北洋政府时期的中华民国并未因清王朝的推翻、民国的建立而成为一个现代国家。虽然知识界人士和民间团体颇为努力，但由于政治腐败，军阀之间穷兵黩武，社会的现代化推进举步维艰。北伐之后的国民政府积极致力于中国社会的现代化建设，

---

① 李文海、夏明方、黄兴涛：《民国时期社会调查丛编 文教事业卷》，12、129、134、138、140、141 页，福州，福建教育出版社，2004。

② 赵欲仁：《今日小学教师的缺点及其补救》，载《教育杂志》，1935(7)。

但由于国民党只经历了短暂的建设时期就遭遇长达 14 年的抗战，因此其现代化的努力几近停滞。随后，由于自身的腐败、独裁和社会治理上的无能，国民政府即便在抗战胜利后也无力进行现代化建设，反而把国家引入内战。但无论怎样，我们必须肯定的是，国民政府在推动中小学教师的现代化、专业化方面还是付出了很大的努力的，也取得了一定的成效。

（一）民国后期，在制度层面建立了系统的相互支持的现代教师造就体系

本章研究发现，民国后期我国从教师的职前培养，到教师的在职培训和研修，再到教师的检定、任用、待遇保障及激励等措施的出台，充分体现出国民政府试图在制度层面建立一个现代教师造就体系。而且，这些制度比晚清、民初的制度更完整、更系统，彼此之间有一种相互支持的关系。如由师范学校培养专业教师，通过教师登记、检定制度肯定专业训练的价值；在师资培养不足、合格专业人士不敷使用时，通过教师任用制度，建立教师的资质标准，确保任用的人员是专业人员。在这些举措仍不能确保教师的质量，不能确保一些教师展开科学教学的时候，通过建立系统性的教师研修制度来规范在职教师的教学，并借此促进教师素质的提高。为了鼓励教师长久服务教育事业，国民政府通过确立基本工资标准，确定教师基本的工作内容和工作时间来确保教师的基本权益。在很多行业还缺乏对从业人员的基本福利制度的时候，教育部开始着手建立教师的奖励、退休、辞退、抚恤等制度，从而让教师的未来生活有保障。这些制度的建立对处在现代化初期，且社会环境和经济发展尚不佳的当时是难能可贵的。

上述现代教师造就制度体系无疑成为教师由"士"而"师"的重要途径。通过上述制度，国民政府确立了教师的专业资质标准和正规的专业训练场所、方式，形成了现代教师的基本特征：由受过现代教育和专门师范教育的人员充任；按学科授课；掌握现代教育学和心理学知识并运用在实践中；开始受到政府（教师检定制度）的制约、规范；与政府或学校建立了聘用关系（如拿薪水而非束脩的方式），等等。标准、规范成为制约当时中小学教师养成和任用的重要因素。这套制度体系无疑为我国中小学校办学的正规化、现代化，教师职业的专业化做出了重要的贡献；也为我国中小学教师从传统的"达则兼济天下，穷则独善其身"的"士"的角色转为专业人"师"的角色发挥了重要的作用。虽然这些制度在混乱而动荡的社会政治环境中，在薄弱的经济基础之下难以真

正全面实施，但从制度层面让人们认识到教师职业的专业性的特征。

（二）随着国家控制力的加强，教师成为国家"工具"的色彩愈浓

北伐胜利之后，国民党获得统治权，鉴于北洋军阀时期"弱中央、强地方"导致的混乱局面，国民党决心通过强有力的统治实现对全国的控制。教育领域也是一样的。从前文的叙述中我们发现，这个时期国民党通过确立三民主义的教育宗旨，建立相互联系的教育规章制度等实现对教育控制、教师管理的规范化。因而，这个时期国家欲将教师纳入国家治理的范围，力图把教师作为现代民族国家建设所需的工具，赋予教师超出其工作范围的"责任"与"使命"。如1939年蒋介石在国民党第三次全国教育会议上的讲话所示：

"一切教育者的生活，应该再不是从前闭户教书、优游自在的清闲生活，教育者不应该只是按照学程传习智识，视为个人一种生活根据或私人职业。今天的教育家，应该自认为冲坚折锐的前线战士，应该自认为移风易俗的社会导师，应该自认为筚路蓝缕的开国先驱，应该自认为继绝存亡的圣贤英杰。今天我们再不能附和过去误解了许久的教育独立的口号，使教育者自居于国家法令和国家所赋予的责任以外，而成为孤立的一群……今天我们的教育者，也应当担任起训练民众和组织民众的责任……民国时代，每个国民，自政府官吏以至为社会服务的人，实际上都是为国家和人民服务。教育界的责任，不论公立、私立，都是由国家所赋予，并不是像从前时代由君主或政府所赋予，所以我们教育界人士，就绝不能自居于国家法令以外，以不受任命为清高，以尊重法令为卑损人格。这种落伍的错误观念，若不勇敢地急切纠正，那么，所教出来的学生，就只有散漫凌乱，放纵自私。"①第三次全国教育会议大会宣言中更是提出："教师的责任决不是贩卖知识，而是对国家负责，训练健全的青年，使他们成为国家的中坚分子。"②

这种教师职责或者使命的扩大，表面上沿袭传统社会赋予教师（绅士）的责任和使命，实际上体现了在现代国家建设过程中，统治者/政府把教师作为国家"工具"来增强自身统治目标的实现。自此，教师所谓专业人的身份里面

---

① 蒋致远：《中华民国教育年鉴第二次第一册》，82～83页，台北，宗青图书出版公司，1991。

② 蒋致远：《中华民国教育年鉴第二次第一册》，85页，台北，宗青图书出版公司，1991。

涵盖了很强的国家意识和国家责任，也因此受制于国家的意识形态和政治制度。教师所谓的专业自主性在这种国家意识、国家责任的引导下被逐渐弱化。

(三)缺乏稳定的社会环境和强大的经济支持，现代教师造就影响有限

民国后期依然是一个政治腐败、经济萧条、战争不断的时期。长达14年的抗战和三年内战让这个原本就不长的现代化建设时期无法进行稳定的建设，这也导致上述政策难以真正实施。从前述研究我们发现，民国政府所制定的似乎比较完整的制度大多未在全国范围内实施过，很多成为一纸空文。如师范院校难以大规模地建立，无法培养大量所需的专业师资。教师研修制度由于缺乏经费，以及学校自身人手有限难以全面实施，在职教师的教学改进和素质提升遥遥无期。教师检定制度由于缺乏稳定的社会环境和经济后盾，不过某几年在某些省份的某些地区间断性地实施，对整个地区乃至国家的教师队伍的影响有限。教师的任用制度并没有真正实施，教师依然以校长、行政领导的进退而进退。教师的工资保障，以及奖励、退休、抚恤等制度由于缺乏经济保障在大部分省份根本未能实施。

因而，这一时期仍有大量的不合格教师充斥教师队伍。教师职业的吸引力和地位十分有限。

(四)专业化进程中的教师由"士"转变为"教书匠"，教师职业的崇高感、使命感丧失

民国后期，许多现代职业，如医生、律师、法官、工程师、记者、证券人等还处在萌芽阶段，中小学教师也经历着由传统经世致用的"士"变为现代职业人的阶段。在这个现代职业分化的时期，由于专业化、规范化培养制度和教师检定、任用制度，教师不再是传统社会里能肩负起"齐家、治国、平天下"的社会责任，具有"先天下之忧而忧，后天下之乐而乐"的忧患意识和天下情怀的"士"，而是普通知识分子；是因没了"学而优则仕"的可能，自身又缺乏雄厚的资金、家庭背景的清寒子弟，少有的可以谋生的职业。教师不是改变乡人孩子命运的引路人，也不是主宰社会的中坚力量，甚至对自己的命运也难以把握。

在由"士"而"师"的转变过程中，传统塾师融于乡土的草根性、泥土性、

独立的特征越来越被规范性的制度、标准所束缚，教师由"士"转变为"教书匠"。而且，由于混乱而动荡的社会环境、薄弱的经济基础，在专业教师形成的初期，我国还赋予中小学教师另外一些形象——短暂的任期，不稳定的工作，超负荷的工作重负，穷酸的经济待遇和苦闷的精神状态（传统的教师精神世界倒塌，现代教育信念、新的价值观念未建立）。他们中的不少人只是为了谋生而教学，根本无心读书、看报，学习提升。"教书匠"的一些特征明显透出：其一，尊严稍低，信用破产；其二，责任心不强，不求进取；其三，无敬业精神，见异思迁。经济地位低下，又没有承担起社会责任的教师，社会地位急剧下降。正如有的教师所说，"按教师生活，责任繁重，报酬菲薄，虽劳神苦形，栗六终朝，犹无以供仰事俯蓄之资。故靠此为生者，实未能一日安焉。其有幸而得父母之荫庇，或薄有其资产者，虽暂时不生问题，终不能不虑及将来之必有号妻其寒、儿啼其饥之一幕。此诚教师生活之可怜者也。然不乏患得患失趋之若鹜者何也？盖其人或失之于能力薄弱，或失之于工作懈怠，或失之于人格堕落，既为物竞所不取，又欲他就而不能，其惟有钻营窃夺以企图滥竽也固宜！未识教育当局将何以救济种种不良现状也？"①

（五）教师角色的刻板化直接损害了教师职业的尊严与地位

民国后期是我国中小学教师开始缺乏专业自主性的时期，制度体系的完整化、体系化造成教师被标准化、被规约化。这个时期的中小学教师比以往任何一个时期的教师都受制于外在的约束和控制。能不能当教师由标准来规定，怎么成为教师由校长和行政领导决定，由一纸聘书决定；具体教学中要求按照（教育部）部定大纲、要求，采用部定教科书开展教学，并由视导人员的监督和考评来确定教师教学是否规范、科学，由此确定教师的去留；教师自身专业发展则依赖于外在的研修体系来成就；教师自身的专业地位也通过一系列的待遇保障制度来确保。由此可见，中小学教师的专业自主权在一系列现代管理制度的规约下逐渐丧失，教师逐渐成为被规训、被工具化的角色。可以说，我国教师的独立性在其专业角色、专业地位、专业尊严尚未建立时就被削弱了。

工业化、现代化意味着效率、规范和缺乏人性，教学职业正是在这股现

---

① 张钟元：《小学教师生活调查》，见李文海、夏明方、黄兴涛：《民国时期社会调查丛编 文教事业卷》，177 页，福州，福建教育出版社，2004。

代化浪潮的裹挟下，开始了被规约、被控制的过程。但这种过度关注外在指标的要求恰恰与教师职业的特殊性背道而驰。从民国的经验发现，专业化并没有给教师带来应有的尊严和地位。

中小学教师应该以怎样的身份、角色迈向未来是一直未解的课题。其实，西方不仅存在强烈的"专业化""标准化"浪潮，也存在与之相反的反"专业化""标准化"浪潮。民国教师的专业化进程让我们思考以下问题：第一，在中国开始真正现代化建设的时期，我们应该造就一支怎样的教师队伍——专业工作者还是承担建设一个健康、美好社会使命的知识分子群体？第二，在现代教师建立的初期，给这一群体怎样的身份、地位有助于我国教育和国家的长远发展？

第三章 新中国成立初期 17 年：人民教师的造就历程

新中国成立初期是中国现代化的特殊历史时期，也是教师专业化的特殊时期。新中国成立后对现代化追求的决心从未改变，努力从未停止，只是这一时期的现代化追求被打上了深深的政治烙印。在克服一切障碍致力于建设繁荣、富强的社会主义新中国时，共产党领导的国家主要做两方面工作：一是在经济建设上努力建设工业化、现代化的国家，让中华民族摆脱被奴役、被殖民的境地，走上独立、民主、繁荣、富强的新中国的道路；二是在意识形态上树立以马克思主义理论、毛泽东思想为指导的社会主义意识形态，使全社会成员跟随中国共产党的领导，致力于建立繁荣、富强的社会主义新中国，并为实现共产主义的伟大目标而奋斗。因而，原本模仿西方路径走上专业化道路的中小学教师也在这样一种环境中走上了特殊的发展道路。

一、新中国的成立及对教育的新要求

1949 年 10 月中华人民共和国的成立是一个明显的转折点。新中国在采取行动时，已拥有完全恢复了的国家主权。但新中国面临的国际环境与半个世纪前的环境十分相似：面临国际资本主义阵营的孤立、打压。中国要想真正独立、自主地屹立于世界民族之林，就必须成为一个独立、富强的现代化国家，迅速实现工业化。因而，建立独立、富强、民主的社会主义新中国成为中国共产党的主要奋斗目标，而教育成为实现目标的强大的工具。教育必须为经济建设发展服务；同时，在建立社会主义新中国的目标下，教育要为贯彻新的国家意识形态，培养无产阶级知识分子服务。中小学教师的现代化、专业化进程必然受到我国社会总环境的影响。

（一）新中国建设目标的确立与"人民"概念的确立

新中国成立初期17年是我国建设社会主义新中国的初期。这个时期的建设和发展目标早在1949年3月召开的党的七届二中全会上就确定了：使中国稳步地由农业国转变为工业国，由新民主主义国家转变为社会主义国家，为此，国家的工作重点由乡村转为城市，最后发展为由城市领导农村的建设道路。

1949年9月，中国人民政治协商会议第一届全体会议选举了中华人民共和国中央人民政府委员会，并且通过了起临时宪法作用的《中国人民政治协商会议共同纲领》（下面简称《共同纲领》）。《共同纲领》对我国的国体、政体，军事、外交、经济、文化教育等方面的制度和发展方向等做了详细的描述，确立了"中华人民共和国为新民主主义即人民民主主义的国家，实行工人阶级领导的、以工农联盟为基础的、团结各民主阶级和国内各民族的人民民主专政"；指出我国的国家政权属于人民，人民是国家和社会的主人，平等地享有管理国家和社会事务的权利。《共同纲领》的这些规定决定了新中国无论是国体、政体，还是建设目标均不同于以往任何一个社会，体现了新中国的政治社会制度与以往任何一个时期的制度有着根本性的不同。

在这个政治体制中，对教育和教师影响最大的是确立了"人民"这样一个概念。"人民"是毛泽东常用的一个概念，是其思想体系中的重要组成部分。1935年12月，毛泽东在《论反对日本帝国主义的策略》中首次提出"人民"一词。毛泽东的"人民"的概念是一个不断演进的概念，在不同的历史条件下有不同的内涵。新中国成立前，根据不同时期革命斗争的需要，他把顺应历史潮流，能抗日、反蒋、反帝的人称为"人民"。新中国成立之后，他主要把拥护社会主义制度、参加社会主义建设的人称为"人民"。如1949年6月，毛泽东在《论人民民主专政》中指出："人民是什么？在中国，在现阶段，是工人阶级，农民阶级，城市小资产阶级和民族资产阶级。"[①]

以"人民"的名义，为了"人民"的利益建设一个有利于"人民"的社会主义新中国是中国共产党的首要历史使命。这在教育上，表现为"我们的教育是人民教育，是为人民服务的教育，在现阶段的中国，是为四个民主阶级服务的

---

① 《毛泽东选集》（第4卷），1475页，北京，人民出版社，1991。

教育"。四个民主阶级"一是工人阶级，二是农民阶级，三是小资产阶级，四是民族资产阶级"。① 而在新中国成立初期，教育主要是为工农服务，因为"人民民主专政的基础是工人阶级、农民阶级和城市小资产阶级的联盟，而主要是工人和农民的联盟"。在这样的思路下，培养、造就服务于人民教育的人民教师成为这一历史时期的使命。

（二）苏联成为中国现代化建设唯一的模仿对象

美苏两个大国由第二次世界大战时的合作走向战后的对抗。经过两次世界大战，在其他资本主义国家削弱的基础上美国一跃成为资本主义世界的霸主。为了称霸全球，美国对社会主义阵营实施"冷战"的战略，对新生的中华人民共和国，采取了敌对政策。1951年至1953年，我国被迫卷入朝鲜战争。

此时的中国共产党缺少建国经验，而落后的经济基础和强烈的强国愿望又使新中国迫切需要外界的支持。"冷战"使中国在对外关系上被迫实行一边倒的策略。"积四十年和二十八年的经验，中国人不是倒向帝国主义一边，就是倒向社会主义一边，绝无例外。骑墙是不行的，第三条道路是没有的。我们反对倒向帝国主义一边的蒋介石反动派，我们也反对第三条道路的幻想"。"苏联共产党就是我们的最好的先生，我们必须向他们学习。"② 在这种情况下，中国选择处于同一社会主义阵营，并愿意帮助我们的苏联是顺理成章的事情。新中国成立之初就确立了"特别要借助苏联教育建设的先进经验"建设新民主主义教育的总的指导方针。正如有学者所说，50年代初的学习苏联运动具有十分不同的特点：它是在国家层面上，从意识形态到制度、组织、理论、教材、方法等系统地全盘移植，"全盘苏化"；新制度的建立并不是一个渐进、融合的过程，而是通过国家的强制力量，在极短的时间里迅速建成的。

（三）建立工业化国家是我国屹立于世界民族之林的重要基础

国民党遗留下来的是一个十分落后的千疮百孔的烂摊子。在工农业总产值中，农业总产值占70%，工业总产值占30%，而现代性工业总产值只

---

① 钱俊瑞：《当前教育建设的方针》，见何东昌：《中华人民共和国重要教育文献（1949—1975）》，17～18页，海口，海南出版社，1998。

② 《毛泽东选集》（第4卷），1473、1481页，北京，人民出版社，1991。

占 17％。① 中国依然是一个以农业为主的社会。工业在国民经济中所占比重小，基础薄弱，门类残缺不全，技术落后，生产水平低下，没有形成完整的工业体系。② 落后就要挨打的教训告诉共产党人必须建立富强的新中国。

党的七届二中全会确立了"稳步地由农业国转变为工业国，由新民主主义国家转变为社会主义国家"的建设和发展目标。工业化建设成为这个时期的主要目标。但这一时期的建设充满了曲折。

1953—1957 年，我国学习苏联开始了第一个五年建设计划。"一五"期间，我国确立了建立工业化国家的目标和基本任务，开始城乡社会主义改造，确立了公有制经济在我国占绝对统治地位，建立计划经济体制，这为社会主义建设奠定了制度和经济基础。

1958 年，我国开始第二个五年建设计划。其间，由于思想上的冒进，我党发起了"大跃进"运动，提出中国工业要在 15 年或更短的时间内，在钢铁和其他主要工业产品的产量方面赶上或超过英国；农业迅速地超过资本主义国家；科学技术尽快地赶上世界最先进水平的目标。这种违背规律的"大跃进"造成了严重的后果：第一，造成了国民经济比例的严重失调，重工业严重挤压农业和轻工业；第二，人民生活水平大幅度下降。

1961—1966 年，"大跃进"运动所造成的严重困难迫使党对各方面政策进行全面反思。1961 年 1 月，中共八届九中全会提出对国民经济实行"调整、巩固、充实、提高"的八字方针。③ 之后又发布了"农业六十条"[《农村人民公社工作条例（草案）》]、"工业七十条"[《国营工业企业工作条例（草案）》]、"商业四十条"[《关于改进商业工作的若干规定（试行草案）》]、"手工业三十五条"[《关于城乡手工业若干政策问题的规定（试行草案）》]、"高教六十条"[《中华人民共和国教育部直属高等学校暂行工作条例（草案）》]、"文艺八条"[《关于

---

① 如机械工业几乎为零，无法制造经济发展需要的大型机械，如飞机、汽车、拖拉机。工业布局极不合理，70％以上的工业集中在东部沿海的少数城市，内地几乎没有现代工业。交通和运输极为落后，铁路 2.2 万千米，勉强能通车的只有一半，主要干线没有一条可通车的；公路有 1/3 不能使用。通信设备极其缺乏。25％的县城没有邮局，全国只有31 万部电话。农业生产靠手工操作。商品经济极不发达，大多数地区处于封闭半封闭状态。见张岂之：《中国历史》，15 页，北京，高等教育出版社，2000。

② 张岂之：《中国历史》，15 页，北京，高等教育出版社，2000。

③ "适当调整国民经济各部门的发展速度，即尽可能提高农业的发展速度，提高轻工业的发展速度，适当控制重工业的发展速度，特别是钢铁工业的发展速度。同时，适当缩小基本建设规模。"见张岂之：《中国历史》，137 页，北京，高等教育出版社，2000。

当前文学艺术工作若干问题的意见（草案）》]等全面调整我国的各行各业。经过两年调整，我国各项建设事业有所恢复。

　　这 17 年的建设起起伏伏，既有成功的经验，也有失败的教训，但无论怎样，这一时期确立了我国建立工业化的国家的目标，以及未来社会主义建设的经济制度和基础。

（四）普及教育与培养工业化建设所需的人才对师资的数量和质量提出了要求

　　由于动荡的社会环境、薄弱的经济基础及腐败的社会制度，旧中国的教育发展非常缓慢。各级教育机构培养能力十分有限，文盲占全国人口的 80％。① （参见表 3-1）其他文化事业也极端落后。大众传媒（新闻报刊、广播影视等）十分有限。这种教育基础与我国建设工业化国家对高级建设人才和高素质劳动者的需求产生巨大的矛盾。

表 3-1　1949 年中国在校生状况

学校类别	学生人数（万人）	同龄入学率（%）
小学（1～6 年级）	2400	25.0
中学（7～12 年级）	130	3.0
大学	12	0.3

　　注：资料来源于《剑桥中华人民共和国史·革命的中国的兴起（1949—1965 年）》，194 页，中国社会科学出版社 1990 年版。

　　面对此种教育基础，1949 年召开的第一次全国教育工作会议提出了"教育必须为国家建设服务，学校必须向工农开门"的方针。1951 年 9 月的第一次全国初等教育与师范教育会议提出"十年之内争取全国学龄儿童基本上全部入学，五年之内争取全国学龄儿童 80％入学。五年之内，东北、华北、华东、中南四个地区应争取 85％—90％的学龄儿童入学，西北和西南争取 65％—70％的学龄儿童入学"，同时，建设一个现代工业国家的目标要求，"在今后五年内我们必须为祖国培养 12 万至 15 万人的高级建设人才，50 万人的中级建设人才，必须使工农干部都能受到基本的文化教育；必须使现有产业工人全部受到政治教育，使他们之

---

　　① ［美］R. 麦克法夸尔、费正清：《剑桥中华人民共和国史 革命的中国的兴起（1949—1965 年）》，谢亮生等译，194 页，北京，中国社会科学出版社，1990。

中的文盲全部消灭，必须使全国农民受到政治教育，全国青年农民半数受到识字教育，必须使全国学龄儿童 80％入学。同时使一部分幼儿受到适当的教养"。①

"一五"期间，中央政府又进一步提出"国民经济各部门和国家机关需要补充的各类高等和中等学校毕业的专门人才共约 100 万人左右；同时，中央工业、运输业、农业、林业等部门需要补充的熟练工人约为 100 万人"。因此，国家将有计划地调整、扩大和开办各类高等和中等的专业学校。② 1952 年，中央人民政府教育部的工作计划要点分别提出了高等学校（高等师范学校除外）学生增加 18.9％，中等技术学校学生增加 74.9％的目标。③

普及教育和大力培养工业化建设所需人才的双重目标对教师的数量和质量提出了要求。

（五）师范教育培养能力弱，无法培养各级教育发展所需的师资

虽然新中国成立初期提出了大力发展各级教育的目标，但师资问题成为束缚教育发展的瓶颈。据估计，新中国成立之初的五年内全国至少缺少 100 万小学教师，15 万—20 万从事工农教育的教师，13 万从事中等教育的教师。"幼儿教育至少需要数万人，高等学校需要增加师资一万余人。"④其实这是个相当保守的数字。按 1∶20 的师生比算，这 100 万教师只能为 2000 万学龄儿童提供教育，剩下 5000 万的儿童无教师可授课。民国时期遗留下来的教师教育制度培养能力极弱，这反映在以下几个方面。

一是各级师范院校的教师培养能力弱。据统计，1949 年新中国成立前夕，全

①　钱俊瑞：《用革命办法办好人民教育——在第一次全国初等教育与师范教育会议上的总结报告》，见何东昌：《中华人民共和国重要教育文献（1949—1975）》，113 页，海口，海南出版社，1998。

②　"5 年内，高等教育以发展高等工科学校和综合大学的理科为重点，同时适当地发展农林、师范、卫生和其他各类学校。在专业的设置和发展中，一般地应该以机器制造、土木建筑、地质勘探、矿藏开采、动力、冶金等为重点。中等专业教育的重点是培养工业的技术干部和管理干部，同时应该配合农业合作化运动的迅速展开，注意培养农业的技术干部和管理干部。"见《中国教育年鉴》编辑部：《中国教育年鉴（1949—1981）》，89 页，北京，中国大百科全书出版社，1984。

③　《中央人民政府教育部 1952 年工作计划要点》，见李友芝等：《中国近现代师范教育史资料》（4）（内部资料），1241 页。

④　钱俊瑞：《用革命办法办好人民教育——在第一次全国初等教育与师范教育会议上的总结报告》，见何东昌：《中华人民共和国重要教育文献（1949—1975）》，115 页，海口，海南出版社，1998。

国独立设置的高等师范院校只有 12 所，在校生 12039 人；附设于大学的师范学院 3 所，在校生 4363 人；中等师范学校 610 所，在校生 151750 人，其中初级师范学校 289 所，在校生 90380 人，占总数的 59.56％，中级师范学校 321 所，在校生 61370 人，占总数的 40.44％。① 1951 年，高等师范院校的毕业生仅 1349 人，占全国高等学校毕业生的 7.7％。中等师范学校的毕业生约有 3 万多人。远不能满足各级教育的需要。② 这和新中国需要的教师的数量相去甚远。

二是全国师范院校的分布不合理。中等师范学校的分布情况是老区多新区少，初级师范学校多（70％），师范学校少（30％）。③ 不少地方的小学教师培养缺乏稳定的场所。高等师范院校主要分布在经济发达的东南沿海地区，远不能适应大量发展中等学校对师资的需要。

三是师范院校的教育教学缺乏统一的标准。无论是独立的师范院校还是附设在大学内的教育/师范院系，它们的教学内容缺乏科学设计，学科专业和教育专业没有合理的比例；内容空洞芜杂，尤其是教育专业训练缺乏操作性。对于不同地区的师范院校是否需要统一的教学计划、教材今天可能有不同的认识。但在没有师资培养质量标准，没有教师资格证书保证的当时，则很有必要。当时各级师范学校的教育方针、任务、学制、教学计划以及行政制度等多不一致。各师范学校也没有一套合用的教材，业务（专业）课教材更是缺乏，因而教学有极大的困难。④

总之，师范院校数量少，培养能力弱，培养质量低，远不能满足新中国基础教育发展的需要，更不能满足新中国建设的需要。重建师范教育制度势在必行。

（六）现任教师整体素质不高，需要进行长期的培训

1. 现有教师队伍整体素质偏低，教学质量差

民国后期，教师的数量和质量一直是困扰现代学校建设发展的瓶颈。新中国成立之初，这一问题依然突出。大力发展各级教育，导致师资需求急剧

---

① 宋嗣廉、韩力学：《中国师范教育通览》（上），130 页，长春，东北师范大学出版社，1998。

② 《教育部关于第一次全国师范教育会议的报告》，见何东昌：《中华人民共和国重要教育文献（1949—1975）》，128 页，海口，海南出版社，1998。

③ 宋嗣廉、韩力学：《中国师范教育通览》（上），131 页，长春，东北师范大学出版社，1998。

④ 《马叙伦部长在第一次全国初等教育与师范教育会议上的开幕词》，见何东昌：《中华人民共和国重要教育文献（1949—1975）》，109 页，海口，海南出版社，1998。

上升。"目前全国小学教师和工农教师不仅程度低，在老解放区已感到极端缺乏……现有师范学校的数量和质量是决满足不了这个要求的。"①20世纪60年代，这一状况依然未得到改善。当时统计发现，小学教师未达到中师水平的占80%以上，初中教师未达到高师专科程度的占70%以上，高中教师未达到高师本科毕业程度的占60%以上。在业务能力上能较好地完成现任教学任务的仅占20%，一般能胜任的占60%，不能胜任的占20%。② 师资队伍的这种情况根本无法适应新中国普及教育及培养中高级建设人才的需要，也无法适应20世纪五六十年代中小学教学改革的需要。

1953—1957年，我国开展基础教育第二次课程改革，课程改革以苏联为榜样重设课程和建立苏式教学模式。1958—1965年，我国开展基础教育第三次课程改革。在"教育革命"的旗帜下，我国开展缩短学制，精简课程，增加劳动等改革。课程改革对教师的素质提出了很高的要求。不少原来感到教课困难的教师更加不能胜任工作，许多原来熟悉本门业务的教师也在教学上感到困难。农业中学、社办小学和幼儿园教师的师资水平更低。在这种情况下，提高在职教师的业务素质迫在眉睫。

2. 现任教师中的一些人与新中国格格不入，迫切需要改造

客观上，在新中国成立之初，教师的主体是"旧知识分子"，他们中的多数没有参与战争而成为革命者；只有极少数参加了共产党的组织和活动，被分派到教育部门做领导工作；还有一小部分是从海外归国的专家、学者和留学生。这些旧制度下培养的知识分子在思想意识、政治倾向上与新中国格格不入。以新中国成立之初安徽桐城教师队伍的现状看，"桐城是新解放区，从教师的教育背景来说，一是本地接受教育者，二是有留学背景者；从来源上说，教师的来源较广，出身较为复杂。全县小学教师1677人中，'参加过国民党的有148人，三青团的有82人，伪职员有336人，伪军官有26人，地主出身的有403人，反动会道门的有3人'"，也就是说不可靠甚至异己分子998人，占整个教师队伍的59.5%。"有些教师，在旧教育改造过程中有些抵触的情绪。"③这种状况基本

---

①　《马叙伦部长在第一次全国中等教育会议上的闭幕词》，见何东昌：《中华人民共和国重要教育文献(1949—1975)》，87页，海口，海南出版社，1998。

②　《师范教育改革座谈会关于迅速提高在职教师政治、文化、业务水平的初步意见(草稿)》，见何东昌：《中华人民共和国重要教育文献(1949—1975)》，984页，海口，海南出版社，1998。

③　潘承生：《建国初期桐城县基础教育改造述评(1949—1952年)》，硕士学位论文，华东师范大学，2010。

符合当时中小学教师队伍的基本状况。正如 1951 年 9 月 29 日周恩来在中南海怀仁堂向京津高等学校 2000 余名教师学习会作《关于知识分子的改造问题》的报告时所说，"我国的知识分子，大部分是从地主阶级或资产阶级家庭出身的，不能要求他们一下子就能站到工人阶级立场上来。"但应该使他们"站在工人阶级立场"来看待一切问题、处理一切问题，"因为工人阶级是最先进的，是为人民的，也是为民族的，将来要实现共产主义，使社会达到无阶级的境地。""中国的封建势力太大，地主和富农在中国农村中约占人口的十分之一"。① 因而，提高现任教师的素质，尤其是政治素质被看成是改造旧教育、提高中小学教育质量的关键因素。

由上可见，在新中国成立初期，在建立独立、民主、和平、统一和富强的"工业国"的目标下，我国教育建设发展的任务极其繁重。就教师队伍而言，在普及工农大众的教育及培养高中级建设人才的双重目标下，基础教育领域存在教师数量严重不足，专业质量不佳，政治素质亟待提升的问题。特别是后者，中国共产党充分认识到学校教育的政治本质，认识到"学校其实是实施社会、经济与文化再生产的机构"，"学校也是握有不同经济和文化力量的群体相互调适和角斗的文化和政治场所"。② 因而，在中外敌对势力包围的形势下，共产党人必须造就一支为人民教育服务的"人民教师"队伍来帮助自己建设并巩固新中国。这就意味着新中国的教师专业化、现代化进程与晚清、民国时期的教师专业化、现代化进程相比，具有更浓的政治含义，但这并不否定对教师的专业素质的要求。因而，这一时期的现代专业教师的造就有了与前人并不相同的路径。

二、独立的师范教育制度的建立与中小学教师的供给

面对中小学教育师资严重不足的现状，我国学习苏联教师的职前培养和在职培训相分离的师范教育制度，为新中国的基础教育设计并建设师资培养和质量提升的制度体系。

(一)独立的教师培养体系的恢复与教师供给

1. 建立三级教师培养体系

晚清，我国学习日本建立了独立的师范教育制度，但因经济困顿、政府

---

① 周恩来：《关于知识分子的改造问题》，见何东昌：《中华人民共和国重要教育文献(1949—1975)》，119～120 页，海口，海南出版社，1998。

② ［美］亨利·A. 吉鲁：《教师作为知识分子——迈向批判教育学》，2 页，朱红文译，北京，教育科学出版社，2008。

腐败，这一制度对现代师资的造就贡献有限。1922年，我国学习美国，建立了开放的师范教育制度，这一制度却因薄弱的经济、腐败的政治，以及窘迫的教师待遇而难有成效。随后，国民党建立了混合的师范教育制度，即独立的师范院校和非师范院校共同参与教师培养的制度，但这一制度依然由于上述原因未能为走向现代教育的中国提供基本的现代师资。新中国成立之后，迫切需要我们的教育在短期内培养大量工业化建设人才，并满足人民大众对教育的需求，师资成为影响教育发展的关键性问题。苏联计划经济模式下的独立师范教育制度成为当时唯一的选择。

这一制度首先体现在建立三级教师培养体系上。1951年第一次全国初等教育与师范教育会议决定，"新学制规定培养初等教育师资的学校是师范学校和初级师范学校，培养幼儿园教养员的是幼儿师范学校，培养中等学校师资的除大学担负一部分任务外，主要是师范学院和师范专科学校"；并且提出以下的师范院校设置的思路：[1]

①每一大行政区至少建立一所健全的师范学院，由大行政区教育部（或文教部）直接领导，以培养高级中等学校师资为主要任务。

②各省和大城市原则上应设立一所健全的师范专科学校，由省（或市）教育厅、局直接领导，以培养初级中等学校师资为任务；如有条件，亦得设立师范学院。

③现有大学中的师范学院（或教育学院）应以逐渐独立设置为原则，并增设文理方面的系科。根据需要与条件，得以个别大学的文理学院为基础，成立独立的师范学院。

④将有条件的学校，改设一所至两所幼儿师范专科学校。

⑤争取各省每一专署区及省辖市设立师范学校一所，条件不够时，可设初级师范学校。较大的县争取设初级师范学校一所，较小的县应联合设立初级师范学校或师范学校一所。目前以设立初级师范学校为主，如有条件，应将它转变为师范学校。

⑥争取在师范学校或初级师范学校内附设幼儿师范班。

在上述规划的基础上，1952年7月16日，教育部又颁布《关于高等师范

---

① 钱俊瑞：《用革命办法办好人民教育——在第一次全国初等教育与师范教育会议上的总结报告》，见何东昌：《中华人民共和国重要教育文献（1949—1975）》，115页，海口，海南出版社，1998。

学校的规定（草案）》《师范学校暂行规程（草案）》，从而形成了我国独特的教师培养体系，该体系呈现独立性、区域性和层级性的特点：大区或省设立师范学院，培养所辖区域内高中教师；省、直辖市设立师范专科学校，培养省域内的初中教师；专署区或省辖市设立师范学校或初级师范学校，培养小学或初小教师。本科师范—专科师范—中等师范的三级师范教育层次由此建立。

2. 确立师范教育制度

新中国成立初的独立的教师培养制度是通过一系列的规程、决定来建立的。如《关于改革北京师范大学的决定》《北京师范大学暂行规程》《关于学制改革的决定》《关于高等师范学校的规定（草案）》《师范学校暂行规程（草案）》，分别对中高等师范院校的性质、任务、修业年限、课程设置、实习、待遇及服务等做了详细的规定，使独立的师范教育制度得以切实建立。

表 3-2　1952 年确定的师范教育制度①

学校类别	学校层级与设立等	培养目标	招生对象	修业年限	科系/课程设置	实习	附设	待遇	服务要求
高等师范	师范学院　大行政区、省设立	高中及同等程度的中等学校教师	高中、师范学校（服务期满）毕业生；同等学力者	4 年　专修科 1—2 年	中国语文、外国语（分俄语、英语等）、历史、地理、数学、物理、化学、生物、教育（设学校教育、学前教育等）、体育、音乐、美术等系科。下列系科得合并设置：数学、物理合并为数理系，化学、生物合并为化学生物系	平时参观见习；定期集中参观、实习	中学、师范学校、小学及幼儿园　研究部、夜校、训练班、函授部	一律享受人民助学金	一般不得中途自请退学和转学，教育部门分配工作
	师范专科学校　省、直辖市设立	初中及同等程度的中等学校教师	同师范学院	2 年	科系以合并设置为原则	同师范学院	初中、小学及幼儿园		

① 《关于高等师范学校的规定（草案）》《师范学校暂行规程（草案）》，见何东昌：《中华人民共和国重要教育文献(1949—1975)》，156～162 页，海口，海南出版社，1998。

学校类别	学校层级与设立等	培养目标	招生对象	修业年限	科系/课程设置	实习	附设	待遇	服务要求
中等师范	中等师范学校（包括幼儿师范学校）省、市、县人民政府设立	小学、幼儿园教师	初中毕业生或同等学力者	3年	语文及教学法、数学及算数教学法、物理、化学、达尔文理论基础、自然/地理/历史及教学法、政治、心理学、教育学、学校卫生、体育/音乐/美术及教学法、参观实习	参观实习	小学、幼儿园	享受人民助学金	由省市或市县教育行政机关负责分配工作。毕业生至少服务教育工作3年（速成班2年）。其间不得升学及担任其他职务。毕业生成绩优秀者，得由学校请省、市教育厅、局保送上级师范学校继续深造
	师范学校附设速成师范	小学教师	同中等师范学校	1年	语文及教学法、算数及教学法、自然/地理/历史教材教法、政治（共同纲领、时事政策）、心理学、教育学、体育/音乐/美术及教学法、参观实习	参观实习			
	初级师范学校公立	初级小学教师	25岁以下小学毕业生及同等学力者	3—4年	基本与中师同，课时和具体内容会有所削减；缺达尔文理论基础	参观实习	幼儿师范科		

说明：自然/地理/历史及教学法即自然及教学法、地理及教学法、历史及教学法。余同。

和晚清、民国的制度相比，这个教师培养制度具有以下特点：第一，突出了独立性、层次性和区域性；第二，确立各级政府是师范院校设立的主体，私人和私人团体不得设立；第三，强调教师的政治素质的培养，如培养具有马列主义、毛泽东思想基础，能全心全意为人民（主要是工农大众）教育事业服务的中小学教师；第四，重视对师范生教育实践能力的培养；第五，课程设置是政治学科和教育专业课程的相加。和过去相比，用政治课代替了通识教育内容。

3. 独立教师培养体系下中小学的教师供给

独立的中等师范学校为小学提供了稳定的师资来源。如表3-3所示，我国独立的中等师范学校的学校数有一定增加，特别是正规的中等师范学校稳定发展，学生数稳定增长(20世纪60年代因经济等原因急速下降)，为我国小学培养了有限的师资。由于经济和人才等原因，师范学校的发展有限，新中国成立初确立的5年内培养100万小学教师的目标没有实现(据统计，1953—1957年，中等师范学校毕业生为44.5万人①)，而且在"大跃进"运动之前，培养的师范生以初级师范、速成师范为主。然而，教师培养有了稳定的基地是不争的事实。由于中等师范学校的培养有限，我国5年内普及80％学龄人口的目标没有实现。广大农村地区的学校由于缺乏稳定的师资来源而不得不采取"能者为师"的办法。②

表3-3 "文化大革命"前我国中等师范学校发展情况③

年份	学校数			学生数		
	总计	中级	初级	总计	中级	初级
新中国成立前最高年	902	373	529	24.6	7.7	16.9
1949	610	321	289	15.2	6.2	9
1950	586			15.9		
1951	744			22.0		
1952	916	334	582	34.5	9.3	25.2
1953	788			36.9		
1954	632			30.8		
1955	515			21.9		
1956	598			27.3		
1957	592	492	100	29.6	24.4	5.2

---

① 李友芝等：《中国近现代师范教育史资料》(4)(内部资料)，1510页。
② 胡艳：《当代教师教育问题研究》，201～202页，郑州，大象出版社，2010。
③ 李友芝等：《中国近现代师范教育史资料》(4)(内部资料)，1502～1507页。

年份	学校数			学生数		
	总计	中级	初级	总计	中级	初级
1958	1028			38.6		
1959	1365	1022	343	53.9	37.4	16.5
1960	1964			83.9		
1961	1072			46.2		
1962	558	558		18.2	17.9	0.3
1963	490			13.1		
1964	486			13.4		
1965	394	362	32	15.5	15.1	0.4
1966	394			13.4		

注：学校数单位为"所"，学生数单位为"万人"。

独立的高等师范教育体系为中等教育提供稳定的师资来源。除了晚清短暂的高师独立期之外，我国独立的高等师范教育体系在现实层面上主要是新中国成立后的第一个五年计划期间完成的。在1951年第一次全国初等教育与师范教育会议和1952年《教育部关于全国高等学校1952年的调整设置方案》的要求和指导下，全国各大区建立了一所重点师范大学或师范学院，各省和直辖市分别建立了至少一所独立本科师范学院/大学或师范专科学校，原来分散在各个大学的教育学院、教育系和师范学院纷纷独立出来，成为独立的师范院校的一部分，我国独立的高等师范教育体系形成。参见表3-4。改革开放之前，独立的高等师范院校获得一定的发展。参见表3-5。

不可否认的是，这样的师资培养规模与人民群众对中等教育的需求有很大的差距，这导致我国中等教育发展城乡差距明显。1965年，农村初中在校生占全体初中在校生的33.3%，高中仅占9.1%。农村中小学教育还不能完全适应农村的实际情况和需要。①

① 胡艳：《当代教师教育问题研究》，200页，郑州，大象出版社，2010。

表 3-4 1952 年调整前后全国高等师范院校变化情况表①

学校类别	调整前	调整后
独立师范院校（教育学院、文教学院）	15	21
大学内师范学院（教育学院）	13	8
大学内教育系	30	1
师范专科学校	1	16

注：调整前总计 59，调整后总计 46。

表 3-5 1949—1966 年全国高等师范院校的学校数、学生数及在高等教育中所占比例等②

年份	学校数及所占比例			学生数及所占比例	
	整个高校数	师范院校数	师范院校所占比例（%）	高师生数	高师生在高校生中所占比例（%）
新中国成立前最高年	207	22	10.6	2.08	13.5
1949	205	12	5.9	1.20	10.3
1950	193	12	6.2	1.33	9.7
1951	206	30	14.6	1.82	11.9
1952	201	33	16.4	3.16	16.5
1953	181	33	18.2	4.00	18.8
1954	188	39	20.7	5.31	21.0
1955	194	42	21.6	6.07	21.1
1956	227	55	24.2	9.88	24.5

---

① 1950 年，东北人民政府将东北大学改名为东北师范大学，以培养教师为主。1951 年，华东军政委员会教育部经中央人民政府教育部批准，以原私立大夏大学、光华大学的文理科为基础，将复旦大学、同济大学、沪江大学和东亚体育专科学校的教育、动物、植物、音乐及体育系并入，成立一所健全的师范学院，命名为华东师范大学，以大夏大学的原址为校址。1951 年中南军政委员会教育部将 1948 年成立的中原大学教育学院与新接管的私立华中大学合并为公立华中大学。后将私立武昌中华大学、广西大学相关系科和湖北省立教育学院相继并入，1953 年改名为华中师范学院。1950 年西南军政委员会决定将国立女子师范学院和四川省立教育学院合并，成立西南师范学院。1952 年西北军政委员会教育部决定将西北大学师范学院独立设置。1954 年定名为西安师范学院。这 5 所大区建立的师范学院和北京师范大学一起，日后发展成为直属中央教育部管理的师范大学。见金长泽、张贵新：《师范教育史》，19～21 页，海口，海南出版社，2002。

② 胡艳：《当代教师教育问题研究》，87～88 页，郑州，大象出版社，2010。

年份	学校数及所占比例			学生数及所占比例	
	整个高校数	师范院校数	师范院校所占比例（%）	高师生数	高师生在高校生中所占比例（%）
1957	229	58	25.3	11.48	26.0
1958	791	171	21.6	15.73	23.8
1959	841	175	20.8	19.23	23.7
1960	1289	227	17.6	20.45	21.3
1961	845	163	19.3	18.68	19.7
1962	610	110	18.0	13.76	16.6
1963	407	61	15.0	11.43	15.2
1964	419	59	14.1	9.75	14.2
1965	434	59	13.6	9.43	14.0
1966				7.20	13.8

注：整个高校数、师范院校数单位为"所"，高师生数单位为"万人"。

但无论如何，独立的教师培养制度的重建改变了民国后期混合的师范教育制度，确立了政府在中小学教师培养中的义务和责任，在当时使得师资的培养和配置具有计划性。在教师培养过程中注重师范生的思想品德教育、教育实践能力培养，符合新中国对人民教师的期待。而师范生免费（人民助学金）和强制服务教育这种权利与义务并立制度的确立，使得国家在师资培养上的投入不至于流失。自此，新中国的教师培养走上了有固定的场所、有计划的培养之路，为日后（20世纪80年代）国家普及九年义务教育奠定了重要的体系基础。

(二)独立的教师培训制度建立与教师质量提升

如前所述，新中国成立初期存在的另一个重要的问题是旧时代培养的知识分子在思想观念上与新中国、新时代还有一定的距离，需要全面改造。如何提高现任教师的政治素质是改造旧教育，培养社会主义接班人的关键因素。与此同时，为了实现五年内80%的学龄儿童入学和大量培养中高等建设人才的目标，各地出现了不少未经训练拔高使用教师的情况。结果造成师资素质偏低，教学质量较差的状况。这种情况一直延续到20世纪80年代。当时的各级师范院校培养任务重，难以承担教师培训的任务。如何在短期内训练大量在职教师，使之在短期内提高政治与业务水平，适应更高一级教育教学的需要，同时，使一部分有知识的家庭妇女和失业知识分子得以训练，成为合格教师，充实中小学教师队伍成为主管部门关注的内容。苏联由专门院校培养专门人才的思路这个时期在我国得到进一步的贯彻。

1. 建立独立的教师进修院校体系

（1）建立中小学教师继续教育机构

新中国成立初期，一些地方自动开展教师业余学习活动，自行设立教师进修院校，开展教师业务与政治学习，提升其素质。但由于各地各自为政，所以存在很多问题。①1952年教育部召开中小学教育行政会议，确定了以行政区域为单位建立独立的教师进修院校的思路："在1952年秋季开学后，各大行政区可否选择一适当城市开始筹办教师进修学院一所，省选择有条件的县筹办教师业余学校若干所；省市教育厅、局直接筹办或委托师范学校、师范学院举办函授学校一所，作为取得经验的实验。"②1953年颁布的《关于1953年中等学校及小学教师在职业余学习的几件事项的通知》，要求在教师比较集中的大中城市，教师进修学院得单独设立或附设于师范学院；在成绩较好的进修组织中，挑选师资条件较好的、有重点地办成较正规的教师业余进修学校，学习初师主要课程。③ 1955年，《教育部关于加强小学在职教师业余文化补习的指示》《教育部关于加强中等学校在职教师业余进修的指示》对中小学教师业余进修学校的目标、对象、场所、教学计划/内容、修业时间、管理、教学方式等做了规定。1960年5月，教育部召开的师范教育改革座谈会形成的《师范教育改革座谈会关于迅速提高在职教师政治、文化、业务水平的初步意见（草稿）》，提出分层次成体系建立教师进修院校的思路。"建立健全和充实教师进修机构。从省、专区、市县到公社和学校，层层都必须建立和健全教师进修机构或组织，做到块块统一领导督促检查，条条进行业务辅导，层层有人负责各种形式的学习，样样有人管理。全日制、半日制学校的教师进修和业余教育的教师进修，应分系统进行。前者由教师进修院校负责，后者由工农师范负责。各级各类教师进修机构，应该有适当的编制，配备一定数量的水平较高的党员领导干部和必要的专职教师，使能担负起迅速提高在职教

---

①　胡艳：《当代教师教育问题研究》，14～15页，郑州，大象出版社，2010。

②　《教育部关于中小学教师进修问题的通报》，见何东昌：《中华人民共和国重要教育文献（1949—1975）》，169页，海口，海南出版社，1998。

③　《关于1953年中等学校及小学教师在职业余学习的几件事项的通知》，见何东昌：《中华人民共和国重要教育文献（1949—1975）》，226页，海口，海南出版社，1998。

师的艰巨任务。"①在这种情况下，各地开始建立自己独立的教师进修院校。具体参见表 3-6。

表 3-6　新中国成立初期我国确立的教师继续教育体系②

学校层次	学校类别	任务	设置及管理	招生对象	课程设置	学习时间
中等教育	小学教师业余进修学校	学历提升至合格程度	主要设在城市；由市（包括直辖市、省辖市）、县级教育行政部门直接领导	小学教师	初级部：初级师范主要课程　高级部：师范学校部分课程	6 时/周，或利用寒暑假集中 10—20 天学习和考试
	函授师范学校	学历提升至合格程度	师范学校附设或独立设置。附设的，由师范学校校长统一领导，独立设置者由省教育厅领导	农村和小城镇的小学教师	初级部：初级师范基础课程　高级部：师范学校部分课程	8 时/周，初级部每月集中一至二次，或利用寒暑假集中学习、实验、实习和考试
高等教育	教师进修学院	将教师学历提升至师专毕业水平	主要设在大中城市。高等师范学校附设或单独设立　独立设置者由省、市教育厅、局直接领导，当地高等师范学校在师资上予以必要的援助　附设在高等师范学校的，由高等师范学校直接领导，省、市教育厅、局应予以协助和支持	学历不合格的中学教师	专修班：3 年，教学根据师专教学计划精简而成	寒暑假集中学习

---

① 《师范教育改革座谈会关于迅速提高在职教师政治、文化、业务水平的初步意见(草稿)》，见何东昌：《中华人民共和国重要教育文献(1949—1975)》，985 页，海口，海南出版社，1998。

② 《教育部关于加强小学在职教师业余文化补习的指示》《教育部关于加强中等学校在职教师业余进修的指示》，见何东昌：《中华人民共和国重要教育文献(1949—1975)》，486~487、537 页，海口，海南出版社，1998。

学校层次	学校类别	任务	设置及管理	招生对象	课程设置	学习时间
高等教育	高等师范学校函授部	将教师学历提升至师专毕业水平	由高等师范学校直接领导，省、市教育厅、局应予以协助和支持	中小城镇及农村中学教师	修业年限 3 年，教学计划同教师进修学校	平时书面指导，寒暑假集中讲习

（2）建立独立的教育干部训练院校——教育行政学院

新中国成立初期，由于中小学数量的激增和规模的扩大，以及因国家建设需要对中小学干部和师资的紧急抽调，国家不得不紧急充实一批干部到教育管理部门和中小学管理岗位，但这些领导干部要么不熟悉业务，要么不懂得管理，直接影响到中小学的办学质量。

因而，教育部在《全国普通教育与师范教育工作 1953 年的基本总结和 1954 年的方针任务》中明确提出，要有计划地轮训在职干部。首先对现在的中学校长、师范校长、教导主任等有计划地进行训练；并提出除东北沈阳师范学院教育行政干部训练班外，计划在华北区新设一所教育行政学院，作为训练中学领导骨干的场所；还提出各省（市）如有条件，均可举办这种学校；小学整顿完的地区，对县（市）以下区的教育行政干部和中心小学校长，亦应根据可能的条件进行轮训，以提高他们的政策、思想水平和业务能力。[1]1955 年，教育部发出"关于训练学校领导干部和教育行政干部计划的指示"，要求对中等学校的校长、副校长、教导主任及各省市的教育行政干部进行培训，并同时培养一定数量的后备干部。

由上可见，新中国成立初期 17 年，我国着手建立由省市到县乡（公社）的教师进修学校体系，它按照教师的类别设置专门的院校，小学有小学业余进修学校（后改名教师进修学校），中学有中学教师进修学校（后改名教师进修学院或教育学院），行政干部有教育行政学院，从而形成了中小学教师和行政干部的继续教育由不同的专门院校实施的局面。这也是与民国后期教师继续教育体系最不同的地方。

---

[1]　《全国普通教育与师范教育工作 1953 年的基本总结和 1954 年的方针任务》，见何东昌：《中华人民共和国重要教育文献（1949—1975）》，300 页，海口，海南出版社，1998。

2. 开展有计划的教师继续教育

20 世纪五六十年代，我国中小学教师继续教育机构发展迅速，不少教师获得了政治素质和学历的提升。据不完全统计，到 1954 年，各地重点试办了 72 所小学教师业余进修学校和函授学校，参加进修的小学教师达 18.3 万人。"大跃进"运动后，各市县几乎都设立了小学教师进修学校。1959 年有此类学校 2202 所，在校学员 121 万人。1962 年经过调整，各地学校的办学规模有所收缩，在校学员由 1959 年的 121 万人减至 82 万人。①

中学教师进修学院也发展迅速。据不完全统计，截至 1953 年年底，全国共有教师进修学院 24 所，约有 5900 多名中等学校教师参加学习。② 就全国而言，至 1966 年，全国培训中学教师的教育学院、教师进修学院已经达到 39 所。③ 此外，各高师院校也通过函授方式参与中学教师继续教育。与此同时，其他部门也积极建立自己的教师进修院校。例如，北京市创办工农师范学院，培养工农业余学校的高中教师，并组织教师进修。建筑工程部创办职工教育师资训练班，由各企业保送，学习一年，毕业后担负企业初中语文、初中数学的教学。山西省在教育学院开办训练班，为厂矿企业单位代培职工业余初中教师。④

1955 年，我国第一所教育管理干部培训学校——教育行政学院（现国家教育行政学院）正式创办。之后，多数省市成立了教育行政干部训练班或教育行政干部学校，分批集中培训学校领导和教育行政干部，用半年至一年的时间提高他们的政治业务水平。⑤

在教师继续教育体系的努力下，我国中小学在职教师的质量得以提升。1953 年我国中学专任教师学历不合格者（在中等学校及以下者）为 13.8％，到 1963 年减少到 5.6％。小学专任教师学历在初师及以下者 1953 年为 48.3％，

---

① 刘英杰：《中国教育大事典》（上），1066～1067 页，杭州，浙江教育出版社，1993。

② 《全国普通教育与师范教育工作 1953 年的基本总结和 1954 年的方针任务》，见何东昌：《中华人民共和国重要教育文献（1949—1975）》，298 页，海口，海南出版社，1998。

③ 刘英杰：《中国教育大事典》（上），1063 页，杭州，浙江教育出版社，1993。

④ 《教育部通报北京、山西、建筑工程部培养职工教师的办法》，见《中华人民共和国教育大事记（1949—1982）》，259 页，北京，教育科学出版社，1984。

⑤ 张奚若：《目前国民教育方面的情况和问题——在第一届全国人民代表大会第三次会议上的发言》，见何东昌：《中华人民共和国重要教育文献（1949—1975）》，639 页，海口，海南出版社，1998。

1963年减少到18.4%。①

（三）独立的师范教育制度对中小学教师专业发展的影响

1. 我国中小学教师基本实现了专业培养的目标

新中国成立初期，我国师范教育领域的最大贡献是恢复了独立的师范教育制度。在这样一个制度下，无论是幼儿教育教师，还是中小学教师，甚至不同学段在职教师都是由分工明确、目标单一的独立的师范院校或者教师进修院校培养、培训的，从而形成了我国职前职后相对独立的教师职前教育和职后教育体系。虽然事实上由于教师的缺口较大，一些教师是由其他院校分配的，或者是由村、大队自己聘用的民办教师，但这一制度的构建明确了教师培养、培训的专门化的思路。由此，我国中小学教师的培养、培训真正走上了有计划的、专业化的渠道。

专业的另一个表现是课程和院系设置的统一化、标准化。为了改变过去（民国时期）师范教育中的教育方针、任务、学制、教学计划及行政制度不一致，高师院校的科系设置多不合理的情况，教育部对师范院校的课程、院系设置进行了明确的规定，确保各级师范院校（包括教师进修院校）的科系、课程按照国家统一的要求开设，从而实现了全国范围内的中小学教师培养、培训的专业化和规范化/标准化。

2. 国家切实承担起教师教育的责任

在独立师范教育制度的构建中，主管部门明确所有师范院校必须由政府承办和管理，私人私法人不得介入，这一规定确保了师范教育的国家化。在这一规定的严格实施下，我国师范院校全部由国家设立，由相应的教育行政机构管理。这是我国自晚清建立师范教育制度以来，政府真正全面承担起教师培养、培训责任的时期。该制度要求全部师范生享受人民助学金，教育行政部门给其分配工作，由此晚清以来师范生享受免费和履行教育服务的制度才真正得以实施，这一制度的实施切实确保了国家出资培养的师资人才留在教学岗位上。

我国师范教育国家化的过程与西方社会在现代民族国家形成发展的过程中对师范教育的期许和定位不谋而合，即通过师范教育实现对现代民

---

① 《中国教育年鉴》编辑部：《中国教育年鉴(1949—1981)》，199页，北京，中国大百科全书出版社，1984。

族、国家利益的维护和巩固。这也是专业化的另外一层含义或价值。自此，我国的中小学教师就与新中国社会主义建设事业，与国家的命运紧密相连。为党和国家培养接班人和建设人才是我国中小学教师必须承担的历史责任。

3. 对专业性的狭隘理解妨碍了教师教育的融通性

苏联人才培养模式的特点是把过去通才型的中国知识分子改造成现代式的专家，在师范教育中的表现就是建立分工明确、层次分明的师范院校。该体系一方面确保不同类别、层次的师范学校的培养目标专一，使各层次教师的培养更有计划性；另一方面也导致不同层次师范生适应面差、就业面狭小的问题。自此，民国时期高师毕业生在小学从教的局面再也不会出现，即使是同层次的师范学校的学生也难以到幼儿园或到小学任教，中、小、幼基础教育机构的师资被限制在某一层级之内，妨碍了不同学历水平教师的共同学习。同时，独立设置的教师进修院校由于与培养机构之间任务明确分割，导致彼此互不往来，自此我国开始了教师的职前、职后教育分离，教师与干部教育分离，各部门条块分割培养、培训教师的历史。教师的专业发展也因此受到限制。

4. 严重的城市化倾向严重妨碍了农村中小学师资的培养

建立"工业化"国家的目标使得我国的师范学校体系的城市化倾向严重，表现在各级师范院校主要为城镇公办中小学提供教师培养和培训的任务，农村中小学师资培养和专业发展则在一定程度上被忽视。结果造成农村的中、小、幼教师主要采取"能者为师"的办法补充。这严重影响了农村地区基础教育的发展，严重影响了农村人才的培养和社会文化、经济的发展。[①]

三、教学研究制度与中小学教师的专业发展

虽然民国后期我国已经有了体系化的中小学教师教学研究组织的设计，在有些地区形成了区域性的教师研修机构，一些学校也建立了校内教研组织，并开展了不同层面的教育教学研究；但制度化的、体系化的，并全面铺开实施的教研体系却是新中国建立的，这一制度是在汲取解放区集体学习的经验的基础上，学习苏联的产物。20世纪50年代至今，这一制度体系对新中国的

---

① 胡艳：《当代教师教育问题研究》，194～208页，郑州，大象出版社，2010。

教师的专业发展影响很大，并成为中国独特的制度被世界瞩目。

下面，我们从校内和校外两个教研体系的建设、发展来看其对中小学教师专业发展的影响。

（一）老解放区的经验与苏联教研制度的影响

新中国成立之后，鉴于中小学教师的政治和专业素质迫切需要迅速提升，而师范院校短期内又无法提供充足的师资供给，我国开始探索在职教师的研修制度。老解放区集体学习的经验和苏联的教学研究小组成为学习的样板。

1. 学习老解放区的经验，中小学建立集体学习制度

老解放区的经验之一是组织在职教师开展政治和业务学习。它是"为当时战争和农村环境，创造了适合教师业余进修的办法，规定了每天的学习制度""对于提高教师的质量，曾收到了良好的效果"。新中国成立后，为了改造旧中国培养的知识分子，提升不合格教师的专业水平，很多中小学校充分借鉴老解放区的经验，开展教师集体学习，并通过集体学习，"使绝大多数的教师在立场、观点、工作态度上得到教育和改造"。随着广大教师思想政治改造的基本完成，很多学校在集体政治学习的基础上，"教师间已经出现了新的学习风气。在中、小学方面，学习的范围已扩大到研究教学，改进业务，学习文化科学知识等方面了"。"在农村里，许多进步的教师，虽在极端困难，缺乏有力的领导的条件下，却自觉自动地创造了各种形式的互助组织，学习文化和教学法，带动了许多需要帮助的教师一同前进。因此，三年中，事实上存在的，由群众自发、自动创造的教师业余学习的形式和内容，已有了多种多样。"①当时也有了程度不同的教师进修机关，如天津教师学院、哈尔滨教师业余学校、河北省沙河县教师业务学校、河南省的星期学校，华北许多农村以中心小学为核心或以学区为单位的学习互助组织。这些教师学校、校内和校外的教师学习组织实际上为后来学校建立教研组，学区或者县市等建立教研室奠定了重要的基础。

2. 苏联的教学研究指导组模式的引进

在苏联，教学研究指导组是规范和管理学校教学，确保教学质量，组织教学研究，提升教师政治和业务素质的学校正式组织，存在于各大学、中小学。苏联教育部明确要求，同学科三人以上的教师必须组成教学研究指导组，

---

① 《为建立系统的教师进修制度而奋斗》，载《人民教育》，1952(9)。

人数不够的可和相邻学科共同组成。学校所有参与教学的教师，包括校长、系主任、行政人员，必须是其成员。其任务是：第一，拟定一学年详细的教学计划和半学年的教学进度表，预定各项教学及其他工作的时限和执行人员；第二，研讨提升讲课、实习、研究、学生学习等工作质量的途径与方式；第三，提升教师的政治理论素养，组织和领导学生实习、研究，安排针对学生的答疑，组织测验和考试等。在高等学校，拟定科研计划、组织科研工作，培养、指导和考核研究生也是其分内的工作。而且，教学研究指导组的主任由本学科最有经验最有学识的教师充任，并经高等教育部核准任命。主任要亲自考核本组人员的教学、实习、分组研究等工作，并以书面形式向校长报告本组教师的工作和各项工作的进展情况。本组教师每学年也要向主任做两次书面报告，总结一学期的工作和成长情况。①

新中国成立后，我国把教学研究指导组作为社会主义的苏联管理、领导学校教学的有效模式加以模仿。它首先在高等学校建立。如仿照苏联建立的中国人民大学在设立之初，就按苏联模式设立了教研室。其任务与苏联教学研究指导组如出一辙。② 师范院校最先设立教研组的是北京师范大学。作为向苏联学习、对旧教育进行社会主义改造的师范院校基地，北京师范大学从1949年年底就开始按照苏联模式进行改革。1950年5月颁行的《北京师范大学暂行规程》是当时的教育部管理全国高师院校的法规性文件。该文件首次把教学研究组作为高等师范院校的基层教学组织正式提出："本校设各种教学研究组，为教学基层组织，由一种学科或性质相近的几种学科的全体教授、副教授、讲师、助教及实验室技术人员等组成之。"其职责为：①领导讨论研究制定和实施本学科的教学计划和教学大纲；②审查本学科的教材与教法；

---

① "苏联高等学校教学研究指导组，是由某种学科的教师们所组成的教学组织。……某一学科教学研究指导组的成立，比如说物理学，以在该高等学校里有三个以上的物理教师为条件。假如该校只有两个物理教师，即不能组成物理学教学研究指导组，但物理教师可以与数学教师合并，组成一个共同教学研究指导组。这就叫作数理教学研究指导组。"见 A. Д. 阿尔辛节夫：《关于苏联高等学校的教学研究指导组问题》，载《人民教育》，1950(2)。

② 人民大学教研室的工作：组织教学工作（讲课、习明纳尔、实习、实验、辅导、生产实习等）；组织教学方法上的工作（制定讲授大纲、习明纳尔计划、试验计划、习题和答案选集等）；编写教材（讲义、参考书、图表等）；科学研究工作；与企业和政府机关的协作；提高教师思想理论水平的工作；培养研究生的工作；对教员讲课的检查与对学生平时成绩及考试的检查。见成仿吾：《中国人民大学的教研室工作》，载《人民教育》，1951(4)；胡锡奎：《中国人民大学的简略介绍》，载《人民教育》，1951(1)。

③检查本组人员的教学和研究工作；④听取和讨论本组人员关于教学计划、教学大纲实施和总结的报告；⑤领导本组人员学习马列主义、毛泽东思想。"各设主任一人，由校长就教授中提请中央人民政府教育部批准任命之。"①这个教学研究小组显然是学校的正式组织，实施教学管理，组织教师进行思想政治学习，教学研究。

随后，教学研究指导组向全国高等学校推广。1950年6月颁行的《高等学校暂行规程》明确要求各高等院校，以学科为单位成立教学研究指导组。作为教学的基本组织，它由一种课目或性质相近的几种课目之全体教师组成。它负有领导、管理、指导本学科教师的教学研究、教学科研工作，以及学生学习的职能。② 它属于学校的正式组织，带有很浓的行政管理色彩。

相比而言，中小学的教学研究小组（以下简称"教研组"）最初是地方教育管理部门学习苏联模式的反映。1952年以后才在教育部的要求下在全国范围内普遍设立。

（二）中小学校内教学研究小组的建立

1. 校内教研制度的建立

据文献显示，新中国成立之初，中小学普遍存在教师教学水平不高，一部分教师素质差、责任心差等问题。例如，教学准备不足或不会备课、授课；教学中犯常识性的错误；语言贫乏、不掌握中心思想，内容理解浅薄；教学方式不当，不会掌控授课节奏；不了解儿童心理，教学内容和方式不符合儿童特点等。③ 不少地方因教育向工农开门，学校数量和办学规模扩大，教员普遍不足，只好把不符合标准的人纳入教师队伍（如初小毕业教小学）。④ 这些人无论是学科知识还是教学能力都与合格标准有相当的距离。为了尽快提高教师教学水平，规范其教学，确保基本的教学质量，苏式教研组就成为不错的选择。

① 《北京师范大学暂行规程》，见何东昌：《中华人民共和国重要教育文献（1949—1975）》，15页，海口，海南出版社，1998。

② 《高等学校暂行规程》，见何东昌：《中华人民共和国重要教育文献（1949—1975）》，45页，海口，海南出版社，1998。

③ 张建：《改进中的北京九区中心小学》，载《人民教育》，1950(1)。董纯才：《改革我们的中学国文教学》，载《人民教育》，1950(3)。

④ 那木吉拉、李清泉：《用革命的办法提高教师的一种方法》，载《人民教育》，1952(6)。

当时，东北地区作为学习苏联的前沿，主管部门要求各校建立教研组。1950年，大连的中小学校普遍成立了各科研究小组，其主要职责是组织示范教学、组织参观，出"教学笔记的示范"壁报等，规范教师的教学。① 1951年，山西省教育厅要求全省各中学成立教学研究组，主要工作为：订立教学计划，定期观摩教学、进行教学研讨，检查总结各科教学，组织教员进行政治和业务学习。1950年北京率先开展的"五年一贯制"课程改革也是通过建立教研组来指导和协助教师进行实验的。② 1951年9月开展的知识分子的改造运动，更是把教研组作为教师政治学习和思想改造的基地。

这种校内教研基层组织在各地名称并不一致，有的称教学研究小组，有的称各科研究小组，有的称业务组。

为了推广教研组，并加强对各校教研组的领导和规范，1952年教育部颁行《中学暂行规程（草案）》和《小学暂行规程（草案）》，要求中学以学科为单位设立教研组，或联合性质相近的学科组织之。教研组"以研究改进教学工作为目的"，"每组设组长一人，由校长就各科教员中选聘之"。教研组活动的形式是学科教学会议，"其任务为讨论及制定各科教学进度、研究教学内容及教学方法。各科教学会议每两周举行一次，必要时得举行各组联席会议。"教研组设组长一名为教学会议主席，校长、教导主任分别参加指导。③ 小学则要求举行"教导研究会议"，"规模小的小学，不能举行教导研究会议的，得由同地区内几个小学联合举行。"④自此，教研组就成为以研究改进教学工作为主要任务的中小学正式组织，并受各学校领导。

1954年年初的中学会议，进一步明确了教研组的任务："教学小组的任务在今天主要应以学习苏联，研究教材，备课，加强业务学习为重点，各校校长必须亲自掌握一、二个教学小组，加强其领导，使教学工作，在有组织有

---

① 大连市人民政府文教局：《克服向苏联学习中的形式主义——教学工作检查报告》，载《人民教育》，1950(6)。

② 吴研因：《北京市小学实验五年一贯制两年来的初步经验》，载《人民教育》，1952(12)。

③ 《中学暂行规程（草案）》，见何东昌：《中华人民共和国重要教育文献（1949—1975)》，140页，海口，海南出版社，1998。

④ 《小学暂行规程（草案）》，见何东昌：《中华人民共和国重要教育文献（1949—1975)》，142页，海口，海南出版社，1998。

正确领导下逐步前进。"①

在教研组建立过程中，由于各校对教研组的性质、任务不明确，工作范围、组长职责不清楚，出现了工作盲目，组织不健全，制度没有很好建立的问题，一些学校甚至违反教师的意愿硬性规定教师参加名目繁多的活动，不少教研组的工作流于形式。② 1957年，教育部借鉴苏联经验，特别制定《中学教学研究组工作条例（草案）》及《关于〈中学教学研究组工作条例（草案）〉的说明》（下面简称"《条例》及其说明"），对教研组的名称、性质、任务、组织方式进行明确的规定，以规范当时教研组的工作。③

教研组的性质：中学教研组是各科教师的教学研究组织，它不是行政组织，教研组长也不是介乎校长、教导主任和教师中间的一级行政干部。

教学研究组的任务：组织教师进行教学研究工作，总结、交流教学经验，提高教师思想、业务水平，以提高教育质量。

教研组的具体工作内容：第一，学习有关中学教育的方针、政策和指示；第二，研究教学大纲、教材和教学方法；第三，结合教学工作钻研教育理论和专业科学知识；第四，总结、交流教学和指导课外活动的经验。

教研组的组织方式：学校"同一学科教师在3人以上者成立教研组，不足3人者可联合相近学科教师成立教研组。教研组设组长1人"，由校长聘请"有教学经验，并有一定威信"的教师担任。教研组组长负责"组织领导教研组的工作"。教研组的教学研究工作计划"经校长或教导主任批准后执行"。教研组每两周或三周开会一次，每次会议以不超过两小时为原则。

为了防止影响教师自主性的情况蔓延，"条例"还提出，教研组所安排的研究工作应当"建筑在教师个人教学研究的基础之上"，教研组的会议不宜过多。活动应"以教师自愿为原则，不应做硬性规定，并且不宜占用过多的时间，以免流于形式，加重教师负担"，活动方式也可以多种多样。

该"《条例》及其说明"是至今我国教育行政部门对教研组制定的唯一的法规性文件，对规范我国教研组工作起了关键的作用。这以后，全国中小学以

---

① 林砺儒：《关于目前全国中学教育的基本情况与今后的方针任务》，见何东昌：《中华人民共和国重要教育文献（1949—1975）》，279页，海口，海南出版社，1998。

② 刘绳祖：《改进中学教研组的工作》，载《人民教育》，1957(5)。

③ 《中学教学研究组工作条例（草案）》《关于〈中学教学研究组工作条例（草案）〉的说明》，见何东昌：《中华人民共和国重要教育文献（1949—1975）》，720页，海口，海南出版社，1998。

学科为单位普遍设立了教研组。教研组的建立，结束了过去教师单打独斗孤立地从事教学的局面，中小学教师开始形成一个教学专业团体，共同研究和应对教学中的问题。而且，面对师资质量普遍不高，教学质量缺乏基本保证的现实，教研组在统一教学标准，规范教学行为，确保教师的基本教学水平上做了大量的工作，也提升了教师对新中国教育性质的认识。直至今天，教研组依然在中小学发挥着重要的作用。

2. 校内教研制度的实施

如前所述，20世纪50年代初，一些获得解放的地区率先学习苏联建立教学研究组织。各校教学研究组织在建立初期就显示了指导、规范、提升教师政治和业务素质，加强对教师及其教学管理的色彩。

如早在1949年，解放较早的东北地区就已开始学习苏联建立教学小组，并形成了一种"很经常"的制度。① 1950年，大连的中小学校普遍成立了各科研究小组，其主要职责是组织示范教学、组织参观，出"教学笔记的示范"壁报等，规范教师的教学。② 这些教研组以业务学习为主，以改进教学为目的，但政治思想教育也是其重要学习内容。

1950年，北京率先开展"五年一贯制"课程改革，教研组成为指导和协助教师进行相关的实验的重要机构，并对之后我国中小学教研组程式化的工作做出了贡献。面对学制缩短，教学内容变动导致教师教学困难的情况，参与实验的各校先后成立了语文、算术、体育、音乐、美术五个研究小组，开展学习和教学研究。各教研组每两周开会一次，研究改进教材和教学的方法，交流教学经验，并经常举行"观摩教学"活动。同时，教研组还组织教师开展政治、业务学习，学习凯洛夫和冈察洛夫的《教育学》等苏联教育理论，以及党的教育方针政策，不断提高教师的政治和业务水平。在苏联专家和教育部初教司、教育局等的指导下，这些教研组形成了基本的教学组织形式——备课、组织教学、检查复习、教学新功课、巩固新功课、布置作业、检查批改，为当时的中小学教师开展有质量的教学提供了经验。以备课为例，当时很多教师不备课，也不愿意、不会备课，为了很好地完成实验任务，教研组要求

---

① 《中国教育事典》编委会：《中国教育事典 中等教育卷》，837页，石家庄，河北教育出版社，1994。

② 大连市人民政府文教局：《克服向苏联学习中的形式主义——教学工作检查报告》，载《人民教育》，1950(6)。

教师必须备课，具体做法是："1. 在学年或学期之始，开学之前，研究熟悉所任科目的一切教材，把不懂的弄懂，不会的弄会，并研究置备教具，有的准备齐全，没有的设法自制或购办，然后编写成一学年或一学期的'教学实施大纲'，把教学时间、节数、教学重点都一一预定好，以备实施。2. 在上课的前一两天由担任教师先行准备，并提到本校的教学研究小组，集体讨论，把'教学目的'、'教学顺序'等研究清楚，然后再由担任教师结合本班教学的具体情况，写成'教案'（有时并集体订正），然后依照上课。"[1]这成为后来集体备课的雏形。

1952 年教育部颁行《中学暂行规程（草案）》和《小学暂行规程（草案）》以后，各地中小学纷纷做出响应。湖南省长沙市第一中学到 1953 年的时候已经成立了语文、数学、外语、物理、化学、生物、政治、历史、地理、体卫等比较完备的学科组。[2] 到 1954 年，上海各级各类学校普遍成立了各科教研组，教师开始认真熟悉教材、钻研教材；各小学也已经纷纷成立单独或者联合教研组，并开展教研活动。[3] 20 世纪 50 年代初，岳阳县桂林完全小学的语文、数学、常识、艺体 4 个教学研究组除了带领本校教师搞好教学，提高教学质量外，还对村小教师进行传、帮、带，成立教研联组，制订教研计划，相互交流经验等。[4] 到 1953 年，不少学校都设有教研组，规模较大的学校还按年级设置了年级组，协助教导处研究和协调同年级学生的思想品德教育工作。[5]

这个时期重要的特点是教研组成为学校组织构架的一部分。见图 3-1。这种组织架构基本上成为新中国成立后教研组在学校位置的基本框架。

① 吴研因：《北京市小学实验五年一贯制两年来的初步经验》，载《人民教育》，1952 (12)。

② 湖南长沙一中：《湖南省长沙一中》，137 页，北京，人民教育出版社，1997。

③ 赵才欣：《有效教研——基础教育教研工作导论》，19～20 页，上海，上海教育出版社，2008。

④ 湖南省地方志编纂委员会：《湖南省志 教育志》，263 页，长沙，湖南教育出版社，1995。

⑤ 《全国普通教育与师范教育工作 1953 年的基本总结和 1954 年的方针任务》，见《中国教育事典》编委会：《中国教育事典 中等教育卷》，202～203 页，石家庄，河北教育出版社，1994；刘英杰：《中国教育大事典》（上），706 页，杭州，浙江教育出版社，1993。

```
┌──────┐
│ 校长 │
└──┬───┘
   │
   ▼
┌──────────┐
│ 教导主任 │
└──┬───────┘
   │
┌──┴────┬─────────┬────────┐
▼       ▼         ▼
┌──────────┐ ┌──────┐ ┌──────┐
│ 班主任会议│ │教研组│ │年级组│
└──────────┘ └──┬───┘ └──────┘
                │
                ▼
             ┌──────┐
             │ 教师 │
             └──────┘
```

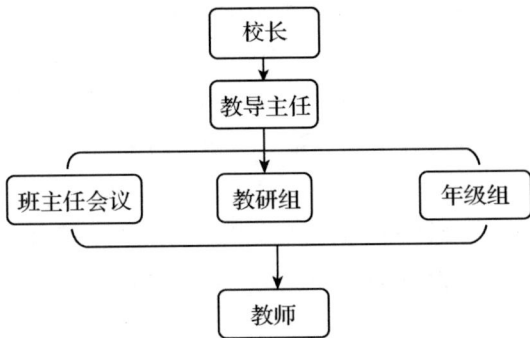

图 3-1　20 世纪 50 年代形成的中小学教研组与学校组织结构简图

　　1957 年,《关于〈中学教学研究组工作条例(草案)〉的说明》颁发之后,各中小学开始按"条例"要求设立学科教研组并开展相关工作,学校教研组织全面建立。这个时期学校教研工作的重点在于在"条例"指导下,使教研活动规范化、常态化、制度化。由此,我国有自己特色的学校教研组织及其活动方式形成。

　　如天津南开中学一些教师由于文化程度较低,教学经验较少,在教学上感到困难,特别是在 20 世纪 60 年代强调基础知识和基本技能训练以后,这种困难更为突出。有的教师上文言文有很大的困难。有的几何教师,逻辑推理不清,解题能力差,常常证不出较难的习题。少数理化教师不熟悉实验的基本操作规程,不会使用天平等仪器。有的外语教师发音不准,掌握不住基本语法规则。为此,南开中学各科教研组想尽办法来提高教师的业务水平。第一,通过师徒制培养新教师。对刚毕业的新教师和教新课的青年教师,学校指定一位有经验的教师指导他备课、写教案、试讲。第二,举办专题补缺性的小讲座或进行训练。一是举办系统讲座,解决教师的共性问题。如当时语文教师普遍感到文言文教学困难,教研组便请业务基础好的老教师系统讲解文言文。内容包括《左传》、《国语》、诸子散文、《史记》、历代文选等。二是提高教师的某些技能。如针对某些语文教师不会汉语拼音,不能掌握两种不同的字典查法;有的数学教师不会查对数表,不会用计算尺;有的物理、生物教师不知使用实验仪器的基本规则等问题,各教研组发动在这些方面有特长的教师手把手地教。第三,督促个人自修。教研组通过定任务、定时间、定辅导教师、定自修书目等方式督促教师个人自修。① 通过上述途径，学校教师的专业素质得以提升。而这种师徒制和教师集体学习制度成为后来教研组帮助教师成长的基本形式。

一些学校通过日常教学研究，总结教学经验，提升教师的教学能力。如天津市第三中学外语教研组在教研中探讨"加强词汇教学"的问题，并提出了自己的经验：第一，明确重点词，突破难点词；第二，正确掌握每个词的读音和写法，使读和写结合起来；第三，正确掌握难以区分的词义；第四，词汇结构分析；第五，通过联词组、联句子进一步掌握和巩固词汇。② 北京师范大学第一附属中学的外语组在培养学生听说读写的"四会"方面，形成了自己的经验：第一，加强学生发音拼读的训练；第二，指导学生朗读和背诵课文；第三，加强拼写训练；第四，加强课堂提问和日常用语联系；第五，注意造句、做短文和其他练习。③ 北京八中政治教研组则在 20 世纪 60 年代初研究"怎样向中学生讲清哲学概念和基本原理"。④

20 世纪 50 年代末、60 年代初全国开展的教育实验，如黑山北关实验学校和南京师范大学附属小学的识字教学实验、福建十八中的语文教改实验、上海育才学校的"八字教学法"实验、各地的缩短学制等实验，均借助于学校的学科教研组落实。如辽宁省黑山北关实验学校语文教研组，针对我国识字教学长期存在"少慢差费"的情况，于 1958 年开展"集中识字"教学改革。该校语文教师贾桂枝、李铎等，带领语文教研组教师在研究了我国传统的"三百千"(《三字经》《百家姓》《千字文》)识字教学经验，和解放区成人扫盲"速成识字法"的基础上，正式开展"集中识字"教学法实验。通过研究他们发现，音、形、义三方面体现了汉字的规律，以字形为中心，使字的音、形、义结合起来开展教学可能会提升识字教学的质量和速度。在辽宁省教师进修学院的帮助下，教研组教师新编了按形声字归类的识字教材，并进行"基本字带字"方法的实验。⑤ 他们还采取过看图识字和以歌带字的方法；后来，又实验"四声

---

① 天津南开中学：《提高教师业务水平的几点做法——北京、天津部分中学办学经验座谈会材料》，载《人民教育》，1963(6)。

② 天津三中外语教研组：《加强词汇教学的几点做法》，载《人民教育》，1962(3)。

③ 顾明远：《培养学生"四会"》，载《人民教育》，1962(3)。

④ 陶祖伟、李冠英：《怎样向中学生讲清哲学概念和基本原理》，载《人民教育》，1962(4)。

⑤ 崔石挺：《访黑山北关实验学校》，载《人民教育》，1962(1)。

带字法"，取得了较好的效果。①

这一时期，北京景山学校的集中识字试验，南京师范大学附属小学斯霞老师的"分散识字"实验，福州十八中初一语文组"读为基础，从读学写，以练为主"的实验，上海育才学校的"八字教学法"的实验等均是在教研组范围内开展的，并取得了相当好的成绩。

可以说，经过教研组的制度化的学习和研究，20世纪五六十年代的各地教学研究组织的运作取得了一定成绩：课堂教学已有所改进，不少教师在钻研教材、改进教学方法、运用教学原则和启发学生积极思维等方面获得了不少经验，并涌现出一些优秀教师；不少学校已逐渐形成研究教学工作的风气，并正在形成团结友爱的教师集体。②

(三)区域教研系统的建立

除了学校内部建立教学研究小组，帮助教师开展学习和教学研究外，苏联的区域教研室、教师的跨校联合教研制度也为我国各地所学习。新中国成立初期，我国着手建立了系统化的区域教研组织，并为区域内教师的进修提高做出了重要的贡献。

1. 1952年之前，各地自发学习苏联，建立区域教研机构

和校内教研组的建立一样，区域教研机构也是首先在地方发起，再由中央教育部认可并推广。

苏联在我国刚刚解放的地区显示出极强的影响力。为了尽快提升教师的教学水平，1949年哈尔滨文教科学习苏联，成立教研组组织教师开展教学研究。随后，东北其他地区也陆续效仿并对全国其他地方产生影响，1949年5月上海解放，同年10月1日，上海市教育局就设立研究室，以加强教学研究，改进教学工作。当时规定，研究室的性质是"研究中小学及工农学校各科教学以及编审教材、教育刊物之机构"。它下设文史地组、自然科学组、编辑组和小学各科教学组四个研究室，任务如下：第一，改进各科教学，帮助中小学校教师及社教工作者进行学习，提高其政治认识与业务水准；第二，团结专家与有经验的教育工作者，研究教育上的各种专门问题；第三，编审刊

---

① 熊明安、喻本伐：《中国当代教育实验史》，210页，济南，山东教育出版社，2005。

② 刘绳祖：《改进中学教研组的工作》，载《人民教育》，1957(5)。

物、教材、读物；第四，收集及整理与教育工作有关的图书资料，调查统计本市教育概况，编辑教材、教学参考资料及教育研究刊物。在整个恢复过渡时期，教研工作对我国基础教育进入正常运行做出了独特的贡献。①

1950年武汉全市建立生物、地理、历史、政治、体育、音乐、美术7个教学研究会。② 1950年，北京市教育局相继举办中小学地理、历史观摩教学，并分别成立全市中学历史、语文、地理教学研究组。③ 1952年年底，四川省建立省级教研机构，之后，省内各市（地、州）、县（市、区）相继建立教研室。④"解放以来，有些学校比较集中的大中城市成立了分科的教学研究会，学校较少的小城市有的则成立了学校间的分科教学研究组。"⑤

这种教研组织甚至影响到县乡。1950年年初，绍兴各县先后建立了中心小学辅导制度，以加强对学校基层教研活动和教学改革的指导。其中城区以学区为单位，农村以乡镇为单位建立。到1951年，绍兴出现了区县两级教学辅导机构，县级教学督导机构由县文教科普教股兼行管理。⑥

2. 1952年之后，主管部门引导各地设立区域教研组织

为了引导各地学习苏联，建立区域教师的业余学习制度，从1952年开始，主管部门就通过各种政策加强引导。1952年，教育部要求"各省、市、县教育领导机关，必须用最大的力量与决心，建立教师的业余学习制度"，并认为"这是解决当前教育发展中教师质量相对降低问题的唯一补救的办法"。⑦ 1954年2月，教育部党组在《关于全国中学教育会议的报告》中提出，把中学交给县市或专署管理，"为了加强中学的业务指导，在地方党委和政府的批准

---

① 赵才欣：《有效教研——基础教育教研工作导论》，19～20页，上海，上海教育出版社，2008。

② 武汉市教育局普通中学科：《我们领导中学各科教学研究会的几点经验》，载《人民教育》，1953(9)。

③ 北京市教育志编纂委员会：《北京市普通教育年鉴(1949—1991)》，4页，北京，北京出版社，1992。

④ 梁威、卢立涛、黄冬芳：《撬动中国基础教育的支点——中国特色教研制度发展研究》，119页，北京，教育科学出版社，2011。

⑤ 赵才欣：《有效教研——基础教育教研工作导论》，19～20页，上海，上海教育出版社，2008。

⑥ 《教育 教育行政 教育（教学）研究》见《绍兴市志》(33卷)，转引自黄迪皋：《从外推走向内生——新中国中小学教研制度研究》，博士学位论文，湖南师范大学，2011。

⑦ 《为建设系统的教师进修制度而奋斗》，载《人民教育》，1952(9)。

之下，可以成立教育研究室，负责管理当地中学的教学研究与教师学习问题。教研室的人员可在当地编制之内，予以调剂。"①1955 年 11 月，《人民教育》刊发了题为"各省市教育厅局必须加强教学研究工作"的评论，指出"为了厅、局长便于领导，使它成为厅、局长领导教学的一个有力助手"，要求"独立设置教学研究室"，"这样，不仅可以集中人力，也便于培养专业干部"。②

省、地（市）、县三级教研室开始设立。这一时期，很多省、自治区、直辖市相继建立了省、地（市）、县三级教学研究室，承担本地区中小学教师学习教材、研究教材、提高教学能力的任务。1953 年，浙江省人民政府文教厅，抽调部分富有教学经验的干部和师范学院应届毕业生，设立教学改革办公室，指导教学改革工作，该室后来改为教研室。1954 年起，浙江相继成立省、地（市）、县三级教学研究室组织，指导教师学习大纲、教材，研究改革课堂教学，提高教学质量。③ 1954 年 3 月，贵州省教育厅增设教学研究室。1956 年，贵州各地、县相继建立教学研究室。随后，河北省（1954 年）、湖南省（1956年）、陕西省（1957 年）分别设立了省、县区教研室。④ 同时，一些学校比较集中的大中城市成立了分科教学研究会，学校较少的小城市成立了学校间的分科教学研究组。如 1955 年，上海有四个区试办"小教研究组"，由 3—5 名教研员组成，成为区级教研机构的雏形。⑤

县以下的教研机构也以体系化的方式进行建设。如 1956 年 8 月 8 日，江苏省如皋县（现为如皋市）设立了"如皋县小学教研室"，后改名为教研室，负责全县的中小学教学研究工作。各区、县属完全中学设各科教研组，各乡分别设立中心中学和以中心小学为中心的学科教研组，全县其他学校以校为单位建立了教研组备课组，上下左右形成了教研网络，每个教师都在网络之中。各教研组定题、定人、定时，有计划地开展教研活动。

---

① 《中国教育年鉴》编辑部：《中国教育年鉴（1949—1984）》（地方卷），163 页，长沙，湖南教育出版社，1986。

② 《各省市教育厅局必须加强教学研究工作》，载《人民教育》，1955(11)。

③ 《中国教育年鉴》编辑部：《中国教育年鉴（1949—1984）》（地方卷），538 页，长沙，湖南教育出版社，1986。

④ 《中国教育年鉴》编辑部：《中国教育年鉴（1949—1984）》（地方卷），893、1083、1172 页，长沙，湖南教育出版社，1986。

⑤ 赵才欣：《有效教研——基础教育教研工作导论》，19～20 页，上海，上海教育出版社，2008。

　　中心小学和辅导区制度建立。1952年的《小学暂行规程(草案)》明确规定，"市、县得按照行政区划和小学分布的情况，选择区内一所或两三所基础比较好、地点比较适中的小学为中心小学。在教育行政部门领导和工会协助下，组织区内各小学进行业务研究、政治学习，并交流经验。"①此项政策规定成为我国后来长期实行的"中心小学辅导制度"的重要政策依据。一些地方据此建立了中心小学和辅导区制度。如上海分别在市区及郊县设置对区域小学起示范、辅导作用的中心小学，以帮助、带动一般小学的发展。一般，中心小学设置一位辅导学区的专职副校长，1—2位相当于教导主任级的辅导教师，负责辅导区的工作，带领周边学校教师开展教研。②

　　这个时期的教学研究室的工作主要有以下几个方面。

　　一是组织和指导中小学在职教师进行教材、教法研究和各种教学改革的实验，传播和交流教学经验。如上海松江县(现为松江区)设立区、中心小学辅导区，普遍创办"星期学校"，以两周一次的频率，采取能者为师的办法，利用星期天和暑期，组织教师学习教育方针、教学计划，凯洛夫教育学，开展集体备课，或举行研究课。他们曾利用寒假，组织小学教师学习汉语拼音。③

　　南京市中等教育教研室更是地方教研室的典范。该教研室成立之后主要做了以下工作。第一，生物教研组设立了达尔文主义教学研究室，开展相关教学研究；还开辟了一个小型植物园，为各中学教学提供参观学习的场地。第二，数学教研组组织数学教具观摩会，并带动全市教师自己动手做教学实验。第三，物理教研组组织物理教具观摩会和使用演示会。第四，组织部分学科教师集体备课和进行教学问题解答。如各校政治教师不多，难以开展校内教研，教研室组织高三、初三政治课教师研究教材，交流经验。物理、数学、生物三科平时教学问题多，教研室就请教师把平时在学校不能解决的问题带到教研室来，教研室分类请有经验的教师或高校及有关部门的专家解答。④

----

　　① 《小学暂行规程(草案)》，见何东昌：《中华人民共和国重要教育文献(1949—1975)》，142页，海口，海南出版社，1998。

　　② 《中国教育年鉴》编辑部：《中国教育年鉴(1949—1984)》(地方卷)，407页，长沙，湖南教育出版社，1986。

　　③ 《上海 松江县志》(第22卷)，转引自尹桂荣：《新中国基础教育教研制度的历史演变与现实追求》，硕士学位论文，湖南师范大学，2006。

　　④ 南京市中等学校教学研究室：《南京市中等学校教学研究室成立后的几项初步工作》，载《人民教育》，1955(11)。

二是组织业务报告会、经验交流会、教学观摩会。如1953年5月，北京市有计划地组织了城区中学间的教学观摩活动，"举行观摩教学共30余次，每次参加观摩的人数多至200人，前后累计14校，共参加人数约2000余人。"①当时北京女二中的历史老师宋毓真，就开了一次《亚洲的觉醒》一课的观摩课，苏联教育专家普希金莅临进行了指导。据统计，1954—1955年，北京市的中小学教师研究组举办业务报告会、经验交流会达18次。② 1955年，教育部就把"召开优秀教师会议，研究总结他们的经验，加以推广"看作用具体事实提高教师业务的有效办法，要求各地加强此项工作。③ 之后，推广优秀教育教学教师经验成为教研室的重要工作内容。

三是培养骨干教师。如浙江省文教厅厅长、教育专家俞子夷领导小学语文、数学教学中心研究组，以杭州市胜利小学、天长小学等校为基地，进行教学研究，培养了一批钻研小学语文、数学教材教法的骨干教师。④ 1953年至1962年，浙江省教研室先后举办了暑期学习班，为地（市）、县两级培训了小学语文、数学骨干教师和教研员1200余人次。通过上述工作，浙江省逐步形成了一支骨干教师队伍。

3. 1957年之后，区域教研体系的规范化和制度化

针对各地蓬勃发展的体系化的区域教研组织，1957年，教育部颁发《关于〈中学教学研究组工作条例（草案）〉的说明》。之后，各地也开始对区域教研部门进行规范化建设。我们以上海市教育局的相关规定看地方对教研室工作的规范。

1957年，上海教育局制定《上海市教育局组织机构分工职责的初步意见》，对上海市的教学研究机构的性质、职责进行了明确的划分。其职责具体如下。⑤

第一，教学、教材、教法的研究工作：其一，研究中小学教学计划、教

---

① 王宜民：《北京市中学进行观摩教学总结》，载《人民教育》，1953(8)。

② 郭晓燕：《〈五四决定〉的制定、贯彻与历经的磨难》，载《北京党史》，2001(3)。

③ 《积极地稳步地提高教育质量是今后普通教育工作的中心任务》，见何东昌：《中华人民共和国重要教育文献(1949—1975)》，415页，海口，海南出版社，1998。

④ 《中国教育年鉴》编辑部：《中国教育年鉴(1949—1984)》(地方卷)，538页，长沙，湖南教育出版社，1986。

⑤ 赵才欣：《有效教研——基础教育教研工作导论》，20页，上海，上海教育出版社，2008。

学大纲及教科书的内容分量是否适当合意，向领导反映提供修改意见；其二，了解、发现教学中存在的重要问题，进行分析研究，提出改进意见；其三，了解、研究优秀教师的教学经验，帮助教师进行总结，以便交流经验；其四，组织优秀教师及有关教学研究人员成立市教研组，进行某些专题研究，提出意见，供各区学校教师试行继续研究；其五，组织编写教学参考资料，确定学校的各科教学进度；其六，筹办教学资料陈列室，并负责审查资料。

第二，领导全市教职员学习：其一，制订全市教职员的政治理论学习计划；协助党委组织、敦促、检查学习计划的贯彻执行情况；其二，制订教师业务学习（教育学）计划；举办广播讲座，并检查、督促学习计划的执行情况；其三，协助党委督促、检查时事政策学习的执行情况。

第三，上级交办的其他事项。市级教研室要承担起市教育局分派的其他工作事项。

当时，其他省份的教研室也通过制定工作条例或规章制度来规范地方教研室的性质、内容。如 1957 年 4 月 13 日，山东省教育厅印发《山东省县教学研究室工作试行方案》，对山东省县教学研究室的性质、任务，工作内容、范围和方法，编制、领导与经费，以及教研室干部的政治学习与业务进修等进行了明确规定。①

这个时期区域教研工作呈现常态化特点。我们以安徽省教育厅领导下属教研机构（中学教师进修研究室及地方教研室）的工作，附以其他省的经验，来看省教研机构承担的工作。

20 世纪 60 年代初在"八字方针"的引领下，我国中小学教育由"大跃进"时期的关注数量开始转为关注质量。为此，各地下放教材，提高教材难度，提升教学质量。安徽省一部分初中和高中的教材在此时下放到低一级的小学和初中。高中还补充了平面解析几何和代数。为了提升中小学教师适应度，安徽省做了如下工作。

第一，组织教师进修，教研室组织当地中学的教师集体学习数学教学大纲（草案），明确中学数学教学的目的、任务和要求，系统地钻研立体几何、代数、解析几何等教材内容，提高教师业务水平。

第二，监督、检查全省教学状况。各地区教研室深入学校了解教师的教

---

① 梁威、卢立涛、黄冬芳：《撬动中国基础教育的支点——中国特色教研制度发展研究》，38、40 页，北京，教育科学出版社，2011。

学和学生学习情况，为后续的教学改进提供信息。通过调研，教研室了解到不少教师专业知识水平不高，不能深刻领会和全面掌握教材；教学抓不住重点难点，不能建立前后教材的内在联系；很多教师教学不讲究方法，满堂灌；有的学校为追求效率而加快进度，突击复习，导致教学效果不佳，学生知识掌握得不牢固，等等。

第三，督促学校改进教学。在省教研组调研的基础上，1962 年 1 月，安徽省教育厅印发《合肥市中学数学教学情况和今后意见》，要求学校、教师贯彻以下意见：明确中学数学教学的目的、任务；明确各年级教学要求，认真建立教学责任制；改进教学方法，加强基本训练和培养学生思维能力；加强教师进修，提高师资水平。[1]

1963 年，安徽省教育厅对全省数学教学改进提出要求，要求教师做到以下几点。其一，钻研教材（包括疏通课文、通览教材、钻深钻透、融会贯通等）。其二，切实改进教法（着重解决以下问题：教师讲解要注重启发学生思维；加强概念讲解和计算、验证等技能训练；突出重点同时照顾全面问题；加强辅导培养学生独立思考能力；加强练习和防止学生负担过重问题；了解学生学习情况等）。其三，加强教师进修。针对数学教学实际情况，安徽省教育厅提出教师最低限度要练好三方面基本功。a. 熟悉中学全部教材，了解小学算术教材内容，初步掌握与中学数学教材密切相关的高一级教材内容。b. 具有较强的解题能力，包括逻辑论证能力、计算能力、解应用题和综合题能力，熟练掌握各种主要的解题方法。c. 具有简练、明白、准确的表达能力。安徽省教育厅还要求通过教师自学、轮训和"老教师带徒弟"等办法帮助教师。[2]

第四，帮助总结优秀教师的经验。1962 年，安徽省教育厅中学教师进修研究组总结了该省合肥一中数学教师吴之季的自学成长的经验，并加以推广。他的经验有：分析比较多本教材；围绕教材内容，加强课外阅读；提早备课和加强大单元备课等。[3] 这些经验对当时的中学教师颇有帮助。

---

① 安徽省教育厅：《合肥市中学数学教学情况和今后意见》，载《人民教育》，1962(4)。

② 安徽省教育厅：《安徽省中学数学教学情况和改进意见》，载《人民教育》，1963(7)。

③ 安徽省教育厅中学教师进修研究组：《一个数学教师的自学经验》，载《人民教育》，1962(1)。

对于这个时期学校的教学实验，区域教研机构也有贡献。如辽宁黑山北关的"集中识字"和南京师范附小的"分散识字"都有省市教育厅及其教研室的付出和贡献。

(四)对新中国教研制度的评价

1. 新中国教研体系的建立为教师发展提供了制度和机构保障

通过考察新中国成立初期我国基础教育教研体系，我们发现我国实际上建立了校内和校外两个相互联系的教研系统。前者是基于学校内部，以学校学科教研组为单位，以提升本校、本学科范围内教师的教学水平和提高教师的政治、业务素质为目的的学校教研；后者是以各级教育行政部门的教学研究室为主体，以提升区域内教师政治、业务素质和教学能力为目的的区域教研。这两类教研组共同构成了我国独具特色的教研体系——省—(市)地—县—校，层层设立并由上而下的教师学习与教学研究组织。这个教研系统，由于设有专门机构，专兼职的工作人员，以及明确的教师发展目标、学习和研究内容，并形成制度，从而为全国各地的城乡中小学教师的专业发展和政治素质的提高提供了支持性保障。相对于民国时期的有名无实的教研系统，该体系的专门化、制度化的特点，以及实质性的运作，为在职教师的发展提供了持续性的、实质性的支持。面对人数众多且质量参差不齐的中小学教师队伍，在师范院校培养尚不能满足需要的当时，如果没有这样一个在职教师专业发展的保障体系，就很难保证我国中小学教育的基本质量，为社会主义培养接班人，以及短期内造就一支"人民教师"队伍的目标也很难实现。今天，我们仍然受益于这样一个教师教研体系。

2. 制度化、层级化的教研体系为教师素质和教学质量提升提供全面的服务

教研制度设立的核心思想是通过以点带面、区域推进的方式，建立由学校到乡、县，再到地、市及省这样一个既相互联系又相对独立的教研组织，通过既相互联系又相互独立的教研活动，推动学校和区域教师的专业发展及政治素质的提高。苏联教育理论和苏式教学模式的引进、普及，"人民教师"的意识、身份的确立，教师学科知识的补充，教学基本能力的训练和提升，有质量教学的展开，以及各地教学改革实验的开展与推进，无不得益于这个教研体系。而个体教师成长中的拾遗补漏，一校内学科教师深入的教学研究和经验交流，以及区域教师的整体发展，也都是在这样一个同时照顾个体和整体的教研制度下实现的。

总之，这个教研体系的设立为我国教师的发展和教学质量的提升做出了以下贡献：第一，促进我国区域内（包括省、市、县域内）教学工作的一体化、均衡化，有助于党的教育方针政策的落实；第二，为教师的专业发展提供了便利、专业的支持，为教师充分认识社会主义教育的性质、教师的角色和责任，以及开展规范化的教学提供了强有力的支持；第三，有助于教师形成校内外专业发展的共同体，有助于教师队伍质量的提升和教学的规范化。自此，我国中小学教师结束了过去单打独斗孤立地从事教学的局面，开始形成一个教学专业团体，共同研究和应对教学中的问题，并由此形成了相互间的情感和专业的支持。

3. 基于现场、情境的，同伴互助式的教研方式便利、有效地提升了教师的专业水平

和师范教育制度远离一线教学的现实相比，教研系统的组织和活动是基于教师工作现场的，是情境性的，是同伴互助式的教师发展模式。在这样的模式下，教学研究和教师发展的起点是教师日常教育教学中的问题和困境，教学研究的场域是课堂，教学研究的同伴是从事同样工作的同事。即便是区域教研，也基本是同学段、同学科的教师的共同研究、探讨。这种教师同伴互助的专业发展方式非常符合成人学习理论，也有效地促进了教师的发展。可以说，由此我国形成了制度化的教师专业学习共同体，教师间可以随时随地开展教学探究，随时可以从同伴那里获得经验与教训。

而且，经过多年的努力，我国形成了自己独特的教研组织和活动方式。一般而言，学校教研组主要通过集体备课、集体听评课、集体学习、示范教学、观摩学习、师徒制等形式帮助教师提升业务和政治素质。而区域教研室则通过开展教师暑期和周末进修、学习，推广新模式，交流教学经验，以及教研员的日常监督、指导来规范、提升区域内学校教师的教学。所有这些方式均是基于现场、情境的，具有同伴互助特点的。这些途径和方式已经成为教研活动行之有效的方式，一直延续至今。

4. 强制性的、程式化的教研组织方式妨碍了教师专业发展的自主性

不可否认，在提升教研质量的目标下，我国自20世纪50年代初期就开始进行教研组/室的制度建设，并出台了一系列规章制度，使教研组织运作在制度化、程式化的轨道上运行，其结果是使教师获得发展的同时也在一定程度上妨碍了教师专业发展的自主性，表现在：无论是校内还是区域，教研活动得有目标、有计划地实施，这个计划是受到上级领导批准后才能实施的，教研组/室必须在这个计划下开展教研工作，其活动内容和互动方式随着经验的积累逐渐程式化，甚至教师参加教研活动的频率也是规定了的。即使是一些集体学习、教研活动，多数也是被学校或市主管部门安排的。因而，全国各地的教研组/室的工作内容和活动方式惊人的相似。这导致教师个体在教研组中的自主性越来越小，以至于 1957 年《中学教学研究组工作条例（草案）》及《关于〈中学教学研究组工作条例（草案）〉的说明》特别强调，教研工作应当"建筑在教师个人教学研究的基础之上"，"以教师自愿为原则"，活动方式也可以多种多样。但这一要求在当时未能真正实行。

在这种制度框架下，教师不可能离开主管部门的要求实施自由的教学，也不可能脱离教学大纲开展自己的教学实验，教学的专业自主性因此受到极大抑制。而且，教研组/室事实上是一个强制性的教师组织。教师的身份、角色首先由教研组/室给予，教师自身的发展也首先建立在教研组/室认可的基础上，由教研组/室推出。同其他正式机构中的成员一样，只要在学校，没有教师能游离于这个组织。教师只是组织中的一员，个体充分、自由的发展难以实现。

5. 浓郁的行政色彩影响了教研组织作为专业组织的发展①

研究发现，这一时期我国的教研组/室是集行政管理和集体学习为一体的组织，它涵盖行政组织和学习型组织两种特征，从而影响其作为专业组织的发展。

我国的教研组、教研室均具有行政组织的特点。建立之初，我国就把它们列为正式组织。无论是学校教研组还是区域教研室，都是在教育主管部门的要求下，为服务于学校和区域，以及国家教育发展的方针、政策服务而设立的组织。虽然教师发展是其重要职责，但是，落实国家、地方关于学校教育发展的方针、政策，开展针对教师及其教学的检查、监督及管理更是教研组/室必须承担的职责。学校教研组是校内科层制的一环（学校—教导处—教研组—各科教师），承担着对教师及其教学管理任务。各级教研室则是"为了厅、局长便于领导，使它成为厅、局长领导教学的一个有力助手"而设立的，表面上它并不是教育行政机关，但多设在教育行政机关内部，协助教育行政部门开展工作，如落实教育决策，检查、监督教师教学，推广行政认可的优秀教师的教学经验等，每一项活动无不渗透着教育行政部门的旨意。在这种

①　胡艳：《新中国 17 年中小学教研组的职能与性质初探》，载《教师教育研究》，2011(3)。

情况下，无论是学校教研组还是区域教研室，其工作服务于上级，形式化的特征浓厚。我国教研组/室工作中的很多问题，如公开课成为展示课，影响实际的教研；备课中的教条主义、形式主义严重；教师及教研组/室的自主性不强，教研员与一线教学相行渐远等问题，成为行政制约下的教研组/室的通病，一直影响至今，以至于在相当长的时期内我国教研组/室的性质不清，影响教师发展。

四、党的知识分子政策影响下的"人民教师"的造就及其地位

新中国成立初期 17 年是我国中小学教师发展中的重要阶段，是中国教师自晚清以来现代化、专业化进程中一个特殊的阶段。在这一阶段，中国的中小学教师的专业化进程没有延续民国时期路径，而是走上了学习苏联，被"人民教师"化的路径。党和政府通过各种政策和活动，将中小学教师由过去表面上无明显政治色彩的"教师"改造成带有浓厚政治色彩的"人民教师"，教师的社会地位发生了重要的变化。在这 17 年里，一方面是教师身份的重构，另一方面是在重构的教师身份下的教师地位的再造。下面，我主要从这两方面探讨新中国成立初期"人民教师"及其地位。

（一）"人民教师"：新中国教师的成长目标

新中国成立初期教师形象的塑造无论如何都不能撇开当时我国意欲建立社会主义工业化强国的国家目标，也无法避开在这样一个目标下的党的知识分子政策。在建立繁荣、富强的社会主义新中国的道路上，执政的中国共产党不仅要在经济上建立坚实的工业化基础，还要在思想和意识形态领域树立马列主义、毛泽东思想武装下的社会主义思想意识、阶级情感，以及为共产主义而奋斗的崇高的革命理想。而承担起培养社会主义接班人重任的教师必须拥有同样的思想意识、阶级情感、革命理想，以及全心全意为人民服务的精神。

在新中国成立之初，教师的主体是"旧知识分子"，他们的多数没有参与革命战争而成为革命者；只有极少数参加了共产党的组织和活动，被分派到教育部门做领导工作；还有一小部分从海外归国的专家、学者和留学生。在相当长的一段时间里，教师被当作教育工作的"他者"，而非教育工作的主体，他们面对的是社会的不信任，却又要通过他们培养出社会主义新成员，这是新中国教师面临的尴尬处境。

　　为了解决这一问题，毛泽东在自己提出的"人民"概念的基础上，提出了"人民教师"的概念，随后的中央领导的讲话、教育部颁发的有关文件，把这一概念更加清晰化。

　　1945 年 4 月 23 日，毛泽东在《论联合政府》一文中，明确提出"为着扫除民族压迫和封建压迫，为着建立新民主主义的国家，需要大批的人民的教育家和教师，人民的科学家、工程师、技师、医生、新闻工作者、著作家、文学家、艺术家和普通文化工作者。他们必须具有为人民服务的精神，从事艰苦的工作。一切知识分子，只要是在为人民服务的工作中著有成绩的，应受到尊重，把他们看作国家和社会的宝贵的财富"。"对于旧文化工作者、旧教育工作者和旧医生们的态度，是采取适当的方法教育他们，使他们获得新观点、新方法，为人民服务。"①这里面提出的"人民的"的概念主要针对的是具有为人民服务精神的教师和其他知识分子。

　　"人民的教育家""人民的教师"的概念在 1951 年的全国中等教育会议上得以重申。当时，教育部副部长钱俊瑞指出，新中国需要的教师应具备怎样的政治素质呢，就是要"坚决地抛弃'超人民'的立场和作客思想，确立起人民的立场，确立起为祖国、为人民服务的观点，培养对祖国对人民的热烈的爱，对人民敌人的深刻的恨"，"确立起人民教育家的专业思想。我们要提高对人民教育事业的觉悟性，充分认识自己责任的重大，具备全心全意实行人民教育的决心，高度发挥自己的积极性和创造性，深信自己的祖国和自己所从事的人民教育事业有着无限光明的前途。"②把对"人民教师"身份的认同看作具有"专业思想"，明确将教师与党和国家的利益捆绑在一起，表示绝对不允许教师独立于党的领导之外，独立于"人民教育事业"之外。

　　1951 年的第一次全国初等教育与师范教育会议的总结报告中，钱俊瑞对"人民教师"给予了明确的定义："新中国的每一个教师必须成为马克思主义者，必须用马列主义和毛泽东思想武装自己的头脑。因为他们是新中国儿童、青年的灵魂工程师，他们是按照马克思列宁主义和毛泽东思想所指示的方向

---

　　①　《毛泽东选集》(第 3 卷)，1082～1083 页，北京，人民出版社，1991。
　　②　钱俊瑞：《反对当前中等教育工作中的客观主义和主观主义——在第一次全国中等教育会议上的讲话》，见何东昌：《中华人民共和国重要教育文献(1949—1976)》，85 页，海口，海南出版社，1998。

和道路，塑造新民主主义的和社会主义的新中国的自觉和积极的建设者。"①人民教师成为马列主义者，是新中国的建设者。这个时候，"人民教师"有两层含义：一是"为了"人民的教师，指为人民服务的教师；二是"属于"人民一员的教师，即属于人民阵营的教师。②

"人民教师"内涵的丰富和确定是在关于师范教育发展的各种正式文件中。1954年教育部颁发的《关于〈师范学院暂行教学计划〉的几点说明》中，表述相对简练、明确："培养具有马克思列宁主义基本知识与观点、共产主义的道德品质、高度文化科学水平与教育的专门知识与技能的全心全意为人民教育事业服务的中等学校师资。"③政治上可靠，专业上过硬，思想上为人民服务，这是人民教师最基本的品质，也是人民教师的专业内涵。政治性、专业性、现代性与国家性在此时得到了某种统一。

"人民教师"概念的提出，为新时代教师的培养，旧时代教师的改造指明了方向。这以后，我国的师范院校的培养，在职教师的继续教育都是围绕"人民教师"这个目标展开的。

(二)"人民教师"的培养与造就

由于人民教师对新生的社会主义国家的重要价值，"人民教师的工作是领导阶级所借以实现其对国家领导的一个极其重要的方面，国家的将来在极大程度上将决定于教师们的努力。我们祖国的整个新一代的教育和成人的补习教育都要从教师身上取得正确的指导和培养，我们在思想上和政治上的任何差错都会使祖国的将来蒙受重大损失。"④党和政府必须加强对人民教师的培养、造就。

新中国成立初期17年，"人民教师"的造就主要通过两个途径进行：一个

---

① 钱俊瑞：《用革命的办法办好人民教育——在第一次全国初等教育与师范教育会议上的总结报告》，见何东昌：《中华人民共和国重要教育文献(1949—1975)》，117页，海口，海南出版社，1998。

② 刘云杉：《从启蒙者到专业人——中国现代化历程中教师角色演变》，136页，北京，北京师范大学出版社，2011。

③ 《关于〈师范学院暂行教学计划〉的几点说明》，见何东昌：《中华人民共和国重要教育文献(1949—1975)》，308页，海口，海南出版社，1998。

④ 钱俊瑞：《用革命的办法办好人民教育——在第一次全国初等教育与师范教育会议上的总结报告》，见何东昌：《中华人民共和国重要教育文献(1949—1975)》，117页，海口，海南出版社，1998。

是正规师范教育；另一个是在职教师的思想改造运动。

1. 师范教育的培养

新中国成立之后，我国恢复并重建了独立的三级师范教育体系。在这个培养体系中，"人民教师"的培养主要体现在培养目标的确立和课程体系的落实上。

(1)确立"人民教师"的培养目标

师范教育到底培养什么样的人，其实早在新中国成立前夕就基本明确了，只是在后来的关于师范教育的办学的文件中加以确定。

培养"人民教师"的目标最先体现在师范院校中最早改造的北京师范大学。《北京师范大学暂行规程》(1950.5)提出其培养目标是中等学校的师资和教育行政干部、社会教育干部，"这些师资和干部必须具有为人民教育服务的专业精神，能够掌握马列主义、毛泽东思想的基本内容，进步的教育科学、教育技术，以及有关的专门知识。"①这一思想在《关于高等师范学校的规定》(1952.7)中更为清晰："高等师范学校的任务，是根据新民主主义教育方针，以理论与实际一致的方法，培养具有马克思列宁主义和马克思列宁主义与中国革命实际相结合的毛泽东思想的基础、高级文化与科学水平和教育的专门知识与技能、全心全意为人民教育事业服务的中等学校师资。"②中等师范教育的培养目标也基本相同。

1954年教育部颁发的《关于〈师范学院暂行教学计划〉的几点说明》中，表述略有改变，但精神实质是一致的："培养具有马克思列宁主义的基本知识与观点、共产主义的道德品质，高度的文化与科学水平及教育的专门知识与技能的，全心全意为人民教育事业服务的中等学校师资。"③

这种培养具有马列主义、毛泽东思想的基本知识和内容，具有一定的专业知识和技能，能全心全意为人民服务的"人民教师"的理念成为新中国成立后长期的指导思想，也是社会主义的新中国对现代教师、专业教师的诠释。

---

① 《北京师范大学暂行规程》，见何东昌：《中华人民共和国重要教育文献(1949—1975)》，14页，海口，海南出版社，1998。

② 《关于高等师范学校的规定(草案)》，见何东昌：《中华人民共和国重要教育文献(1949—1975)》，156页，海口，海南出版社，1998。

③ 《师范学院暂行教学计划总说明》，见何东昌：《中华人民共和国重要教育文献(1949—1975)》，310页，海口，海南出版社，1998。

(2)通过政治课培养人民教师的政治觉悟和思想品质

如何培养"人民教师"呢？在当时的管理者眼中主要是从政治素养和为人民服务的精神两方面体现。因此，政治课成为培养"人民教师"这一关键品质的重要手段并加以落实。

1950年8月2日，政务院在《关于实施高等学校课程改革的决定》中，要求高等学校废除政治上反动的课程，开设新民主主义的革命政治课程，借以肃清封建的、买办的、法西斯的思想，发展为人民服务的思想。当时，取缔党义、三民主义等课程，代之以"社会发展史""新民主主义论"的课程。

随后，教育部在对师范院校的旗帜——北京师范大学的改革中，更是把政治课作为培养为人民服务的教师的重要课程，要求列为全校必修课。而且，要求在文化业务课中，贯彻革命的思想与政治教育。为了在教学中落实此要求，学校要求在教师中设置马列主义、毛泽东思想的学习研究组织和业务研究组织。① 其实，我国设立的教研体系的重要任务就是给在职教师施以思想政治教育。这一观点在1951年的第一次全国初等教育与师范教育会议上进一步明确："培养人民教师不论是正规师范或短期训练，都应该学习马列主义和毛泽东思想为最重要的课程。"②

20世纪50年代几次出台的师范院校的教学计划，都非常明确地把政治课作为培养人民教师政治思想觉悟和为人民服务品质的重要内容加以规定。1952年颁行的《师范学校暂行规程（草案）》和《关于高等师范学校的决定》，把政治课列为师范院校课程中的专门一类。中等师范学校开设政治课包括：社会科学基本常识（144）、共同纲领（46）、时事政治（104），三年总计学分294分，在全部师范学校学分（3368）中占8.7%。高等师范学校包括：马列主义基础（辩证唯物主义和历史唯物主义）、新民主主义（包括毛泽东的《新民主主义论》和其他著作，及中国革命史、政治经济学）。政治课在公共必修课中占有绝对重要的位置（公共必修课除上述政治课外，还包括教育类课程、外语、实习）。

1954年教育部颁行的《师范学院暂行教学计划》，把政治理论、教育专业、

---

① 胡艳：《当代教师教育问题研究》，150～154页，郑州，大象出版社，2010。

② 钱俊瑞：《用革命的办法办好人民教育——在第一次全国初等教育与师范教育会议上的总结报告》，见何东昌：《中华人民共和国重要教育文献（1949—1975）》，117页，海口，海南出版社，1998。

学科专业、教育实习列为师范院校的基本课程框架，规定通过政治课，"使学生掌握马克思列宁主义的基本知识与观点，建立科学的世界观与共产主义的人生观，培养人民教师所应具备的政治和道德品质。"①当时的政治理论课包括中国革命史、马克思列宁主义基础、政治经济学及辩证唯物主义与历史唯物主义。

自此之后，虽然政治课的内容随着时代和政治形势的变化而有所变化，但通过政治课培养教师的马列主义知识和思想，培养教师忠于党的教育事业，以及全心全意为人民服务的品质的宗旨从未有过动摇。与此同时，把政治思想教育贯穿在整个师范院校的教育、教学中也成为培养人民教师的重要经验。

除此之外，在招生环节，确保招生对象政治的可靠性也是当时的另一层保证。1961 年教育部发出通知，要求"今后高等和中等师范学校招生必须注意保证质量特别是政治质量，严格政治审查，坚决贯彻阶级路线，凡学生家庭属五类分子的一般不予招收"。② 我带领学生做的乡村教师口述史中，若干位教师证实了这一政策的实施。

2. 在职教师的思想改造运动

除通过师范院校培养"人民教师"外，如何把旧时代培养的教师改造为新社会要求的"人民教师"是当时教育主管部门必须面对的任务。事实上，党把教师及整个知识分子的改造看作社会主义工业化建设的重要条件。在培养自己的工农干部、知识分子的同时，通过对现有的知识分子的思想改造，使之成为拥护社会主义，为工农服务，为国家建设服务的社会主义新人是当时党的知识分子政策的主要指导思想。

对以教师为主体的知识分子③的思想改造运动事实上从 1949 年就开始了，狭义的思想改造运动从 1951 年下半年开始，到 1952 年秋结束，事实上，此后它一直延续到"文化大革命"时期成为一个连续的过程。思想改造、批判以杜威为代表的资产阶级理论等，共同组成了系统性的逐渐深入的知识分子的

---

① 《师范学院暂行教学计划总说明》，见何东昌：《中华人民共和国重要教育文献（1949—1975）》，310 页，海口，海南出版社，1998。

② 《教育部关于保证中小学师资质量问题的两项通知》，见何东昌：《中华人民共和国重要教育文献（1949—1975）》，1029 页，海口，海南出版社，1998。

③ 由于教师是知识分子中的重要一员，本研究把知识分子与教师等同。这一时期整个知识分子的政策都看成教师政策的另一反映。

思想改造运动。

(1)1950 年前后，争取、团结、改造知识分子

新中国成立之后，"知识分子虽然无疑地同情中国共产党的社会主义思想，但他们当中却可能只有极少数是有信仰的共产党员。中国高等院校的知识分子接受的主要是西方的文化传统，因此在 40 年代他们似乎更倾向于自由民主式的社会主义。可以肯定，他们之中只有极少数人对马克思列宁主义的原则或毛泽东的著作有稍多的知识。"①而且，"我们教育工作者在旧社会中，大半是来自地主和资产阶级家庭出身的分子，由工人、农民以及其他劳动阶层出身的分子还是极少数，一般的都带有小资产阶级的意识，甚至是其他敌视无产阶级的意识。"②他们与"人民"还有距离。因而，在迫切需要各种知识分子参与国家现代化建设的当时，对于一般知识分子，党的政策是"争取、团结、改造"，并尽量争取他们为人民共和国服务。"现在农村中还有许多地主富农家庭出身的知识分子没事做，我们也要想办法来争取和改造他们。只要他们表示愿意服从民主政府法令，特别是土地法，不反对共产党的政策，愿为人民服务，不进行破坏活动，如有违法行为甘受政府法律制裁，我们就可以让他们出来工作。可办各种训练班，训练技术和政治，慢慢改造他们，然后分配他们以适当工作。但不要一下用在紧要的岗位上，而且要经常提高警惕性，防止他们中有些坏分子的破坏。经过长期考验过的，才可放在重要岗位上工作"。③

这一系列报告、发言等体现了对旧时代出身的知识分子进行改造的思想。知识分子的思想改造是从政治动员、训练班/学习班和组织清理开始的。

1950 年 6 月，毛泽东在第一届全国政治协商会议第二次会议上要求在知识界开展自我改造的教育运动，掀起知识分子改造的浪潮。1950 年 8 月 2 日，吴玉章在中国教育工作者工会代表大会致开幕词时，针对教育工作者多数出身剥削阶级的问题，"一般的都带有小资产阶级的意识，甚至是其他敌视无产

① ［美］R. 麦克法夸尔、费正清：《剑桥中华人民共和国史》（上），212 页，北京，中国社会科学出版社，1990。

② 吴玉章：《全国教育工作者的大团结》，见何东昌：《中华人民共和国重要教育文献（1949—1975）》，51 页，海口，海南出版社，1998。

③ 中共中央文献研究室中央档案馆：《建党以来重要文献选编（1921—1949）》（第 25 册），30 页，北京，中央文献出版社，2011。

阶级的意识”，要求大家进行改造，把小资产阶级的思想意识扫除净尽。① 即把非马克思主义的思想意识清除出去。1951 年 9 月 29 日，周恩来在中南海怀仁堂向京津高等学校 2000 余教师学习会作《关于知识分子的改造问题》的报告，要求广大的知识分子“站在工人阶级的立场上来看待一切问题、处理一切问题”，“因为工人阶级是最先进的，是为人民的，也是为民族的，将来要实现共产主义，使社会达到无阶级的境地”。②

同时，以训练班或短期政治学习的形式为先导，以教师/知识分子自我检讨交代历史为手段，以组织清理反革命分子或者其中的顽固分子为结果，思想改造运动在全国轰轰烈烈展开，席卷各级各类学校教师。其中影响较大的有大行政区举办的人民革命大学（如华北革命大学）、北京大学举办的暑期学习会，以及 1951 年年底在学校中进行的思想改造和组织清理工作。③

此次思想改造运动大概是我国中小学教师现代化进程中首次以极为激烈和强加的方式进行的教师改造运动，因时间过短，方法简单粗暴，思想改造变成政治批判，组织清理简单化为洗刷教师，给广大教师带来很大的伤害。可见，在现代国家的政治理念下，教师的现代化、专业化进程与国家民族的命运密切联系在一起，并呈现出受规训和缺乏自主性的一面。

（2）批判西方资产阶级学说，树立无产阶级意识形态

·对以杜威为代表的实用主义教育思想的批判

杜威的哲学及教育思想在民国时期，特别是 20 世纪 20 年代后几乎统治了中国的知识界。为了清除“五四”后在文教界和知识分子中占主流地位的西方文化的影响，为建立苏式的官方意识形态扫清道路，④ 新中国成立初便开始了对杜威及杜威的学生陶行知、陈鹤琴等的批判。

一些实用主义哲学的信奉者，还有杜威的学生等自 20 世纪 50 年代初就

---

① 吴玉章：《全国教育工作者的大团结》，见何东昌：《中华人民共和国重要教育文献（1949—1975）》，51～52 页，海口，海南出版社，1998。

② 周恩来：《关于知识分子的改造问题》，见何东昌：《中华人民共和国重要教育文献（1949—1975）》，120 页，海口，海南出版社，1998。

③ 《中共中央关于在学校中进行思想改造和组织清理工作的指示》，见何东昌：《中华人民共和国重要教育文献（1949—1975）》，132 页，海口，海南出版社，1998。

④ 杨东平：《艰难的日出——中国现代教育的 20 世纪》，140 页，北京，文汇出版社，2003。

开始撰文开展批判与自我批判。1950 年 10 月《人民教育》第 1 卷第 6 期发表曹孚的文章《杜威批判引论》，开始了批判杜威思想的运动。文章指出：要批判旧教育思想，首先要批判杜威，批判他的教育思想基础——哲学体系。文章对杜威的生长论、进步论、无定论、智慧论、知识论、经验论等一系列的哲学、教学思想进行了分析批判。之后，全国知识界开始批判杜威的哲学、教育思想在中国的代理人胡适、陈鹤琴、陶行知等。这些批判文章指出，"胡适是政治上的敌人，也是思想上的敌人。唯有彻底清除他散播的毒素，才尽了我们的职责。"开始从胡适的治学方法、人生观、价值观，胡适派的第三条道路等方面进行批判。① 随后遭到批判的是杜威的学生或在中国的代言人陈鹤琴、陶行知等。陈鹤琴的"活教育"思想先遭到批判。陈鹤琴本人也不得不展开自我批评。② 自 1951 年 5 月下旬开始，批判的视角指向了人民教育家陶行知。一些与陶行知共过事的教育界人士，在报刊上发表文章，检讨对陶行知及"生活教育"的认识，批评"生活即教育""社会即学校""教学做合一"和"小先生制"等教育理念。③

· 对资产阶级唯心主义思想的批判

20 世纪 50 年代中期，教育领域全面开展对资产阶级唯心主义思想的批判。1955 年《人民教育》五月号发表社论《批判唯心主义思想的重大意义》，并开辟"批判资产阶级教育思想"专栏。全国报刊陆续发表文章开展对教育领域的资产阶级唯心主义思想的批判。④

1958 年 8 月 14 日，北京师范大学邀请京津有关高等学校和科研机关的教师、研究人员举行座谈会，批判心理学教学中的"资产阶级方向"。之后，各地师范院校和综合大学的心理专业相继开展对心理学的批判，认为心理学是"伪科学"，把曹日昌等一批心理学家当作"拔白旗"的对象。

20 世纪 60 年代，批判的范围进一步扩大。在 1960 年中央文教小组召开的各省市委文教书记会议上，时任中宣部部长陆定一提出：要在哲学、社会

---

① 杨沐喜：《胡适的海外生涯》，114 页，合肥，安徽人民出版社，2000。

② 中央教育科学研究所：《中华人民共和国教育大事记（1949—1982）》，40 页，北京，教育科学出版社，1984。

③ 中央教育科学研究所：《中华人民共和国教育大事记（1949—1982）》，46 页，北京，教育科学出版社，1984。

④ 中央教育科学研究所《中华人民共和国教育大事记》（1949—1982），131 页，北京，教育科学出版社，1984。

科学和文艺方面批判修正主义，挖 18、19 世纪资产阶级学术思想的"老祖坟"，并在教育专线进行教学革命。会后，各省市高校、文艺界、教育界、学术界开展了反对现代修正主义的学术批判运动。批判的主要锋芒针对"人道主义""人性论""和平主义""学术自由"等观点，以及"量力性""系统性"原则。[①]

伴随着对西方资产阶级教育理论、教育思想的批判，开始了对一些专家学者的否定。冯友兰、贺麟、张岱年、马寅初、王瑶、游国恩、林庚、王力、高名凯、朱德熙、郑振铎、朱光潜等受到批判。教育心理领域的陈鹤琴、朱智贤等受到批判。普通教育领域，一些优秀的教师也遭到批判，如倡导"母爱"的斯霞等。[②]

很难说这些批判是否真的帮助他们扫清了资产阶级的思想意识，树立了无产阶级的意识形态，但可以肯定地说，这些曾经在中国占主流地位的西方思想当时在中国已经没有立足之地。

3. 教师的政治地位

在"人民教师"的造就过程中，在对西方资产阶级学说及其在中国的信奉者的批判过程中，旧时代培养的知识分子赖以生存的人生哲学、知识基础在新时代似乎显示出没有任何存在的价值，从而导致对知识分子群体价值和尊严的集体否认。知识分子群体中最庞大的中小学教师队伍，则成为政治上不被信任的人，这严重影响了他们的工作热情和社会地位。

1956 年中国教育工会第二次全国代表大会的报告揭示了当时中小学教师，尤其是"小学教师在政治和社会地位上受歧视"的问题：不少干部对教师粗暴无理、讥笑谩骂，甚至侮辱其人格，侵犯其人身自由。这种现象屡见不鲜，这使教师在工作和生活方面都遭遇困难。具体表现在入党难、吃饭难（有的地方对小学教师供应粮食、蔬菜、肉类等生活资料的时候，故意少供应，或只供应一些次等的东西）、看病难、结婚难、工作难（工作中被呼来唤去，任意支使。除扫盲和宣传活动外，其他如守夜、放哨、看仓库、记工分、填报表、写总结、布置会场等都派给小学教师去做），等等。[③] 各个部门随意增加教师

---

① 中央教育科学研究所：《中华人民共和国教育大事记（1949—1982）》，268～269 页，北京，教育科学出版社，1984。

② 中央教育科学研究所：《中华人民共和国教育大事记（1949—1982）》，230 页，北京，教育科学出版社，1984。

③ 《中国教育工会分党组关于中国教育工会第二次全国代表大会的报告》，见何东昌：《中华人民共和国重要教育文献（1949—1975）》，705～706 页，海口，海南出版社，1998。

的工作负担，"老师们经常被拉去参加各种各样和教学无关的活动，不能集中精力进行教学工作，影响到进一步提高教育质量"的地步，以至于党报《人民日报》专门发文要求，"解决中小学教师的忙乱问题"①，商业部、教育部联合发文要求"农村小学教师的副食品和生活日用品的供应，应和当地脱产干部同等待遇"。②

不可否认，针对整个社会轻视教师的现象，国家还是设法解决的。针对知识分子改造过程中一些地方出现的不尊重教师，随意解聘、调动教师的情况，教育部在1951年提出"应该正确地执行团结和改造知识分子的政策，号召人民尊敬教师。对教师的任用和解聘，必须按照中央人民政府教育部的规定，非经上级批准，不得任意压迫或随便调动。教师的工作是在学校内负责教学，各地人民政府与团体非经其自愿，不得任意加重其负担"③；要求"各级人民政府采取各种办法提高教师的政治待遇和社会地位（如举办优秀教师大会，选举优秀教师为人民代表等）"④。这个时期，史瑞芬、郎杰华等优秀教师脱颖而出就是证明。

（三）"人民教师"的经济地位

虽然教师作为知识分子，政治上还不可靠，思想上还需要改造，但在经济上、生活上，国家还是尽力帮助他们解决问题的。新中国成立初期，国家在改善教师的生活方面有以下举措。

1. 分配工作（解决失业失学问题）

在1949年全国第一次教育会议上，中央就做出了对新区要维持原有学校，"让一般的原有教员安心教下去"，"对于失业的知识分子要设法安置"的

---

① 《解决中小学教师的忙乱问题》，见何东昌：《中华人民共和国重要教育文献》（1949—1975），717页，海口，海南出版社，1998。

② 《商业部、教育部关于解决小学教师的副食品和生活日用品供应问题的通知》，见何东昌：《中华人民共和国重要教育文献（1949—1975）》，1073页，海口，海南出版社，1998。

③ 韦悫：《巩固和发展新中国的初等教育和师范教育——在第一次全国初等教育与师范教育会议上的报告》，见何东昌：《中华人民共和国重要教育文献（1949—1975）》，110～111页，海口，海南出版社，1998。

④ 钱俊瑞：《用革命的办法办好人民教育——在第一次全国初等教育与师范教育会议上的总结报告》，见何东昌：《中华人民共和国重要教育文献（1949—1975）》，114页，海口，海南出版社，1998。

决定。① 1950 年 7 月 5 日，政务院发出《关于救济失业教师与处理学生失学问题的指示》，针对当时教师大量失业的状况，规定：第一，维持现有的公私立学校，适当安置教师和学生；第二，举办中小学师资训练班及其他各种训练班，学员毕业后适当分配工作；第三，以工代赈，分配他们参加各种社会服务工作（如到业余补习学校从教、对失业工人进行文化教育），发给生活维持费。② 本人访谈的 20 世纪 50 年代从教的教师多是以这种途径走上教育岗位的。③ 这个办法对解决当时教师失业问题起了很重要的作用。

当时，我国的教师来源主要有两个渠道：一是师范院校毕业生直接由教育行政部门分配到学校任教；二是失业知识分子经过轮训重新分配工作。目前一直未见到教师任用时需要签订一定期限合同的文件、政策，学校和行政部门有权解聘教师的文件（除非政治问题）。民国时期教师需要动用社会关系才能谋到一份教职，给校长和官员拍马屁才可能留任，每学期期末都在焦虑下学期去哪里任职的情况在新中国成立后不再存在。这对增强教师的职业稳定性、安全感有很大帮助。

2. 建立教育工会

为了维护广大教师的利益，1949 年，全国总工会号召教育工作者和各产业部门一样成立工会。1950 年 8 月 2 日，教育工会代表大会成立。教育工会的目的是"保护工人阶级的利益"（这里的工人阶级包括教育工作者），具体如下：第一，保证人民政府教育计划的完成；第二，必须对会员的利益予以一切可能的保障，如职业问题、学习问题、生活问题等。④

1950 年 9 月 14 日，《中国教育工会章程》颁布，明确教育工会"以组织并教育全国教育工作者，保护教育工作者的利益，提高教育工作者的阶级觉悟，用理论与实践一致的教育方法实施新民主主义的教育，以提高人民政治文

---

① 《钱俊瑞副部长在第一次全国教育工作会议上的总结报告要点》，见何东昌：《中华人民共和国重要教育文献》(1949—1975)，8 页，海口，海南出版社，1998。

② 《政务院关于救济失业教师与处理学生失学问题的指示》，见何东昌：《中华人民共和国重要教育文献(1949—1975)》，39 页，海口，海南出版社，1998。

③ 参见郑新蓉、胡艳：《开拓者的足迹——新中国第一代乡村教师口述史》《泥土上的脚印——新中国第二代乡村教师口述史》，广西教育出版社 2018 年版。这两本书中的受访教师多属此种情况。

④ 吴玉章：《全国教育工作者的大团结》，见何东昌：《中华人民共和国重要教育文献(1949—1975)》，51～52 页，海口，海南出版社，1998。

化与技术水平，培养国家建设人材，保证完成人民政府的教育计划为宗旨。"①提出工会会员"当行政上违犯国家劳动法令，侵犯会员所应享受之正当权益时，有请求工会支持与保护之权"。但没有提及工会应履行的职责、使命。

虽然在党领导一切的方针下，工会对教职工利益保障的作用十分有限，但它还是做了一些工作。例如，1951 年，在第一次初等教育与师范教育会议上，教育部要求各级人民政府协助教育工会，"初步地和适当地解决教师的各项福利问题，如产假、疾病、死亡等。应当发动当地群众和家长在自愿的原则下，帮助教师解决困难问题，如假日慰劳、代耕等"，以及教师子女入学问题；提出对贫苦教师的子女应尽可能设法减免其学杂费，或请领人民助学金；女教师因小孩负担过重的，应该酌予补助幼儿生活费或帮助其送托儿所。②1956 年，教育部、教育工会要求各地教育行政部门和中小学、师范学校行政领导，为解决女教师(和极少数困难的男教师)带孩子的困难，举办各种不同类型的托儿所，招收 3 岁以下的幼儿(也可根据条件设幼儿园，招收 3 岁以上儿童)。为了解决女教师生育、患病、学习等带来的带孩子困难问题，教育部和教育工会要求各地托儿所(幼儿园)根据具体情况，匀出 20％—25％的名额办理全托。③

工会对解决教师日常生活困难还是有一定的帮助的。很多教师回忆自己遭遇生病、孩子多无法照顾、生活困难等时，工会都会出面提供帮助。

3. 增加教师福利

为了增加教师职业的吸引力，国家从经济稍稍好转后，就开始考虑增加教职工的福利。1953 年 9 月，国家提出对公立小学教师予以一定的福利，具体包括以下几项。第一，给女教师产假(正常产假 56 天，小产 15—30 天)，产假期间工资照发，请人代课者另给代课教师工资。第二，公费医疗。教师

---

① 《中国教育工会章程》，见何东昌：《中华人民共和国重要教育文献(1949—1975)》，54 页，海口，海南出版社，1998。

② 韦悫：《巩固和发展新中国的初等教育和师范教育——在第一次全国初等教育与师范教育会议上的报告》，见何东昌：《中华人民共和国重要教育文献(1949—1975)》，111 页，海口，海南出版社，1998。

③ 《教育部、教育工会全国委员会关于中小学、师范学校的托儿所工作的指示》，见何东昌：《中华人民共和国重要教育文献(1949—1975)》，588～589 页，海口，海南出版社，1998。

按照事业单位国家工作人员实行公费医疗。医疗力量不足的农村等地区，暂按照每人每月 2 元计算，交于县文教行政部门统一掌握，重点使用。第三，福利费。对有婴儿的教师、多子女教师、外地教师等进行困难补助，对教师本人或其家属死亡的丧葬抚恤予以一定的补助。但上述福利不包括 1953 年 6 月以后私立小学、民办小学和幼儿园的教职工。①

其实，有些地区对教师的福利还超前。如 1952 年 6 月，江苏省各级公立学校教职工就实行公费医疗制度。同年 10 月，私立大、中、小学校教职工也都享受公费医疗。20 世纪 50 年代医疗费用标准为每人每月 2 元，以后逐步增加至每人每月 5 元。生活困难补助，按照国家机关干部的标准发放。1965 年按工资总额 2.5% 的比例提取困难补助费，1966 年 1 月起改为每人每月 1.4 元，1981 年 7 月调整为每人每月 1.6 元，1987 年增加至每人每月 2.5 元。②教职工的离休、退休、退职、病产假、探亲假，因工负伤、病故抚恤及丧葬等待遇和补助，均按国家机关干部的规定执行。

国民党统治时期虽然制定了不少增加教师福利的政策，但事实上很少履行。真正让教师获得这些福利的是新中国。

4. 确保教师待遇

如前所述，晚清民国时期，由于中国腐败的政治、连年的战乱，以及窘困的经济情形，中小学教师待遇低下，农村小学教师的待遇更低。新中国成立初这种情况依然存在。同时，国家的经济发展十分有限，又遭遇"大跃进"、三年自然灾害，以及"文化大革命"等事件，教师待遇整体来说提升有限，但实事求是地说，国家在确保教师基本待遇方面还是做了一些工作的。新中国成立初期 17 年，中小学教师待遇大概经历了实物工资制、工资分工资制和工资制三个阶段。

(1)1952 年以前，实行实物工资制

民国时期，影响教师待遇的最为重要的因素是缺乏稳定的资金来源，不能按时足额发放教师工资。新中国成立之初，国家主要是解决这个问题。

由于国家经济基础极为薄弱，全国又没有全部解放，加上百废待兴，新

---

① 《教育部、财政部、卫生部关于适当解决小学、幼儿园教职员工福利问题的几项原则的决定》，见何东昌：《中华人民共和国重要教育文献(1949—1975)》，235 页，海口，海南出版社，1998。

② 《江苏省地方志》，http：jssdfz. jiangsu. gov. cn/szbook/slsz/dsjx/HTM/1952. HTM，2019-11-30。

政府很难在短期内给文教事业发展提供足够的资金。各地仿照解放区的实物工资制实施。如 1949 年，河南省规定小学教师待遇为："县立完小校长每月粮 200 斤，高级教员 185 斤，初级教员 170 斤，村立小学校长、教员以及各类小学校工每月粮 140—180 斤"。① 1950 年略有提高，当年河南省文教厅规定，高小校长每月 200—220 斤，初小校长每月 180—200 斤，高小教员每月 180—200 斤，初小教员每月 160—180 斤。郑汴两市，小学校长每月 288 斤，教员每月 260 斤。② 但在实践中，各地对此工资标准执行不一。如商丘县（现为商丘市）1950 年小学教师供给标准最高 220 斤，最低 140 斤，人均 180 斤。次年在此基础上增加 20—30 斤。③ 同期太康县"乡村小学教师每人每月小麦 120—140 斤，完小教师 160—180 斤"。④ 浚县"初小教员月薪米 120 斤，高小教员 160 斤，小学校长 250 斤"⑤。

为了确保教师的基本待遇，中央政府决定确定初等教育经费的筹资原则和小学教师基本工资标准。第一，初等教育的经费采用由地方政府统筹与依靠群众办学相结合的办法，即城市由地方财政统筹，农村发动群众自办。第二，改善小学教师待遇。规定乡村小学教师每月最低工资以不低于 180—200 斤粮食为原则（相当于大灶供给制）；要求工资每年按 12 计，按月发给；要求坚决纠正随意按低价发款、欠薪、扣薪、不发薪、发霉米坏米，要教师远路领粮或向群众催交公粮尾欠等不合理的现象。⑥

但在操作层面，因"对群众办学缺乏计划和指导，有放任自流现象。群众凭一时的热情办起来，但没有一定的筹措经费的办法，教师待遇低，学校办不好，不能坚持下去。"⑦1951 年 2 月 21 日《人民日报》刊登了山东潍坊、山西介休、河

---

① 河南省地方史志编撰委员会：《河南省志 教育志》（第 50 卷），138 页，郑州，河南人民出版社，1993。1 斤＝0.5 千克。

② 《河南地方粮文教经费供给标准》，档案号：J109－01－0041，转引自陈雪萍：《1949—1956 年河南省小学教育研究》，硕士学位论文，河南大学，2007。

③ 商城县志编撰委员会：《商城县志》，333 页，郑州，中州古籍出版社，1991。

④ 太康县志编撰委员会：《太康县志》，499 页，郑州，中州古籍出版社，1991。

⑤ 浚县地方志史志编撰委员会：《浚县志》，793 页，郑州，中州古籍出版社，1990。

⑥ 韦悫：《巩固和发展新中国的初等教育和师范教育——在第一次全国初等教育与师范教育会议上的报告》，见何东昌：《中华人民共和国重要教育文献（1949—1975）》，110～111 页，海口，海南出版社，1998。

⑦ 《教育部关于整顿和发展民办小学的指示》，见何东昌：《中华人民共和国重要教育文献》(1949—1975)，180 页，海口，海南出版社，1998。

北三河等地关于乡村小学教师待遇的三封来信。来信指出这些地方的小学教师待遇低下，生活非常困难。苏北、河北、陕西、山东等地乡村小学教师工资最低。在薪米代酬劳的地方，教师往往得不到足量的粮食。① 有些地方还存在拖欠教师工资的现象。如河南省"南召县各区乡小学的七八九三个月的粮薪，除李轻店一区发了外，其余各区到九月底还没有发"。② 确山县"郭庄乡前王庄小学，1951 年一粒粮食也未领到；并且很多教员即便领到一些粮，也多系霉烂，或为虫蚀得不像样子的"。③ 再如"清丰、武陟、修武、桐柏等县，因为有的小学校收不齐学生学杂费，就扣去小学教师工资"。④ 据山西临汾县伊村小学教员亢老师回忆：当时当老师比工人差远了，甚至有时候还不如农民。⑤

而且，相比于国家机关工作人员，教师的收入较低下。当时，国家机关工作人员实行供给制。在供给制下，工作人员及其家属住用公房，使用公家家具，用水，用电，子女送托儿所、幼儿园等一律免费。此外，政府还向供给人员发津贴作为伙食费和生活零用钱。1952 年 3 月 1 日，政务院发布"关于全国供给制工作人员统一增加津贴的指示"，规定政府供给制人员，从中央到勤杂人员暂时分为十等二十四级，每人每月津贴 360—4.1 元。军队供给制人员从中央军委主席至战士暂分为十一等二十三级，每人每月津贴 300—4.1 元。其他供给制人员的津贴比照政府人员的等级发给。⑥ 但教师没有这些待遇，生活差距可想而知。

(2)1952—1955 年，实行工资分制

鉴于米薪制/实物工资制操作困难，弊病较多，1952 年 7 月 5 日，政务院又发出"关于颁发各级人民政府供给制工作人员津贴标准及工资制工作人员工资标准的通知"，规定自 7 月起各级政府供给制人员津贴分为 29 级，并实行

---

① 贾翠平：《建国以来代课教师政策内容分析》，硕士学位论文，东北师范大学，2010。

② 《拨发教员薪粮种的不合理现象应纠正》，载《河南日报》，1951-10-29。

③ 信阳专属文教科通讯组：《应迅速解决小学教育中的几个问题》，载《河南日报》，1952-06-05。

④ 洪钟哲：《不应当乱扣小学教师的工资》，载《人民日报》，1956-08-11。

⑤ 訾振培：《建国初期临汾县中小学教师工资及生活状况研究(1949—1956)》，硕士学位论文，山西师范大学，2014。

⑥ 赵德碧：《建国初期至"文革"以前工资改革的回顾》，载《湖南工程学院学报》，2002(1)。

工资分制。最高国家主席为 1006 分，最低区县勤杂人员为 85 分。① 同时，各级学校教职工实行以工资分（按粮、布、油、盐、煤 5 种食物价格综合折算货币工资额的一种单位）为单位的工资标准。这是一个处于完全供给制与货币工资制之间的一种过渡性的工资制度。我国实行这种工资制度三年。

1954 年，教育部发布《关于修订全国初等学校教职员工工资标准及有关事项的通知》，对全国小学教师，主要是农村地区教师工资进行调整。规定中师毕业的现任教员，其工资还未达到 140 分者或者低于中师新毕业生者，均应首先考虑提至 140 分。非中师毕业的教员，也应适当地照顾。根据全国初等学校教职工工资标准，一般地区小学教职工的最低工资分为 95 分，某些地区可降至 85 分。如再有困难，需上报省市人民政府批准并上报教育部备案。② 教师的工资基本处于公务员系列的底层。

尽管如此，这次工资改革，初步统一了全国各级学校教职工的工资标准并提高了他们的工资待遇。"工资百分比增加最多的是小学教师。全国初等学校教职员工的总平均工资的新标准，较现行的标准，增加了 37.4%……各级学校教职员工的工资都有了相当的提高。"③

（3）1955 年以后，实施货币工资制

我国第一个五年计划期间，为了提高劳动生产率，促进社会主义建设全面展开，从 1955 年开始国家统一实行货币工资制。1955 年 8 月 31 日，国务院发布《国家机关工作人员全部实行工资制和改行货币工资制的命令》，规定从 1955 年 7 月份开始，国家机关一部分工作人员由原来实行的包干制待遇一律改为工资制待遇。实行工资制度后，工作人员及其家属的日常生活费用，都由个人负担（包括子女上学，使用公房、公家家具）。现行包干制的一切费用同时废除。国家工作人员工资标准为 29 级，最高 649.6 元，最低 21 元。④ 1955 年，中等学校和初级学校教职工开始实行货币工资标准，从 1955 年 7 月起执行，并按国家统一规定加发物价津贴。

---

① 赵德碧：《建国初期至"文革"以前工资改革的回顾》，载《湖南工程学院学报》，2002(1)。

② 《教育部关于修订全国初等学校教职员工工资标准及有关事项的通知》，见何东昌：《中华人民共和国重要教育文献(1949—1975)》，391 页，海口，海南出版社，1998。

③ 柳湜：《柳湜教育文集》，276 页，北京，教育科学出版社，1991。

④ 赵德碧：《建国初期至"文革"以前工资改革的回顾》，载《湖南工程学院学报》，2003(2)。

　　1956年6月16日国务院发布《关于工资改革的决定》，同年7月，教育部发布《关于1956年全国普通教育、师范教育事业工资改革的指示》，提出增加事业单位人员的工资，"对于现行工资待遇比较低的小学教职员工资，在国务院决定中特别指出'应该有较多的提高'"；制定并下发各级各类学校教学人员、行政职工等九个工资标准表。与之前的工资标准相比，减少了等级，增大了级差，提高了最低与最高工资标准，取消了标准上的城市与一般地区及初中与高中的划分。具体而言，教员执行10个等级，工资标准为37—169元；行政人员执行15个等级，工资标准为26—175.5元。① 这个工资标准的实施较大地提升了中小学教师的工资。

　　但由于"大跃进"的影响，中小学教师工资水平较低的现象并未得到根本性的纠正。1960年，湖北省中学教职工月平均工资比1956年下降13.81元，在整个学校教育系统内，小学下降7.1元，中等师范学校下降8.87元，是事业单位工作人员中下降幅度最大的群体。② 而且和行政官员相比，大多数中学教师的工资处于科员及以下（低档与勤杂人员同）水平，小学教师的工资不如工人③，笔者曾经带领学生做了不少口述史的调查，调查显示，绝大多数教师的工资与普通工人工资持平，不如机关干部。

　　针对教师工资低下的情况，国家试图加以解决。1960年2月，国务院发布《关于评定和提升全日制中、小学教师工资级别的暂行规定》，强调以教师的思想政治条件和业务工作能力为主要依据，同时必须照顾其资历和教龄，评定和提升教师的工资级别。④ 3月，教育部发出"关于1960年高等学校和国家举办的全日制中小学教师工资升级工作的几点意见"，该意见规定中小学教师的工资升级面为25％。1963年7月25日，教育部发出《关于1963年全国各级公办学校教

　　① 《关于1956年全国普通教育、师范教育事业工资改革的指示》，载《江苏教育》，1956(Z2)。田正平、杨云兰：《建国以来中学教师工资制度的改革》，载《教育评论》，2008(12)。

　　② 湖北省地方志编纂委员会：《湖北省志 教育》，890页，武汉，湖北人民出版社，1993。

　　③ 郭润宇：《中国工薪阶层工资及生活状况之比较》，载《价格与市场》，1995(2)。

　　④ 《关于评定和提升全日制中、小学教师工资级别的暂行规定》，见何东昌：《中华人民共和国重要教育文献(1949—1975)》，957页，海口，海南出版社，1998。

职工工资调整工作的几点意见》①，虽然未能恢复 1956 年工资改革形成的脑力、体力劳动者报酬的合理差距，但使中小学教师工资明显偏低的情况有所缓和。

五、教师专业化进程的反思：专业化与政治化的磨合

1. 封闭的师范教育制度为新中国培养了大量的受过专业训练的教师

新中国恢复了晚清以来独立的师范教育制度。这个制度的恢复确立了教师培养的基本课程体系和教育教学模式；重建了师范生培养的国家和政府责任以及教师培养的计划性和目的性；确立了体系化的教师研修制度。在教育落后，教师数量和质量都不能同时满足基础教育和中高等教育发展需要的现实背景下，独立的师范教育制度为新中国培养了大量的受过专业训练的中小学教师。这样一批中小学教师，在我国教师地位和待遇不高的当时，为新中国基础教育的发展做出了巨大的贡献（参见表 3-7）。尤其需要关注的是，自此之后，我国基本上在社会上形成一个观念——教师必须由师范院校培养，师范教育必须为基础教育服务。这样的观念对提升社会对教师职业专业性的认识，提升教师的地位都是有好处的。

表 3-7　20 世纪初至 20 世纪 70 年代中国学生数量增长趋势②

年份	小学（百万人）	普通中学（百万人）	高等学校（千人）
1912	2.8	0.06	
1919			16
1928	8.8	0.189	35
1946（旧中国的高峰）	23.7	1.5	155
1949	24	1.04	177

---

① 其中 1959 年升级面，高等学校和中等专业学校为 5%，普通中学为 4%；1960 年，高等学校为 40%，普通中小学为 25%。1963 年，教育部根据中共中央、国务院关于调整一部分职工工资的决定，安排了各级学校的工资调整。党政干部的升级面：相当于国家机关 17 到 14 级的干部升级面为 25%，13 至 11 级的为 5%，10 级以上的不升级。相当于国家机关 17 级以上的教师和高等学校教学辅助人员，根据国家规定给予适当照顾。其余人员的升级面为 40%。

② ［美］吉尔伯特·罗兹曼：《中国的现代化》，360 页，国家社会科学基金"比较现代化"课题组译，南京，江苏人民出版社，2005。

年份	小学（百万人）	普通中学（百万人）	高等学校（千人）
1965	110	14	695
1972	127	36.5	约200
1978	146.27	65.48	850

2. 新中国教师是被专业和政治规训的"人民教师"

新中国成立 17 年是我国中小学教师发展中的重要阶段，是中国教师自晚清以来现代化、专业化进程中一个特殊的阶段。在这一阶段，中国的中小学教师的专业化进程没有延续民国时期路径，而是走上了学习苏联，建立"人民教师"的路径。首先，确立培养能为工农服务的"人民教师"这一带有更强的政治思想特征的教师培养目标；其次，确立了有计划的、专业化的、稳定的教师培养和培训渠道——师范院校体系；最后，建立了通过以学科为基础的中小学教学研究小组促进校内教师专业发展的模式。新中国的这些努力使中小学教师形成了这一时期的浓厚的特征，即首次在专业教师头衔前增加了"人民"这样的称谓。这种称谓连带着当时对中小学教师从培养、培训到专业管理和促进中的种种努力，都显示出强大的政府主导的色彩。师范院校的设置、变更是由政府确定的，师范院校的专业和课程设置是教育主管部门学习苏联师范教育的教学计划而制定的，并把官方意识形态的内容以政治课的形式置于师范院校的教学计划中，确保新时代培养的教师能符合社会主义国家的建设需要；在教师培养目标上体现出很强的官方色彩。甚至在学校内部的体系中建立正式的教学研究小组，同时承担教师管理、教学质量监督，以及促进教师专业发展的重任。可见，教师这一职业角色从培养到在职乃至退休，都处于行政部门的计划指导之中，处于意识形态与专业双重规训之中，而前者的作用更强。

3. 教师的社会形象因其政治身份的低下而矮化

由于中小学教师，乃至各级各类学校教师，广大在科技等领域工作的知识分子多数出身于有产阶级，在新中国成立初期，官方很快把包括教师在内的知识分子看作需要争取、团结、改造的对象，并对他们进行强制改造。在改造过程中，教师赖以为傲的教育基础、长期以来信奉或追捧的人生哲学被打破，他们安身立命的专业、知识基础被扣上了资产阶级帽子不被新社会承认，因此，教师背上了沉重的历史和现实负担，他们在新社会的形象因政治身份的低下而矮化。教师和广大知识分子再也不是几千年来受人尊重的阶层，他们的个人尊严和精神被摧残。

4. 不高的经济待遇更使教师职业缺乏吸引力

教师经济待遇不高在新中国成立初期已经是不争的事实，他们的工资不如公务员，不如军队干部，而且农村教师不如城市教师，民办教师不如公办教师。在当时，不按量、按时发放教师的米薪、工资，发放发霉变质的粮薪也是常有的现象。这种情况导致很多文化人不愿意充任中小学教师。中央屡次发文要求改变教师待遇，尤其是小学教师待遇，提升中小学教师的职业吸引力。但新中国成立初期这一问题一直未真正解决。

第四章 改革开放后至 1993 年：恢复重建时期的教师专业化进程

　　1976 年 10 月粉碎"四人帮"至今，虽然我国重新开启建设繁荣、富强的现代化强国的新征程，但因社会经济文化等发展的要求、速度、水平的变化，以及我国建设大政方针的变化，这一时期中国社会可以分为两个历史阶段。以 1993 年 11 月中共召开十四届三中全会，全会通过《中共中央关于建立社会主义市场经济体制若干问题的决定》为界，我们把 1993 年之前的阶段称为现代化的重启阶段，把之后的阶段称为现代化新探索阶段。

　　中国教师的专业化与中国教育的现代化，乃至中国社会的现代化是同步的。新中国成立以后，国家提出了建立工业化（现代化）强国的目标。中国共产党力图探寻一条中国自己的现代化路径，教师的专业化进程也是如此。新中国成立初的 17 年，我国的教师专业化进程受苏联的影响很大，师范教育制度和教学研究制度主要是学习苏联的制度后进行有限的本土化的结果。改革开放以后，1993 年之前，我国基本上是恢复新中国成立初的教师专业化的道路，只是在实践层面上更加结合中国自己的需要来开展工作。

一、中小学教师面临的社会政治、教育环境

　　粉碎"四人帮"之后的十几年，我国在国家政治、经济、文化、教育等各项事业的建设上主要是恢复新中国成立初期建立的计划经济的体系和管理制度。教育及教师所面临的环

境是重拾新中国成立初期提出的建立现代化国家的目标，以及如何恢复以往正常的教育秩序和教师质量，为国家建设培养大量所需的人才。这就决定了教师的专业化进程与新中国成立初期有着很大的相似之处。

（一）中国社会重新开启现代化建设之路

"文化大革命"给我国的国民经济及各项事业造成了极大的破坏。我国的综合实力与世界经济大国的差距越来越大，人民的生活水平低下，文化教育事业受到了严重摧残，国民素质低下，人才断档，严重影响中国的发展和人民的自信心。1978年年底，党中央召开十一届三中全会，确定了"解放思想，开动脑筋，实事求是，团结一致向前看"的指导方针，果断地停止使用"以阶级斗争为纲"的口号，重提新中国成立初期提出的建立工业化、现代化强国的目标，做出了把工作重点转移到现代化建设上来的战略决策，提出了健全社会主义民主法治的任务。在教育上，把教育科学文化事业作为促进各项事业持续快速发展的推动力和基础，开始全面整顿恢复。

1982年9月，党的第十二次全国代表大会明确提出，逐步实现工业、农业、国防和科学技术的现代化，把我国建设成为具有高度文明、高度民主的社会主义现代化的战略目标。是年12月，第五届全国人民代表大会第五次会议批准的《中华人民共和国国民经济和社会发展第六个五年计划（1981—1985）》，提出了"从1981年到本世纪末的二十年间，我国经济建设的战略目标，是在不断提高经济效益的前提下，力争使全国工农业的年总产值翻两番，在国民收入总额和主要产品产量方面进入世界的前列，国民经济在现代化过程中取得重大进展，人民的物质文化生活达到小康水平"这样一个宏伟目标。后来，中央又提出通过分"三步走"的方案，在"建国100周年，把我们祖国建设成为社会主义物质文明和精神文明高度发展的、世界第一流繁荣富强的、现代化的社会主义强国。"①经济建设成为这一时期的主旋律，现代化强国成

---

① "从现在起，今后几十年内中国社会主义现代化建设的奋斗目标，大致分三步走：第一步是到本世纪末，实现工农业年总产值翻两番，达到'小康水平'；第二步是到下世纪20年代，2021年，即建党100周年，达到中等发达国家的水平；第三步是到下世纪中叶，2049年，即建国100周年，把我们祖国建设成为社会主义物质文明和精神文明高度发展的、世界第一流繁荣富强的、现代化的社会主义强国。"《当代年轻知识分子的成长道路——胡耀邦同志在欢送中直和国家机关培训中小学师资讲师团同志们大会上的讲话》，见何东昌：《中华人民共和国重要教育文献（1976—1990）》，2307页，海口，海南出版社，1998。

为我国的建设总目标。

(二)确定教育为现代化建设服务的方针

这个阶段的目标很明确，教育必须为国家的现代化服务。为了实现四个现代化的建设目标，中央在教育领域内全面拨乱反正的同时，制定了一系列恢复教育秩序，提升教育质量，促进我国教育事业发展的政策方略。

第一，肯定知识分子是工人阶级的一部分。为了调动广大知识分子的工作积极性，恢复他们的人格尊严，1978 年 3 月 18 日，邓小平在全国科学技术大会开幕式上宣布，我国的知识分子"绝大多数已经是工人阶级和劳动人民自己的知识分子"，"是工人阶级自己的一部分。他们与体力劳动者的区别，只是社会分工的不同"，但"都是社会主义社会的劳动者"。[1] 同年，高等学校恢复职称评审制度，教师的专业水平和贡献得到制度上的认可。自此，广大知识分子(包括教师)的价值重新得到肯定。

第二，恢复正常的招生。1977 年，停止十年的高校招生重新恢复，中断12 年的招收、培养研究生的工作也开始恢复。各地恢复初、高中升学考试制度和重点学校制度。

第三，整顿恢复教学秩序，加强学校管理。从 1977 年 9 月起，教育部组织各级各类学校开始研究学校的办学目标，重新制订教学计划，组织编写教材。随后，根据当年 11 月 6 日中共中央转发的教育部党组的《关于工宣队问题的请示报告》，各地进驻大、中、小学的工宣队全部撤出学校。1979 年，教育部重新颁行《小学生守则(试行草案)》《中学生守则(试行草案)》，规范中小学生的行为。各级学校的教育教学管理走上了正常的轨道。

第四，提出了普及九年义务教育的目标。为了全面提升国民素质，1977 年以来，中央屡次提出普及教育的目标。[2] 1986 年 4 月 12 日，全国人大六届四次会议通过了《中华人民共和国义务教育法》，提出我国实行九年义务教育，要求各地根据其经济、文化发展状况，确定推行义务教育的步骤并予以实施。

---

① 中央教育科学研究所：《中华人民共和国教育大事记(1949—1982)》，513 页，北京，教育科学出版社，1984。

② 1977 年的全国教育工作会议明确提出了在城市普及 8 年教育，在农村基本普及 8年教育的目标。1985 年 5 月 27 日，"中共中央关于教育体制改革的决定"中，提出了有步骤地在全国实行九年义务教育的目标。

第五，把职业教育作为促进经济发展的动力之一。1983年5月9日，教育部、劳动人事部、财政部、国家计委发布了《关于改革城市中等教育结构、发展职业技术教育的意见》，提出"力争到1990年，使各类职业技术学校在校生与普通高中在校生的比例大体相当"。① 1991年10月17日，国务院发布了《大力发展职业技术教育的决定》，1993年国务院颁布《中国教育改革和发展纲要》，进一步提出我国建立健全职业教育体系，扩大职业学校办学规模，对未升入中学和高校的学生予以一定的职业技术训练，在普通中学开设职业技术教育的课程，等等。我国的职业教育由此获得较大的发展。

（三）教师成为影响教育发展的瓶颈

由于历次政治运动的影响，我国中小学教师的数量和质量存在严重的问题，这严重影响教育的普及和对现代化建设所需人才的培养。

第一，教师数量严重不足。"文化大革命"期间，各级各类学校基本处在停办状态，各行各业所需人才无处补充。由于师范院校基本停止招生，中小学校师资严重短缺。据统计，1977年，中学应增加教师300万人，但同一时期，高师院校毕业生仅21万人，其中还有30％左右被分配到其他行业。小学教师缺额100万人。各地不得不通过抽调小学公办教师和增加民办教师的方法来补充中学师资的不足。同期，中师毕业生仅补充40余万人，大量小学教师缺额不得不用民办教师补充。②

第二，教师质量大幅度下降。在师资供给不足的"文化大革命"期间，为了维持学校的运转，各地招募了不少缺乏资质的教师，导致中小学教师质量严重下降。1977年调查发现，"各地都有相当一部分中小学教师在教学工作上有很大困难"。③"从文化程度看，中小学教师队伍质量下降是十分严重的。据统计：高中教师中，高等学校本科毕业的，1965年为70.3％，1977年下降到33.2％；初中教师中，高等学校专科毕业及以上的，1965年为71.9％，1977

---

① 《教育部、劳动人事部、财政部、国家计委关于改革城市中等教育结构、发展职业技术教育的意见》，见何东昌：《中华人民共和国重要教育文献(1976—1990)》，2090页，海口，海南出版社，1998。

② 《关于加强和发展师范教育的意见》，见何东昌：《中华人民共和国重要教育文献(1976—1990)》，1649页，海口，海南出版社，1998。

③ 《教育部关于加强中小学在职教师培训工作的意见》，见何东昌：《中华人民共和国重要教育文献(1976—1990)》，1588页，海口，海南出版社，1998。

年下降到 14.3％；小学教师中，中师毕业及以上的，1965 年为 47.4％，1973 年下降到 28％。现有不少的教师是中学程度教中学，小学程度教小学。"①

二、独立师范教育制度下的教师专业化进程

新中国成立初期，我国就在学习苏联的基础上建立了独立的教师培养和教师培训两个体系，承担起教师职前培养和职后培训的双重任务。改革开放后，面对培养实现"四个现代化"所需要的各层次人才的强烈需求，面对 20 世纪末基本实现普及九年义务教育的重任，如何快速培养所需要的师资是摆在主管部门面前亟待解决的问题。改革开放的初期，我们对外面的世界缺乏基本的了解，也没有时间进行深入细致的研究，恢复新中国成立初期的师范教育制度是最便利最恰当的方式。

(一)独立教师培养体系与中小学教师的供给

在教师培养领域，我国主要是恢复和进一步发展独立的师范教育体系及与之相联系的制度。这一时期，我国独立的教师培养体系得以恢复和发展。

1. 恢复独立的教师培养体系

1978 年 10 月 12 日，教育部出台《关于加强和发展师范教育的意见》，明确提出为在 20 世纪内把我国建设成为农业、工业、国防和科学技术现代化的伟大的社会主义强国，必须用很大的力量建设中小学教师队伍。因此要大力加强和发展师范教育。具体除加强教育部门的领导，确保师范生和教师回到教育岗位外，主要是恢复新中国成立初的三级师范教育体系。

具体而言，就是"要努力办好中等师范学校"和"有计划地积极地加速发展师专和师范学院"。"在三五年内，努力创造条件，有计划、有步骤地新建若干所师范学院，以基本适应为本省、市、自治区培养高中、中师教师和培训师范专科学校师资的任务，同时负责培训一部分在职和中师教师的任务"。"一般地区应在 1980 年内，依托现有条件较好又已多年担负培训初中师资任务的中等师范学校，加以充实提高，建立起一所师范专科学校，为本地区培养初中教师，同时担负一部分培训在职初中教师的任务。人口较少的地区，也可以由省、

---

① 《关于加强和发展师范教育的意见》，见何东昌：《中华人民共和国重要教育文献 (1976—1990)》，1649 页，海口，海南出版社，1998。

市、自治区统一规划，在两、三个地区范围内设立一所师范专科学校。""要积极办好幼儿师范学校，为幼儿教育培养骨干师资。在 1980 年前，要做到每一个地区有一所幼儿师范，或在有条件的中等师范学校举办幼师班。"①

在 1980 年的全国第四次师范教育工作会议上，教育部印发了《关于师范教育的几个问题的请示报告》，进一步提出"师范教育是教育事业中的'工作母机'，是造就培养人才的人才基地"，重申"建立一个健全的师范教育体系，使之成为培养各类中等、初等学校和幼儿园合格师资的基地。各省、市、自治区应根据需要和可能条件，统筹规划本地区各级师范院校的设置"。即按照行政归属办好各层次的师范院校，各级师范院校承担所属区域中小学校师资培养的重任：教育部办好直属的师范大学和师范学院；各省、市、自治区应当根据需要和可能条件，统筹规划本省各级师范院校的设置；每个省、市、自治区都有一所或几所高等师范院校。在经济发达的地方，一个专区应有一所师范专科学校、几所中等师范学校（包括幼儿师范学校和幼师班）。报告要求地方师范学校"都应当实行地方化，面向全省或本地招生，为本地区培养师资，形成一个适应本地区教育事业发展需要的师范教育网"。报告还提出了创办专业师范学院（为中专、中技培养教师）、民族师范学校、教育学院（教师进修学校），以及开设盲聋哑师资班等的规划。②

2. 恢复师范生享受助学金和履行服务的制度

为了办好师范教育，切实保证各级师范院校的招生质量，教育部决定所有高师和中师的师范生，全部享受人民助学金待遇；高师、中师的毕业生由国家分配，要求全部分配到教育战线工作。在职中小学教师升学深造，原则上也要报考师范院校。③"文化大革命"前师范生免学宿费，"文化大革命"后助学金待遇和强制服务制度恢复，这为确保师范生质量，确保其毕业后进入教育战线提供了制度保障。

3. 中、高等师范教育获得快速发展

这个时期各级院校的发展带有浓厚的计划性。1978 年 12 月 28 日，

---

① 《关于加强和发展师范教育的意见》，见何东昌：《中华人民共和国重要教育文献（1976—1990）》，1649～1650 页，海口，海南出版社，1998。

② 高沂：《办好师范教育，提高师资水平，为四化建设培养人才作出贡献》，见何东昌：《中华人民共和国重要教育文献（1976—1990）》，1852 页，海口，海南出版社，1998。

③ 《关于加强和发展师范教育的意见》，见何东昌《中华人民共和国重要教育文献（1976—1990）》，1650 页，海口，海南出版社，1998。

教育部要求各地恢复和增设 169 所普通高等学校①，其中师范院校 77 所，占 45.6%。② 师范院校特别是师范专科学校成为这一时期重点建设的院校。

总体而言，各级师范学校在健全师范教育体系的大目标下蓬勃发展起来。1976 年，我国拥有中等师范学校 982 所，在校生 30.4 万人，到 1988 年，中等师范学校达 1065 所，在校生 68.35 万人。学校数和在校生数分别增加了 8.5% 和 125%。到 1996 年，中等师范学校数略有下降（918 所），但学生数依然增长（90.68 万人），中等师范学生在校生数达到顶峰。中等师范学生数是 1976 年的近 2 倍。1976 年，我国拥有高等师范学校 58 所，在校生 10.97 万人。到 1988 年，高等师范学校达到 262 所（其中师范专科学校 185 所，本科师范院校 77 所），到 1993 年，学校为 251 所，在校生 59.41 万人，学校数和在校生数比 1976 年分别增加 3.33 倍和 4.41 倍。③ 师范院校的恢复与发展，在校生数量的急剧增加，为中小学培养了大量合格的师资，为完成普及九年义务教育任务奠定了重要的师资基础。

（二）独立的教师培训体系的恢复与教师质量的提升

鉴于中小学教师师资质量低下的现实，1977 年 10 月 31 日至 11 月 15 日，教育部在北京召开中小学师资培训座谈会。会上明确提出要采取多种形式，提高现有教师队伍的政治、文化和业务水平。当年 12 月 10 日，教育部发布《教育部关于加强中小学在职教师培训工作的意见》，明确提出恢复"文化大革命"前确立的独立的教师继续教育体系，尽快使教师的学历水平达到合格程度："尽快建立和健全省、地、县、社和学校的师资培训网。省（市、自治区）、地（盟、州）可建立教育学院或教师进修学院；县（旗）可建立教师进修学

---

① 其中工科院校 46 所，农林院校 13 所，医药学院 18 所，财经院校 10 所，体育学院 3 所，艺术学院 2 所等。

② 这些师范院校是新疆师范大学、信阳师范学校、黄石师范学院、广西师范学院、广州师范学院、杭州师范学院、阜阳师范学院、淮北煤炭师范学院、北京体育师范学院、内蒙古民族师范学院、通化师范学院、吉林师范学院等，以及师范专科学校 65 所。见中央教育科学研究所：《中华人民共和国教育大事记（1949—1982）》，536 页，北京，教育科学出版社，1984。

③ 胡艳：《当代教师教育问题研究》，88～89、105～106 页，郑州，大象出版社，2010。

校。公社可建立培训站，不设站的，要有专人负责。""在三五年内，经过有计划的培训，使现有文化业务水平较低的小学教师大多数达到中师毕业程度，初中教师在所教学科方面大多数达到师专毕业程度，高中教师在所教学科方面大多数达到师院毕业程度。"①1978 年教育部专门发文，提出省、地两级恢复或建立教育学院或教师进修学院。

20 世纪 80 年代，教育部出台了一系列文件，如《关于师范教育的几个问题的请示报告》《教育部关于加强教育学院建设若干问题的暂行规定》《教育部关于加强小学在职教师进修工作的意见》等，致力于教师培训机构的正规化、规模化、体系化建设。

1. 重建中小学教师进修院校体系

教育部在《教育部关于加强小学在职教师进修工作的意见》中，力图把教师进修院校体系分为三个层次。第一个层次是省、地（市）教育学院和教师进修院校，主要培训中学在职教师和行政干部。第二个层次是县（区、旗）教师进修学校，主要培训小学在职教师和教育行政干部，有条件的，可根据实际需要承担一部分初中在职教师和教育行政干部的培训工作。第三个层次是公社培训站，它应在县教师进修学校的指导下，做好本公社在职教师的培训工作。这三个层次的机构均服务于区域内的中小学教师，最终使他们达到国家规定的学历水平。"多数地区力争到 1985 年，通过多种形式进修，使小学教师的多数实际文化水平达到中师毕业程度，大多数能胜任和基本胜任教学工作，并有计划地培养一批小学教学骨干"②。

为了使教师进修院校更好地承担起教师发展的重任，教育部致力于这类院校的正规化建设。1980 年，教育部颁发《关于进一步加强中小学在职教师培训工作的意见》，明确提出教师进修院校要承担中小学在职教师的终身教育责任，是我国师范教育体系中的重要组成部分，并将长期存在下去。"凡是按照规定手续批准建立的省级教育学院或教师进修学院，相当于师范学院；地（市）级教育学院或教师进修学院，相当于师范专科学校（有些省辖市的教师进修学院，担负培训高中教师任务的，相当于师范学院）；县级教师进修学校，

---

① 《教育部关于加强中小学在职教师培训工作的意见》，见何东昌：《中华人民共和国重要教育文献(1976—1990)》，1588 页，海口，海南出版社，1998。

② 《教育部关于加强小学在职教师进修工作的意见》，见何东昌：《中华人民共和国重要教育文献(1976—1990)》，2068 页，海口，海南出版社，1998。

相当于中等师范学校，分别享有同等的地位和待遇"，要求按照这些院校的规格进行学校建设。①

学校在硬件建设上，如教学设备、仪器、图书、资料等，分别参照师范学院、师范专科学校和中等师范学校的规格予以装备。

教育学院的经费和基本建设投资，要求纳入地方教育事业费预算和基本建设投资计划，并参照国家对高师院校经费、投资的有关规定，制定开支标准和费用定额。② 教师进修学校的经费和基本建设投资，由县（区、旗）教育、财政部门，参照国家对中师经费、投资的有关规定，制定开支标准和费用定额。③

在学生待遇上，凡学完规定的课程，经过考核全部及格，确在所教学科分别达到师范学院、师范专科学校、中等师范和初级师范毕业程度的进修教师，由进修单位发给毕业证书，承认其学历，与全日制同等学校毕业的学生同等使用，同等待遇。④

在教师职称评定上，承担培训中学师资任务，讲授高等学校课程的省辖一级的教育学院、教师进修学院的教师可参照高师院校评价标准评定高校教师职称。⑤

在教学计划上，以同级的师范院校为模本制订统一的教学计划。各省、市、自治区可参照师院、师专、中师的教学计划、教学方案制定中小学在职教师进修的暂行教学计划。1982 年，教育部参照全日制本科四年制的教学计划和高师二年制专科的教学计划，制定并颁布了中学教师进修学校 12 个专科专业和 7 个本科专业的教学计划实行草案，参照全日制中师的教学计划颁行了小学教师进修学校的教学计划。见表 4-1、表 4-2。

①　《关于进一步加强中小学在职教师培训工作的意见》，见何东昌：《中华人民共和国重要教育文献(1976—1990)》，1832 页，海口，海南出版社，1998。

②　《加强教育学院建设若干问题的暂行规定》，见何东昌《中华人民共和国重要教育文献(1976—1990)》，2048 页，海口，海南出版社，1998。

③　《教育部关于加强小学在职教师进修工作的意见》，见何东昌：《中华人民共和国重要教育文献(1976—1990)》，2068 页，海口，海南出版社，1998。

④　《中国教育年鉴》编辑部：《中国教育年鉴(1949—1981)》，204 页，北京，中国大百科全书出版社，1984。

⑤　《中国教育年鉴》编辑部：《中国教育年鉴(1949—1981)》，204 页，北京，中国大百科全书出版社，1984。

表4-1　1980年全日制中等师范学校3年制教学计划与1982年中师进修教学计划比较①

院校类别	学制	上课时间	科目及上课总时数	总学时
全日制	3年	36周/第1学年； 34周/第2学年； 31周/第3学年	政治(171)、语文[文选和写作、语文基础知识(两科计614)、小学语文教材教法(62)]；数学(数学420、小学数学教材教法124)、物理学(303)、化学(210)、生物学(144)、生理卫生(68)、历史(93)、地理(93)、心理学(68)、教育学(124)、体育及体育教学法(233)、音乐及音乐教学法(202)、美术及美术教学法(202)	3131
进修	2年	36周/一学年	政治(140)、语文[文选与写作(420)、语文基础知识(144)、小学语文教材教法(68)]；数学[(算术基础知识(72)、小学数学教材教法(68)、代数与初等函数(228)、几何(156)]、教育学(68)、心理学(72)、自然(242)、史地(108)、体育(106)、音乐或美术(68)	1960

表4-2　汉语言文学专业1981年全日制本科教学计划与1982年高师进修教学计划比较②

院校类别	学制	上课时间	科目及上课总时数	总学时
全日制	4年		必修(计2009)：中共党史(70)、政治经济学(105)、哲学(105)、外国语(210)、体育(140)、教育学(51)、心理学(34)、中学语文教材教法(54)、现代汉语(105)、语言学概论(36)、古代汉语(140，包括工具书使用法)、写作(105，或文选和写作)、文学概论(105)、中国现代文学(175，包括史和作品、现代和当代，可以分别或合并开设)、中国古代文学(346，包括史和作品，可以分别或合并开设)、外国文学(140)、美学(54)、逻辑知识(34)	2429

---

①　《中等师范学校教学计划试行草案》《小学教师进修中等师范学校教学计划》，见何东昌《中华人民共和国重要教育文献(1976—1990)》，1863、2036页，海口，海南出版社，1998。

②　《中学教师进修高等师范本科汉语言文学专业教学计划》，见宋嗣廉、韩力学：《中国师范教育通览》(上)，500～501页，长春，东北师范大学出版社，1998。《高等师范院校四年制本科汉语言文学专业教学计划(试行草案)》，见《当代中国》丛书教育卷编辑室：《当代中国高等师范教育资料选》(上)，804～809页，上海，华东师范大学出版社，1986。

续表

院校类别	学制	上课时间	科目及上课总时数	总学时
			选修课（计 420）：中国通史、世界通史、自然科学概论、中国哲学史、外国哲学史、中国文化史、世界文化史、中学语文教学专题研究、写作专题研究、中外语言学理论专题研究、现代汉语专题研究、古代汉语专题研究、方言研究、文字学或文字改革问题研究、古代汉语专著研究、汉语史专题研究、工具书研究、目录学研究、文艺理论专题研究、中国现代文学专题研究、中国当代文学专题研究、民间文学研究、儿童文学研究、中国古代文学专题研究、外国文学专题研究 讲座：略	
进修	4 年（离职进修）		中共党史（92）、哲学（105）、政治经济学（105）、教育学（54）、心理学（54）、中学语文教材教法（56）、逻辑（52）、语言学概论（76）、文学概论（108）、写作与作文教学研究（124）、现代汉语（160）、中国现代文学（260）、古代汉语（140）、中国古代文学（340）、外国文学（140）、中国通史（140）、体育（120）	2126

在教学方式上，由于主要是进行系统的学历提升教育，教师进修院校开展的教学均如全日制师范院校一样，以讲授为主。

2. 重建培训干部的教育管理学院

学校教学质量的提升在很大程度上取决于学校领导的管理水平。为了提升在职教育行政干部的素质，1982 年，教育部计划在三至五年内把中小学和地市县教育部门主要领导干部培训一遍，逐步实现干部教育的正规化、制度化，并力争在干部普遍轮训一遍的基础上，建立起中小学干部定期轮流离职学习的制度①，同时要求教育学院承担起教育干部的素质提升任务。1983 年 5 月 18 日，教育部专门出台了《关于成立管理干部学院问题的请示》，提出为适应新时期对干部教育经常化、正规化、制度化的要求，应举办培训在职管理

---

① 《关于加强普通教育行政干部培训工作的意见》，见何东昌：《中华人民共和国重要教育文献（1976—1990）》，2002 页，海口，海南出版社，1998。

干部的专门院校，还对学制进行了规定，如学制可长短结合——2、3 年制的干部专修科和半年或 1 年左右的短训班。具体的教学计划和教学大纲可参照大专院校的教学计划、教学大纲，结合培训干部的具体要求安排。文件还规定学员考试合格毕业时发给高等学校专科毕业文凭。① 这一文件出台后，我国出现了大量的各行业的管理干部学院。20 世纪 80 年代初，北京市、黑龙江省等省市分别成立了独立的教育行政学院或教育干部管理学院。

在教育部的努力下，我国的教师进修院校体系得以恢复。至 1978 年年底，全国已建立或恢复省、市、自治区一级的教育学院、教师进修学院 34 所。另有高等师范院校附设的函授部 44 个。② 几乎每一省设立一所省级教育学院。截至 1990 年年底，我国已经建立教育学院 265 所，在校生 25.30 万人，教师进修学校 2018 所，在校生 53.05 万人。③ 各级教师进修院校的办学条件得到了很大的改善。各省已建立了省、市（地）、县、乡校的在职教师培训机构。这样一个网络体系为我国在职教师的学历提升做出了重要贡献。到 1989 年年底，小学教师达到中师学历的比率已从 1977 年的 47.1％上升到 71.4％；初中教师达到高师专科学历的比率已从 1977 年的 9.8％上升到 41.3％；高中教师达到本科学历的比率已从 1977 年的 33.2％上升到 43.5％。④

（三）独立师范教育体系对教师专业化的影响

师范教育体系对教师专业化的影响主要表现在它造就了一支满足基础教育需求的教师队伍，这种满足一方面体现在数量上，另一方面体现在质量上，后者主要体现在学历的合格率和专业训练的程度上。

1. 教师数量和质量的迅速改善，为"普九"及人口素质提升提供了重要的师资保障

经过十多年的努力，截至 1993 年，我国中小学教师的数量和质量获得了

---

① 《关于成立管理干部学院问题的请示》，见何东昌：《中华人民共和国重要教育文献(1976—1990)》，2094 页，海口，海南出版社，1998。

② 中央教育科学研究所：《中华人民共和国教育大事记(1949—1982)》，516 页，北京，教育科学出版社，1984。

③ 《中国教育年鉴》编辑部：《中国教育年鉴(1991)》，103～104 页，北京，人民教育出版社，1992。

④ 《全国中小学教师继续教育工作座谈会会议纪要》，见何东昌：《中华人民共和国重要教育文献(1976—1990)》，3060 页，海口，海南出版社，1998。

一定的提升(参见表 4-3)。第一，在数量上，教师数量增加，师生比有了较大地改善。第二，在学历上，各级学校教师的学历合格率迅速上升。小学教师的学历合格率 1993 年比 1977 年增加 56.73％，初中教师学历合格率同比增加 45.2％，高中教师学历合格率同比增加 7.8％。这说明我国的教师培养和培训体系发挥了重要的作用。师范院校的学校数的增加，在校生规模的扩大，为中小学补充了所需的合格教师。而教师进修学院的建立和定期的培训为在职教师的学历改善做出了重要的贡献。这无疑为当时提出的普及九年制义务教育的目标奠定了重要的师资基础。

表 4-3　1976 年和 1993 年中小学教师总数、师生比及教师学历状况比较

学校类别	年份	教师总数	师生比	大学本科毕业及以上	大学专科毕业	中专毕业	高中毕业	高中毕业以下
小学	1976	528.90	1：28.40	28.00％(1973 年数据)				
	1993	555.17	1：22.40	1.02	19.82	337.07	112.46	84.80
				0.18％	3.57％	60.72％	20.26％	15.27％
初中	1976	203.50	1：21.40	14.30％				
	1993	260.78	1：15.70	21.86	133.42	75.84	25.58	4.08
				8.38％	51.16％	29.08％	9.81％	1.57％
高中	1976	69.40	1：21.40	33.30％				
	1993	55.83	1：11.80	28.56	24.24	2.26	0.76	0.01
				51.16％	43.42％	4.05％	1.36％	0.01％

注：1976 年的教师总数自《中国教育统计年鉴(1949—1981)》，982、985、1001～1002、1021～1022 页，中国大百科全书出版社 1984 年版。1976 年没有教师学历数的统计，教师学历百分比是 1977 年的数据，自《关于加强和发展师范教育的意见》，见何东昌：《中华人民共和国重要教育文献(1976—1990)》，1648～1649 页，海南出版社 1998 年版。1993 年数据自《中国教育事业统计年鉴(1993)》，56～57、60～61、72～73、84 页，人民教育出版社 1994 年版。

表中人数单位为"万人"。

教师数量的增加和质量的提升，对人口素质的改善发挥了重要的作用。据1990 年第四次全国人口普查发现，当时全国文盲人口 18003 万人，文盲人口占总数的比重比 1982 年下降了 6.93 个百分点。[①]　这应该是值得赞赏的成绩。

———————————

①　国家统计局人口统计司：《中国人口统计年鉴 1993》，273 页，北京，中国统计出版社，1993。

2. 教师数量、质量依然没有满足教育事业发展的要求

从上述数据来看，我国的师资数量和质量依然没有满足基础教育发展的要求。由于缺乏 1993 年的相应的数据，我们用 1992 年的数据说明情况。据统计，1992 年，全国 6—14 岁不在校学龄儿童共 3373.9 万人，占该年龄段儿童总数的 19.07%。其中男性 1470.3 万人，占 43.58%，女性 1903.6 万人，占 56.42%。全国平均每 5 个 6—14 岁学龄儿童中有 1 人不在校。在全国不在校学龄儿童中，6—11 岁小学学龄儿童共 2180.0 万人，占不在校学龄儿童的 64.62%；12—14 岁中学学龄儿童共 1193.9 万人，占 35.38%。其中农村不在校学龄儿童共 2830.0 万人，占全国不在校学龄儿童总数的 83.88%。农村不在校学龄儿童是市镇不在校学龄儿童的 5 倍多。[1]

九年义务教育阶段儿童的辍学率和未毕业率也能反映出教育的质量。1993 年学龄儿童入学率为 97.7%（2353.5 万人），小学毕业率为 87.9%（据 1987 年招生人数 2094.6 万人与 1993 年毕业人数 1841.5 万人数据统计而来），小学辍学率和未毕业率达到 12.1%。1993 年初中毕业率为 82.8%（据 1990 年招生数为 1369.9 万人，1993 年毕业生数为 1134.2 万人数据统计而来）[2]，意味着初中未毕业及辍学率共计 17.2%，比例相当大。师资的数量和质量难以满足要求是毋庸置疑的事实，可见，义务教育的普及任重而道远。

三、教研组织的重建与教师的专业发展

粉碎"四人帮"之后，教育部全力恢复被严重破坏的各级学校教育系统，"在贯彻执行调整、改革、整顿、提高的方针中，要抓好八项工作任务和三项基本建设"。其中三项基本建设为：师资队伍建设、教材建设和教学仪器设备建设。[3] 如

---

① 国家统计局人口统计司：《中国人口统计年鉴 1993》，273 页，北京，中国统计出版社，1993。

② 国家统计局人口统计司：《中国人口统计年鉴 1994》，448、453 页，北京，中国统计出版社，1994。

③ 八项任务是：认真加强思想政治工作，加强学校中的马克思主义阵地；及早实现普及小学教育；大力进行中等教育的结构改革；集中力量办好重点中、小学和重点中等专业学校；贯彻质量第一的方针，稳步发展高等教育；积极开展国际科学文化交流；重视和加强民族教育；积极发展成人教育。《蒋南翔同志在教育工作会议上的讲话》，见何东昌：《中华人民共和国重要教育文献(1976—1990)》，1774 页，海口，海南出版社，1998。

何进行师资队伍建设，除了教师归队和加强师范院校的培养外，重要的是提升在职教师的质量。在师资严重不足的当时，脱产学习难以应对教育恢复期的需要。因而，作为 20 世纪 50 年代向苏联学习的产物，以规范学校教学工作、确保教师基本教学质量为目标的学科教研组和教研室也被恢复。

这个时期教学研究组织的主要目的是帮助在职教师开展合乎质量的教学，因而，教研组的方式、内容并没有创新。

(一)恢复校内学科教研组，规范教师教学，提升教学质量

1. 恢复教研组，使之成为促进校内教师教学水平提高的主渠道

"文化大革命"导致教师学历合格率和教学水平低下，如何提升教师的教学能力，确保基本的教学质量是各级学校面临的首要问题。在教师继续教育尚未全面铺开的 1978 年秋，教育部发布《全日制中学暂行工作条例(试行草案)》和《全日制小学暂行工作条例(试行草案)》，强调中学"要充分发挥教学研究组的作用。教师备课应该以个人专研为主，同时注意集体研究。有经验的教师要帮助新教师"。[①] 教育行政部门和学校"应该组织教师研究教材和教学方法，注意组织有经验的教师，帮助水平较低、经验较少的教师提高教学质量，交流教学经验"[②]。1983 年，教育部要求各地中小学加强教学研究活动，改进教学方法，帮助教师"尽可能采取生动、活泼、形象的方法进行教学。努力改革'满堂灌'的教学方法，加强学生能力特别是自学能力、动手能力的培养，使他们养成良好的学习习惯，掌握正确的学习方法。"[③]在教育部的引领下，各校开始恢复教研组并借此提升教师的教学水平和教师队伍建设。

如湖南长沙一中，面对历史教研组教师队伍人手少、质量差的情况，除了运用调动、改行、进修等方式充实教师队伍外，主要的是发挥教研组在教师队伍建设方面的作用。首先，他们健全教研制度：第一，要求全体教师学习教学大纲，所有教师逐年完成整学段授课，新教师要听老教师上课；第二，建立备课组，发挥备课组的作用，成立初中中国史、高一世界史和高三文科

①　《全日制中学暂行工作条例(试行草案)》，见刘英杰：《中国教育大事典》(上)，705～706 页，杭州，浙江教育出版社，1993。

②　《全日制小学暂行工作条例(试行草案)》，见《中国教育年鉴》编辑部：《中国教育年鉴(1949—1981)》，699 页，北京，中国大百科全书出版社，1984。

③　《教育部关于进一步提高普通中学教育质量的几点意见》，见何东昌：《中华人民共和国重要教育文献(1976—1990)》，2114 页，海口，海南出版社，1998。

历史三个备课组，实行集体备课制度；第三，坚持每学期每人上一次研究课的制度；第四，开展专题讨论制度，研究教学中存在的问题。其次，教研组根据每个教师的特点、知识基础，采取适当措施帮助教师发展。或安排其进修，或通过压担子促使其成长为骨干教师；或让其上研究课，帮助其提高教学水平等。再次，组织教师进行校外进修，为教师提供开阔视野的学习机会。包括市级历史教研会活动、学术会议。鼓励并推荐教师撰写教学论文和编写教学参考资料。最后，建立健康的教研文化。① 这个时期的各校大多处在恢复教研组，开展制度建设，开展正常教学研究，整体提升教学组教师的教学水平的阶段。

如何使教研活动免于形式、提高有效性是很多学校关注的问题，教研制度建设是当时教研组工作的重点。如南京大厂中学提出了教研组活动的"四落实"，即时间落实、地点落实、内容落实、考评落实②，以确保教研活动实实在在地展开。在具体的教研内容上，该校要求教研组开展常规教研活动时，要安排专门发言人、事先确定讨论题目，全组成员参与讨论，组长做记录。

2. 开展常规教研，确保教学质量

此时，教研组活动的主要任务是帮助教师学会备课，学习如何进行规范、有效的教学。一些优秀教师把提升教师备课授课能力作为己任，纷纷指导本校、本组教师备课、教学，如 1978 年北京四中特级教师张子锷介绍"中学物理怎样备课"③，1980 年北京六中特级教师李观博介绍"心中有书，目中有人"的备课经验④，刘正国、于漪、魏书生探讨作文教学，霍懋征探讨小学语文教学质量……这些教学能手、优秀教师的备课、教学经验成为各个学校规范教学、提升教学质量的手段，也是教研组学习探讨的主要内容。

集体备课、听评课、公开课是当时各校教研组主要的教研方式。为了规范教学，提升教师的教学能力，各校教研组通过公开课、示范课、评选优质课，以及教学比武等方式，让教师交流和切磋教学技能，推广先进教学经验，促进教师互学互帮、互相切磋。一些学校为了规范教师的教学，还设立专门的展室公开展览教师的优秀教案。

① 李长贤：《我校历史教研组是怎样加强师资建设的》，载《历史教学》，1986(5)。
② 曹炳南：《抓好教研组工作的尝试》，载《南京高师学报》，1995(51)。
③ 张子锷：《中学物理怎样备课》，载《人民教育》，1978(7)。
④ 李观博：《心中有书，目中有人——谈谈备课的体会》，载《人民教育》，1980(8)。

教研组也成为一些教师探索有效教学方法、策略的基地。如 20 世纪 80 年代华东师范大学附中的张思中创造和形成了自己"适当集中，反复循环，阅读原著，因材施教"的外语十六字教学法。上海还专门成立了上海市张思中外语教学研究会。辽宁盘山三中的魏书生探索培养学生的自我教育与自学能力，并在此基础上形成了"六步课堂教学法"，成为语文教学的典范。

3. 通过教研组进行青年教师的培养

教研组的职责之一是培养青年教师。新入职教师的专业成长在很大程度上有赖于教研组来实现。为培养青年教师，多数学校确立了以教研组为单位的师徒结对的制度。即青年教师入职第一年，教研组长为每一位新教师配备一位教学有专长的骨干教师为师父，师父手把手地教新教师熟悉教学大纲、教材、学生，把握教学重难点，撰写教案，选择合适的教学方法等，在指导的过程中，师父也把自己的教学经验传递给新教师。这种师徒制长期以来是青年教师的主要专业成长方式，并一直延续至今。

如北京东直门中学发挥老教师"传帮带"的作用，通过与青年教师结对子，指导教研组教师集体备课，相互听课，传递授课经验，专题研究共同探讨，定期总结积累经验等方式，帮助中青年教师提高教学能力。[①] 上海杨浦著名特级中学语文教师于漪，还总结出一套"以老带新"，培养青年教师的办法——说课（分析解剖课，即说明为什么这样设计，要达到哪些教学目的，课前设计和教学效果有无合不拢的地方，原因何在，从而使青年教师理解其中的道理），评课（听被带教师的课之后，开展评论，评优点、不足，一个个问题、一个个细节推敲，探讨、点拨），互评（被带教师互相评课；提出眼高手才能高；要运用教育学、心理学中的原则和本学科相关知识、理论进行评析，并从中发现教学中的学问，培养年轻教师辨析能力），随时讨论，专题讲座，等等。[②]

一些学校针对新教师多，难以安排足够多的师父的现实情况，专门成立了"打破部门界限、专业界限，旨在相互促进、共同提高的、适合青年人特点的青年教研组织"，开展多学科综合性的教育、教学研究与学术讨论活动，促进新教师的专业提升。如安排经验丰富、教学效果好的老教师作讲座，传递

① 北京东直门中学历史教研组：《发挥老教师"传帮带"的作用》，载《历史教学》，1984(6)。

② 张贻复、张徐顺：《著名特级教师于漪谈"以老带新"》，载《人民教育》，1985(9)。

丰富的教学经验。①

4. 个别学校教研组开展教学课题研究，以科研促进教学

教研组开展教学课题研究是近些年的事，但在 20 世纪 70 年代末，一些学校也开始要求教师从研究的角度探讨教学中的问题。如 1978 年，上海市向明中学为了提高教学质量，总结教改经验，组织教师开展了自选教学课题的研究活动。内容涉及"怎样开展外语的情景教学""中学阶段数学在力学解题中的应用"等。目的是促进教师自主的业务进修，同时提高课堂教学的质量。② 一些学校的教研组帮助青年教师"做教学科研的有心人"，"从小处着眼选择科研课题"，用简便易行的方式，解决日常教学中的困境、难点，提升教学能力。③ 这些教学课题研究多是教师教学实践中遇到的问题，或进行教学经验的总结，或对所教学科的教学改革进行探讨，在研究的过程中获得了提升。

（二）恢复区域教研室，提升全区教师的教学水平

鉴于教师教学水平普遍不高的现实，教育部要求各地恢复区域教研室，全面提升各地区教师的教学能力及水平。1980 年，教育部专门发文提出，"省、地（市）、县教学研究室在提高中小学教师文化业务水平方面积累了较丰富的经验，今后应在开展教材教法学习研究过程中，努力培养教师的业务能力，为教师进一步系统学习文化、专业知识创造条件。"④由此，一些地方的教研机构开始恢复，并致力于提升教师的教学水平。

1. 摸底调研，探索实践，积极提升区县教师的教学水平

这一时期影响较大的是上海青浦县（现为青浦区）数学教学研究中心组，该中心组通过摸底调研，探索实践，积极提升区县教师的教学水平和教学质量，为各地教研室的工作树立了典范，也切实提升了教师的教学水平。

1977 年，以顾泠沅为主的教研员对青浦县中学最高年级的 4373 名学生进行摸底统考，发现学生成绩平均分为 11.1 分，零分的学生比例高达 23.5％。面对如此差的教学质量，该教研中心从 1977 年到 1980 年利用 3 年时间，带

---

① 王卫东：《青年教师教研活动一斑》，载《教学与研究》，1991(2)。

② 《向明中学开展教学课题的研究》，载《人民教育》，1978(11)。

③ 张伯华：《青年教师开展教研应怎样入手》，载《语文教学通讯》，1991(10)。

④ 《教育部印发关于进一步加强中小学在职教师培训工作的意见等三个文件的通知》，见何东昌：《中华人民共和国重要教育文献(1976—1990)》，1833 页，海口，海南出版社，1998。

领县教研中心教师对全县基础教育的质量和教师教学状况进行全面调查，并以此为基础开展大面积提高教学质量的教学研究。为了提升教师的教学思想，县教研中心还开展骨干教师的"读书报告会"和教研组长培训班。从 1982 年下半年开始，该教研中心又开展分片教研活动，把教学工作的基点向基层过渡，通过主抓学校教研组提升教师教学能力。在长期深入教研的基础上，该教研中心总结了 160 多条教学经验，经过筛选，进行了 50 次循环验证，归纳出激发思维、组织教学、指导自学和及时反馈四条经验。然后，他们又经过反复试验，收集了 4 万多个数据，整理了 20 多万字的实验资料。1984 年，他们开始在全县推广教学经验。1985 年他们进行了中青年数学教师的教学观摩活动。[1] 经过这一系列的努力，青浦县基本实现了大面积提升数学教学质量的目标，为各地大面积提升基础教育质量提供了很好的经验。

2. 建立农村三级教研体系，提升农村教师教学质量

为了解决农村学校分布广，交通不便，兼职教师较多，教而不研或教研流于形式的情况，各地开始恢复新中国成立初期的三级教研体系。当时的三级教研体系主要有两种方式。一种是县—区/镇—乡三级，乡级是最低层次。以四川省江津县（现为重庆市江津区）为代表。另一种是乡—片—校三级，基层学校是最低层次的教研场所。以湖南平江县、湖北蒲圻县为代表。他们为保证农村教学质量探索了自己的经验。

县—区/镇—乡三级教研。四川省江津县成立了县级中心组——区（镇）级联合教研组——乡级年级教研组三级教研组织，帮助农村教师实现专业发展。为保证各级机构的教研活动有效展开，该县要求各级教研组建立规范的管理制度，如"各级教研组有领导负责，有制度保证，做到活动前定时间、定地点、定中心发言人"；明确教研内容，"内容包括学习教学大纲，分析教材教法，掌握教学目的具体要求，观摩研究课，交流教学教改经验"。

各层次分工明确。

县级层面——县级教研室定期布置专题研究内容，直接传达到区、乡教研组。为了加强基层教研，各区、乡教研组直接与县教研室对接。每年，县教研室组织 1—2 批面向联合教研组和部分年级教研组的县性的教研活动，同时还对全县 14 个农村区所在乡中心校和部分村小进行集体视导。

区/镇级层面——县教研室把权限划分为四个片区，每学期在两个片区召

---

[1]　顾泠沅：《上海青浦县数学教学改革的实践与认识》，载《人民教育》，1986(Z1)。

开包括联合教研组长、乡年级教研组长和教导主任在内的教研现场会，内容涉及教改研究课、经验介绍和外区情况交流。

乡级层面——县教研员帮助建立健全乡教研制度，培训教研组长。在这个层面，教研员到现场帮助教学钻研教材，研究改进教学。①

乡—片—校三级教研。湖南省平江县栗山乡教办健全了乡、片、校教研网络。

乡级——乡教育办公室以中心校为基地，建立乡级语文、数学、思品、体艺四个教研组。

片级——在乡级教研组之下分片设立教研组。以 5 个完小为教学点，每片成立相应的教研组。

校级——学校设有自己的教研室。

为了使这一体系有效运转，乡教办采取了以下措施。第一，乡教办挑选兼职教研员，与中心校正副校长、教导主任和四课组长组成乡教研领导小组，每月开一次会。第二，乡教办统筹规划乡教研。具体如：其一，培训骨干教师。通过举办教育理论讲座、到外地观摩、召开教改经验交流会、派教师进修等方式进行。其二，设立专项教研经费，三年共拨教研专款 4300 元。其三，建立奖励制度。凡教学经验、论文在县、市、省、国家级报刊上发表的，奖励作者。其四，搞好档案管理。② 这些活动极大地提升了平江县栗山乡教师的教学水平和教科研能力。该地乡中心学校的江宏老师还摸索了高识字教学效率的 5 种方法。

湖北省蒲圻县教研室从 1982 年开始，建立了县、乡、校三级教学研究网。他们以乡重点初中为基地，成立语文、数学、外语、理化中心教研组，开展教师集体学习、集体备课，优质课、公开课、研究课等教研形式，总结推广教学经验，研究教学改革，有效地提升了该县教师的教学水平。③

3. 搭建平台，树立典型，带动城区教师教学水平的提升④

这个时期城市行政区教研室也通过种种方式提升全区教师的教学水平。北京市西城区语文教研室的突出做法是利用地处政治文化中心、人才济济的

---

① 罗崇玉：《如何抓区乡教研活动》，载《小学自然教学》，1988(1)。
② 凌文卿：《农村小学如何搞活教研》，载《小学教学研究》，1990(3)。
③ 湖北蒲圻县教研室：《教研室的一项重要工作》，载《人民教育》，1986(11)。
④ 申士昌：《语文教研工作的回顾》，载《语文教学通讯》，1991(8)。

优势，为教师的学习、进修提供更广阔的平台，开阔教师的视野。该区教研室开展的活动具体如下。

第一，借助外界力量，帮助一线教师掌握贯彻教学大纲。1978年以来，《全日制中学语文教学大纲》做了几次修订。为了增强语文教师的大纲意识，帮助语文教师掌握教学大纲的精神，每当教学大纲公布的时候，西城区教研室就邀请参加指定和修订教学大纲的专家作报告，给该区该学科教师介绍大纲特点，明确大纲的方向和修订的用意等。

第二，利用外在资源，提升培训的质量。西城区利用北京高校多、科研院所多的优势，请大学教授、人民教育出版社的编辑、中央教科所专家、区县和外省市著名教师来给教师作报告，帮助教师了解我国语文教学改革的方向、目标，全国教改的新情况、新问题，以及研究新进展。他们还请日本专家做了"语文现代化"的报告，请法国专家介绍该国语文教学经验等。这些活动对开阔教师视野，提升教师的水平有很大的帮助。

第三，积极参加学术活动，给一线教师种下学术的种子。该区每年派教师以列席代表的身份参加叶圣陶语文教育思想研究会、作文教学研究会、穗港澳语文教学交流会、高考题型功能研讨会等会议。会后，及时组织该区的语文教学骨干和其他教师进行传达。这对教师在教学中增强教研意识，提升教学研究能力，开阔学术视野等发挥了重要作用。

第四，培养典型，学有榜样。区教研员常规教研活动有集体视导、小型视导、听课等方式，到各中学参加备课、听评课、总结、座谈等活动，以全面了解各校语文教师遵循教学指导思想，贯彻教学大纲，执行教学计划，进行教学改革等方面的情况。一旦发现新的经验，及时帮助总结经验并加以推广。

第五，以研究带教改，以研究促教学。西城区教研室关注以研究带教研，以研究促教学，鼓励各校教师开展教学研究。在西城区教研室指导下，不少学校教师开展自己的研究，如月坛中学的刘老师创造"作文三级训练体系"，在全国产生了广泛的影响。北师大附属实验中学语文组自编教材获得了全国教研优秀奖。北京四中顾德希通过阅读教学对学生进行思维训练的教学研究，北京39中陶麟探索文言文教学规律的教学研究，北京八中孟书成探索教会学生学习方法的教学，以及北京161中学常世英高效阅读训练的实验等，都在区教研室的支持帮助下，在本校开展教学研究，在全区获得推广，这个过程不仅激发了教师开展教学研究的热情，也提升了教师的教学能力，提高了全区的教学水平。

(三)改革开放以来教研制度对教师专业发展的影响

改革开放以来的教研制度在我国是一个恢复发展的过程。迄今为止，虽然我国的教研制度存在种种问题，但不可否认它对改革开放以前我国中小学教师的专业发展做出了重要的贡献。

教研制度的存在，使中小学教师在集体学习的制度下开展自己的教学活动，包括教学准备、教学实施、教学总结反思，以及教学改进。教师不再是一个孤立的个体，而是集体中的一员，这种制度对教师的成长的益处是不言而喻的，同时，也促进了我国基础教育质量的提升。具体有如下贡献。

1. 为恢复基本教学秩序，确保教学质量，实施课程改革提供有力支持

改革开放初期，教学研究组织体系的重建以及活动开展，体现了主管部门在教师专业化水平极其低下的当时所采取的行动。这个时期主要是恢复"文化大革命"前的教研制度体系，目的是帮助教师开展规范的、有质量的教学活动。虽然创造性不够，但在不少教师已经对教材、教法很生疏，学科专业知识和教育专业技能都很薄弱，而几次课程改革的落实又需要这批教师来实现的当时，教研制度的建立，教研工作的展开，为教师重拾教学的基本规范，开展有质量的教学提供了很大的帮助；也为恢复被"文化大革命"破坏的教学秩序，确保基本的教育教学质量，实施国家的课程改革等提供了有力支持。这个时期各地教研室和教研组从抓教学基本功开始，一方面通过常规教研活动让教师熟悉教材，掌握教法，并请经验丰富教学质量上乘的老教师手把手地教组内教师学习如何备课，如何进行新课导入，如何授课，如何判作业，如何引导学生复习；另一方面通过教学检查和听评课督促规范教师的教学行为。区县教研室则通过全区范围的展示课、示范课，以及持续不断的教学督导，为教师树立优质课的样板，帮助教师切实学会规范教学。方式和渠道并不新鲜，但在当时非常必要也极其有效。20世纪七八十年代我国学校秩序很快恢复，教学质量迅速提升，教师质量迅速改善，校内教研组和区域教研室功不可没。

2. 在教师教育资源有限的情况下，弥补了继续教育的不足

改革开放之初，我国基础教育界面临的最大问题是教师数量和质量的双重不足。师范教育主要应对如何在短期内弥补教师数量不足的问题，逐渐恢复中的继续教育体系主要应对的是质量不足、教师学历低下的问题。可以说这两个体系为我国当时教师队伍质量的改善做出了重要贡献。但由于生源多，师资匮乏，绝大多数教师是没有时间外出参加培训的。边工作边学习边提升的教研制度成为很好的渠道。应该说，从学校到区县的教研体系成为我国教师继续教育制度之外的促进教师发展的重要补充。

3. 教研组成为年轻教师成长的重要途径

由于传统师范教育存在理论与实践脱节的问题，新入职教师的专业能力主要是入职后获得的，而这种获得主要依靠教研组内的师徒制，组内的集体备课、集体听评课等日常教研活动，以及从校内到校外的各种赛课活动（帮助教师参加赛课是教研活动的重要内容，也是教研组成绩的体现）。虽然今天很多教师及研究者对教研组织的存在价值提出质疑，但很多调查和研究表明，教研组织对新教师的成长是帮助最大的。

4. 教研组/备课组成为实践型专家的造就场所

我国教研制度中的集体学习不仅为年轻教师成长提供了机会，也为有经验教师的进一步成长提供了空间。在这样的环境下，一方面教师们利用教研组的环境，反思自己和引导其他成员反思自身的教学，从而实现共同成长；另一方面，一些有思想、有理想的教师成立"工作室"，带领组内成员进行教改实验，把自己塑造成教师中的领导者。

5. 形式多样的教研活动提升全体教师的质量

在教研体系中重要的方式是在集体学习的环境中形成教师间的参与、对话、分享、学习的机制。在目前建立学习型组织的教研体系建设目标下，教师的问题意识、反思能力，以及参与研究的能力均有所增强。教师的此种素质显然是在有效的教研制度下获得的，特别是近些年来各校纷纷探讨有效教研，建立教师学习共同体的模式，这些探索对全体教师的成长非常有益。

6. 教研组织体系及活动的效果和价值备受质疑

不可否认，并非所有学校的教研组都对教师的专业发展、学校教学质量的提升发挥积极的作用。不少教研组也存在一定问题，诸如教研模式呆板，形式简单化；权威单向传授讲述多，成员间彼此交流、分享少；教研内容随意化，缺少计划性；教研分家，往往教而不研；上级的工作计划安排多，考虑个人需求的内容安排少；经验性的条文介绍多，反思性的实践研究少；教研组缺乏凝聚力，人心涣散，教研文化匮乏，等等。除上述问题之外，当时我国教研体系和教研活动中的问题主要表现在以下几个方面。

（1）县以下农村的教研活动难以有效展开，影响农村教师专业发展

虽然 20 世纪八九十年代以顾泠沅为代表的县教研室在恢复县级以下三级教研体系，开展提升农村教师教学能力和教学质量的各类教研活动，并切实提升质量方面做出了贡献。但依然有不少农村教研室/组由于很强的行政化特色（多数教研室至今隶属县政府教育办）和缺乏高质量的专家型教研员或者教师领导者，加上农村学校分散，并没有很好地开展教研活动，使教师专业发展受到很大的影响。

（2）校本教研的有效性有待加强，影响教师的专业发展

校本教研是近些年兴起的词。我个人认为，校本教研是一个虚假的创新概念。新中国成立后，我国的教研活动主要在学校范围内展开。但过去的教研不太强调理论，很少有理论指导下的高水平教学研究。这些研究更多地停留在实践、经验层面，有着很强的简单化、形式化的特点。可以说此时提出校本教研的概念更大意义上在于提升学校的教研质量。但校本教研强调个人反思、同伴互助、专家引领①，强调的是多方面人员参与的专业学习共同体的形成，目前这在我国中小学很难做到。

（3）程式化、功利化的教研组织方式导致教研低效

这个时期我国的教研组织主要是恢复新中国成立初期的教研制度体系，这种制度体系带有很强的行政色彩，教研组/室和教师在其中很难有大的自主性，结果导致各地教研活动一个模式、一种套路，程式化特征严重。形式上教研组织每周开展教研活动，但实际教研活动时间成了给教师布置、完成上级下达的任务的时间。久而久之，不少教师身到心不到，因而教学研究难以真正展开。教研组长也不过是信息传递者和教师管理者，其专业引领作用未能真正发挥。不少教研室在开展区域教研的时候，不顾学校的特点、城乡的差异，教研组织方式、内容一刀切，常搞一些花样十足、规模大的公开课，使区域教研不过是大型的成绩展示会、工作动员会，并未真正开展教学研究。这种状况在教师掌握了教学基本规范，教学秩序恢复以后更为突出。

而且，区域教研室越来越扮演一个行政领导者而非教师领导者的角色。这个时期区域教研室利用中央和地方规章中赋予其在行政和学术上的双重权威（具有评估检查和教学指导研究两个职能），担当优质教学指标

---

① 刘臣：《转变职能，创新教研的制度和机制》，载《延边教育学院学报》，2010（4）。

的制定者和裁定者，迫使学校和教师为了达到教师队伍优化的量化评价指标，为了获得某些实在的名号，紧随教研员指挥棒开展工作，结果导致教研的平等性和求真精神弱化，教研成为一个帮助学校和教师追求名利的重要平台。

四、教师地位的迅速提升

一个职业人群的职业地位反映了该职业在专业化进程中的社会认可度，它同时也是专业化程度的一个指标，教师地位也是如此。由于处于中国改革开放的初期，这个时期的教师地位有着自身的特征。研究发现，相对于以前，这个时期教师的地位，特别是其政治地位和社会声望等获得了极大的提升，教师不再是被团结、被改造的对象，而是成为工人阶级的一部分，拥有平等地参与国家政治、社会生活的权利，教师的社会形象也得到很大的改善，教师自身更是以少有的热情和高度负责任的态度投入教育教学工作中。教师地位的如此变化，在很大程度上取决于政治领导人的魄力和国家政策的引领。

（一）切实提升教师的政治地位

"文化大革命"期间，知识分子（包括教师）不被尊重，甚至惨遭迫害。很多人被赶出科研院所、学校、报社等工作场所，到农村，到偏僻的地方接受改造，荒废了大量美好的时光，英雄无用武之地，给党和人民造成了很大的损失。"文化大革命"结束后，"文化大革命"的这些余毒尚存，整个社会风气还没有完全恢复，对知识分子（包括教师）的轻视还存在。因此，党和政府采取了一系列措施进行拨乱反正，力图把套在知识分子（包括教师）身上的枷锁拆除，为此，党和国家首先在政治上给予其身份。

1. 重新认可教师的价值

针对社会上尚未形成尊重知识、尊重人才的社会风气，针对新中国成立以来全社会对社会主义建设（包括教师为教育事业的建设发展）付出的心血和所做的贡献，以邓小平为首的党中央通过谈话、会议讲话、出台政策、舆论宣传等诸多方式宣传知识分子的贡献及国家的政策方针。

如1977年5月4日，邓小平在与党的两位高级干部谈话时就要求党内要造成一种空气："尊重知识，尊重人才"。① 同年 8 月 8 日，邓小平在科学和教育工作座谈会上发表讲话，明确提出："17 年中，绝大多数知识分子，不管是科学工作者还是教育工作者，在毛泽东思想的光辉照耀下，在党的正确领导下，辛勤劳动，努力工作，取得了很大成绩，特别是教育工作者，他们的劳动更辛苦。现在差不多各条战线的骨干力量，大都是建国以后我们自己培养的，特别是前十几年培养出来的。""我国的知识分子绝大多数是自觉自愿地为社会主义服务的。"充分肯定了知识分子（包括教师）在社会主义建设事业中的付出和贡献。他特别强调"一个小学教师，把全部精力放到教育事业上，就是很可贵的。要当好一个小学教师付出的劳动并不比大学教师少，因此小学教师同大学教师一样光荣。对于终身为教育事业服务的人，应当鼓励"；并且明确"好的教师就是人才"。② 他充分肯定了知识分子（包括教师）是新中国自己的知识分子，是自觉自愿为社会主义建设服务的。

1978 年 10 月 31 日，胡耀邦在中央组织部召开的落实党的知识分子政策的座谈会上，明确提出对知识分子不再提团结、教育、改造的方针③。

1985 年 9 月 9 日是新中国第一个教师节，赵紫阳在北京师范大学庆祝教师节大会上的讲话指出，"教师所从事的事业是神圣的事业，可以说，他们是人类文明的传播者和建设者。在人类社会发展和进步的过程中，他们起着巨大的作用。""我们四化的成败，祖国的未来，取决于教育和教师们的工作。"因而，他要求"我们全党、全国、全社会都应该重视教育，尊敬教师，在整个社会形成强烈的尊师重教的社会舆论，使之成为一种社会风气，成为文明社会的一种标志"。④

党的最高领导对教师是新中国自己的知识分子，是劳动者的身份的肯定，对教师长期以来为我国教育事业殚精竭虑的付出的肯定为提升教师的社会声望奠定了非常重要的基础。"教师节"的确定和实施，更是把提升教师政治地

---

① 邓小平：《尊重知识，尊重人才》，见何东昌：《中华人民共和国重要教育文献（1976—1990）》，1573 页，海口，海南出版社，1998。

② 邓小平：《关于科学和教育工作的几点意见》，见何东昌：《中华人民共和国重要教育文献（1976—1990）》，1574 页，海口，海南出版社，1998。

③ 胡耀邦：《为什么对知识分子不再提团结、教育、改造的方针》，见何东昌：《中华人民共和国重要教育文献（1976—1990）》，1650 页，海口，海南出版社，1998。

④ 《赵紫阳同志在北京师范大学庆祝教师节大会上的讲话》，见何东昌：《中华人民共和国重要教育文献（1976—1990）》，2315 页，海口，海南出版社，1998。

位的工作提到了一个高度。

2. 重新确立教师是工人阶级队伍的一分子

新中国成立初期，我国就认定教师和广大从旧社会来的知识分子是团结、教育、改造的对象。对教师的这种定位一直影响到"文化大革命"结束。为了改变教师的政治身份，1978年4月在全国教育工作会议上，邓小平同志指出，"绝大多数教职员工热爱党，热爱社会主义，勤勤恳恳地为社会主义教育事业服务，为民族、为国家、为无产阶级立了很大的功劳。为人民服务的教育工作者是崇高的革命的劳动者"。他要求在师生之间要建立"革命的同志式"的关系，要求提高教师的政治地位和社会地位，要在全社会形成尊师重教的社会风气。① 1978年9月，教育部对邓小平的讲话进行了落实，对1963年制定的中、小学《暂行工作条例（草案）》进行了修改和补充，摒弃了教师是剥削阶级或是工农阶级皮上之毛的错误论调，明确中小学教师是无产阶级的一部分，是有能力有资格投身于国家教育建设大业的。

1982年《中华人民共和国宪法》规定，"社会主义的建设必须依靠工人、农民和知识分子"。第一次以国家根本大法的形式，把包括中小学教师在内的知识分子确定为国家的主人和社会主义建设的依靠力量。1985年，李先念在第一个教师节来临之际致全国教师的信中说："全国各级各类学校上千万教师和教育工作者，是我国工人阶级知识分子队伍中的一个重要方面军。"②明确教师是工人阶级知识分子。自此，教师作为社会主义国家中的重要依靠力量，作为工人阶级中的重要分子得以认可，教师的政治地位得以确立。

在政策引导的同时，政府在国家实践层面努力澄清人们思想意识中的混乱，确定包括教师在内的知识分子的政治地位。如针对"文化大革命"期间所谓的"两个估计"，即"'文化大革命'前17年教育战线是资产阶级钻了无产阶级的政，是'黑线专政'；知识分子的大多数世界观基本上是资产阶级的，是资产阶级知识分子"的论调，在邓小平同志的要求下，教育部对此开展大批判，明确提出"17年是红线主导"，"知识分子是革命力量"。③ 在教育部的引

---

① 《邓小平同志在全国教育工作会议上的讲话》，见何东昌：《中华人民共和国重要教育文献(1976—1990)》，1607页，海口，海南出版社，1998。

② 《李先念致全国教师的信》，载《中国教育报》，1985-09-10。

③ 教育部大批判组：《教育战线的一场大论战——批判"四人帮"炮制的"两个估计"》，载《人民日报》，1977-11-18。

导下，全国各级学校全面揭批"四人帮"及"两个估计"给教育战线造成的负面影响，为教师政治身份在现实社会中的确立产生了积极的影响。

3. 确立教师节

国家确立"教师节"，从这种隆重的富有仪式感的纪念活动中营造尊师重教的社会氛围，提升教师的社会地位。在北京师范大学王梓坤校长等知名学者的建议下，1985年1月21日，第六届全国人大常委会第八次会议作出决议，将每年的9月10日定为我国的教师节，目的是"进一步提高人民教师的政治地位和社会地位，逐步使教师工作真正成为社会上最受人尊重，最值得羡慕的职业之一，形成尊师重教、尊重知识、尊重人才的社会风尚"。①

在第一个教师节前夕（1985年9月9日），国务院总理赵紫阳出席在北京师范大学举行的庆祝教师节的大会并发表讲话，他指出"教师所从事的事业是神圣的事业"，四化的成败，祖国的未来，取决于教师们的工作。次日，万里同志在首都庆祝教师节的大会上发表讲话，特别肯定，"目前我们广大中小学教师，工作条件和生活条件都比较艰苦，特别是老、少、边、穷地区的教师困难更多。在这种情况下，我们的教师同志们识大体，顾大局，体谅国家困难，热爱党，热爱社会主义，忠于人民的教育事业，兢兢业业、勤勤恳恳地努力搞好本职工作，表现了很高的觉悟，令人感佩。"②时任中国国家主席的李先念也在当天的《中国教育报》发表《致全国教师的信》。党的最高领导对教师节的重视传达了一种导向，教师是神圣的职业，全社会要形成尊师重教的社会风气。之后，各地隆重欢度教师节，中央要求报纸杂志做好宣传工作，宣传尊师重教的意义，宣传教师中的先进典型及各地尊师重教做得好的单位、个人；各单位在教师节前后集中检查落实知识分子政策的情况，"要努力做到使教师在政治上受到信任，工作上得到支持，生活上逐步改善。尤其要对中小学、幼儿园教师在入党、住房、看病、子女就业等方面存在的问题进行调查研究，经过努力尽可能地帮助他们解决一些实际问题"，以及安排教师参加

---

① 《关于建立"教师节"的说明》，见何东昌：《中华人民共和国重要教育文献（1976—1990）》，2254页，海口，海南出版社，1998。

② 万里：《教师的工作在很大程度上决定着国家的未来——万里同志在首都庆祝教师节大会上的讲话》，见何东昌：《中华人民共和国重要教育文献（1976—1990）》，2317页，海口，海南出版社，1998。

重大活动，担任各种荣誉职务的名额，等等。①

以后，每年教师节都有党和国家的最高领导出席纪念活动并发表讲话，各地政府和教育主管部门，以及各企事业单位也积极开展多种尊师重教的活动。"教师节"成为一种符号、一种仪式，体现出党和国家对教师这一群体的认可和支持。

4. 落实知识分子政策

拨乱反正以来，党中央开始落实干部和知识分子政策，为那些在"文化大革命"前后被冤枉的干部、知识分子平反。被冤枉教师的平反工作也紧锣密鼓地进行。

"文化大革命"期间，许多学校领导被打成"走资派"，不少骨干教师被诬蔑为"反动学术权威"，剥削阶级家庭出身的干部、教师被定为阶级异己分子，曾在旧社会担任过政府职务的，参加过国民党、三青团的教师不少人被定为历史反革命分子；具有海外关系的教师被列为"特务"遭到审查，有过被捕经历的干部和教师被戴上"叛徒"的帽子。据有限的统计发现，"文化大革命"期间，仅在教育部和所属单位及 17 个省市的教育部门中，受到诬陷迫害的干部、教师就达 14.2 万人。卫生部直属 14 所高等医学院校的 674 名教授、副教授中，受诬陷、遭迫害的就有 500 多人。②

1977 年 10 月 7 日，《人民日报》发表《把"四人帮"颠倒了的干部路线是非纠正过来》的署名文章。自此开始了落实干部、知识分子政策的历程。1978 年 7 月 8 日，国务院转批教育部《刘西尧同志在全国教育工作会议上的报告和总结》，要求将"'四人帮'强加在干部和教师身上的一切诬蔑不实之词，应统统推倒，对'四人帮'制造的一切冤案应公开予以昭雪，错案应予纠正。要给这些同志安排适当的工作，充分发挥他们的作用。有关材料，包括塞入家属档案中的材料，都应予以清理。落实政策的工作，要有专人负责，抓紧进行，定期检查，限期完成"。③　当时教育部门平反的对象：一是为"四人帮"制造政

---

① 《中央宣传部、教育部、共青团中央、全国教育工会关于做好今年教师节工作的意见》，见何东昌：《中华人民共和国重要教育文献(1976—1990)》，2290 页，海口，海南出版社，1998。

② 方晓东、李玉非等：《中华人民共和国教育史纲》，289 页，海口，海南出版社，2002。

③ 《刘西尧同志在全国教育工作会议上的报告和总结》，见何东昌：《中华人民共和国重要教育文献(1976—1990)》，1613 页，海口，海南出版社，1998。

治阴谋期间在教育界造成的冤假错案；二是为虽由毛泽东批示过，但是由"四人帮"直接插手的冤假错案；三是纠正新中国成立后教育界在历次政治运动中形成的各种错案。在具体平反的过程中，全国各级教育行政部门和各级各类学校，给在"文化大革命"期间迫害致死的干部、教师召开追悼会、平反昭雪大会，举行骨灰安放仪式等活动，给受迫害的干部、教师落实政策，使大批的干部、教师重新走上工作岗位，为全面恢复教育教学秩序贡献力量。① 教师、干部平反工作于 1982 年结束，这项工作为切实扭转社会风气，提升教师的政治地位，提升教师的尊严和职业吸引力奠定了基础。

(二)积极确立教师的专业地位

这个时期对教师专业地位的确立主要体现在职称制度的恢复和特级教师制度的恢复上。

1. 恢复职称制度

职称也称"职务"，是区别人员的专业技术或学术水平的等级称号。教师的职称制度在"文化大革命"之前就有，"文化大革命"期间被迫停止。为了提升教师的工作积极性，提升其职业尊严，特别是促进教师的专业成长，1977年邓小平同志要求学校要向科研部门学习，恢复职称制度。② 1978 年 3 月，国务院同意《教育部关于高等学校恢复和提升教师职务问题的请示报告》，高等学校开始恢复专业职称制度。在高等学校的影响下，1981 年 2 月 2 日，教育部决定在中等专业学校开始实施职称评定制度。③

高等学校和中等专业学校职称制度的实施为中小学实行职称制度奠定了基础。1985 年颁行的《中小学教职工工资制度改革实施方案》为中小学教师实行职称(职务)制度奠定了政策基础。该方案提出教职员实行以职务工资为主要内容的结构工资制，即教职员按其专业职务的级别设立工资标准，提出教学人员：中学按高级教师、一级教师、二级教师、三级教师四级分列，小学按高级教师、一级教师、二级教师、三级教师四级分列。随后，各地中小学校建立中小学教

---

① 方晓东、李玉非等：《中华人民共和国教育史纲》，289～292 页，海口，海南出版社，2002。

② 邓小平：《教育战线的拨乱反正问题》，见何东昌：《中华人民共和国重要教育文献(1976—1990)》，1578 页，海口，海南出版社，1998。

③ 《教育部关于中等专业学校评定教师职称工作的通知》，见何东昌：《中华人民共和国重要教育文献(1976—1990)》，1894 页，海口，海南出版社，1998。

师专业职务评定和考核晋升制度，这个职称制度还包括民办教师。①

　　1986 年 5 月 19 日，中央职称工作改革领导小组颁发《中学教师职务试行条例》《小学教师职务试行条例》，对中小学教师不同职务所履行的职责、任职条件、考核评审方式等进行了详细的规定，明确教师作为专业人员的基本素质和工作内容，为中小学教师的职务评定和考核，以及教师的专业发展提供了政策依据。我们以小学一级为例，《小学教师职务试行条例》规定，小学一级教师的职责：第一，承担学校安排的教学任务，备课，讲课，辅导，批改作业，考核学生成绩；第二，在课内外对学生进行思想品德教育，担任班主任、少先队辅导员，或组织、辅导学生课外活动；第三，承担或组织年级的教育教学研究工作。其任职条件是，小学二级教师任教 3 年以上，或者高等师范学校及其他高等学校专科毕业生见习 1 年期满，并具备以下条件：第一，能够独立掌握所教学科的教学大纲、教材、教学原则和教学方法，正确传授知识和技能，教学效果好；第二，具有正确教育小学生的能力和班主任、少先队辅导员工作经验，教学效果好。《关于中小学教师职务试行条例的实施意见》规定，"凡是目前尚不具备国家规定学历的中小学教师，一般应通过考核，取得专业合格证书或者取得教材教法考试合格证书，并具备相应的教师职务任职条件，才能聘任或任命其担任相应的教师职务"。② 这以后，我国的中小学校开始实施教师职称制度。

　　我国中小学教师职称制度的建立实施，为中小学教师专业任职条件和专业水平的确立，以及未来专业发展提供了方向，也为中小学教师专业地位和专业尊严的确立提供了依据。自此以后，我国中小学教师作为专业人员的身份得以真正确立，为学校和行政部门以专业的视角规范用人制度和教师管理制度提供了依据。

2. 教师荣誉制度萌芽

　　为提高教师的政治地位和社会地位，增强教师的光荣感、责任感，鼓励他们长期坚持教育工作岗位，为社会主义教育事业贡献力量；同时也为奖励教师对教育工作做出的贡献，表彰先进，树立榜样，鼓励教师不断提高自身

---

　　① 《为建设一支数量足够、质量合格的中小学师资队伍而奋斗——何东昌同志在全国中小学师资工作会议上的讲话》，见何东昌：《中华人民共和国重要教育文献(1976—1990)》，2337～2338 页，海口，海南出版社，1998。

　　② 《中学教师职务试行条例》《小学教师职务试行条例》《关于中小学教师职务试行条例的实施意见》，见何东昌：《中华人民共和国重要教育文献(1976—1990)》，2440～2443 页，海口，海南出版社，1998。

的专业和师德水平，1978 年，我国开始着手建立教师荣誉制度。

改革开放后的教师荣誉制度是从恢复特级教师制度开始的。早在 1956 年，北京市就评选出了 32 名中小学教师，作为第一批"特级教师"，提请当时的中央人民政府政务院审查批准，并在工资待遇方面给予这些特级教师以特别提升，中学特级教师的工资定为"相当于高等学校六级（教授）"，小学特级教师的工资定为"相当于中学教师三级"。之后，北京市又分别于 1959 年评选出了 3 名特级教师，1960 年评选出了 6 名特级教师，1963 年评选出了 1 名特级教师。至此，从新中国成立到"文化大革命"前，北京市一共评选出了四批共计 42 名特级教师。

1978 年 4 月 22 日，邓小平在全国教育工作会议上提出，"特别优秀的教师可以定为特级教师"。当年 4 月 28 日，教育部批准北京景山学校的马淑珍、郑俊选、方碧辉三位小学低年级教师为特级教师。① 同时，一些省、直辖市、自治区也照此做法提升了一批特级教师。1978 年 12 月 7 日，教育部、国家计委下发《关于评选特级教师的暂行规定的通知》，要求全国设立特级教师制度，对特别优秀的中小学、幼儿教师等予以表扬和奖励。同时，国家要提高这些特级教师的待遇，发挥其专长，以提升整个基础教育阶段教师的地位，进行教师队伍建设。特级教师制度由此建立，特级教师的评选工作也按期限有条不紊地展开。截至 1982 年 1 月底，全国已有 26 个省市自治区评选出特级教师 1113 名。各地教育行政部门在评选特级教师的过程中，通过报刊、广播、电视和召开教师代表大会、教师座谈会等方式广泛宣传，表彰了他们的先进事迹，交流推广他们的教育教学经验。各地都有一部分特级教师被选为各级人民代表、政协委员或被聘请为名誉校长、教育顾问等。②

与此同时，其他荣誉的优秀教师评选也纷纷开始。1978 年 7 月，教育部和北京市政府召开大会，授予北京市通县一中（现通州区潞河中学）班主任刘纯朴以"模范班主任"称号。随后，各地陆续授予一批优秀教师以"模范班主任""优秀教师"等称号。③

---

① 《北京景山学校经教育部批准提升马淑珍、郑俊选、方碧辉为特级教师》，载《人民教育》，1978(Z1)。

② 《中国教育年鉴》编辑部：《中国教育年鉴（1949—1981）》，200 页，北京，中国大百科全书出版社，1984。

③ 《中国教育年鉴》编辑部：《中国教育年鉴（1949—1981）》，200 页，北京，中国大百科全书出版社，1984。

1979 年，教育部部长刘西尧在全国教育工作会议上作总结报告时说，"要大力表扬优秀的教师、干部和职工，特别突出的可以授予'模范教师'或'模范教育工作者'的称号，颁发奖状、奖章和给予适当的物质奖励。"①随后，我国教育主管部门提出表彰教育领域优秀的教师。1983 年 2 月 24 日，团中央、教育部印发《全国优秀少年先锋队辅导员奖励条例》，要求每五年评选一次，对全国优秀的少先队辅导员进行表彰和奖励。② 1986 年，我国中小学幼儿教师奖励基金会成立，意在"表彰我国优秀的中小学幼儿教师的功绩，提高他们的社会地位，鼓励他们终身从事社会主义基础教育事业，推动全社会关心和支持教育，以促进我国基础教育事业的发展"，并要求各省市县建立本地区的基础教育阶段教师奖励的网络。③

这一时期，中央乃至地方开始对做出突出贡献的教师进行评优与奖励。如 1979 年北京市委向被批准的 22 位特级教师、18 名模范班主任、54 名模范教师、28 名模范教育工作者分别颁发了证书和奖金。④ 上海市 1978 年、1980年两次共评选出中、小、幼特级教师 57 名。1979—1980 年评选出中小学模范班主任 36 名，市教育战线先进工作者 496 名；1981 年评选出市优秀人民教师107 名，市先进教师 384 名。1978—1983 年评选出全国"三八红旗手"46 名，市劳动模范 102 名，市"三八红旗手"306 名。他们还在不同的年份评选出"五讲四美"为人师表活动先进代表、全国优秀辅导员、新长征突击手，等等。⑤1986 年教师节，中央表彰 1000 名"人民教师奖章"获得者和教育系统先进集体，表彰他们为教育事业做出的突出成绩。⑥

---

① 《刘西尧同志在全国教育工作会议上的报告和总结》，见何东昌：《中华人民共和国重要教育文献(1976—1990)》，1615 页，海口，海南出版社，1998。

② 《全国优秀少年先锋队辅导员奖励条例(试行)》，见何东昌：《中华人民共和国重要教育文献(1976—1990)》，2078～2079 页，海口，海南出版社，1998。

③ 王震：《中国中小学幼儿教师奖励基金会第二次理事会开幕词》，见何东昌：《中华人民共和国重要教育文献(1976—1990)》，2736 页，海口，海南出版社，1998。

④ 《中国教育年鉴》编辑部编：《中国教育年鉴(1949—1984)》(地方教育)，11 页，长沙，湖南教育出版社，1986。

⑤ 《中国教育年鉴》编辑部编：《中国教育年鉴(1949—1984)》(地方教育)，425 页，长沙，湖南教育出版社，1986。

⑥ 李鹏：《坚持改革，大力发展基础教育——在全国教育系统优秀教师先进集体表彰大会上的讲话》，见何东昌：《中华人民共和国重要教育文献(1976—1990)》，2494 页，海口，海南出版社，1998。

虽然这个时期还谈不上建立了完整的教师荣誉制度，但一些优秀教师的评选，如特级教师、全国劳动模范、全国优秀教育工作者等荣誉的评选已经按时段按部就班地展开，进入制度化和规范化的阶段。如1978年建立的特级教师制度，对评选的目的、对象、条件、时间间隔、奖励的方式等均给予明确的规定。评选的目的是"提高教师的政治地位和社会地位，增强教师的光荣感、责任感，使他们能长期坚持教育工作岗位，为社会主义教育事业贡献力量""表彰先进，树立榜样，以调动广大教师的积极性，鼓励他们学习先进，不断提高政治、文化、业务水平，努力提高教育质量"。评选对象是在中小学、盲聋哑学校、师范学校、教师进修学校等基础教育领域工作的教师和校长等。评选的条件是政治上可靠，业务上精练。要求每隔3—5年评选一次特级教师。奖励的方式除了给评上的教师颁发特级教师证书外，要求给以如下奖励：第一，各地可推荐有些特级教师为各级人民代表或政协委员，或吸收其参加一定的社会活动。退休后，可由学校聘请做名誉校长、教育顾问，或到有关团体担任安排相当的名誉职务。第二，提高工资待遇。对评选出来的特级教师(包括民办教师)，在全国工资改革没有实行之前，暂时采取小学特级教师每月补贴20元，中学特级教师每月补贴30元的办法。第三，发挥专长。由高师院校、教师进修学校、教学研究机构和教育出版机关聘请作特约讲师、特约研究员和特约编审等。此外，还应给他们以适当的时间进行教学研究和培新教师。① 特级教师评选的规定实际上确立了持续性的特级教师制度。之后，全国劳动模范，各地的先进教育工作者、优秀班主任等的评选也逐渐展开。这些为后来我国系统的教师荣誉制度的实施奠定了基础，也积累了经验。

总之，评选和表彰优秀教师的工作，树立了中小学教师兢兢业业、勤勤恳恳、不畏艰辛努力工作的崇高形象，改变了长期以来由于政治运动和社会习俗造成的对他们的偏见(被争取、团结、教育和改造的对象，教书匠，娃娃头)，对于提升教师的职业自豪感、使命感具有非常积极的意义。

3. 坚决杜绝侵害教师的行为

这一时期，国家还采取各种方式改善教师的生存状况，杜绝任何侵害教师的行为。

第一，努力纠正社会上不尊重教师的歪风邪气。1980年7月，全国小学

---

① 《教育部、国家计委下发关于评选特级教师的暂行规定的通知》，见何东昌：《中华人民共和国重要教育文献(1976—1990)》，1654～1655页，海口，海南出版社，1998。

语文教学研究会在大连召开成立大会期间，大连市接待方的某些领导和服务员出现歧视与轻慢小学教师的言行。为此，9 月 2 日《人民教育》记者以《怎么能这样对待小学教师》为题，在《人民日报》上报道了这件事。9 月 4 日，叶圣陶、吕叔湘、苏步青、刘佛年等 8 位人大代表联名在《人民日报》发表呼吁信，要求社会各界人士把"尊师重教"的口号变为现实，指出小学教师不为名，不为利，辛勤劳动，有重大贡献，理应得到社会的尊重。9 月 5 日，国务院有关领导在五届人大三次会议上发表讲话，对这封信给予极大的支持，要求大家共同努力，使尊重一切教师成为全社会的风气。9 月 8 日，辽宁省委、省政府接受批评，发出通知，要求深入开展尊师教育。9 月 19 日，大连市接待处和大连饭店等单位接受批评，表示改正错误。① 这一系列的举动如及时雨，有力地遏制了社会上的不良风气。

　　第二，坚决刹住侵害教师的犯罪行为。针对"文化大革命"结束后几年社会上的流氓、不法分子毒打、杀害教师的现象，方毅、彭真同志批示《中国教育工会分党组、教育部党组关于天津、北京等地教师被毒打、凶杀事件的情况和处理意见的报告》，报告要求依法严惩毒打、杀害教师的犯罪分子；在学校、工厂、农村、街道、机关广泛深入进行法制教育，以保障教师人身安全，维护学校正常教学秩序；认真贯彻落实党的知识分子政策，要对各地落实情况进行大检查，严禁侮辱、打骂教师；等等。② 1983 年 8 月 4 日，教育部、公安部、司法部、最高人民法院、最高人民检察院发布《关于坚决煞住侮辱、殴打、伤害教师邪风的紧急通知》，要求坚决保障教师的人身安全和人格尊严不受侵犯；对杀害教师和学生的犯罪分子，必须列入重点打击对象，依法从重从快惩处；对侮辱、殴打、伤害教师者，依法严肃处理，不能手软；对典型罪犯的处理要在当地开大会宣布，以张扬法纪，震慑坏人，教育群众等；要求各级党政干部切实承担起维护教师人身安全和人格尊严的责任。③。《中华人民共和国义务教育法》第 16 条明确规定，"禁止侮辱、殴打教师"。这以

---

　　① 《中国教育年鉴》编辑部：《中国教育年鉴（1949—1981）》，200～201 页，北京，中国大百科全书出版社，1984。

　　② 《教育部党组、中国教育工会分党组印发方毅同志、彭真同志的批示及关于天津、北京等地教师被毒打、凶杀事件的情况和处理意见的报告》，见何东昌：《中华人民共和国重要教育文献（1976—1990）》，1764～1765 页，海口，海南出版社，1998。

　　③ 《关于坚决煞住侮辱、殴打、伤害教师邪风的紧急通知》，见何东昌：《中华人民共和国重要教育文献（1976—1990）》，2113 页，海口，海南出版社，1998。

后，各地积极解决这一问题，如四川省各级党委、政府和有关部门上下一起动手，集中时间，集中力量，狠刹这股邪风。① 其他省份如法炮制，也很快解决了这一问题。

(三)改善教师的生活待遇

1.70 年代末 80 年代初，教师的经济地位低下

"文化大革命"对教师经济地位影响最大的是教师的工资低于体力劳动者。体脑倒挂是当时中国社会的普遍现象。"现在，小学教师平均工资居于全国各行业之末，中学教师是倒数第二"。② 针对这种现象，1977 年 8 月，邓小平同志在科学和教育工作座谈会上的讲话，明确提出除了对知识分子进行精神上的鼓励外，还要采取一些鼓励措施，包括改善其待遇。③ 在 1978 年全国教育工作会议上，邓小平同志再次要求关注并改善教师的待遇，要求"研究中小学教师的工资制度。要采取适当的措施，鼓励人们终身从事教育事业。特别优秀的教师，可以定为特级教师"。他要求各级党委和教育行政部门，积极创造条件，在可能范围内，尽力办好集体福利事业。④ 随后，从中央到地方开始了提升教师工资、改善教师待遇的种种举措。

(1)提高并调整教师工资

针对教师待遇低下的现实，为改善教师待遇，调动教师的工作积极性，这一时期国家屡次提升中小学教师的工资。1981 年 10 月，国务院转发教育部《关于调整中小学教职工工资的办法》，规定对 1978 年年底以前参加工作的教职工(包括全部公办教师和在公办学校长期代课教师)，一般晋升一级工资，其中极少数教学工作成绩显著，贡献较大，教龄较长，与同类人员相比工资偏低的优秀教师骨干教职工可以升二级工资。具体办法是"在现行工资标准的基础上，采取先补、后靠、

① 《彭珮云同志在中小学教师中落实知识分子政策汇报会上的讲话》，见何东昌：《中华人民共和国重要教育文献(1976—1990)》，2401 页，海口，海南出版社，1998。

② 《关于普及小学教育若干问题的决定》，见何东昌：《中华人民共和国重要教育文献(1976—1990)》，1877 页，海口，海南出版社，1998。

③ 邓小平：《关于科学和教育工作的几点意见》，见何东昌：《中华人民共和国重要教育文献(1976—1990)》，1574 页，海口，海南出版社，1998。

④ 《邓小平同志在全国教育工作会议上的讲话》，见何东昌：《中华人民共和国重要教育文献(1976—1990)》，1607 页，海口，海南出版社，1998。

再升级"的办法。① 此次工资的适时普调，使中小学教师工资有了明显的增长。

教师工资再次提升是在 1985 年。为了加快我国"四个现代化"建设，提高知识分子的地位和工作积极性，"为了逐步消除现行工资制度中的平均主义和其他不合理因素，初步建立起能够较好地体现按劳分配原则、便于管理和调节的新工资制度"，中共中央、国务院于 1985 年 6 月下达《关于国家机关和事业单位工作人员工资制度问题的通知》，决定普通中小学从 1985 年 1 月 1 日起执行以职务工资为主要内容的结构工资制。此次工资改革的原则是："①贯彻按劳分配原则，适当体现奖勤罚懒、奖优罚劣；体现多劳多得、少劳少得；体现脑力劳动和体力劳动、复杂劳动和简单劳动、熟练劳动和非熟练劳动、繁重劳动和非繁重劳动之间的差别。②把工作人员的工资同本人的工作职务、责任和劳绩密切联系起来，以利于工作人员提高政治业务水平和工作效率，促进人才的合理流动。③这次工资制度的改革，要使工作人员的工资普遍有所增加，中小学教师和职级不符的中年骨干的工资要适当多增加一些。④通过改革建立起正常的晋级增资制度，随着国民经济的发展，逐步提高国家机关、事业单位工作人员的实际工资水平。"

在这样的原则指导下，我国废除了 1956 年以来实施的等级工资制，使国家机关、事业单位（包括中小学教师）逐渐实行由基础工资、职务工资、工龄津贴和奖励工资四部分组成的结构工资制，开始实施教龄津贴。标准为：教龄 5 年以下的 3 元/月，10—15 年者 5 元/月，15—20 年者 7 元/月，20 年以上者 10 元/月。② 这次工资的调整，使教师的工资的类别多元，也有助于通过教师工资制度促进教师专业成长和工作投入。

此后，国家还多次下发相关文件提高中小学教师工资待遇。1987 年 11 月，国务院下发《关于提高中小学教师工资待遇的通知》。1988 年 1 月，劳动人事部、国家教委制定《提高中小学教师工资标准的实施办法》，提出从 1987 年 10 月起将中小学教师现行的各级工资标准提高 10％。③

---

① 《关于调整中小学教职工工资的办法》，见何东昌：《中华人民共和国重要教育文献(1976—1990)》，1979~1980 页，海口，海南出版社，1998。

② 《关于教师教龄津贴的若干规定》，见何东昌：《中华人民共和国重要教育文献(1976—1990)》，2311 页，海口，海南出版社，1998。

③ 《关于提高中小学教师工资待遇的通知》《提高中小学教师工资标准的实施办法》，见何东昌：《中华人民共和国重要教育文献(1976—1990)》，2688、2702 页，海口，海南出版社，1998。

表 4-4　1988 年中小学教师职务工资标准表

级别	一	二	三	四	五	六	七	八
中学高级	150	140	130	120	110	100	91	82
中学一级 小学高级	110	100	91	82	73	65	57	
中学二级 小学一级	82	73	65	57	49	42	36	30
中学三级 小学二级	57	49	42	36	30	24		
小学三级	42	36	30	24	18	12		

注：数据转引自涂怀京：《中小学教师政治经济地位法规沿革述评》，《昭通师范高等专科学校学报》，2007(3)。

工资的单位为"元"。

这几次工资调整，使教师的工资待遇得到了很大的提高。这一时期教师工资提升的幅度，与全国企事业单位工资的提升幅度基本一致，但教师略高于全国的平均水平。

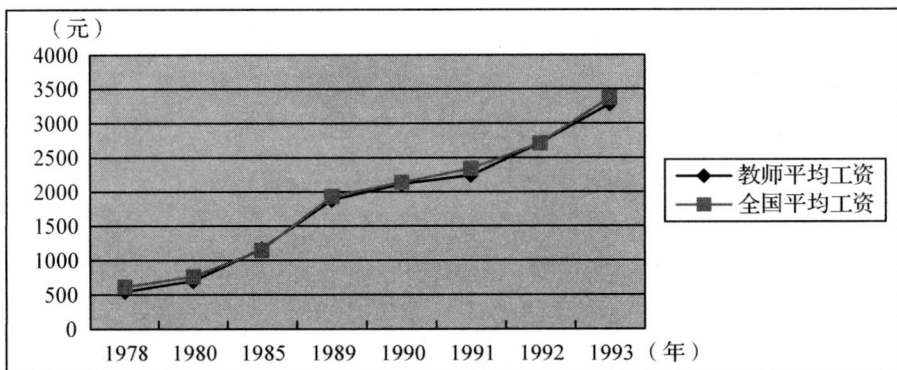

图 4-1　1978—1993 年全国教师平均工资与全国平均工资水平

注：数据来源于国家统计局：《中国统计年鉴 1994》，中国统计出版社 1995年版。

(2)改善民办代课教师待遇

民办代课教师是我国特殊的教师群体，任用他们是国家财力不强、教育经费不足时代为解决农村、偏远地区的师资不足问题而采取的权宜之计。20世纪 80 年代中期，在贫困山区、边远地区，这支队伍占这些地区教师队伍的一半以上。① 这些人多由地方承担其工资，待遇较差，但工作负荷很重，从而严重影响了农村地区教师工作的积极性。

为此，国家开始考虑提升民办代课教师待遇的问题。1981年的工资普调时，"长期代课教师，可参照国家固定教职工增加工资的精神，适当增加代课酬金。具体办法由各省、市、自治区人民政府研究制定"。② 同年，教育部又开始增加中小学民办教师补助费，对那些经过县一级教育行政部门认可的民办教师，"平均每人全年增加补助费50元"。③ 由于幅度过低，并没有改变这批教师待遇低下的现实。但提高民办代课教师待遇显然已经引起中央的重视。

1985年，国家认识到普及初等教育的重点在农村，难点在山区和边远地区。面对民办教师占一半以上的现实，为稳定这支队伍，实现农村基础教育的普及和提高，以及农村经济的发展，教育主管部门着力解决民办教师的工作和福利待遇问题，提出"农村中小学民办教师全部实行统筹工资制"，"民办教师的工资标准，应根据按劳分配原则和各地的经济生活水平，逐步达到与当地公办教师的工作所得相当"，要求各地切实解决民办教师就医、养老的问题，采取多种方式解决就医费用、病假工资、女教师产假工资，以及退休补助、伤亡抚恤等问题。④ 这以后，各地建立民办教师福利基金，以解除民办教师的后顾之忧。

在此基础上，为了解决民办代课教师由于年龄和身体原因离开工作岗位后的生活问题，解除其后顾之忧，1988年，国家教委、财政部、人事部颁发《关于年老病残民办教师生活补助费的暂行规定》，提出对男性教师年满60周岁，女性教师年满55周岁，且连续任教15年者；或男性教师年满55周岁，女性教师年满50周岁，连续任教15年，经县（市）以上医院证明，县（市）教育行政部门确认丧失工作能力的；或因公致残，经县（市）以上医院证明，及

---

① 《为建设一支数量足够、质量合格的中小学师资队伍而奋斗——何东昌同志在全国中小学师资工作会议上的讲话》，见何东昌：《中华人民共和国重要教育文献（1976—1990）》，2337页，海口，海南出版社，1998。

② 《关于调整中小学教职工工资的办法》，见何东昌：《中华人民共和国重要教育文献（1976—1990）》，1980页，海口，海南出版社，1998。

③ 《关于增加中小学民办教师补助费的办法》，见何东昌：《中华人民共和国重要教育文献（1976—1990）》，1980页，海口，海南出版社，1998。

④ 《为建设一支数量足够、质量合格的中小学师资队伍而奋斗——何东昌同志在全国中小学师资工作会议上的讲话》，见何东昌：《中华人民共和国重要教育文献（1976—1990）》，2337~2338页，海口，海南出版社，1998。

县（市）以上教育行政部门确认丧失工作能力的民办教师进行生活补助。补助的经费来源从国家已下达的民办教师补助费、农村征收的教育事业费附加和集体自筹中解决。① 这个政策无疑为年老体弱且长期从教的民办教师离职后的生活提供了一定的保障。但由于没有规定具体的标准，只是规定最低标准不得少于现行民办教师补助费中国家补助部分，加之各地经济发展水平不一致，因此不少地方没有很好地兑现这一要求。

1990 年，国家教委提出，对那些被评为全国教育系统劳动模范的民办教师实行奖励升级，如晋升一级工资，提高其补助费或统筹费，或发放一次性的奖励金。②

上述一系列措施对提高民办教师的待遇、提升其地位发挥了一定的作用。

（3）恢复并增加教师津贴

为了改善教师的待遇，国家还采取津贴、补助、奖金等方式，补充教师的待遇。教育部于 1980、1986、1988 年实行班主任津贴、教龄津贴和超课时酬金制度，建立并完善了教育系统的奖金津贴制度。③ 如 1979 年教育部恢复 1956 年教育部关于盲聋哑中小学教职工工资待遇的规定，即"对于盲聋哑中、小学的员工，除按中、小学工资标准分别评定外，对教员、校长、教导主任还应按评定之等级工资，另外加发 15％，以表示鼓励。"④1980 年，教育部在中等专业学校、盲聋哑学校试行班主任津贴制度。⑤1985 年工资改革中，要求中小学的班主任津贴、特级教师津贴，按原规定继续发给。工读学校、盲聋哑学校教师等的现行的补贴，按原规定继续发给。盲聋哑学校的教师（包括校长、教导主任等），可按原规定发给本人基础工资加职务工资之和的 15％的补

---

① 《国家教委、财政部、人事部颁发关于农村年老病残民办教师生活补助费的暂行规定》，见何东昌：《中华人民共和国重要教育文献（1976—1990）》，2764 页，海口，海南出版社，1998。

② 《国家教委关于被评为全国教育系统劳动模范的民办教师奖励升级的意见》，见何东昌：《中华人民共和国重要教育文献（1976—1990）》，3027 页，海口，海南出版社，1998。

③ 《中国教育年鉴》编辑部：《中国教育年鉴（1990）》，263～264、266 页，北京，人民教育出版社，1991。

④ 《教育部关于盲聋哑中小学教职工工资待遇问题的复函》，见何东昌：《中华人民共和国重要教育文献（1976—1990）》，1695 页，海口，海南出版社，1998。

⑤ 《教育部关于在中等专业学校、盲聋哑学校班主任中试行津贴的通知》，见何东昌：《中华人民共和国重要教育文献（1976—1990）》，1917 页，海口，海南出版社，1998。

贴费。① 1988 年，人事部、国家教委、财政部又颁发《关于提高中小学班主任津贴标准和建立中小学教师超课时酬金制度的实施办法》，要求各地提高班主任津贴标准和教师超课时酬金，经费按单位隶属关系，分别由中央和地方财政负担，民办教师和企业教师则由省、自治区、直辖市和企业自行决定。②

上述措施对改善教师待遇发挥了一定的作用。

（4）解决"住房难""就医难"等实际问题

这个时期，尤其是第一个教师节前后，一些地方努力解决中小学教师医疗费的问题、子女就业问题、住房问题等。如四川省在第一个教师节前，报销教师超支的医疗费，还规定中小学教师看病、住院、转院等费用与当地党政机关事业单位的干部享受同等待遇。浙江岱山、辽宁锦州，通过多种渠道优先解决教师子女就业问题。1982 年长沙会议以后，经过 3 年时间，各地为城市中小学教师盖了 140 万平方米的房子，解决了 9 万户的住房问题。辽宁锦州为解决教师住房问题，提出五项措施：一是每年从城镇住房建设总投资中提出 2％用于中小学教师建房；二是教师原住城市房管部门的房子腾出后，由教育部门调剂使用，任何部门和单位不得收回和占用；三是夫妻双方一方是教师的，另一方所在单位分配住房时，同等条件优先解决；四是校办工厂勤工俭学的部分收入可用于教师买房建房；五是教师住宅免收基建税；并要求 5 年内基本解决教师住房问题。③ 1983 年，上海市政府投资 8000 余万元，为中小幼教工建造 41.5 万平方米的住房；1984 年又决定再建 65.5 万平方米，占全市事业单位建房面积的 41％。④ 随后各地纷纷效仿，教师基本生活得到很大的改善。

总之，这一时期经过党和国家多方面的努力，教师的政治身份得到彻底的改变，而对教师个人和集体的高规格、常规化、大规模的表彰、奖励，在

---

① 《关于教师教龄津贴的若干规定》，见何东昌：《中华人民共和国重要教育文献（1976—1990）》，2311 页，海口，海南出版社，1998。

② 《关于提高中小学班主任津贴标准和建立中小学教师超课时酬金制度的实施办法》，见何东昌：《中华人民共和国重要教育文献（1976—1990）》，2820 页，海口，海南出版社，1998。

③ 《彭珮云同志在中小学教师中落实知识分子政策汇报会上的讲话》，见何东昌：《中华人民共和国重要教育文献（1976—1990）》，2401 页，海口，海南出版社，1998。

④ 《中国教育年鉴》编辑部：《中国教育年鉴（地方教育）（1949—1984）》，426 页，长沙，湖南教育出版社，1986。

一定程度上表现了国家和社会对教师职业的尊重，从而进一步提高了教师的政治地位和社会声望。与此同时，教师的工资水平、福利待遇也得到了很大的提高。1983 年，北京市的调查结果表明：教师职业声望的排列位置比较高，大学教师在各种职业排列中居第一位；中学教师低于各种专门职业而高于司、局、处级干部等管理人员；小学教师的声望最低，但高于科级干部、演员、办事员等职业。①

在以邓小平同志为首的党中央的领导下，在主管部门的切实工作下，包括教师在内的知识分子的精神负担逐渐放下，教师的精神面貌为之一振，爆发出了少有的工作热情。

五、总结与评论

粉碎"四人帮"至 1992 年，是我国改革开放的初期。在国家层面，我国重拾现代化的奋斗目标，开始了全面的现代化进程，而教师，作为现代化建设中的极其重要的群体，必然为实现我国全面的现代化发挥应有的作用。在教育层面，教育的现代化和教师的现代化同样是现代化的重要内容，我国依据西方现代化的路径，开始了普及义务教育和教师专业化的进程。这个时期，在教师专业化的过程中，我国有如下的经验与问题。

第一，恢复重建教师职前培养和职后培训相对独立的师范教育体系，致力于教师的培养和在职教育按照专业的规范与要求进行，从而有计划有目标地培养了中小学教育发展，特别是普及义务教育所需要的大量的合格师资，有效提升了中小学教师的学历水平和教育教学能力，促进了基础教育的发展和质量的提升。

第二，恢复重建了相互联系、相互结合的校内外教学研究制度。虽然教研体系自身并没有什么创新性，但这一制度体系的恢复，使一些由于"文化大革命"而荒废业务的中小学教师在学校场域和日常教育教学工作中获得了来自同侪的切实的帮助，使他们很快站稳了课堂教学的脚跟，提升了自身的专业知识和专业能力。在师范教育力量有限，而基础教育急需快速发展的当时，这个制度体系运用最便捷、最省钱的方式，帮助教师专业成长，从而实现了课程改革的目标，为高校培养现代化建设所需的高尖人才提供了高质量的

---

① 金一鸣：《教育社会学》，237～239 页，南京，江苏教育出版社，1992。

生源。无论是未成熟的年轻教师，还是具备一定经验的成熟教师，都是通过这个制度体系走上更广阔的专业发展道路的。

第三，积极致力于教师政治和经济地位的提升，为教师专业化水平的提升奠定了重要的精神与物质的基础。这个阶段党和国家花费了很大的力气来改变左的方针、政策导致的包括教师在内的知识分子群体低下的政治身份和社会环境，通过确立教师是工人阶级知识分子的身份，为广大曾经受迫害的教师平反昭雪。建立教师节，建立中小学教师的职称制度，大力表彰和奖励做出突出贡献的教师，以及大幅度地提升教师的经济待遇等，有效提升了广大教师的政治地位和经济地位，提升了教师在人民群众中的形象，从而增强了教师职业的吸引力，促进了教师整体社会地位的提升。这些为教师自身增强职业的使命感、工作热情发挥了极其重要的作用。

第四，这个时期教师专业化工作的推进主要在于弥补历史的欠账，把"文化大革命"中抛弃的制度恢复。但这个时期的工作主要是简单地恢复重建以往已经实施并已经发现有一定问题的制度，如职前职后相对独立的师范教育制度、区域与学校有计划但相对刻板的教研制度体系等。在恢复重建的过程中，主管部门并未深入研究当时中国所处的国内外环境，对未来中国现代化推进过程中的方向也缺乏深入和准确的研究（我们在经济上忙于追赶发达国家），更缺乏对这支经过"文化大革命"涤荡的教师队伍的品质（从专业知识到专业能力，从专业态度到专业精神）的深入分析研究，结果导致当教师的基本素质达到要求后，高质量师资的供给及在职教师持续的专业发展并不尽如人意。其中重要的原因是以往的教师发展路径已经不能很好地适应新时代的新要求。

第五，在教师专业化进程中政府发挥着主导作用。政府的作用是一把双刃剑，一方面由于行政的强力推动，我国的教师队伍建设方向明确、目标清晰，政府为教师专业发展提供了所需的各种资源，并协调各方面的关系，使我国教师专业化工作步调一致，整体推进，迅速提升了教师的专业化水平。另一方面，行政主导推动下的教师专业化进程，难以顾及不同发展水平的地区和不同质量的学校，留给学校和教师的专业发展的空间很小，教师只能被动地在区域和学校行政要求下开展工作，教育教学工作所需要的主动性和创造性难以发挥，教师专业发展的自主性也受到了很大的限制。

第五章 1993 年至今： 专业化浪潮中的当代教师

　　1976 年 10 月"粉碎四人帮"至今，虽然我国重新坚定地开启建设繁荣、富强的现代化强国的新征程，但因社会经济文化等发展的要求、速度、水平的变化，以及我国建设发展国策的变化，我们把这一时期的中国社会分为两个阶段。以 1993 年 11 月中国共产党召开十四届三中全会，全会通过《中共中央关于建立社会主义市场经济体制若干问题的决定》为界，我们把 1993 年之前的阶段称为现代化的重启阶段，把之后的阶段称为现代化新探索阶段。

　　1993 年我国确立建立中国特色的社会主义市场经济之后，我国经济、社会的发展开启了一个新的征途，社会环境也发生了很大的变化。教师的专业化进程也有了新的变化：一方面似乎走上了与民国后期教师专业化路径近似的道路；另一方面在与发达国家教师专业化的历程靠近并共振的同时，力图探索具有我国特色的教师专业化的模式。

一、中国进行全面现代化国家建设

(一)中国的现代化建设进入新的阶段

　　随着前期工作重心的转移和全面建设社会主义现代化国家的努力，到 20 世纪 90 年代，我国工农业生产突飞猛进地发展。如何进一步解放生产力，加速我国现代化建设的步伐? 1993 年 11 月，中国共产党召开十四届三中全会，会议通过了《中共中央关于建立社会主义市场经济体制若干问题的决定》，明确提出我国通过进行经济体制的改革，加快改革开放和社会主义现代化建设的步伐，建立社会主义市场经济体制。市场化、私有化，以及去中心化成为指导这一时期各项建设事业的发展理念。

1995 年 9 月，《中共中央关于制定国民经济和社会发展"九五"计划和2010 年远景目标的建议》，对"九五"国民经济建设提出了雄心勃勃的总体目标：实现人均国民生产总值比 1980 年翻两番；基本消除贫困，人民生活达到小康水平；加快现代企业建设，初步建立社会主义市场经济体制。2010 年实现国民生产总值比 2000 年翻一番，使人民的小康生活更加宽裕，形成比较完善的社会主义市场经济体制；在推进改革和发展的同时，社会主义精神文明和民主法治建设要取得显著进展，实现社会全面进步。这个时期，我国经济发展开始由计划经济转向国家宏观调控和市场调节相结合，计划经济和市场经济相结合的运行机制。这个时期，对外开放的总体格局基本形成，社会各项事业全面发展，为以后的经济和社会改革、发展奠定了良好的基础。香港、澳门分别于 1997 年和 1999 年回归祖国，中华民族的自信心出现了自鸦片战争以后从未有过的高涨。同时，我国各方面成绩斐然，我国成功抵制金融危机的袭击，战胜特大洪涝灾害，修订宪法，等等，可以说我国各项建设进入新的阶段。

（二）社会对创新性人才的要求越来越高

20 世纪 90 年代以来，我国社会面临的环境越来越复杂。依赖劳动密集型产业的生产模式对经济发展的贡献越来越小，越来越需要依靠科技和文化的创新推进经济的发展；在经济快速发展的同时贫富分化日趋严重，社会矛盾突出，迫切需要在社会公共福利和分配、教育等诸多领域解决公平问题，实现社会和谐发展。

江泽民在各种场合强调人才的重要性，提出"科技和经济的大发展，人才是最关键、最根本的因素。实现现代化，必须靠知识，靠人才"，"发展的优势蕴藏于知识和科技之中"，"创新是民族进步的灵魂"，"当今世界的综合国力竞争，归根结底是科技实力的竞争、高素质人才的竞争"。他要求全社会"要营造符合人才成长特点的环境。应针对专业技术人才的成长和工作特点，努力营造一种尊重特点、鼓励创新、信任理解的良好环境"。如何培养创新型的人才成为教育领域面临的重大而紧迫的课题。

（三）教育发展面临新的形势和任务

几十年来以升学为主要目标的教育积累的问题更加突出。

1. 基本实现"普九"目标，但义务教育的质量尚待提高

据教育部发布的1999年全国教育事业发展统计公报，截至1999年年底，全国普及九年义务教育的人口覆盖率达到80%，"普九"验收的县（市、区）总数达到2430个（含其他县级行政区划单位145个），9个省市已按要求实现"普九"的目标。到2006年，中国实现"两基"验收的县（市、区）由2001年的2573个增加到2973个，"两基"人口覆盖率由2001年的不足90%提高到98%；小学净入学率达到99.27%，比2001年上升0.2个百分点，初中阶段教育毛入学率达到97.0%，比2001年提高了8.3个百分点。①

虽然"普九"成绩显著，但"普九"的质量并未得到一致认可，因为在全国初中阶段毛入学率提高的同时辍学率也在上升。1999年，全国初中学校6.44万所，比上年减少0.10万所。初中在校生5811.65万人。初中阶段毛入学率为88.6%，比上年提高1.3个百分点。初中辍学率为3.28%，比上年上升0.05个百分点。初中毕业生升学率为50%。② 这就意味着190.62万的初中生未能毕业，他们主要集中在农村地区。和过去因贫辍学不同，目前辍学多为学校缺乏吸引力，学生成为学业失败者所致。除此之外，应试教育导致的学生知识面窄，学生自主学习能力低下，身体和心理素质不高，人格不完善的情况比比皆是，这严重阻碍了我国创新型人才的培养和国民素质的全面提升。

2. 农村基础教育陷入困境

2000年我国宣布基本普及九年义务教育之后，农村基础教育出现较为复杂的情况。许多地区中小学生流失辍学严重反弹。一些欠发达地区的农村教育陷入严重危机。湖北函授大学校长游清泉提供的数据显示：一些农村中小学辍学率已经上升到30%，个别贫困乡村的初三学生辍学率达到50%，部分经济较发达地区乡镇的初中辍学率也达到20%—30%，远远高于"普九"验收规定的3%的底线。据一些学者的实地调查，在内蒙古、宁夏等地，一些农村

---

① 杨东平：《2000年中国教育发展报告》，http://www.docin.com/p-1695718020.html，2019-12-20。

② 杨东平：《2000年中国教育发展报告》，http://www.docin.com/p-1695718020.html，2019-12-20。

的初中生辍学率高到60％左右。① 农村教育已经到了非常危险的地步。

3. 基础教育课程改革蓬勃开展

20世纪90年代以前，我国基础教育课程因强调学术性，在一定程度上有脱离实际、脱离社会、脱离生活的倾向；必修课过多，对学生要求过于统一，缺乏弹性；各学科的比例不够合理，音体美及社会科学比较薄弱，影响学生全面素质的提高；课程门类过多，课时总量偏高，学生课业负担较重，不利于学生生动、活泼、主动地发展。② 这些情况都不利于我国创新型、实用型人才的培养。

为了迎接21世纪知识经济的挑战，为了培养国家持续发展所需要的创新型和实用型人才，我国自1993年以来实施了几次课程改革，目的是注重课程与时代、与生活的联系，培养学生综合素质、自主学习能力和创新能力。

1992年，第一次课程改革在义务教育阶段展开。国家教委颁发新的《九年义务教育全日制小学、初级中学课程计划（试行）》，并于1993年秋季实施。该计划确立了由学科课程、活动课程构成的课程结构。学科课程以必修课为主，初中阶段适当设置选修课；以分科课为主，适当设置综合课；以按学年、学期安排的课为主，适当设置短期课；以文化基础教育为主，在适当年级因地制宜地渗透职业技术教育，适当增加艺（术）体（育）劳（技）学科、社会学科、自然学科的课时。③

1996年，国家教委颁布了《全日制普通高级中学课程计划（试验）》。同九年义务教育课程一样，新的高中课程由学科类课程（90.1％）和活动类课程（9.9％）组成。学科类课程分为必修（12门，62.4％）、限定选修（12.2％—18.7％）和任意选修（9.0％—15.5％）三种。活动类课程包括校会、班会、社会实践、体育锻炼、科技、艺术等活动。④

2001年，教育部印发了《基础教育课程改革纲要（试行）》，进行新一轮的课程改革。具体内容如下：①制定课程标准。改变课程中仅注重知识传授的

---

① 杨东平：《2002年中国教育改革和发展报告》，http：//www.china.com.cn/chinese/zhuanti/250876.htm，2019-11-20。

② 丁朝蓬：《中国中小学课程改革概览》，载《重庆教育》，2003（A01）。

③ 刘宝超：《20世纪90年代以来中国基础教育课程改革述评》，载《广东教育学院学报》，2006（2）。

④ 刘宝超：《20世纪90年代以来中国基础教育课程改革述评》，载《广东教育学院学报》，2006（2）。

倾向，强调积极主动的学习，并在掌握基础知识、基本技能的过程中学会学习，学会合作，学会生存，学会做人，关注人的全面发展。②改革课程结构，使其更具均衡性、综合性和选择性。均衡性：新课程从整体上设计九年一贯制课程，调整课时，增加自然科学和艺术类课程的课时，适当减少语数外等工具性课程的课时。综合性：小学阶段开设品德与生活、艺术、品德与社会、科学、综合实践活动等综合课程，初中设科学、历史与社会、体育与健康、艺术、综合实践活动等综合课程。高中课程结构由学习领域、科目、模块组成，设综合实践课。选择性：倡导开设地方课程和校本课程。③改革课程评价，建立促进学生全面发展，促进教师不断提高与促进课程不断发展的评价体系。学生评价不仅关注学业成绩，还要发现和发展学生多方面潜能；教师评价建立以教师自评为主，校长、教师、学生、家长共同参与的评价制度。④改革课程管理，实行国家、地方、学校三级课程管理制度，以增强课程对不同地区、学校及学生的适应性。⑤改革课程内容。改革现行课程内容"难、繁、偏、旧"以及与学生生活、现实世界相脱节的现状，增强课程内容与学生生活、现代社会和科技的联系，关注学生的学习兴趣和经验，精选学生终身学习所必备的基础知识和技能。⑥改革课程实施。倡导学生主动参与、乐于探究，勤于动手，使学生在教师指导下主动地、富有个性地学习。培养学生搜集和处理信息、获取新知识，分析和解决问题以及交流合作的能力。①

课程改革对教师的课程理念、知识结构、实施能力等诸方面提出了很高的要求和极大的挑战。

4. 教师质量成为约束教育发展的重要因素

国家未来发展的目标、课程改革的要求都对教师的质量和课堂实施能力提出了很高的要求。但我国基础教育阶段的师资质量并不尽如人意。

和改革开放初期相比，经过十多年的努力，虽然我国中小学教师的学历合格率获得大幅度的提升，但依然存在不少学历不合格教师。截至1999年，小学教师学历合格率为95.9%，初中教师学历合格率为85.50%，普通高中教师学历合格率为65.85%，各阶段仍有不少教师学历不合格。另外，义务教育阶段的师生比高于国家规定的标准。如1999年，小学生师比为23.12：1；

---

① 彭泽平：《改革开放以来我国基础教育课程改革评析》，博士学位论文，华东师范大学，2004。

初中生师比为 18.23：1；高中生师比为 15.2：1。① 小学、初中、高中的生师比都高于国家的规定。② 师资不足的现象存在。这还不涉及农村地区教师结构性短缺的问题。县以下学校普遍缺乏音体美、计算机等学科教师。

另外，教师的学历获得了很大的提升，但教师质量并未得到有效的提升。这表现在一些教师知识面窄，视野不宽，封闭、自以为是，被动、懦弱，缺乏理想、社会责任感和使命感，职业倦怠现象严重等，这些状况严重影响着学生的发展和教育质量的提升，尤其影响了历次的课程改革的圆满实施。特别是多数教师缺乏对社会、教育、学生等的深刻的认识和理解，缺乏探寻培养具有很强的学习能力、全面素质和创造性人才的勇气和能力，严重影响基础教育质量的提升和人才的培养。

如何培养能造就新世纪国际和国家发展所需要的高素质人才的高质量教师成为 20 世纪 90 年代中期以来师范教育界和教育领域思考的问题。这个时期，我国在促进教师专业发展的路径上，在试图与国际接轨的同时，开始探索中国特色的中小学教师专业发展路径，在教师教育体系、教学研究体系、教师资格制度，以及教师管理制度等方面采取行动，建立教师专业发展的系统工程，促进全体教师质量的提升。

二、教师教育体系的变革与教师的专业化

经过前期的努力，我国相对完备的教师培养和培训体系恢复并很好地运转，教师的数量和质量得到一定提升。但我国独立的师范教育体系自身，以及其与基础教育发展之间存在诸多的问题，影响了专业教师的培养和教师专业化水平的持续提升，主要表现在：第一，教育发展的严重不平衡决定了全国统一的三级师范教育体系并不适合所有地区教育发展的要求；第二，独立的师范教育体系也不适应职业教育的发展和农村教育综合改革的需要；第三，在条件尚不具备的时候大量建立专科师范院校导致其办学水平低下，难以实

① 杨东平：《2000 年中国教育发展报告》，http：//www.docin.com/p-1695718020.html，2019-12-20。

② 我国规定城市、县镇、农村的师生比不同，小学分别是 1：19，1：21，1：23；初中分别是 1：13.5，1：16，1：18；高中分别是：1：12.5，1：13；1：13.5。国务院办公厅转发中央编办、教育部、财政部《关于制定中小学教职工编制标准意见的通知》，见何东昌：《中华人民共和国重要教育文献(1998—2002)》，1012 页，海口，海南出版社，2003。

现高质量初中师资培养的要求；第四，独立的教师培训体系的设立缺乏长远的规划和设计，导致其生存困难；第五，教师培训院校在办学过程中未能形成自己的特色，影响其存在的价值；第六，教师继续教育院校存在软硬件的诸多问题，直接影响在职教师的继续教育质量。① 可以说，"普九"的任务尚未完成，师范教育的质量与全体国民对高质量基础教育的需求之间的矛盾并未缓解，而师范院校自身的发展困境依然存在，师范院校何去何从是这一时期需要认真思考和解决的问题。

改革开放以来，尤其是 1993 年以来国家在高等教育领域的种种变革直接影响到师范院校的生存和发展走向：第一，以综合大学为建设重点的重点大学建设政策直接影响到师范院校的建设与发展；第二，1993 年以来高校管理体制的改革和布局结构调整使一些师范院校位于被调整之列；第三，"211"、"世界一流大学建设"的目标进一步影响了师范院校整体发展的可能；第四，学习美国建立开放的教师教育体系的政策思路直接引导了教师教育体系的变革。②

面对发达国家普遍采取的开放的教师教育模式，面对我国创造型人才对高质量师资需求的增强，如何培养高质量教师的同时促进师范院校自身的发展成为 20 世纪 90 年代中后期师范院校难以躲避的问题。在上述因素的影响下，这一时期师范院校纷纷走上了综合化、开放化的道路，教师专业化也走上了另外一条路径。

（一）师范院校探索新的办学模式，提高自身竞争力

早在 20 世纪 80 年代，一些对教师培养和大学办学有着自己思考的师范院校就开始探索师范院校新的办学模式，师范教育领域已经出现新的气象。

1. 地方师范院校的升格和综合化现象出现

20 世纪 80 年代初，一些师范院校为了提升自身的办学质量，已经出现了升格、综合化的现象。如 1982 年江苏师范学院（前身是东吴大学）改为苏州大学，成为以教师教育为主但培养多方面人才的综合性大学，为以后成为真正意义上多学科性综合大学迈出了关键性的一步。1984 年武汉师范学院改名为湖北大学，力图使之成为以师范为主，文、理、管多学科共同发展的开放型

---

① 胡艳：《当代教师教育问题研究》，48～53 页，郑州，大象出版社，2010。

② 胡艳：《我国教师教育体系当前形成路径与变革动因》，载《北京师范大学学报（社会科学版）》，2009(2)。

综合性大学。之后，师范院校的升格和综合化趋势出现。大连大学(1986)、运城高等专科学校(1989)、徐州师范大学(1989)都是这个时期的产物，它们为当地师范院校的学历提升吹响了号角。①

2. 部属师范大学开始探索综合化的办学模式

与此同时，重点师范大学为了获得平等的发展机会，也开始在办学方向上进行综合化的探索。以华东师范大学和北京师范大学为首的师范大学认为封闭的教师教育制度束缚着自身的发展，于是提出了综合化的办学思路。

华东师范大学从未来的高中毕业生除了掌握基本的科学文化知识外，还要有相应的谋生的本领的角度出发，认为未来高中教师应该具备广博的知识和较高的能力。同时，为增加师范生的社会适应性，该校从20世纪80年代中期开始进行专业和课程设置上的改革。如该校在不削弱主干基础课程的前提下，根据各专业的具体情况，增设一些应用性的选修课程和开拓知识面的选修课程，以增强学生的社会适应性，并且开始办理非师范专业，招收非师范生。②

同期北京师范大学提出了把北师大建成"既是教育中心，又是科学研究中心"的建校方针，提出学校应涉足与国计民生联系密切的非师范研究领域，以加强学科专业的综合性。

在两所重点师范大学的影响下，一些师范大学纷纷开办非师范专业，成为师范院校综合化的另一种形式。

3. 地方师范院校探索新的师资培养方式

在少数师范院校致力于升格和综合化的实践中，一些地方师范院校开始探索新的师资培养制度。如1984年7月24日，江苏省南通师范学校成为我国首个试办五年制专科程度小学教师的师范学校，为小学教师大专化培养积累了很好的经验。

一些师范专科学校也开始探索在师范学校增加职业教育的因素，为本地区的农村培养师资。如零陵师范专科学校在课程中增加职业教育因素，培养一专多能的农村教师。为了提高师专生的适应能力，一些师范专科学校如重庆师范专科学校、乐山师范专科学校、零陵师范专科学校等实行主辅修制和双专业制。③

---

①　胡艳：《当代教师教育问题研究》，35页，郑州，大象出版社，2010。

②　袁运开：《关于提高高师本科教育质量的一些认识和实践》，载《高等师范教育研究》，1989(2)。

③　胡艳：《当代教师教育问题研究》，37页，郑州，大象出版社，2010。

可见，自 20 世纪 80 年代初始，以高等师范为重要群体的师范院校开始积极探索综合化的道路。这些探索为我国教师教育后来的转型和发展提供了难能可贵的经验和教训。

(二)职前职后一体化的教师教育局面形成

1. 教育部引导建立开放的、高层次的教师教育体系

(1)要求建立开放的教师教育体系

面对中国社会和教育发展的新形势、新要求，1993 年以后，教育部一改过去强制要求师范院校恪守师范教育属性的办学思路，开始探索多渠道培养高质量师资的道路。在师范院校的办学上，教育部提出给其更多的办学自主权，建立开放多元的师范教育发展思路。这个思路成为 20 世纪 90 年代以来师范院校改革的基本思路。

1993 年 2 月，国务院颁布《中国教育改革和发展纲要》要求进行高等学校办学体制的改革，扩大学校办学自主权。1994 年 1 月，教育部召开全国师范专科学校面向农村、深化改革座谈会，明确提出师范院校"要从单一封闭式的办学模式转变为以服务于基础教育为主，特别是服务于九年义务教育为主，根据地方的急需，学校的办学条件，面向经济建设主战场，为社会服务为辅的办学模式"①，师范院校在完成师资培养的前提下，可以设立非师范专业，为社会发展和经济建设服务。

1996 年，教育部发布《关于师范教育改革和发展的若干意见》，明确强调"健全和完善以独立设置的各级各类师范院校为主体，非师范院校共同参与，培养与培训相沟通的师范教育体系"，提出国家"通过实施教师资格制度，吸收非师范专业学生和社会优秀人才从教"。②

(2)教育部要求提升师范院校的办学层次

在引导师范院校开放的同时，教育部着手提升师范院校的办学层次。1999 年 3 月 16 日，教育部提出了建立开放的教师教育体系，以及我国由三级师范向两级师范进军的目标：积极推进地(市)教育学院与当地师范院校合并，

---

① 《全国师范专科学校加速建设，深化改革座谈会纪要》，见何东昌：《中华人民共和国重要教育文献(1991—1997)》，3454 页，海口，海南出版社，1998。

② 《关于师范教育改革和发展的若干意见》，见何东昌：《中华人民共和国重要教育文献(1991—1997)》，4095 页，海口，海南出版社，1998。

提高教师教育的效益和质量；鼓励综合性大学参与培养中小学教师；积极推动教师教育的资源重组（如以省、自治区、直辖市统筹为主，在有条件的市（地）推进师范专科学校、教育学院和中等师范学校合并，建设一批师范学院或师范专科学校承担中小学教师培养培训任务；在办好一批中等师范学校，为欠发达地区培养小学教师的同时，鼓励中等师范学校并入高等师范院校；少数条件好质量高的中等师范学校，可以通过联合、合并、充实、提高组建成师范专科学校；其余中等师范学校可改为教师培训机构或其他中等学校）。①

在我国这样一个民主集权制的国家，来自最高教育主管部门的政策文件发出的明确指示为这个阶段师范教育的改革发展指出了方向。而 20 世纪 90 年代进行的高等教育管理体制改革，转变政府职能，扩大学校办学自主权，以及在招生和就业制度等领域的改革，也为师范院校的转型、升格、非师范化创造了政策上的条件。这个时期是师范院校变化最大的一个时期，也是我国师范教育体系由封闭走向开放，建立教师教育体系的时期。

2. 开放、多元的教师教育体系形成

我国开放、多元的教师教育体系的建立主要是在传统的师范院校的改造、升格、合并，以及综合性院校逐步参与教师教育的进程中实现的。

（1）传统的师范院校走上了综合化的道路②

第一，部属师范大学的综合化。

20 世纪 90 年代以来，以华东师范大学、北京师范大学为首的部属师范大学以扩充内涵发展的方式建立了大量的非师范专业，使得传统的师范院校成为名副其实的综合性大学。2005 年，西南师范大学直接与他校合并为综合性的西南大学。一直强调师范特色的东北师范大学其非师范专业占比明显高于师范专业。教师教育已经由过去的主流变为部分甚至点缀。

第二，省属师范大学增加了非师范专业，扩充了办学领域。

省属的师范大学虽然没有明确改制为综合性院校，但自 20 世纪 90 年代末以来，在内涵上做了实质性的改革，综合化倾向明显。具体表现在以下两点。一是办学目标的综合化倾向。省属师范大学几乎都把办成综合性大学而非师范大学确立为自己的办学目标。二是开办大量非师范专业。2006 年，就

① 《教育部关于师范院校布局结构调整的几点意见》，见何东昌：《中华人民共和国重要教育文献（1998—2002）》，241 页，海口，海南出版社，2003。

② 胡艳：《当代教师教育问题研究》，56～70 页，郑州，大象出版社，2010。

全国省属师范大学的平均值看,非师范专业占全部专业的62.07%。①

第三,部分中师、师专合并升格为本科或专科师范,保留师范特色。

在师范院校改革的过程中,中师和师专有三个改革方向,一是与综合性院校合并升格为综合性学院或大学。二是一部分地方师范院校合并了一些同类院校(主要是地方教育学院、师专、中师),升格为本科院校。合并后的学校仍保留师范性质,名称上也冠以师范大学(学院)的名称,教师培养也是其主业,但人才培养的目标和办学的职能已经拓展到非师范领域。三是中师直接升格为专科本科师范。如毛泽东的母校湖南省第一师范学校2000年升格为省第一师范学校(专科),2008年再次由专科升格为本科(湖南第一师范学院)。著名的南通师范学校2005年4月与海门师范学校合并升格为"南通高等师范学校",增挂"江苏教育学院分院"校牌,2013年升为"江苏第二师范学院分院"。2014年1月经江苏省政府批准独立升格为"南通师范高等专科学校",同年9月与创建于1902年的如皋高等师范学校合并办学,组建新的南通师范高等专科学校,成立如皋校区。截至2017年该校由南通校区、如皋校区、新校区组成。

第四,教师进修院校并入,教师教育一体化局面逐渐形成。

20世纪90年代以来,在师范院校综合化浪潮中,我国独立的教师继续教育体系也呈逐步瓦解趋势。在整个师范院校合并、升格、重组过程中,以承担学历补偿为主要任务的独立教育学院、教师进修学校在这个过程中被合并。如20世纪90年代初,辽宁省把辖区内几乎所有的教育学院合并在师范专科学校内,名称上取消教育学院的称谓,只保留师范专科学校的名称。随后,不少省将地市级教育学院与同属一个辖区的师范专科学校或中等师范学校合并。② 在机构上实现了职前职后的整合。

第五,高等学校与继续教育机构共担教师继续教育责任的局面形成。

在教师教育开放化和综合化,职前职后一体化的要求下,教育学院被大量的合并、升格,独立的教育学院、教师进修学校在新世纪迅速减少。从有

---

① 师范院校非师范专业的比例根据各校2006年招生简章提供的专业计算得出。

② 如1992年贵州省铜仁教育学院合并在铜仁师范专科学校之内,通什教育学院合并在通什师范专科学校之内。1997年遵义师范高等专科学校与遵义教育学院合并。1995年6月,湖北省的荆州教育学院和黄冈教育学院合并于辖区内的师范专科学校。1997年2月,淮阴师范专科学校、淮阴教育学院合并,1998年晋中师范专科学校和晋中地区教育学院合并为晋中师范高等专科学校。一些省的省会城市将其教育学院与其市属师范学院、师范专科学校合并,如1991年,南京市教育学院合并在南京师范专科学校内。

限的统计发现，从1999年到2005年（之后无单独数据），我国教育学院由166所减少到64所（其中省级教育学院19所）。减少的102所学院中有55所与师范院校、其他院校合并成立综合性本科院校，有42所改为师范专科学校或职业技术学院，另外一些改为教育研究院或被撤销。教师进修学校中有700多所与教研、电教等机构整合，形成上挂高师院校，下联中小学校，具有"小实体、多功能、广覆盖、大服务"特点的新型县（区）级教师学习与资源中心。①同时，各高师院校和综合性大学、其他院校纷纷承担教师继续教育的任务。这一时期，以北京师范大学、华东师范大学为首的师范院校，以北京大学、清华大学为首的综合性大学等，都承担了各种内容的中小学教师培训任务，从而打破了继续教育机构独占教师继续教育领域的局面。

表5-1 1999—2005年教师继续教育学校的基本情况②

年份	教育学院				教师进修学校			
	学校数（所）	招生数（万人）	在校生（万人）	毕业生（万人）	学校数（所）	招生数（万人）	在校生（万人）	毕业生（万人）
1999	166	9.61	22.73	6.86	2129	9.37	27.18	16.56
2000	138	13.19	25.78	6.25	2008	8.73	21.81	12.60
2001	122	13.36	30.44	5.52	1866	8.35	19.28	9.31
2002	103	12.38	32.64	7.65	1703	8.02	18.20	6.99
2003	103	12.38	32.64	7.65	1703	8.02	18.20	6.99
2004	83	11.48	19.38	11.17				
2005	64	8	18.79	7.77				

（2）综合性大学参与教师教育的局面形成

所谓综合性大学是指学科较多、专业齐全、特别强调系统理论知识、教学科研并重的高等学校。随着教师教育的发展，一些综合性大学开始参与教师教育，主要表现在以下几个方面。

第一，合并为综合院校的原师范院校，保留了教师教育功能。

它有两个方向：一是保留教师教育的功能，但教师教育已经不是它的主业；二是教师培养仍是它的主业。

---

① 《中国教育年鉴》编辑部：《中国教育年鉴（2007）》，275页，北京，人民教育出版社，2007。

② 胡艳：《当代教师教育问题研究》，42～43页，郑州，大象出版社，2010。

第二，传统意义上的综合性大学以各种形式参与教师教育。

传统上的综合性大学也开始以各种形式参与教师教育，具体形式如下。一是成立教育学院或教育科学学院。如北京大学、清华大学、武汉大学等院校在原来的高教所基础上成立教育科学学院，培养高层次的教育研究和教育管理人才，并同时参与中小学教师继续教育。二是建立师范学院或开设培养学科教师的专业。如深圳大学成立了专门的师范学院，教师培养在师范学院进行。厦门大学的教育科学学院，开设音乐、美术、数学与应用数学、物理学、英语、汉语言文学等师范专业，直接进行教师培养。山西大学、延安大学、汕头大学、五邑大学、江汉大学、吉首大学等校也都有培养教师的专业。

（3）其他院校开始参与教师教育

第一，职业技术院校开始参与教师教育。

我国的职业技术院校主要培养职业技术人才，而非教师。但如今，一些职业院校或因合并了原来的中等师范学校和地方教育学院，或为了拓展职能扩大生存空间，开设了社会上亟需的教师培养专业，如学前教育、小学教育、艺术教育等，涉足小学、幼儿园教师的培养。如衡水职业技术学院、华油职业技术学院、呼和浩特职业学院、锡林郭勒职业学院，等等。[①]

第二，体育、艺术等专门院校参与教师教育。

在很长时期内，体育、艺术教师由师范院校的艺术系、体育系培养。由于规模小，难以满足基础教育的需求。在大学综合化浪潮之下，一些体育、艺术类院校为了扩大学生的就业面，纷纷设立培养师资的专业。如天津体育学院、北京体育大学教育学院、上海体育学院体育教育学院涉足体育教师培养。中央音乐学院、中国音乐学院设有专门的音乐教育系，培养中小学的音乐教师。广州美术学院和湖北美术学院设有美术教育系，培养中小学美术教师。[②]

3. 我国师范教育体系改革的结果

（1）师范教育层次提高

第一，中等师范学校逐渐退出历史舞台。

随着师范教育布局结构的调整，部分中等师范学校并入高等师范院校，少量条件好、质量高的中等师范学校根据需要，通过联合、合并、充实、提高组建成师范专科学校；其余中等师范学校改为教师培训机构或其他中等学

---

① 胡艳：《当代教师教育问题研究》，68～69页，郑州，大象出版社，2010。
② 胡艳：《当代教师教育问题研究》，69～70页，郑州，大象出版社，2010。

校。我国中等师范学校数迅速减少。如表 5-2 的数据反映了我国中等师范学校在其最后阶段的基本情况。

表 5-2　2000—2011 年中等师范学校办学情况表

年份	学校数（所）	在校生数（万人）	招生数（万人）	毕业生（万人）
2000	628	71.23	19.20	29.32
2001	514	60.10	17.56	25.82
2002	383	53.75	17.22	20.36
2003	317	31.73	10.13	10.18
2004	282	27.9	8.3	8.5
2005	244	25.77	8.97	8.04
2007	196			
2009	190			
2010	141			
2011	132			

注：表中数据源自 2001—2012 年人民教育出版社《中国教育年鉴》中的师范教育概况。

第二，本科师范院校迅速增加，专科师范院校减少。

从 1998 年开始，高等师范本科院校由原来的 75 所增加到 2016 年的 156 所，增长了 1.08 倍；专科院校则数量减少，从 1998 年的 154 所下降到 2016 年的 69 所，下降了约 55%。高等师范院校的办学层次明显提高。①

整体而言，包括非师范院校在内的师范生自有数据统计的 2003 年以来获得了一定的增长。据统计，从 2003 年到 2016 年，本科毕业生数由 158569 人增加到 369501 人，增长了约 1.33 倍；招生数由 237745 人增加到 356452 人，增长了约 50%；在校生数由 902639 人增加到 1468144 人，增长了约 63%。与此同时，专科师范生的培养也发生了变化。从 2003 年到 2016 年，专科毕业生数由 188396 人增加到 215159 人，增加了约 14%，招生数由 249252 人减少到 193701 人，下降了约 22%，在校生数由 683261 人减少到 667532 人，下降了约 2%。②

（2）职前职后一体化的教师教育局面形成

合并后的直接结果就是在机构层面形成了职前职后一体化的局面。教育

---

①　数据源于 1998—2016 年教育部发展规划司编写的《中国教育统计年鉴》。可参见其中高等师范院校相关基本情况。

②　该数据包括高等学校培养的所有师范生。数据源于 2003—2016 年教育部发展规划司编写的《中国教育统计年鉴》，可参见其中的"普通本专科分学科学生数"。

学院被大量地合并、升格，独立的教育学院、教师进修学校在 21 世纪迅速减少。从有限的统计发现，教育学院、教师进修学校在 20 世纪 80 年代末分别为 265 所、2153 所，在校生分别是 28.04 万人、59.97 万人，到 2005 年(之后无单独数据)只有教育学院 64 所，在校生 18.79 万人；教师进修学校 1703 所，在校生 18.20 万人(数据为 2003 年，之后无数据)。① 减少的院校中多数与师范院校、其他院校合并成立综合性本科院校，有的改为师范专科学校或职业技术学院，另外一些改为教育研究院或被撤销。教师进修学校中的多数与教研、电教等机构整合，形成上挂高师院校，下联中小学校，具有"小实体、多功能、广覆盖、大服务"特点的新型县(区)级教师学习与资源中心。同时，各高师院校和综合性大学、其他院校纷纷承担教师继续教育的任务，从而打破了继续教育机构独占教师继续教育领域的局面，教师继续教育的质量得到很大提升。

(3)非师范院校参与教师教育已成规模

目前难以找到完整的统计资料，但有限的资料表明，自实施开放的教师教育体系以来，我国的非师范院校培养的师范生几乎占到师范生的一半。据统计，2002 年共有 475 所高等学校招收师范类全日制本专科学生，其中高师院校 183 所，教育学院 34 所；非师范院校 258 所，占比 54%。2002 年全国有 140.2 万师范类普通本专科在校生，其中高师院校师范生占 70.0%，教育学院师范生占 2.6%，其他高校的师范生占 27.4%。② 2011 年非师范高校的本专科师范毕业生占师范毕业生的 47.3%。③ 由此可见，虽然独立设置的师范院校仍然是我国教师教育的主力，但非师范院校已几乎在教师教育领域占据半壁江山。

(三)综合化、大学化对教师专业化进程的影响

1. 教师数量逐渐满足，教师的学历得以大幅度提升

教师教育大学化、综合化的局面导致的直接结果是教师培养的规模扩大，教师的学历提升。从下面的数据我们可以发现，在幼教、普通中小学教育方面，教师的数量有了很大的提升，师生比大幅度改善。

---

① 胡艳：《当代教师教育问题研究》，42～43 页，郑州，大象出版社，2010。

② 《中国教育年鉴》编辑部：《中国教育年鉴(2004)》，263 页，北京，人民教育出版社，2004。

③ 《中国教育年鉴》编辑部：《中国教育年鉴(2012)》，265 页，北京，人民教育出版社，2013。

幼儿园教师：1993 年我国幼儿园数为 165197 所，在园幼儿为 25525380
人，教职工为 1126333 人，师生比为 1：22.7。[1] 2016 年，我国有学前教育机
构 239812 所，在园幼儿为 4413.86 万人，专任教师为 2232067 人，师生比为
1：19.8。[2] 幼儿园数、在校生数获得了大幅度提升，师生比也有很大改善。

教师学历提升很快。2016 年，我国有 21.1％的幼儿教师具备本科以上学
历，专科以上学历者达到 77.5％。而 1993 年，幼儿教师具备高师毕业及以上
学历者只占 2.8％。学历不合格率大幅度下降。参见表 5-3、表 5-4。

表 5-3　1993 年幼儿教师队伍状况表

年份	合计	高师毕业及以上者及所占比例	中师毕业者及所占比例	职业高幼教毕业者及所占比例	非师范专业毕业		合计中获得"专业合格证书"者及所占比例
					高中毕业及以上者及所占比例	初中毕业及以下者及所占比例	
1993	897659	25111	259478	100944	259811	252315	100028
	100％	2.8％	28.9％	11.2％	29.0％	28.1％	11.1％

注：数据来自国家教委计划建设司：《中国教育事业统计年鉴(1993)》，人民教育出版
社 1994 年版。

人数单位为"人"。

表 5-4　2016 年幼儿教师队伍状况表

年份	合计	研究生毕业者及所占比例	本科毕业者及所占比例	专科毕业者及所占比例	非师范专业毕业	
					高中阶段毕业者及所占比例	高中以上毕业者及所占比例
2016	2498783	6654	522639	1408570	513707	47213
	100％	0.2％	20.9％	56.4％	20.6％	1.9％

注：数据来自教育部发展规划司：《中国教育统计年鉴(2016)》，中国统计出版社 2017
年版。

人数单位为"人"。

但开放的教师教育体系建立之后，幼儿师资的专业教育质量并未得到大
的改善。我们从学历和受过专业训练的数据统计看，1993 年，从各类师范毕

---

① 国家教委计划建设司：《中国教育事业统计年鉴(1993)》，92 页，北京，人民教育
出版社，1994。

② 教育部发展规划司：《中国教育统计年鉴(2016)》，2、12 页，北京，中国统计出
版社，2017。

业的园长的比例达到 60%(其中高师毕业为 9%,中师毕业为 44%,职中幼师班为 7%),非师范毕业者占 40%(其中高中及以上毕业者为 24%,初中及以下毕业者为 16%)。2016 年幼儿教育专业毕业者仅为 46%(其中园长为 57%,幼儿教师为 68%,保健员为 13%,保育员为 11%)。① 这个时期大量民办幼儿园出现,师资短缺导致降格以求。

小学教师:1993 年我国小学校为 696681 所,教学点 191510 个,在校生为 124212382 人,专任教师为 5551597 人,师生比为 1∶22.4。② 2016 年,我国普通小学校为 177633 所,在校生为 9913.01 万人,专任教师为 5789145 人,师生比为 1∶17.1。③ 随着计划生育政策成效凸显,学校数、在校生数都有大幅度下降,但专任教师数不但未降还有提升,师生比有很大改善。

小学教师的学历也得到极大的改善(参见表 5-5),2016 年小学教师本科毕业及以上者达到了 50.4%,远远高于 1993 年的 0.18%;2016 年大学专科毕业及以上者达到了 93.6%,远高于 1993 年的 3.75%。

表 5-5　1993 年与 2016 年小学专任教师学历状况比较表

年份	合计	研究生及所占比例	大学本科毕业者及所占比例	大学专科毕业者及所占比例	中专毕业者及所占比例	高中毕业者及所占比例	高中毕业以下者及所占比例
1993	5551597		10162	198201	3370683	1124566	847985
	100%		0.18%	3.57%	60.72%	20.26%	15.27%
2016	5789145	44914	2874007	2502616		364105	3503
	100%	0.78%	49.64%	43.23%		6.29%	0.06%

注:1993 年数据自国家教委计划建设司《中国教育事业统计年鉴(1993)》,84 页,人民教育出版社 1994 年版。2016 年数据自教育部发展规划司《中国教育统计年鉴(2016)》,160 页,中国统计出版社 2017 年版。

人数单位为"人"。

---

① 1993 年数据自国家教委计划建设司:《中国教育事业统计年鉴(1993)》,92 页,北京,人民教育出版社,1994。2016 年数据自教育部发展规划司:《中国教育统计年鉴(2016)》,186~187 页,北京,中国统计出版社,2017。

② 国家教委计划建设司:《中国教育事业统计年鉴(1993)》,78~79 页,北京,人民教育出版社,1994。

③ 教育部发展规划司:《中国教育统计年鉴(2016)》,2、12 页,北京,中国统计出版社,2017。

中学教师：1993 年我国初中校为 68415 所，在校生为 40822065 人，专任教师为 2607855 人，师生比为 1：15.7。高中校数为 14380 所，在校生为 6569068人，专任教师为 558976 人，高中师生比为 1：11.8。[1] 2016 年，普通初中为52118 所，在校生为 4329 万人，专任教师为 3487789 人，师生比为 1：12.4。普通高中为 13383 所，在校生为 2366.65 万人，专任教师为 1733459 人，师生比为1：13.7。[2] 初高中在校生和专任教师数大幅度增长，师生比有很大改善。

中学教师的学历状况也有很大改善（参见表 5-6）。2016 年，初中教师绝大多数是本科以上学历（82.5％），远高于 1993 年的 8.4％。2016 年高中教师本科及以上学历者达到 97.9％，远高于 1993 年的 51.1％。

表 5-6　1993 年与 2016 年中学专任教师学历状况比较表

学段	年份	合计	研究生者及所占比例	大学本科毕业者及所占比例	大学专科毕业者及所占比例	中专毕业者及所占比例	高中毕业者及所占比例	高中毕业以下者及所占比例
初中	1993	2607855		218635	1334194	758356	255844	40826
		100％		8.4％	51.1％	29.1％	9.8％	1.6％
	2016	3487789	76857	2799585	602922		8182	243
		100％	2.20％	80.27％	17.29％		0.23％	0.01％
高中	1993	558976		285592	242442	22556	7565	821
		100％		51.1％	43.4％	4.0％	1.4％	0.1％
	2016	1733459	137689	1559619	35338		754	59
		100％	7.943％	89.971％	2.039％		0.044％	0.003％

注：1993 年数据自国家教委计划建设司：《中国教育事业统计年鉴（1994）》，60～61页，人民教育出版社 1994 年版。2016 年数据自教育部发展规划司：《中国教育统计年鉴（2016）》，2、12、76、138 页，中国统计出版社 2017 年版。

人数单位为"人"。

由于缺乏教师中受过师范专业训练的数据及其比例，我们很难说如此高学历的中小学教师中到底有多少人受过师范专业的训练，但从师范教育发展

---

[1]　国家教委计划建设司：《中国教育事业统计年鉴（1994）》，56～57 页，北京，人民教育出版社，1994。

[2]　教育部发展规划司：《中国教育统计年鉴（2016）》，2、12 页，北京，中国统计出版社，2017。

状况看，大多数的教师还是师范院校或者师范专业毕业的，基本上都获得了教师资格证书。

2. 教师在职培训的形式多样，质量进一步提高

改革开放之初，我国教师继续教育的主要任务是开展教师学历补偿教育，目的是使大多数学历不合格者通过继续教育，成为学历合格者，并能开展合格质量的教育教学活动。这一状况在 1993 年以后发生了很大的改变。随着独立的教师培训体系的瓦解，职前职后一体化的教师教育局面形成，我国教师继续教育由原来的以学历提升为主转为以素质提高为主；从面向部分教师的短期在职教育转向面向全体教师的终身教育；从以教师继续教育机构承担教师培训为主的模式转向高等院校和继续教育机构共同参与的职前职后一体化模式，在职教师的质量获得了较大的提升。具体如下。

（1）面向全员实施分层次的教师培训

为了全面提升中小学教师的素质，1999 年 9 月，教育部颁行《中小学教师继续教育规定》，明确提出中小学教师继续教育以取得教师资格的中小学在职教师为对象，包括非学历教育与学历教育；并对各种培训对象、学时等提出了具体的要求。如新任教师培训不少于 120 学时；教师岗位培训每 5 年累计不少于 240 学时。自此以后，我国中小学教师每年必须接受同等学时的教师继续教育。

同年，教育部在"全国中小学教师继续教育和校长培训工作会议"上提出全面提升在职教师的质量，要在 5 年内对现有约 1000 万中小学教师开展不同层次的培训。随后，全国遴选 100 万中小学和职业学校骨干教师，省级遴选 10 万名，教育部遴选 1 万名（占中小学教师总数约 0.9‰），分别进行地市级、省级、国家级培训，以形成骨干教师梯队。① 2001 年年底，教育部首次举办的万名骨干教师国家级培训集中阶段培训全部结束，受训中小学骨干教师计 7626 名。同时，据 10 省统计，省级骨干教师培训平均完成了近 40%，地（市）级骨干教师培训完成了 51.26%，全员岗位培训、新教师培训、计算机全员培训、培训者培训分别完成了 70.27%、75.15%、51.33%、78.18%。②

---

① 《中国教育年鉴》编辑部：《中国教育年鉴（2000）》，237～239 页，北京，人民教育出版社，2000。

② 《中国教育年鉴》编辑部：《中国教育年鉴（2003）》，267～268 页，北京，人民教育出版社，2003。

可以说，这是新中国成立以来教师首次全面受到培训的时期。

（2）建立网络培训体系，提升教师培训的便利性和覆盖面

为了提高教师培训的覆盖面和便利性，2000年12月，教育部支持开通"中国中小学教师网"，这是一个意在"帮助全国1000多万中小学教师实现终身学习的专业网站"。① 2003年，教育部正式启动"全国教师教育网络联盟计划"（以下简称"教师网联"），希望为全国中小学教师的终身学习和专业发展提供有力支持：旨在以现代远程教育为突破口，整合资源，构建以师范院校、其他举办教师教育的高校和教育机构为主体，以高水平大学为先导和核心，区域教师学习与资源中心为支撑，中小学校本研修为基础，职前职后教育一体化，线上线下相互融通，学历教育与非学历教育相沟通，覆盖全国城乡、开放高效的教师教育网络体系。2004年，"教师网联"8所师范大学首次联合考试招生，共招收远程教育学生150746名。② 2006年，教师网盟远程学历教育师范专业招生数达到89万人，培训教师28万多人，月点击率达600多万人次。当年，四川、福建、广东、上海、河南等地相继组建了省级区域性教师教育网络联盟；福建、广东、上海等地实施了大规模的中小学教师远程培训。2006年8月，教育部对全国49个县域内1万名中小学一线教师进行了网上新课程培训。③ 虽然网络培训的质量受到质疑，但它首次让广大中西部及偏远农村地区的教师接受到了高水平的继续教育，对开阔这些地区教师的眼界，提升其教学质量发挥了重要作用。这以后，"西部农村教师远程培训""援助西藏中小学教师培训和援助新疆中小学教师培训"等项目利用这个平台得以实施，这些地区农村中小学骨干教师、一线教师得到了培训。④

（3）开展专项培训，提升教师专业能力

在教师学历基本合格，大多数教师能够接受各种培训的情况下，教育部开始关注教师的特别技能的提升。为提升中小学教师教育信息技术与网络运用能

---

① 《中国教育年鉴》编辑部：《中国教育年鉴（2001）》，225～226页，北京，人民教育出版社，2001。

② 《中国教育年鉴》编辑部：《中国教育年鉴（2005）》，293～294页，北京，人民教育出版社，2005。

③ 《中国教育年鉴》编辑部：《中国教育年鉴（2007）》，271～272页，北京，人民教育出版社，2007。

④ 《中国教育年鉴》编辑部：《中国教育年鉴（2008）》，291页，北京，人民教育出版社，2008。

力，2006 年教育部印发了《中小学教学人员（中级）教育技术能力培训大纲》，委托 11 所高校承担骨干教师培训任务。当年为各省培训骨干教师 550 余人。[①]

2006 年 8 月，教育部启动实施"中小学班主任培训计划"，明确要求今后中小学班主任教师在上岗前或上岗后半年时间内均需接受不少于 30 学时的专题培训。[②] 2007 年，教育部组织了"万名中小学班主任国家级远程培训项目"和"全国中小学骨干班主任高级研修项目"，对全国 30 个省市自治区及新疆生产建设兵团共 100 个县的万名一线班主任进行了培训，对全国 32 个省市自治区选送的 200 名获得省级以上表彰的中小学优秀班主任进行了 4 期免费高级研修培训。[③]

(4)实施"中小学教师国家级培训计划"（简称"国培计划"）

2001 年，教育部实施新一轮的课程改革，为保证新课程的有效高效实施，教育部组织了系列培训。北京师范大学、华东师范大学等 9 所师范大学，以及综合性大学等，先后举办基础教育新课程省级学科骨干培训者国家级培训班，培训近万名教师。[④] 之后，教育部逐年组织高中新课改实验区的骨干培训者培训，到 2006 年，全国大部分地区的骨干培训者接受了培训，从而有效地推动了新课程改革的进行。

从 2008 年开始，教育部组织实施一系列国家级培训，包括支持西部边远地区骨干教师培训计划、普通高中课改实验省教师远程培训计划、中西部农村义务教育学校教师远程培训计划、中小学班主任专项培训计划以及西部初中骨干体育教师培训计划。[⑤] 2009 年，"国培计划"通过集中培训、远程培训、对口支援、送教上门等多种模式共计培训 45 万名中小学教师，覆盖 31 个省市自治区的 600 多个县，几十万所中小学校，其中县及县以下农村中小学教师 37 万余名，占 82% 左右。受训人员包括中西部地区中小学骨干教师、边境

---

① 《中国教育年鉴》编辑部：《中国教育年鉴（2007）》，271 页，北京，人民教育出版社，2007。

② 《中国教育年鉴》编辑部：《中国教育年鉴（2007）》，272～273 页，北京，人民教育出版社，2007。

③ 《中国教育年鉴》编辑部：《中国教育年鉴（2008）》，294～295 页，北京，人民教育出版社，2008。

④ 《中国教育年鉴》编辑部：《中国教育年鉴（2003）》，266 页，北京，人民教育出版社，2003。《中国教育年鉴（2004）》，262 页，北京，人民教育出版社，2004。

⑤ 《中国教育年鉴》编辑部：《中国教育年鉴（2009）》，311～312 页，北京，人民教育出版社，2009。

民族地区中小学骨干教师、中西部农村义务教育学校教师、普通高中课改教师、中西部农村中小学专职体育和艺术骨干教师等。[①] 之后每年，"国培计划"都会根据国家和地方的需要开展有针对性的培训。国家级培训让这些地区教师的素质获得整体提升。

三、教研组织的改革与教师的专业化

1993年我国明确实施社会主义市场经济以来，我国教育界发生了很大的变化，这些变化直接影响教研组织的性质和生存状态。

九年义务教育目标基本实现，新课程改革全面实施，都对教师素质提出了更高的要求。开放、多元、职前职后一体化教师教育体系形成，教师资格证书制度建立并实施，以及国家财力大幅度地投入教师继续教育等，这些多渠道、系统化地提升教师教育质量的做法在全面提升教师质量的同时，也为校内外教研如何确定自己的目标，发挥自身的价值提出了新的要求。计算机和网络技术的快速普及与多样化应用为教师改革创新教研方式和内容提出了新的挑战。新课程改革进展不顺和各级政府培训质量不被认可使人们把目光再次投向了在新课改中被边缘化，在与年级组抗争中被弱化的教研机构。如何发挥学校教研组/备课组、区县教研室在教师专业发展、学校教育教学质量提升、教育改革中的作用成为这个时期教育行政部门、各级教研机构和学术界关注的问题。

20世纪90年代后期，"教师专业化""教师专业发展"作为热门且重要的术语被引入中小学。如何引导教师走上持续专业发展道路成为校长及各级教育部门领导的关注点。与此同时，"学习型组织""专业学习共同体"等西方概念随着中国教育学术研究逐渐与西方接轨而被引进。建立一个教师专业学习共同体，既符合教师职业特点（终身持续发展），又与中国文化中的集体主义的意识相通。而传统教研组是一个既本土化的又能与西方概念接轨的组织。在年级组已在相当大程度上取代了教研组管理职能的现实背景下，如何把教研组建设成为旨在促进教师专业发展的"专业学习共同体""学习型组织"备受一

---

① 《中国教育年鉴》编辑部：《中国教育年鉴（2010）》，399页，北京，人民教育出版社，2011。

线管理者和学者，乃至中小学校的关注。① 这种发展方向从 20 世纪 90 年代就开始了。具体有如下表现。

（一）不同层次的学习型组织出现，关注各阶段教师的专业发展

20 世纪 90 年代之前，教研活动更多地关注教师教学行为的规范，教学水平的提升，还顾及不到各阶段教师的专业发展问题。20 世纪 90 年代之后，展开培养教学名师的活动，以及关注处在不同发展阶段的教师的专业发展成为教研组活动的新方向。与此同时，一些学校热衷于研究如何使"少数人"成为名师，而忽视了教师队伍中的"大多数人"的全面的专业的发展。如何促进不同教龄段教师的发展成为这个时期学校关注的问题。把教研组建设成为一个真正促进教师专业发展的学习型组织似乎成为提升教研有效性的重要途径。

1. 建立跨学科的学习共同体

在实践中，一些学校发现仅仅通过单一的学科教研组不能照顾到不同专业发展阶段教师的发展需求，于是开始探索打破原来学科教研组僵化的组织模式，建立不同类型的学习型组织。如重庆某小学根据教师不同发展需求组成不同的教研组：一是各学科骨干教师组成的校级学科中心教研组；二是同年级同学科教师组成的教研组；三是不同年级同学科的专任教师组成的教研组；四是不同年级同学科的兼职教师组成的教研组。② 上海市打虎山路第一小学除了保留原来的教研组外，还新增了教育研究自愿者组织、青年教师专业发展小组、学科教师合作研讨小组和学科代表群体、级组长组织等专业组织。这些组织的共同特征是：通过个人反思发现问题，借助集体研讨寻找解决问题的方法，依靠个人实践来实现改进。③

针对高考"3＋综合"改革，一些学校开始探索跨学科教研，培养教授综合课的教师。越来越多的学校把原来的单科教研组，重组为自然学科（由理、化、生三科组成）和社会学科（由政、史、地三科组成）综合教研组，开展多学科综合的教研活动。如上海北郊高级中学组建了四个教研组：科学和生态综合教研组，由物理、化学、生物和地理组成；人文社会科学综合教研组，由语文、

---

① 梁绍宙：《校本培训中"学习型教研组"的功能与管理》，载《宁波大学学报（教育科学版）》，2002(2)。

② 陈浩：《学校教研组管理之我见》，载《教学与管理》，2001(9)。

③ 胡惠闵：《教师专业发展背景下的学校教研组》，载《全球教育展望》，2005(7)。

外语、历史和政治组成；数学和信息技术综合教研组，由数学和信息技术组成；艺术和体育综合教研组，由音乐、体育和美术组成。① 浙江淳安二中将单科教研组优化为自然学科（物理、化学、生物）和社会学科（政治、历史、地理）综合教研组。② 这些变革对满足新课改的要求进行了有益的探索。

2. 建立跨校的区域学习共同体

在校内建立跨学科教师学习共同体的基础上，为了打破学科、学校、城乡等的界限，扩大教师学习的场域，各地建立了各种形式的跨校的区域学习共同体。具体如下。

以浙江省杭州市萧山区为代表的城乡校际教研共同体。这种形式的校际教研共同体是指区域内的城区学校与若干农村学校联合组成合作的教研组织，共同开展教研活动。其目的是实现城乡教育资源的互补，提升农村学校的办学水平，促进城乡学校的均衡化。据调查，到 2008 年萧山区有 80 所城乡中小学参与了城乡校际教研共同体，占全区义务教育段学校的 64％，其中与城区优质学校结对率达到 75％，城乡结对互助受益面达 70％③。

同类学校校际教研共同体是由一些生源相近、学校层次相同、地域相近、学校领导互动密切的学校构成的教研共同体。如浙江省杭州市萧山区的新街小学、长山小学等八所学校，利用城区同质的特点，于 2008 年 3 月成立了教研共同体，由各学校轮流主办教研活动，教研的学科除语文、数学外，更关注音、体、美等小学科，班队、校本课程等冷门教研内容也排入活动内容。④ 重庆市江北区城乡接合部的薄弱校自发形成了"七校联盟""九校联盟""十校联盟"，开展符合自己需要、水平和特点的教学研究，整体提升这些学校的教学质量和教师的教学能力。⑤

3. 大学和中小学合作伙伴学习共同体

伙伴合作学习共同体主要是指大学、教师进修院校、教育科学研究机构与中小学开展的合作教研，以前两者居多。从世界范围内来看，具有典范意

---

① 郎建中：《从建立综合性教研组谈教育创新》，载《上海教育》，2004(2)。

② 周飞生：《综合教研组建设模式的探索》，载《中小学管理》，2002(8)。

③ 徐和平、来尧林：《校际教研共同体》，66 页，杭州，浙江教育出版社，2010。

④ 钱利芬：《合作、创新、共赢——行进中的城北片八校教研共同体》，见徐和平、来尧林：《校际教研共同体》，杭州，浙江教育出版社，2010。

⑤ 胡艳、袁丽：《UGIS 伙伴协作的困境与出路——大学的视角》，载《北京师范大学学报(社会科学版)》，2015(6)。

义的"伙伴合作"模式出现在 20 世纪 80 年代中后期的美国。① 在我国，"伙伴合作"模式在 1993 年以前就有，到 20 世纪 90 年代，特别是进入 21 世纪以来出现了井喷式发展，大学与中小学之间的合作教研已经非常普遍。研究发现，我国"伙伴合作"式的教研分为三种。一是教师进修学院与中小学的伙伴合作教研模式。该模式以上海市闵行区的"教研组建设伙伴合作"项目为代表，它们以专业引领、校际联盟、合作开展课题研究三种模式，促进教师之间长久有效的合作，实现教师的专业发展。② 二是大学与中小学的伙伴合作教研模式。这种模式的伙伴合作教研在实践中以参与主体的不同又可以划分出多种模式：U－S(大学－中小学)，如华东师范大学、三峡大学与湖北省宜昌市西陵区绿萝路小学的合作③；U－D－S(大学－区域教育行政部门－学校)，如首都师范大学、北京市顺义区考试局与顺义区的一些农村中小学之间的合作；U－A－T－S(大学－教育行政部门－教研机构－学校)，如东北师范大学农村教育研究所、厦门市思明区教育局、厦门市思明区教师进修学校与思明区的一些中小学于 2009 年开始的合作。三是专业发展学校模式。这是大学与中小学合作进行教师培养的模式，如首都师范大学与丰台二中合作建设的教师专业发展学校。④

4. 名师工作室

名师工作室是一种由挂牌名师和一些相同学科骨干教师组成的教育教学专业机构，是集教学、研究、培训于一体的教研共同体。名师工作室的设立往往有多重目标，一是教师培养与培训，二是开展有针对性的教研活动，三是促进学校教育整体改革。

2000 年 9 月 8 日，上海市原卢湾区教育局建立"名师、名校长工作室"。2002 年，上海市宝山区教育局也发起成立名师工作室，培养优秀教师，解决在教师队伍中出现的"名师断层"现象，其中首批 18 个名师工作室由一些优秀

① 操太圣、卢乃桂：《伙伴协作与教师赋权——教师专业发展新视角》，98 页，北京，教育科学出版社，2007。
② 徐国梁等：《伙伴合作：教师群体专业发展的脉动》，38 页，上海，上海教育出版社，2010。
③ 吴煌、冉华、姚秋兰：《以多样的协作推动优质的改进》，载《教育发展研究》，2014(20)。
④ 宁虹：《教师专业发展：求根务本——教师发展学校建设的实践探索》，载《基础教育》，2008(2)。

教师负责具体运行。① 这之后，北京、山东、重庆、杭州、昆明、吉林等地相继出现了名师工作室。近些年来，各地多种类型和层次的名师工作室层出不穷。名师工作室打破了过去以教研组/室为唯一教师间开展共同教学研究场所的限制，利用名师的实践智慧和个人能力，用名师的方式引领其他教师的发展，不但有助于名师形成自己的教学思想和理论，也有助于普通教师在优秀教师手把手的教导下成长。

上述旨在促进教师自身发展，且带有自愿性质，具有平等合作精神的组织显然具有典型的学习型组织的特点。这些专业组织的组建弥补了单一教研组在教师专业发展上的不足，也丰富了教研组织的内涵。

（二）多途径、多渠道探讨有效教研的方式

除了进行学习型组织的文化建设外，探索多途径、多渠道的有效教研、学习方式也成为这个时期教研组努力的方向。

1. 强调"以校为本"的教研定位

21世纪前后，学界在原有的校内学科教研组的基础上提出了"以校为本的教研制度"（简称"校本教研"），"以校为本的教研，是将教学研究的重心下移到学校，以课程实施过程中教师所面对的各种具体问题为对象，以教师为研究的主体，理论和专业人员共同参与。强调理论指导下的实践性研究，既注重解决实际问题，又注重经验的总结、理论的提升、规律的探索和教师的专业发展，是保证新课程改革向纵深发展的新的推进策略。"②"校本教研"概念的提出意在改变前期学校教研盲目向大学看齐，以科研代替教研，使教研活动浮于表面的现象。校本教研强调教研与一线教学、教师的密切联系，强调理论与实践的结合，强调教研对教学和教师发展的作用。为此，各校开始探索有效的校本教研。

2002年以来，教育部密集出台一系列政策，强调建立自上而下的以校为本的教研制度，把建立校本教研制度看作促进学校发展和教师成长的重要路径："将教学研究的重心下移到学校，建立与新课程相适应的以校为本的教学研究制度，是当前学校发展和教师成长的现实要求与紧迫任务，也是深化教学改革的方向和重点"。要求各级教研机构要把教师在课程改革过程中遇到的问题作为校

---

① 韩爽：《以教师专业发展为指向的名师工作室运行研究——以吉林省中小学名师工作室为个案》，博士学位论文，东北师范大学，2015。

② 刘臣：《转变职能，创新教研的制度和机制》，载《延边教育学院学报》，2010(4)。

本教研的研究课题，与教师共同开展研究，增强教学研究的针对性和实效性。

如上海青浦区珠溪中学物理教研组通过"问题引导学习(把教学中真实问题作为群体研修的主题，如创设怎样的情境帮助学生理解物理概念)，差异推动(不同经验、不同个性教师组成团队，分享、质疑、支持，让每一个教师在群体中获得智慧和力量)，技能支持对话(有效沟通技能)，实现校本研修的有效性"。①

福建省建瓯市第一中学以新课程目标为导向，以教学中面对的教学问题为对象，以教师为研究主体，强调在理论指导下，在专业引领下的教学实践研究，从而使教研组成为合作研究、互动提高的组织，成为反思学习的共同体，成为高水平的教学研究集体。其目的是把原来兼管理与教学研究为一体的教研组转化为关注教师专业发展的学习型组织，"以服务学生和研究教学为主的研究型组织"、"校本研训"机构。②

到 2003 年年底，全国 84 个区县教育局被教育部基础教育课程改革重点项目"创建以校为本教研制度建设基地"确立为"全国首批创建以校为本教研制度建设基地"。③

2. 利用信息化改革教研的组织方式

针对全球的信息化浪潮，教育主管部门积极要求学校教学的信息化。1998 年 11 月召开的"全国多媒体教学网络系统应用现场会"，提出"应开展以多媒体计算机为核心的教育技术的应用；利用校园网开展网络环境下的教学；充分利用教育资源优势，开办远程教育。"④

通过信息化改进教学研究。2009 年 12 月 21 日至 22 日，教育部在北京召开全国基础教育教学研究工作研讨会，会议出台了《教育部关于改进基础教育教学研究工作的意见(征求意见稿)》，该意见针对农村地区学校教研不便的现实，提出"充分发挥'农村中小学现代远程教育工程'的作用，使每所农村学校都能享受到网络资源平台提供的在线培训、网络教研、专业咨询、优质资源共享等服务"，要求"教研部门要牵头建立区域性教研网络，灵活运用区域教研、联片教研、网络教研等多种形式，搭建交流平台，组织教师参与教研活

---

① 王洁、金永兴：《重视群体智慧的校本研修——来自青浦区珠溪中学物理教研组系列研修活动报告》，载《上海教育》，2005(8)。

② 霍庆：《校本研训呼唤加强学校教研组建设》，载《教师报》，2006-02-26。

③ 李保强：《校本教研制度建设回顾与前瞻》，载《教育理论与实践》，2007(5)。

④ 《全国多媒体教学网络系统应用现场会会议纪要》，见何东昌：《中华人民共和国重要教育文献(1998—2002)》，189 页，海口，海南出版社，2003。

动，总结推广优秀教学经验和教学成果，建立教学资源共享机制，整体提高区域内各学校教师教书育人的能力和水平"。

在此背景下，各地区也纷纷出台相关政策促进网络教研的开展。如山东省教研室于2007年5月专门出文，要求各级教研机构加强网络教研平台建设，全面推进网络教研工作。"支持教研员积极开展网上教研活动，凝聚广大教师，形成浓厚的网络教研氛围"。2016年6月3日，山东省教育厅发布《关于深入推进教育信息化工作的通知》，提出"鼓励教师应用空间开展备课授课、家校互动、网络研修、学习指导等教学活动""发挥各级教研机构推进信息化教育教学的带动作用，利用网络空间建设网上教研社区，鼓励和组织优秀骨干教师、教研人员指导教师教学活动，推广信息技术创新教育教学方式的优秀课例。"

宁夏回族自治区教研室2007年制定了《宁夏中小学网络教研实施方案》，确定了首批试点区县和学校，成立了各学科网络教研中心组。2009年，为促进各地经验交流，推动农村学校网络教研的深入实施，该教研室研究制定了《宁夏网络教研实施指导意见》，并出版《网络教研实施指导》。①

2012年5月，教育部教育信息化推进办公室发布《关于进一步充实教育信息化试点工作内容的意见（征求意见稿）》，提出"采取教师网络研修社区、特级教师工作室等方式，重点推动中小学与中职教师教研空间建设"，并将跨区域网络协作教研、区域网络协作教研和名师工作室作为三种网络教研模式。

3. 教研活动中关注教师的反思能力和领导力的培育

培养反思能力。反思能力是高质量教师的普遍特点，如何提升教师的反思能力是这个时期教研活动关注的重点，而教学与研究结合被看成促进教师反思能力提升的重要途径。上海市松江区实验小学要求各备课组针对教学中的实际情况确立研究课题，设计一种指导学生探究性学习的教学方式，加以实践，并进行实践后的反思，以提升教研活动的针对性和有效性。② 浙江温岭、福建建瓯等地的学校的"教学沙龙"、"内省教研"、首席教师的"坐诊"式助教，均是培养教师反思能力的重要途径。

把教研组长培养成课程、教学的领导者。进入21世纪，教师领导、课程领导、教学领导等西方概念在我国出现。在我国，教师领导事实上是教研组

---

① 梁威：《触摸中国基础教育的脉动——中国特色教研制度区域发展的回顾与展望》，275页，北京，教育科学出版社，2011。

② 王萍：《语文教研组探究性教研活动模式探讨》，载《现代教学》，2005(5)。

长、备课组长、年级组长，但鲜有学校把教研组长、备课组长作为专业领导进行培养。这一时期，学校在把教研组作为学习型组织建设的同时，也在重新思考组长的角色。在研究人员的引导下，一些学校把教研组长作为"学习型组织"和"学习共同体"中"平等的首席"或者是教学领导者看待，教研组长由原来的半官方角色开始向专业领导者转化。一些学校把教研组长发展成为研究活动的参与者、教师自我反思的促进者、研讨活动的组织者、教学教研的引领者和研究氛围的营造者。①

（三）教学研究组织对教师专业化的影响

在 21 世纪这个社会各方面都在加速发展与变革的时代，我国的教研工作面对的环境越来越复杂。课程改革理念的落实在实际的学校教育中面临的困难与阻力都非常大，而且具有多样化的表现特征。现代技术在教育和生活中的渗透也使得学校教育中出现越来越多之前未曾出现的情况。在这些背景下，如何促进教育的发展、提升教育质量是学校面临的重要问题。而教研工作质量的好坏在一定程度上决定着学校教育能不能应对这样复杂多变的环境。

应该说，近几年来，教科研训一体化的教研机构的建设，对教研员作为沟通教育理论与教育实践桥梁的角色的专业发展的关注，具体教研中的校本化倾向，对现代信息技术的利用，以及在教育公平、教育均衡发展视角下的连片教研、校际教研共同体、大学与中小学合作等形式的出现，展示了教研组织对新时代新环境的呼应和对社会变革的回应。可以说，方向是正确的。

另外，名师工作室的出现、校级之间自发的合作等，也在一定程度上反映了一线的学校和教师以及行政主管部门对一线优秀教师的实践性知识价值的认可。这不仅有助于建立扎根于一线教学的我国的教学理论，也有助于中国特色的教育实践家的产生。

然而，看似热闹的教研领域无论是机构建设，工作模式的建立，还是活动的展开，与理想状态的专业学习共同体还有很大的距离。在我国这样一个前现代、现代与后现代并存的社会，在人才多样化要求并存的情况下，在课程改革未实现其目标的背景下，教研工作的改进空间仍然非常大。目前，我国的教研机构和教研活动依然是在政府主管部门的敦促和指导下开展的，学

① 周丽蕊、黎炳学、卫发昌：《校本教研中教研组长的角色定位与重塑策略》，载《教育科学论坛》，2006(4)。

校、教师的自主性、积极性并没有很好地发挥，教研质量也大打折扣。另外，我国从理论层面上对实践性知识研究不够，在理论与实践之间缺乏有效沟通，因此教研形式和组织方式的变化只能是表面上的，对教师发展、学校改进的实质性影响依然有限。所以教研组织的建设和活动展开任重而道远。

四、教师资格制度的重建与教师的专业化

教师资格制度是国家对教师实行的一种特定的职业许可制度，一般包括教师资格基本条件、资格认定、丧失和撤销的原则、认定教师资格的程序等内容。教师资格是国家对专门从事教育教学工作人员的最基本要求，是公民获得教师工作的前提条件，符合这种条件的人才允许成为教师。

教师资格制度是现代教师出现以来确立的旨在确保教师质量，确保教师任用标准化、科学化，确保教师教育质量所采取的重要制度。在世界范围内，它的建立对提升教师的专业化水平，提高教师整体的社会地位发挥了重要作用。我国的教师资格制度是中国教育现代化进程中的一环，是学习西方教师管理的产物，也是促进我国教师专业化发展的重要手段。

严格来说，我国教师资格制度肇启于清末民初，得以在一定范围内实施是在民国时期，但真正在全国范围内实施并对教师质量提升、教师队伍建设发挥影响则是在改革开放以来的教师资格制度重建之后。新中国成立之后，我国摒弃了民国时期的教师资格制度，代之以独立封闭的师范教育制度。后来，随着全球化的影响，中国的经济、文化、教育等各项事业开始与国际接轨。在教师教育与管理领域，开放的教师教育制度和严格的教师资格制度成为教师专业化进程中的两个利器被我国所学习。

(一)我国教师资格制度重建的背景及基本状况

1. 教师管理需要专业化的管理手段

1978年，党的十一届三中全会以后，我国提出了建设社会主义现代化强国的宏伟目标。造就经济、社会、科技、文化等各项事业发展所需人才，提升整个国民素质成为当时教育领域必须承担的责任。恢复学校秩序，恢复重点学校制度，普及九年义务教育成为那个时期人才培养、教育发展的重要举措，而高水平的教师队伍是实现这一目标的重要基础。面对大量的不合格教师充斥教育一线，特别是不具备国家公职人员身份的教师（如民办教师、代课

教师)占据教学队伍的现实，如何加强教师队伍科学化、专业化管理是主管部门面临的重要议题。他们在恢复和强化独立的师范教育制度的同时，开始考虑向国外发达国家学习，通过专业化的手段，规范教师的入门制度，全面提升教师质量，教师资格制度是主要的方式。

2. 教师教育的开放化趋势要求有专门的制度确保教师教育的质量和用人规范

1993 年我国实施社会主义市场经济体制以来，教育领域开展了一系列的改革，这些改革直接导向师范教育的改革和中小学用人制度的改革。

教育改革首先在高等学校展开。1993 年，国家教委颁发《关于加快改革和积极发展普通高等教育的意见》，明确要求高校扩大办学自主权，改革学校内部管理体制和运行体制。1994 年，国家教委又颁发《关于进一步改革普通高等学校招生和毕业生就业制度的试点意见》，提出国家不再对大学毕业生实施行政分配，而要积极引导毕业生自主择业，参与人才市场的竞争。1997 年 3 月，国家教委颁布了《普通高等学校毕业生就业工作暂行规定》，明确了实行大学毕业生与用人单位双向选择的就业制度。这以后，我国毕业生就业制度改革进入了市场导向、自主择业的新阶段。高等学校办学自主权的扩大势必带来师范院校办学方向的调整，不少学校由此走上了综合化的道路。市场导向下的用人制度的变革也带来中小学用人的自主性和用人标准的多元化。在人才和教育竞争越来越激烈的当今世界，造就和吸纳高质量的师资是确保人才和教育竞争获得胜利的重要手段。

西方世界基本是开放的教师教育制度与严格的教师资格制度相辅相成，以此培养和吸引高质量的师资的。20 世纪 90 年代，我国教育主管部门在引导建立开放的教师教育制度的同时，着手建立教师资格制度。

3. 政府对教师资格制度的推进

迄今为止，我国的教师资格制度从筹建到实施已历经 30 多年。早在 20 世纪 80 年代中后期，国家就开始了教师资格证书制度建立的前期工作。

1985 年，中央政府颁布了《中共中央关于教育体制改革的决定》，明确提出要"建立一支足够数量的、合理而稳定的师资队伍"，"要争取在五年或者更长一点的时间内使绝大多数教师能够胜任教学工作。在此之后，只有具备合格学历或有考核合格证书的，才能担任教师"。[①] 该决定提出了教师入门须有

---

① 《中共中央关于教育体制改革的决定》，见何东昌：《中华人民共和国重要教育文献(1976—1990)》，2287 页，海口，海南出版社，1998。

资格证书的设想。1986 年《中华人民共和国义务教育法》以法律的形式规定国家建立教师资格考核制度："国家采取措施加强和发展师范教育，加速培养、培训师资，有计划地实现小学教师具有中等师范学校毕业以上水平，初级中等学校的教师具有高等师范专科毕业以上水平。国家建立教师资格考核制度，对合格教师颁发教师资格证书。"①同年，国家教委发布《中小学教师考核合格证书试行办法》，明确规定凡不具备合格学历的中小学教师，必须获得考核合格证才可从教。合格证暂设两种，工作满一年以上者，可申请参加《教材教法考试合格证书》考试；工作满两年以上并已取得《教材教法考试合格证书》者，可申请参加《专业合格证书》文化专业知识考试。② 这些规定表明，所有从事中小学教学工作的人员，或具备国家规定的合格学历，或具有担任某一学科教学所需教材教法合格证书和专业合格证书。

1993 年 10 月 31 日通过，1994 年 1 月 1 日正式生效的《中华人民共和国教师法》(以下简称《教师法》)第三章明确规定，"国家实行教师资格制度"，并对教师资格标准和条件、申请认定程序、教师资格考试、在职教师资格过渡、法律责任等做出了原则规定。1995 年 3 月 18 日，《中华人民共和国教育法》颁行，再次以国家法律形式规定"国家实行教师资格、职务、聘任制度，通过考核、奖励、培养和培训，提高教师素质，加强教师队伍建设。"③随后，教育部开始着手教师资格制度的构建工作。1995 年 12 月 12 日，《教师资格条例》颁布，1995 年 12 月 28 日《教师资格认定的过渡办法》颁布实施，对教师资格的分类与使用、申报教师资格的条件、教师资格的考试、教师资格的认定等都做了详细的规定。由此，在法律制度层面，我国教师资格制度基本建立。

(二)当前我国教师资格制度的基本框架

我国教师资格制度的基本框架主要体现在 1994 年 1 月 1 日生效的《教师法》第三章，1995 年 12 月 12 日颁布的《教师资格条例》，2000 年 9 月 23 日颁行的《〈教师资格条例〉实施办法》的相关内容中。该制度包括教师资格的类别、

---

① 《中华人民共和国义务教育法》，见何东昌：《中华人民共和国重要教育文献1976—1990》，2485 页，海口，海南出版社，1998。

② 《中小学教师考核合格证书试行办法》，见何东昌：《中华人民共和国重要教育文献(1976—1990)》，2492 页，海口，海南出版社，1998。

③ 《中华人民共和国教育法》，见何东昌：《中华人民共和国重要教育文献(1976—1990)》，2492 页，海口，海南出版社，1998。

条件、认定程序、证书有效性、认定权限、罚则等几方面的内容。具体如下。

1. 教师资格的种类

《教师法》规定，我国教师资格共有七类，涉及幼儿园、小学、初中（初级中学教师和初级职业学校文化课、专业课教师资格）、高中、中等职业学校（中等专业学校、技工学校、职业高级中学文化课、专业课、实习指导教师的资格）和高等学校各学段各学科、各专业类别教师资格。

2. 教师资格的条件及获取方式①

我国教师资格的认定条件包括中国公民身份、合格学历、身体条件、思想品德鉴定和承担教育教学工作的能力。申请者应该在上述内容上符合国家的要求。

前四项由申请者提交教师资格认定申请表和相应的证明或者材料。具体包括：第一，中国公民身份证明；第二，学历证书或者教师资格考试合格证明（以《教师法》规定的学历要求为准）；第三，符合国家规定的从事教育教学工作的身体条件（"具有良好的身体素质和心理素质，无传染性疾病，无精神病史，适应教育教学工作的需要，在教师资格认定机构指定的县级以上医院体检合格。"由教育行政部门或者受委托高校指定的医院出具的体格检查证明）；第四，符合承担教育教学工作所需要的思想品德要求（户籍所在地的街道办事处、乡人民政府或者工作单位、毕业学校开具的思想品德的鉴定及证明材料）。

承担教育教学工作的能力要求是教师资格认定最复杂也最重要的内容。《教师资格条例》和《〈教师资格条例〉实施办法》规定，教师要具备承担教育教学工作的能力，包括从教需要的普通话水平、教育学和心理学知识、教学实践能力。上述能力主要通过考试认定。

普通话水平："应当达到国家语言文字工作委员会颁布的《普通话水平测试等级标准》二级乙等以上标准。少数方言复杂地区的普通话水平应当达到三级甲等以上标准；使用汉语和当地民族语言教学的少数民族自治地区的普通话水平，由省级人民政府教育行政部门规定标准"。但任教学科为语文或语音教学的为二级甲等或一级乙等（由各省确定）视为合格。而"普通话水平测试由教育行政部门和语言文字工作机构共同组织实施，对合格者颁发由国务院教

---

① 《〈教师资格条例〉实施办法》，见何东昌：《中华人民共和国重要教育文献（1998—2002）》，703～704 页，海口，海南出版社，2003。

育行政部门统一印制的《普通话水平测试等级证书》"。

教育教学能力：教育教学能力是指具备承担教育教学工作所必需的基本素质和能力。2015年在全面实行教师资格的国家考试之前，师范生的教育教学能力被直接认定，其他人员的测试办法由省级教育行政部门制定，考试由省级考试中心承担。2015年之后，所有申请者（包括师范生）需要通过国家考试认定。

考试分为笔试和面试两部分。"笔试主要考查申请人从事教师职业所应具备的教育理念、职业道德、法律法规知识、科学文化素养、阅读理解、语言表达、逻辑推理和信息处理等基本能力；教育教学、学生指导和班级管理的基本知识；拟任教学科领域的基本知识，教学设计实施评价的知识和方法，运用所学知识分析和解决教育教学实际问题的能力。"① 省考教师资格考试主要考教育学和心理学课程。有些省份还需要考教师职业道德、教育政策法规、学科专业素质、教育方法、教育教学基本素质和能力、教学法。目前，国家统考地区教师资格考试科目：幼儿园考《综合素质》和《保教知识与能力》；小学考《综合素质》和《教育教学知识与能力》；中学考《综合素质》《教育知识与能力》和《学科知识与能力》。

"面试主要考查申请人的职业认知、心理素质、仪表仪态、言语表达、思维品质等教师基本素养和教学设计、教学实施、教学评价等教学基本技能。"面试采取结构化面试、情境模拟等方式，通过抽题、备课（活动设计）、回答规定问题、试讲（演示）、答辩（陈述）、评分等环节进行。具体形式一般按学科分组进行，每个考评组由不少于3名考官组成，设主考官1名。面试考官由高校专家、中小学和幼儿园优秀教师、教研机构专家等组成。

3. 认定方式及认定程序

（1）认定方式

2013年国家出台《中小学教师资格考试暂行办法》，试行师范院校毕业生申请中小学教师资格也须参加教师资格考试的规定之前，教师资格的认定方式为直接认定和考试认定两种。

直接认定：各级各类师范教育类毕业生可以持毕业证书，向任教学校所在地或户籍所在地教研室资格认定机构直接认定相应的教师资格。

---

① 《教育部关于印发〈中小学教师资格考试暂行办法〉〈中小学教师资格定期注册暂行办法〉的通知》，http://www.chinalawedu.com/new/201309/wangying20130904103730714017 49.shtml，2019-8-11。

考试认定：不具备《教师法》规定的教师资格学历的公民，申请获得教师资格，应当通过国家举办的或者认可的教师资格考试。非师范院校毕业者或者教师资格考试合格的公民申请认定中小幼等教师资格的，通过面试和试讲，考查其教育教学能力；根据实际情况和需要，教育行政部门或者受委托的高等学校可以要求申请人补修教育学、心理学等课程。

为了通过教师资格认定规范师范院校的办学，提升其办学质量，2013年教育部开始试点定期注册制度，并取消师范生考试豁免权。2016年以后，所有院校的学生必须通过考试获得教师资格。

（2）认定程序

《教师资格条例》对教师资格的认定进行了时间与程序规定。

第一，申请人在规定的受理期限内向教育行政部门和受委托的高等学校提出申请。申请者申请时必须提交申请表和相应的证明材料。

第二，受理单位对申请人的条件进行审查（期限为受理期限终止之日起30日），对符合条件、通过认定者颁发教师资格证书；对不符合认定条件的，应当在受理期限终止之日起30日内将认定结论通知本人。

4. 认定机构及其权限

我国教师资格认定机构与权限在教师资格制度实施以来是有变化的。在2013年教师资格国家考试和定期注册制度出台之前，我国的教师资格认定机构及其权限如下：

我国的教师资格认定机构分为国家级、省级、地市级和县级四个层次。国务院教育行政部门负责全国教师资格制度的组织实施和协调监督工作；县级以上（包括县级，下同）地方人民政府教育行政部门根据《教师资格条例》规定权限负责本地教师资格认定和管理的组织、指导、监督、实施工作。具体如下。①

第一，区县级教育行政部门负责幼儿园、小学、初中教师资格的认定和管理。

---

① "幼儿园、小学和初级中学教师资格，由申请人户籍所在地或者申请人任教学校所在地的县级人民政府教育行政部门认定。高级中学教师资格，由申请人户籍所在地或者申请人任教学校所在地的县级人民政府教育行政部门审查后，报上一级教育行政部门认定。中等职业学校教师资格和中等职业学校实习指导教师资格，由申请人户籍所在地或者申请人任教学校所在地的县级人民政府教育行政部门审查后，报上一级教育行政部门认定或者组织有关部门认定。""受国务院教育行政部门或者省、自治区、直辖市人民政府教育行政部门委托的高等学校，负责认定在本校任职的人员和拟聘人员的高等学校教师资格。"

第二，地市级教育行政部门负责认定高中、中职、中职实习指导教师资格。（四个直辖市中，这一认定职责由直辖市教育行政部门负责。）

第三，省、自治区、直辖市教育行政部门负责认定高校教师资格。

第四，教育部制定教师资格考试科目、标准和考试大纲。

5. 教师资格考试、认定的组织与实施

（1）教师资格考试组织与实施机构及其职责

《〈教师资格条例〉实施办法》规定，教师资格考试由教师资格认定机构或者依法接受委托的高等学校组织成立教师资格专家审查委员会组织实施。2013年《中小学教师资格考试暂行办法》出台以来，国家对各机构的职责进行了更为明确的规定。

教育部：依据教师专业标准和教师教育课程标准，制定教师资格考试标准，组织审定教师资格考试大纲。

教育部考试中心：负责教师资格考试的组织实施。具体为：第一，依据考试标准拟定考试大纲；第二，组织命制笔试和面试试题，建设试题库；第三，制定考务管理规定，研发和维护考试管理系统；第四，组织考务工作，培训技术人员；第五，组织阅卷，负责考试成绩的管理与评价；第六，指导、监督、检查各省、自治区、直辖市的考试实施工作。

省级教育行政部门：全面负责本省范围内教师资格考试工作。具体为：成立教师资格考试领导小组，由省级教育行政部门的主要领导兼任领导小组组长；指定专业化教育考试机构，在省级教育行政部门领导下具体负责考务组织工作。省级教育行政部门的主要职责是：第一，制定本地区考务管理具体措施；第二，组织本地区考务工作；第三，组织面试考官及考务工作人员培训；第四，管理、指导、监督本行政区域各考区工作；第五，负责本行政区域教师资格考试安全保密工作。

教师资格考试以市（地、州、盟）为单位设立考区。各考区的教师资格考试的组织实施由市（地、州、盟）教育行政部门和教师资格考试机构负责。

（2）教师资格面试考官的资质

2013年颁行的《中小学教师资格考试暂行办法》规定，面试考官由高校专家、中小学和幼儿园优秀教师、教研机构专家等组成。面试考官须具备以下条件：第一，熟悉教师资格考试相关政策；第二，具有良好的职业道德，公道正派，身体健康；第三，具有扎实的专业知识、较强的分析概括能力、判断能力和语言表达能力；第四，从事相关专业教学或研究工作5年以上，一般应具有副高级以上专业技术职务（职称）；第五，参加省级或国家级教师资格考试机构组织的培训并获得证书。

（3）教师资格考试的次数

教师资格考试由一年一次变革为一年两次。2013 年之前，教师资格考试每年进行一次。考试科目全部及格的，发给教师资格考试合格证明；当年考试不及格的科目，可以在下一年度补考；经补考仍有一门或者一门以上科目不及格的，应当重新参加全部考试科目的考试。

2013 年《中小学教师资格考试暂行办法》和《中小学教师资格定期注册暂行办法》出台之后，教师资格考试改为一年两次，"笔试一般在每年 3 月和 11 月各举行一次。面试一般在每年 5 月和 12 月各举行一次"。

（4）教师资格成绩的确定

2015 年之前，大多数省份的理论考试和实践能力测试标准由各省级教育行政部门制定，考试、测试成绩仅在本省有效，全国尚无统一标准和统一考试。2015 年之后，国家考试在全国推开。"国家确定笔试成绩合格线，省级教育行政部门确定面试成绩合格线。"而且规定笔试单科成绩有效期为 2 年，教师资格考试合格证明有效期为 3 年，笔试和面试均合格者由教育部考试中心颁发教师资格考试合格证明。

（5）教师资格定期认定的组织

2013 年颁发的《中小学教师资格定期注册暂行办法》规定，中小学教师资格实行 5 年一周期的定期注册制度。具体由教育部主管全国工作，县级以上的地方教育行政部门负责本地教师资格定期注册的组织、管理、监督和实施。具体内容如下。

注册条件：

首次注册者应具备下列条件：第一，具有与任教岗位相应的教师资格；第二，中小学在编在岗教师；第三，省级教育行政部门规定的其他条件。首次任教人员须试用期满且考核合格。

定期注册合格的条件：第一，遵守国家法律法规和《中小学教师职业道德规范》，达到省级教育行政部门规定的师德考核评价标准，有良好的师德表现；第二，年度考核合格以上等次；第三，每个注册有效期内完成不少于国家规定的 360 个培训学时或省级教育行政部门规定的等量学分；第四，身心健康，胜任教育教学工作；第五，省级教育行政部门规定的其他条件。

暂缓注册的条件：第一，注册有效期内未完成国家规定或省级教育行政部门规定的学分；第二，未经批准中止教育教学和教育管理工作一学期以上；第三，一个注册周期内任何一年年度考核不合格。暂缓注册者达到定期注册条件后，可重新申请定期注册。

注册不合格条件：第一，违反《中小学教师职业道德规范》和师德考核评价标准，影响恶劣；第二，一个定期注册期内连续两年以上（含两年）年度考核不合格；第三，依法被撤销或丧失教师资格。

《中小学教师资格定期注册暂行办法》还对定期注册的程序进行了规定，如取得教师资格，初次聘用为教师的，试用期满考核合格之日起60日内申请首次注册。经首次注册后，每5年应申请一次定期注册。

注册方式是本人申请，所在学校集体办理，按照人事隶属关系报县级以上教育行政部门审核注册。

6. 证书通融性

全国适用。我国的教师资格证书由国务院教育行政部门统一印制，全国范围内适用。

教师资格向下融通。《教师资格条例》规定，取得教师资格的公民，可以在本级及其以下等级的各类学校和其他教育机构担任教师；但取得中等职业学校实习指导教师资格的公民只能在中等专业学校、技工学校、职业高级中学或者初级职业学校担任实习指导教师。高级中学教师资格与中等职业学校教师资格相互通用。

7. 罚则

《教师法》《教师资格条例》和《〈教师资格条例〉实施办法》规定，县级以上人民政府教育行政部门对有下列情形者撤销其教师资格：

第一，弄虚作假、骗取教师资格的。

第二，品行不良、侮辱学生、影响恶劣的。

第三，受到剥夺政治权利或者故意犯罪受到有期徒刑以上刑事处罚的，不能取得教师资格；已经取得教师资格的，丧失教师资格。

丧失教师资格者不得重新申请认定教师资格。

1995年颁订的《教师资格条例》规定对撤销教师资格者，依其情形3年或5年后还有重新申请的机会。2000年颁布的《〈教师资格条例〉实施办法》则规定，凡丧失教师资格者不得重新申请认定教师资格，被撤销教师资格者5年内不得重新取得教师资格。2013年颁布的《中小学教师资格考试暂行办法》则进一步规定，"被撤销教师资格的，5年内不得报名参加考试；受到剥夺政治权利，或故意犯罪受到有期徒刑以上刑事处罚的，不得报名参加考试。曾参加教师资格考试有作弊行为的，按照《国家教育考试违规处理办法》的相关规定执行。"

(三)我国教师资格制度的实施情况

自1995年《教师资格条例》颁布至今，我国教师资格制度经历了过渡认定、试点认定到全面实施三个阶段。

1. 教师资格认定的过渡阶段(1996—1997年)

《教师资格条例》出台之后，1996年1月国家教委颁发《教师资格认定的过渡办法》，提出首先对《教师法》实施之日前在职在岗的教师的资格进行认定。具体采取"事实认定"的办法，即凡属于过渡范围的在职教师，只要正常履职，且连续两年考核合格，即可取得相应的教师资格。此次认定的目的主要是解决《教师法》颁布以前在职教师的资格问题。

截至1997年年底，共有1026万人取得教师资格，基本完成1993年《教师法》实施以前在各级各类学校从事教育教学工作人员的资格认定，为开始依法实施教师资格制度完成了前期工作。①

2. 教师资格认定的试点(1998—2000年)

教师资格认定的过渡工作基本结束后，从1998年4月到同年年底，教育部在上海、江苏、湖北、广西、四川、云南6个省(区、市)的部分地市，对1994年1月1日后补充到教师队伍中的正式在编教师和新申请教师资格的社会人员进行试点认定。该工作于1998年年底基本结束。据不完全统计，当年试点地区约有14.41万人获得教师资格。②

试点工作暴露出我国教师资格认定工作中的问题，主要是相关条例的可操作性问题，如教师资格标准如何制定，教育教学能力如何测定，申请者的思想品德如何鉴定等，这为后续教师资格制度的全面实施提供了实践的经验与教训。

---

① 管培俊：《构建和完善中国特色的教师资格制度——中国教师资格制度研究主报告》(内部资料)，15页。

② 管培俊：《构建和完善中国特色的教师资格制度——中国教师资格制度研究主报告》(内部资料)，15页。

3. 教师资格制度的全面实施（2001—2010 年）

在试点工作的基础上，教育部开始完善教师资格的法律法规工作。2000年 9 月 23 日，教育部正式发布《〈教师资格条例〉实施办法》，次年又印发《关于首次认定教师资格工作若干问题的意见》和《教师资格证书管理规定》等文件，完成了教师资格制度实施的基本规章建设。

从 2001 年开始，教师资格制度进入全面实施阶段。各省级教育行政部门制定了相应的实施细则，考查教育教学基本能力的测试标准、办法等地方法规，成立了教师资格认定工作领导小组，建立了各级专家审查委员会和专家评审小组，对各级认定机构工作人员和专家评审组成员开展专业培训。教师资格的认定工作也在全国全面铺开。

（1）首次认定

2002 年年底之前，教师资格全面认定工作还处于首次认定时期，这个时期认定的对象主要有二：一是 1994 年 1 月 1 日后补充到教师队伍中的正式在编教师；二是新申请教师资格的社会人员，主要是师范教育专业类的应届毕业生。

截至 2002 年年底，各地基本结束学校在编正式任教人员的教师资格认定工作。据不完全统计，共有 200 多万在编正式任教人员以及 20 多万 1993 年年底以前办理退（离）休手续的教师取得教师资格。①

（2）常规认定

在首次认定的基础上，各地进入常规化教师资格认定阶段。常规认定为每年春秋各开展一次认定工作。各地在对师范生直接认定的同时，开始面向社会人员开展教师资格的认定工作。以重庆、上海、广东、海南 4 个省市为例，首次面向社会人员认定教师资格工作，申请者共有 6.95 万人，其中认定4.58 万人。到 2010 年认定结束，全国共认定各类教师资格 1262.40 万人。每年申请教师资格的人数在 120 万左右，其中有 110 万左右的申请者获得教师资格。② 参见图 5-1：

---

① 杨瑾、包华影：《中国教师资格全面实施十年历程回顾与展望》（内部资料），15 页。

② 杨瑾、包华影：《中国教师资格全面实施十年历程回顾与展望》（内部资料），17 页。

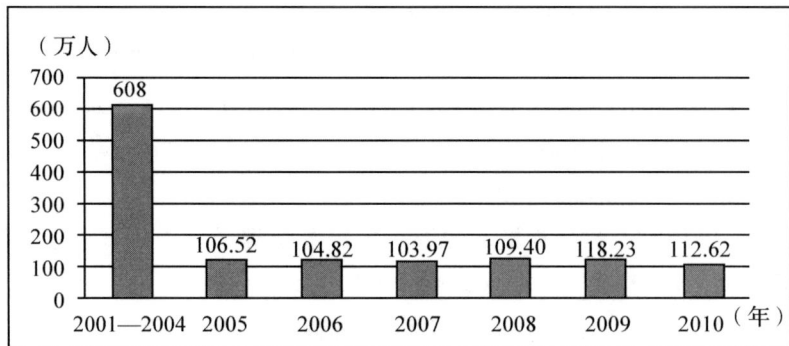

图 5-1　2001—2010 历年认定人数显示图①

4. 教师资格制度认定的改革时期(2011 年至今)

教师资格制度实施二十多年来，取得了很大的成绩，但也存在不少问题，归结起来主要有以下几点：一是教师资格终身有效性妨碍教师的持续专业发展，不利于教师队伍的整体建设；二是师范教育质量和师范生学习质量参差不齐，师范生免试制度不利于提高师范教育的质量和师范生的学习动力；三是各地教师资格认定的评分标准不一致，有些地方评分标准不高，影响教师资格认定的整体质量。

2012 年 8 月 20 日，国务院印发《国务院关于加强教师队伍建设的意见》，提出"严格教师资格和准入制度。修订《教师资格条例》，提高教师任职学历标准、品行和教育教学能力要求。全面实施教师资格考试和定期注册制度"。2013 年，教育部颁布的《中小学教师资格考试暂行办法》《中小学教师资格定期注册暂行办法》，提出教师资格的国家考试和定期认定制度。即教师资格考试实行全国统考，由教育部考试中心统一制定考试标准和考试大纲，组织笔试和面试试题，并建立试题库。中小学教师资格每 5 年注册一次，注册条件以师德表现、年度考核和培训情况为主要依据。2015 年，教育部开始全面实施中小学教师资格国家考试和定期注册制度。

2011 年，教育部首先在浙江、湖北进行国家考试试点。2012 年，教育部在河北、上海、浙江、湖北、广西、海南 6 个省市试点教师资格全国考试和定期注册制度。2013 年又新增山西、安徽、山东、贵州 4 个省为试点省，1 个地级市为试点区域。以后又逐年增加试点省份，截至 2018 年，全国除港澳

---

① 杨瑾、包华影：《中国教师资格全面实施十年历程回顾与展望》(内部资料)，17 页。

台、内蒙古、西藏、新疆之外，其他所有省、自治区、直辖市全部实行统考政策。

此次教师资格考试制度改革的主要目的是打破教师终身制，提升教师资格证书的含金量。改革后的教师资格认定实行国家考试，考试内容增加，难度加大。考试不再分师范生和非师范生，想要获得教师资格者都必须参加国家统一考试。在职教师的资格采取5年一审定制度，要求达到相应的继续教育学分且考核合格者才可获得证书。

(四)当前我国教师资格制度对我国教师专业化进程的影响

1. 教师资格制度对我国教师专业化进程的积极影响

教师资格制度是否提升了教师的专业化水平，提高了教师的质量乃至教育的质量，目前还没有很扎实的研究成果公布，但有些显而易见的变化可能对未来教师职业产生积极影响。

(1)初步建立了我国教师职业准入机制，教师作为专业人员的认识开始落实

教师资格制度在我国重新建立并全面实施不过是最近20年左右的事情，但对中国教师队伍建设意义巨大且影响深远。在教师资格制度建立之前，虽然教师并非是一个人人想做就能做的职业，制度化的师范教育体系为我国各级各类学校提供了起码的师资质量保证；但由于边远农村、贫困地区教师缺口大，因此民办教师、代课教师，以及大量学历不合格教师仍然存在。这在一定程度上说明我国教师的入职存在一定的随意性，教师用人制度没有严格的师资资格标准。这严重影响了我国中小学教师队伍建设和教师专业化水平的整体提升。

教师资格制度全面实施之后，我国真正确立了教师入职的专业准入制度，改变了过去教师聘任无法可依、无标准可循的随意状态。教师作为一种专业人员，必须经过专业的资格考试才能入职的观念才真正在制度层面得以落实。这为教师质量的提升、教师地位的改善提供了制度上的保障。

(2)优化教师队伍结构，教师整体质量逐年提升

虽然当前不少人诟病教师资格考试的质量(鉴别力)，但我相信这个问题可以通过后续研究的深入以及资格认证组织和方式的完善加以解决。

无论如何，教师资格制度的实施，提升了教师从业的门槛，限制了那些不具备教师资格的人员进入教师队伍，促进了教师队伍结构的优化，提高了

教师队伍的整体素质。自 1996 年我国教师资格制度建立至 2007 年，我国总计有 1962.41 万人获得教师资格。① 数据表明，教师资格制度实施以来，我国教师质量获得了较大的提升。仅以学历为例，教师资格制度实施以来，普通中小学、幼儿园教师学历提升很快：2016 年，我国有 21.2% 的幼儿教师具备本科以上学历，专科以上学历者达到了 87.6%，远远高于 1996 年的 3.9%。学历不合格率大幅度下降，不合格学历者（初中及以下）仅为 1.9%，远低于1996 年的 21% 的比例。②

2016 年，小学教师本科毕业及以上学历者达到了 50.4%，高于 1996 年的 0.32%；2016 年小学教师专科毕业及以上者达到了 93.6%，远高于 1996 年的 7.2%。小学教师不合格学历者（高中及以下）仅为 0.1%，低于 1996 年的 9.09%。③

中学教师的学历状况也有很大的改善。2016 年，初中教师本科及以上学历者为 82.5%，远高于 1996 年的 10.0%。初中教师不合格学历（专科以下）者仅占 0.24%，远低于 1996 年的 24.5%；2016 年，高中教师本科及以上学历者达到 97.9%，远高于 1996 年的 51.1%。不合格学历（大学本科以下）者仅为 2.086%，远低于 1996 年的 42.0%。④

当然，高等教育大众化有助于教师学历的整体提升，但如果没有教师资格制度的实施，就很难抵制不合格人员进入教师队伍，因为学历并不等于专业。

与此同时，在职教师的 5 年定期注册制度，要求教师必须修满 360 个培训学时或省级教育行政部门规定的等量学分，且考核合格，这无疑在制度上要求教师在从教期间持续的专业学习和师德自律，对提升教师专业化水平很有帮助。

---

① 管培俊：《构建和完善中国特色的教师资格制度——中国教师资格制度研究主报告》(内部资料)，28 页。

② 1996 年数据自教育部发展规划司：《中国教育统计年鉴(1996)》，92 页，北京，中国统计出版社，1997。2016 年数据自教育部发展规划司：《中国教育统计年鉴(2016)》，188 页，北京，中国统计出版社，2017。

③ 1996 年数据自教育部发展规划司：《中国教育统计年鉴(1996)》，84 页，北京，中国统计出版社，1997。2016 年数据自教育部发展规划司：《中国教育统计年鉴(2016)》，160 页，北京，中国统计出版社，2017。

④ 1996 年数据自教育部发展规划司：《中国教育统计年鉴(1996)》，60~61 页，北京，中国统计出版社，1997。2016 年数据自教育部发展规划司：《中国教育统计年鉴(2016)》，76、138 页，北京，中国统计出版社，2017。

（3）拓宽了教师来源渠道，为建立开放的教师教育制度提供了制度保障

传统上，我国中小学教师基本来自独立的师范院校，这些院校在尚未建立教师资格制度的时期确保了教师的基本质量。但不可否认，封闭的师范院校由于自身学科的限制和面向基础教育的特点，培养的教师同质性很强；加之入职后繁重的工作负担，广大教师很难有"读万卷书，行万里路"的丰富的人生体验，结果导致不少教师视野狭小，对人生、社会、职业、未来等缺乏深刻的认识，也难以适应今天这个越来越复杂的知识经济社会。与此同时，师范院校定向培养定向分配的制度在一定程度上限制了其他行业人员谋取教师岗位的意向和途径。

教师资格制度的建立实施，面向社会认定教师资格的开展，为非师范生，以及其他行业的从业人员从事教师职业提供了可能。这种方式既有利于吸纳具有其他行业背景的优秀人才充实到教师队伍中，使教师队伍由单一人群组成走向由多元化人群组成，形成教师队伍的活力；同时，该制度的实施有助于我国业已展开的教师教育综合化、大学化趋势的发展，为总体提升教师队伍质量提供了制度保障。

2006—2010年，教育部教师资格指导中心统计发现，这几年的非师范毕业生申请并获得教师资格者占到总认定人数的25％左右（2006年为17.96％，2007年为24.88％，2008年为23.27％，2009年为26.03％，2010年为27.93％）①，而我国自2006年实施"农村义务教育阶段学校教师特设岗位计划"以来，不少特岗教师来自非师范院校。据北京师范大学教育学部教授郑新蓉课题组的研究表明，2011年全国受调查的特岗教师中的14.81％来自非师范专业。②

另外，一些非师范院校非师范生正成为教师来源的主渠道。据教育部教师资格指导中心的统计数据表明，随着学校程度的提升，非师范生申请教师资格的比例增大。如认定幼儿园教师资格的人员中，非师范类人数所占比例由2006年的12.87％下降到2010年的7％。认定小学教师资格的人员中，非师范类人数所占比例由2006年的16.19％增加到2010年的

---

① 数据源自教育部教师资格认定指导中心数据统计，参见杨瑾、包华影：《中国教师资格全面实施十年历程回顾与展望》（内部资料），21～22页。

② 郑新蓉主持，中国—联合国儿童基金会"特岗计划"政策研究项目组："'农村义务教育阶段学校教师特设岗位计划'政策涉及的改进与完善"，2013。

17.23％。认定初中教师资格的非师范类人数所占比例由 2006 年的 15.57％增加到 2010 年的 28.94％。认定高中教师资格的非师范类人数所占比例由 2006 年的 13.75％增加到 2010 年的 23.50％，呈现不断上升趋势。认定中职教师资格和实习教师资格的人员中非师范生比例，分别由 2006 年的 33.33％和 33.85％上升到 2010 年的 49.36％和 63.46％。①

这表明，一批非师范毕业生正通过教师资格认定制度成为学校教师中的一员，而且成为一些职业类学校、高中学校教师的重要补充。虽然这与我们期望教师来源多渠道多元化尚有距离，但这一制度的确为扩充我国教师队伍的来源渠道，吸纳各专业、各行业的优秀人才加入教师队伍提供了制度保障。

（4）为提高教师的社会地位奠定了基础

西方发达国家从建立教师资格制度开始，就有借此提升教师社会地位的目标，而且事实上，这些国家教师资格制度的建立提升了教师队伍的整体质量，促进了教师专业化的发展，最终为切实提升教师的社会地位提供了保障。我国教师资格制度的建立实施，为我国教师尤其是中小学教师地位的提升提供了特别重要的依据。

第一，教师资格制度的建立实施表明，我国的教师具有严格且专业的职业准入制度，从而使社会各界人士和学生家长对教师的专业认可度提升，为教师获得良好的社会环境奠定了基础，也为未来提升教师待遇提供了依据。

第二，教师资格制度的建立推行成为我国建立职业资格制度的重要组成部分，不仅有利于我国教师管理和建设方面与国际接轨，而且提升了教师的职业尊严感和自豪感。

2002 年 10 月，人事部会同有关部门建立了 23 类专业技术人员职业资格证书制度（包括执业资格和从业资格），如注册建筑师、执业药师、房地产估价师、拍卖师、珠宝玉石质量检验师、税务师等。到 2010 年 5 月 11 日，人

---

① 数据源自教育部教师资格认定指导中心数据统计，参见杨瑾、包华影：《中国教师资格全面实施十年历程回顾与展望》（内部资料），21～22 页。

力资源社会保障部发布公告，明确有 36 项职业实行职业准入制度①，教师资格制度就是其中之一。所有这些需要职业资格的岗位人员，其社会认可度和地位都比较高。教师职业位列其一，改变了过去人们对教师为"孩儿王"的看法，教师的专业身份和专业地位由此确立。

总体而言，教师资格制度实施以来，报考教师资格考试的人数逐年呈上升趋势，这也表明人们越来越认可教师这一职业，越来越多的人意愿从事教师职业。

2. 教师资格制度对教师专业化进程的消极影响

（1）教师资格学历要求总体偏低

我国教师资格的学历要求源自 20 多年前制定的《教师法》(1993)。《教师法》对各类教师资格合格学历要求是小学—中师，初中—专科、高中—本科。这个学历要求在当时已经低于世界上很多国家，也与我国日益强烈的提升基础教育质量的要求有一定距离。

西方主要发达国家和亚洲一些发达国家，基础教育阶段教师的学历至少是本科学历，多数要求硕士及以上学历。国内其他主要行业资格如律师、医师、公务员也都要求至少具备本科学历。相比之下，我国教师资格学历要求明显偏低，严重影响教师队伍的质量。这与 21 世纪以来教育部多次提出提高新师资的学历层次，"逐步形成专科、本科、研究生三个层次的教师教育"②的思想不相吻合。2018 年年初，《中共中央国务院关于全面深化新时代教师队伍建设改革的意见》明确提出，"推进教师培养供给侧结构性改革，为义务教育学校侧重培养素质全面、业务见长的本科层次教师，为高中阶段教育学校

---

① 注册咨询工程师(投资)、价格鉴证师、价格评估人员、教师、假肢与矫形器制作专业技术人员、法律职业资格、会计从业资格、注册会计师、注册核安全工程师、注册建筑师、勘察设计类(注册土木工程师、注册结构工程师、注册公用设备工程师、注册电气工程师、注册机械工程师、注册化工工程师、注册冶金工程师、注册采矿/矿物工程师、注册石油天然气工程师、注册环保工程师、注册城市规划师)、房地产估价师、注册验船师、医师资格、乡村医生资格、护士执业资格、拍卖师、棉花质量检验师、注册计量师、特种设备检验检测人员(含无损检测)、出入境检验检疫报检员、进出口商品检验鉴定机构从业人员、统计人员从业资格、专利代理人、导游人员、地震安全性评价工程师、精算专业人员、保险代理从业人员、保险经纪从业人员、保险公估从业人员、注册测绘师、执业药师、家畜繁殖员、农机修理工、焊工。

② 《教育部关于"十五"期间教师教育改革与发展的意见》，见何东昌：《中华人民共和国重要教育文献(1998—2002)》，1147 页，海口，海南出版社，2003。

侧重培养专业突出、底蕴深厚的研究生层次教师"。教师资格学历要求的提升势在必行。

目前，我国已经具备了提升教师学历层次的条件。如中等师范学校基本退出历史舞台，教师教育基本纳入高等教育体系。专科层次的师范院校逐渐减少，本科学校迅速增加。教师培养也出现了供过于求的现象（教育部官员屡次会议提及）。事实上，全国教师学历有了很大提升。如前所述，2016 年，我国有 21.2% 的幼儿教师具备本科及以上学历，专科及以上学历者达到了 87.6%；小学教师本科毕业及以上学历者达到了 50.4%，专科及以上毕业者达到了 93.6%；初中教师本科及以上学历者为 82.5%，其中硕士学历者为 0.2%。高中教师本科及以上学历者达到 97.9%，硕士学历者达到 7.9%。[①] 目前，一些大城市如北京、上海等已经将小学教师学历限定在师专甚至本科，中学教师优先聘用硕士及以上学历者。教师资格的合格学历提升是必然趋势。

（2）教育教学能力要求笼统，标准不一，质量不齐

如何衡量一个教师具备合格的教育教学能力是很多国家在教师资格证书制度建立以后没有很好解决的问题，我国也是一样。

鉴于我国教育发展水平和教师队伍质量的不均衡，教师资格认定中对教师核心素质——教育教学能力的考评，《教师法》和《教师资格条例》都没有做出具体的规定，《〈教师资格条例〉实施办法》则把非师范生的具体测试标准和办法的制定下放给了省级教育行政部门，师范生则采取直接认定的方式。由于各地教育发展水平不平衡，工作方式和投入力度有差异，于是出现了教师专业能力测试标准不一、把关不严的情况。

如对非师范生的教育教学能力的测试，由于缺少全国统一的测试标准，各地自行制定的测试标准和考评指标体系中的重点、难点和权重不尽相同。有的省份测试内容包括面试、试讲和说课三部分，有的包括面试和试讲两部分，有的为试讲和说课。其中，各部分的详细内容的差异更大，以内蒙古和海南为例可见一斑。（参见表 5-7）

---

① 教育部发展规划司：《中国教育统计年鉴（2016）》，84、138、188 页，北京，中国统计出版社，2017。

表 5-7 几个省区教育教学基本素质和能力考查指标体系一览表①

省区	考查内容					
	面试		试讲		说课	
	指标	比重	指标	比重	指标	比重
内蒙古	1. 职业道德	12	1. 教学目标	6	1. 教学目标的确定	10
	2. 语言表达与思维	10	2. 教材处理	6	2. 教学重点难点的确定	10
	3. 写字	10	3. 教学结构	6	3. 教学过程的设计	40
	4. 仪表仪态	8	4. 教学方法	14		
			5. 教学基本功	10		
			6. 教学态度	6		
			7. 教学效果	12		
广东	仪态仪表、行为举止、思维能力、口头表达能力	50	1. 教学设计	30		
			2. 教学方法	20		
	运用教育学、心理学理论解决教育教学和学生管理实际问题的能力	50	3. 教学技能	30		
			4. 教学效果	20		
广西	简述试讲内容	合格或不合格	1. 教学设计	20		
	教态举止		2. 教学过程	35		
	思维能力		3. 教学方法	25		
	表达能力		4. 教学基本功	20		
			5. 教学特色	加 5		
青海	答辩		课堂教学评价		说课	
			1. 教材目的内容	28	1. 教材	20
			2. 教法过程方法	30	2. 教法学法	30
			3. 教师基本素养	18	3. 教学程序	30
			4. 教学即时效果	18	4. 教师基本素养	20
			5. 教学特色	6		

---

① 管培俊：《构建和完善中国特色的教师资格制度——中国教师资格制度研究主报告》(内部资料)，23 页。

续表

省区	考查内容					
	面试		试讲		说课	
	指标	比重	指标	比重	指标	比重
海南			1. 教学目的内容	28	1. 教材	20
			2. 教学过程方法	30	2. 教法学法	26
			3. 教师基本素养	18	3. 教学程序	28
			4. 教学即时效果	18	4. 教师基本素养	16
			5. 教学特色	6	5. 答辩	10

各地在考试命题难度、评定标准及组织管理等方面存在的差异必然导致获取的教师在实际水准上的差异。但教师资格证书是全国通用的，这必然造成公众对教师资格考试的质疑，进而发展为对教师资格质量和教师资格制度严肃性的质疑。当然，教师资格的国家考试和定期注册制度有助于解决上述问题。但如何建立一个符合我国教师队伍整体供给质量，又能兼顾各地教育发展不平衡性现实的考试命题难度、评定标准等，仍需要付出艰苦的努力。

（3）教师资格的分类和向下通融不科学，影响各阶段教师的专业性

教师是一个专业性很强的职业，各个学段对教师知识和能力的要求是不一样的。但我国《教师资格条例》第五条规定："取得教师资格的公民，可以在本级及其以下等级的各类学校和其他教育机构担任教师。"即教师资格具有向下通融性，中学教师可以教小学、幼儿园，大学教师更是可以到任何学校执教。这种规定只是单一地考虑到教师学科知识的通融性，却无视教师教育教学专业能力的特殊性或专业性，忽略了不同年龄阶段的学生的不同身心发育特征和学习特点，忽视了不同级别的学校有不同的培养目标和教学要求、不同类别的教师有不同的教学方式和教学艺术等问题。结果导致申请人片面追求高等次教师资格（近几年高中教师资格数量居高不下就是一个例证），不同阶段教师资格专业性却被忽视。

另外，我国教师资格种类是依照学校类别，而不是依照教师执教专业划分的，结果不尽合理。例如，职业学校专业课教师与文化课教师相比，无论在来源上还是在任职条件要求上都有明显区别，不应归为一类，更不应与高中教师资格一概通用。因此，教育部办公厅在 2009 年下发的《关于做好中小学教师队伍补充工作的通知》中，明确要求在职教师必须持有与任教学科相对

应的教师资格证书。但教师资格简单向下通融的政策显然无助于教师专业化的实现。

(4)教师资格认定中的其他问题对教师资格质量的影响

另外，我国教师资格认定中的"认定权限重心偏低"，"缺乏专业认定队伍"，"地方上缺乏专项教师资格认定工作的经费"①等问题也影响当前我国教师资格证书的含金量，影响到我国整个教师队伍的质量。

五、标准化与专业化

(一)国际专业化、标准化对我国的影响

教师作为专门职业的从业者进行专门培训始于1681年在法国拉萨尔创立的师资培训学校。随后，师范教育作为专门培养师资的机构得到各国的认可并以规范化的方式发展。19世纪初期，以法国、德国为首的最早开展师范教育的国家开始通过教师资格证书制度明确教师的任职条件。教师职业开始向专业化发展，但教师作为专业并未得到一致的认可，教师依然被看作"智者为师"的行业，是凭直觉和经验开展工作的职业。20世纪上半叶，在专业化浪潮中，教学被看作准专业。教师专业不被认可的状况严重影响了教师职业的吸引力和教育质量。1966年，联合国教科文组织在巴黎召开"关于教师地位的政府间特别会议"，会议通过《关于教师地位的建议》，明确提出："教育工作应被视为专门职业。这种职业是一种要求教员具备严格而持续不断的研究才能获得并维持专业知识及专门技能的公共业务；它要求对所辖学生的教育和福利具有个人的及共同的责任。"首次提出了教育工作为专门职业的观点，教师的专业人员的角色随之呼之而出。1996年，联合国教科文组织召开的第45届国际教育大会，以"加强变化世界中的教师作用"为题，明确提出将专业化——作为一种改善教师地位和工作条件的策略。

教师作为专业人的观点提出后，发达国家自20世纪后期开始通过建立更为规范、科学的标准来规范教师的准入资质和工作行为，并把这些标准作为落实教师专业人角色的重要标志加以落实。和教师资格证书制度密切联系的

---

① 杨瑾、包华影：《中国教师资格全面实施十年历程回顾与展望》(内部资料)，41～42页。

教师资格标准或者教师专业标准是其中重要的一环。1987 年，美国全国教学专业标准委员会开始研制教师标准，并形成了初任教师、有经验教师和优秀教师专业标准。20 世纪 90 年代，英国确立了教学专业实践标准，用于教师资格证书的颁发，其中强调专业标准中的伦理、信念、价值与责任。澳大利亚自 20 世纪 70 年代开始设立教师入职标准，进行教师资格证书的颁发。2003 年 7 月，澳大利亚颁布了全国的专业标准框架，确立了职前、入职、职后三阶段的考核标准。2003 年"联合国教科文组织亚太地区教师专业标准研制专家会议"，引起政府、学界及广大一线教育管理者和实践者的关注。2008 年 3 月，以"促进教师教育与培训"为主题的"联合国教科文组织九个人口大国教育部长级会议"通过《巴里宣言》，更是将制定教师专业标准视为提高师资队伍质量的战略途径。可以说，教师专业标准的研究、制定与实施，已成为许多国家促进教师专业发展、提高教学质量的一种重要举措。

改革开放以后，我国开始致力于全面提升教师的素质。1993 年，《教师法》明确提出教师是专业人员，要履行专业职责。什么是专业人员，作为专业人员的教师的素质应该如何确定等一系列问题随之而来。1996 年，我国开始建立并实施教师资格制度，其中遭遇的最大问题是如何确定一个合格教师应该具备的专业素质，其具体指标是什么，如何考量。与此同时，轰轰烈烈展开的各层级的教师培训由于效果不佳备受诟病，如何评价教师培训的效果，实现教师继续教育的专业化提到议事日程。绩效工资的实施，教师评估、管理的科学化的要求日益强烈，对科学准确地评价教师工作业绩和专业发展进阶程度也提出了要求。在这种情况下，发达国家的教师管理的标准化无疑值得我们学习和借鉴。

(二)课程标准与教师专业标准的制定

我国教育领域的专业化、标准化趋势不仅仅体现在教师专业标准的制定实施上，而是由课程标准、教育标准(如教师教育课程标准)、教师专业标准等组成。到目前为止，影响我国教师专业化进程、教师工作行为和师范院校办学的主要是课程标准和教师专业标准。下面我们简单介绍一下基础教育阶段的课程标准和教师专业标准。

1. 课程标准的制定

为了迎接知识经济时代的挑战，培养新时代所需要的创新型人才，我国1993 年之后开展了一次课程改革，意在培养创新型和实用型人才。2001 年，教育部印发了《基础教育课程改革纲要(试行)》，进行新一轮的课程改革，目的是促进学生的全面发展，培养学生搜集和处理信息、获取新知识、分析和解决问题以及交流合作的能力。在此次课程改革之前，我国中小学有课程大纲，并没有课程标准。为了使新课程改革落到实处，也使教师日常教学有据可依，我国决定仿照西方国家的经验，制定课程标准。在课程改革酝酿时期，专家们研究了国外课程改革发展的经验。研究发现，课程标准是各国确立课程目标、课程内容，实施课程的基本依据，也是教师规范教学行为的基本依据。大多数国家不一定有国家课程，但都有课程标准。因而，在新课改准备阶段，课程专家和教育部把研制课程标准作为新一轮课程改革开展的根基性工作率先展开。

课程标准的研制首先在语文、数学、品德与生活三个科目展开。2001年，教育部党组全面审议并通过了《基础教育课程改革纲要(试行)》以及《义务教育课程设置实验方案》和15个学科的课程标准(实验稿)。主要内容如下：

第一，确立基础教育课程改革的基本目标。

改变课程过于注重知识传授的倾向，强调形成积极主动的学习态度，使获得基础知识与基本技能的过程同时成为学会学习和形成正确价值观的过程。

改变课程结构过于强调学科本位、科目过多和缺乏整合的现状，整体设置九年一贯的课程门类和课时比例，设置综合课程，以适应不同地区和学生发展的需求，体现课程结构的均衡性、综合性和选择性。

改变课程内容"繁、难、偏、旧"和过于注重书本知识的现状，加强课程内容与学生生活以及现代社会科技发展的联系，关注学生的学习兴趣和经验，精选终身学习必备的基础知识和技能。

改变课程实施过于强调接受学习、死记硬背、机械训练的现状，倡导学生主动参与、乐于探究、勤于动手，培养学生搜集和处理信息的能力、获取新知识的能力、分析和解决问题的能力，以及交流与合作的能力。

改变课程评价过分强调甄别与选拔的功能，发挥评价促进学生发展，教师提高和改进教学实践的功能。

改变课程管理过于集中的状况，实行国家、地方、学校三级课程管理，增强课程对地方、学校及学生的适应性。

第二，确定课程标准的基本框架及其内容(参见表5-8)。后来，我国又对课程标准进行了修订。我们以2011年义务教育阶段语文课程标准为例看我国课程标准包含的内容。

表 5-8　义务教育阶段课程标准的基本框架（语文学科）

框架	维度	内容
前言	课程性质	
	课程基本理念	全面提高学生的语文素养 正确把握语文教育的特点 积极倡导自主、合作、探究的学习方式 努力建设开放而有活力的语文课程
	课程设计思路	
课程目标与内容	总体目标与内容	
	学段目标与内容	第一学段（1～2 年级） 第二学段（3～4 年级） 第三学段（5～6 年级） 第四学段（7～9 年级）
实施建议	教学建议	充分发挥师生双方在教学中的主动性和创造性 教学中努力体现语文课程的实践性和综合性 重视情感、态度、价值观的正确导向 重视培养学生的创新精神和实践能力 具体建议
	评价建议	充分发挥语文课程评价的多种功能 恰当运用多种评价方式 注重评价主体的多元与互动 突出语文课程评价的整体性和综合性 具体建议
	教材编写建议	
	课程资源开发与利用建议	
附录	优秀诗文背诵推荐篇目 关于课外读物的建议 语法修辞知识要点 识字、写字教学基本字表 义务教育语文课程常用字表	

我们再以第一学段的教学目标为例看看课程标准所体现的特征。（参见表 5-9）

表 5-9　第一学段的目标和内容

学段目标	内容
识字与写字	1. 喜欢学习汉字，有主动识字、写字的愿望 2. 认识常用汉字 1600 个左右，其中 800 个左右会写 3. 掌握汉字的基本笔画和常用的偏旁部首；能按笔顺规则用硬笔写字，注意间架结构。初步感受汉字的形体美 4. 努力养成良好的写字习惯，写字姿势正确，书写规范、端正、整洁 5. 学会汉语拼音。能读准声母、韵母、声调和整体认读音节。能准确地拼读音节，正确书写声母、韵母和音节。认识大写字母，熟记《汉语拼音字母表》 6. 学习独立识字。能借助汉语拼音认读汉字，学会用音序检字法和部首检字法查字典
阅读	1. 喜欢阅读，感受阅读的乐趣。养成爱护图书的习惯 2. 学习用普通话正确、流利、有感情地朗读课文。学习默读 3. 结合上下文和生活实际了解课文中词句的意思，在阅读中积累词语。借助读物中的图画阅读 4. 阅读浅近的童话、寓言、故事，向往美好的情境，关心自然和生命，对感兴趣的人物和事件有自己的感受和想法，并乐于与人交流 5. 诵读儿歌、儿童诗和浅近的古诗，展开想象，获得初步的情感体验，感受语言的优美 6. 认识课文中出现的常用标点符号。在阅读中体会句号、问号、感叹号所表达的不同语气 7. 积累自己喜欢的成语和格言警句。背诵优秀诗文 50 篇（段）。课外阅读总量不少于 5 万字
写话	1. 对写话有兴趣，留心周围事物，写自己想说的话，写想象中的事物 2. 在写话中乐于运用阅读和生活中学到的词语 3. 根据表达的需要，学习使用逗号、句号、问号、感叹号
口语交际	1. 学说普通话，逐步养成说普通话的习惯 2. 能认真听别人讲话，努力了解讲话的主要内容 3. 听故事、看音像作品，能复述大意和自己感兴趣的情节 4. 能较完整地讲述小故事，能简要讲述自己感兴趣的见闻 5. 与别人交谈，态度自然大方，有礼貌 6. 有表达的自信心。积极参加讨论，敢于发表自己的意见

学段目标	内容
综合性学习	1. 对周围事物有好奇心，能就感兴趣的内容提出问题，结合课内外阅读共同讨论 2. 结合语文学习，观察大自然，用口头或图文等方式表达自己的观察所得 3. 热心参加校园、社区活动。结合活动，用口头或图文等方式表达自己的见闻和想法。

课程标准从培养学生的核心素养入手确定教学目标、教学内容与教学方式，这无疑对教师教学工作的规范化、专业化有很大旨规性。课程标准在描述每一学科课程性质和理念的基础上，确定了学科教学所需要实现的总目标、内容和具体学段的目标、内容，并通过教学建议、评价建议、教材编写建议、课程资源开发与利用建议几个维度对教师的教学进行全面指导。如小学语文第一阶段的目标细化为识字与写字、阅读、写话、口语交际、综合性学习几部分，每一部分之下有具体的目标指标。据此，教师非常清晰地了解自己教学所要实现的每一个目标的具体内容，知道哪些是必须掌握的，掌握到什么程度。这样清晰的目标非常有助于教师开展合乎质量的教学。同时，该课程标准还通过教学、评价、教材编写、课程资源开放利用的具体建议，帮助教师开展合乎课程理念和核心素养的教学。如以识字与写字教学为例，在"关于识字、写字、汉语拼音教学"部分，提供了"识字、写字教学基本字表"，建议教师教学过程中先认写"字表"中的 300 个字，逐步发展识字写字能力；识字教学要注意儿童心理特点，运用多种识字教学方法和形象直观的教学手段开展教学。为学生养成良好的书写习惯，掌握基本的书写技能，建议每天的语文课中安排 10 分钟，在教师指导下随堂练习；等等。在评价方面，识字的评价要考查学生认清字形、读准字音、掌握汉字基本意义的情况，以及在具体语言环境中运用汉字的能力等，低段要关注培养学生主动识字的兴趣。写字评价方面，要考查学生对于要求"会写"的字的掌握情况，重视书写的正确、端正、整洁，在此基础上，逐步要求书写流利。第一学段要关注学生写好基本笔画、基本结构和基本字；等等。由此可见，在这样的标准下，教师教学有目标、有抓手，能快速抓住重难点，对于保证教学质量，实现教育的均衡化非常有帮助。

2. 我国教师专业标准的建立

教师专业标准是判断、评价从事教师职业的专业人员入职、成长所要达到的合格和发展的专业素质要求。目前，不少国家的教师专业标准包括进入教职所需要的基本职业准入标准和专业发展不同阶段的标准。如美国有两套国家层面的教师专业标准：一为州际初任教师评价与支持联合会（INTASC）发布的"初任教师专业标准"；二为由"国家专业教学标准委员会"（NBPTS）颁布的适用于教龄三年以上有经验教师的专业教学标准。前者对初任教师的准入确定依据，后者为评价教师的专业发展的阶段、水平提供依据。2006年英国重新厘定的教师专业标准包括之前培养、入职培训、在职发展各个阶段，形成了贯穿教师生涯的一体化的教师专业标准。可见，教师专业标准体现了促进教师持续专业发展的旨趣。

20世纪90年代以来是我国教师管理的规范化、标准化时期。在教师资格制度需要更为清晰的标准为指向的现实需要下，在国际教师专业标准制定实施的浪潮下，我国从21世纪初开始制定基础教育各学段教师的专业标准。2012年2月10日，教育部下发"关于印发《幼儿园教师专业标准（试行）》、《小学教师专业标准（试行）》和《中学教师专业标准（试行）》的通知"（教师〔2012〕1号），正式颁布各学段的教师专业标准。下面，我们以《中学教师专业标准（试行）》为例看我国的教师专业标准的要求和覆盖的内容。

表5-10 《中学教师专业标准（试行）》的基本框架

学校类别	基本理念	维度	领域
中学	师德为先 学生为本 能力为重 终身学习	专业理念与师德	职业理解与认识、对学生的态度与行为、教育教学的态度与行为、个人修养与行为
		专业知识	教育知识、学科知识、学科教学知识、通识性知识
		专业能力	教学设计、教学实施、班级管理与教育活动、教育教学评价、沟通与合作、反思与发展

这个标准以"师德为先、学生为本、能力为重、终身学习"为当代教师专业标准的基本理念，用专业理念与师德、专业知识、专业能力涵盖理念所需要的教师基本专业素质，并用各个领域来进一步解析所对应的专业素质应该达到的标准。可以说，标准的制定和实施对教师的专业发展有着很强的促进作用。

(三)各种专业标准对教师专业化的影响

虽然我国教育领域里的标准还处在初建时期，与发达国家的标准相比，有很多不成熟、生硬，甚至标准含糊难以操作等问题。而且，由于标准处在刚刚实施的阶段，其效果尚未真正展现，但从有限的研究和与教师的接触中发现，无论是课程标准还是教师专业标准，在促进教师专业化方面发挥了积极作用。具体如下。

1. 规范了教师的教学行为，促进了教师的专业发展

无论是课程标准还是教师专业标准，其内容都是围绕开展合乎质量的教学和吸纳合格的专业教师的角度确立的。以中小学课程标准为例，它首次从学生的发展而不是单纯从知识掌握的角度对教师的教学提出要求，所有的内容都是围绕着培养新世纪所需要的具有"良好个性和健全人格"，能"主动探究、团结合作、用于创新"，并具备相应的学科知识、能力和学科思维能力等核心素养的人展开。教师在学习和应用这个课程标准的过程中，必须深入学习并掌握课程标准所倡导的先进的教育理念，并按照课程标准所设立的目标、内容和教学建议等要求开展教学，而且课程标准也帮助教师更深入地理解所教学科的性质，这个过程必然帮助教师理解当下的社会环境和发展趋势，了解新时代对人才的要求，了解先进的学习理论，学习掌握如何把这些时代的要求与课程目标、课程内容落实在具体的教学中，从而必然促进教师的专业成长。

同样，教师专业标准对一个合格专业教师的素质进行了全面的规定，并从各个领域进行了全面的解析，如《小学教师专业标准》(试行)中"对小学生的态度与行为"就进行了如下规定："6. 关爱小学生，重视小学生身心健康，将保护小学生生命安全放在首位。7. 尊重小学生独立人格，维护小学生合法权益，平等对待每一位小学生。不讽刺、挖苦、歧视小学生，不体罚或变相体罚小学生。8. 信任小学生，尊重个体差异，主动了解和满足有益于小学生身心发展的不同需求。9. 积极创造条件，让小学生拥有快乐的学校生活"。这样条理清晰的标准让教师清楚地知道一个专业教师在日常教育教学工作中应该采取怎样的态度和行为，并按照要求采取正确、恰当的态度与行为。虽然该标准未能按教师专业成长的阶段进行细分，但该标准将基本的要求如"不讽刺、挖苦、歧视小学生，不体罚或变相体罚小学生"，和"尊重小学生独立人格，维护小学生合法权益，平等对待每一位小学生"这样有很大延展性的要求

结合起来。前者是对教师行为的基本要求，后者是教师随着对职业和学生认识的加深，不断追求的目标。这样的标准显然有助于教师的专业发展。

2. 规范教师人才的培养、职业准入和专业发展

国外实践证明，教师专业标准的实施在规范、引导教师的专业伦理、专业知识、专业表现、专业自律等方面发挥着重要作用。从目前来看，我国的教师专业标准和课程标准无疑在这些方面也发挥着重要作用。课程标准帮助我们思考什么样的教师才可能实施这样的理念、目标和内容的课程，而教师专业标准则对合格的专业教师的标准进行了清晰的规定。如前所述，相对于国外体现教师专业层次的阶段性教师专业标准而言，我国的教师专业标准阶段性不清晰，更多地体现了国家对合格教师的基本专业要求。但在实施建议部分，教师专业标准明确要求将标准作为教师队伍建设，教师培养培训、准入、考核等工作的重要依据：各级行政部门要将专业标准作为教师队伍建设的基本依据，以此作为教师任用、考核、退出的主要依据；开展教师教育的院校要将专业标准作为教师培养培训的主要依据；学校要将它作为教师管理的重要依据，教师要将其作为资深专业发展的基本依据。事实上，我国近些年来以教师资格证书、教师专业标准为依据选拔、任用和考核教师，如前面章节所示，教师队伍中受过专业训练的人数比例大幅度提升，教师的高学历、高职称的比例也获得很大提高。我国的教师专业化进程因此走到新的阶段。

六、教师的专业生活状态

自1993年我国致力于社会主义市场经济建设以来，教师的工作和生活环境发生了较大的变化，这必然对教师的工作、生活状态产生重要的影响。

改革开放初期，党中央和教育主管部门明确教师是工人阶级知识分子的一员，是劳动者，从而搬走了压在教师身上的沉重的政治包袱。随后国家又通过建立教师节、重建教师职称制度，对教师进行表彰，提升教师的经济和福利待遇等多种措施提升教师的社会地位。1993年之后，影响教师专业生活状态和社会地位的已经不是过去的政治环境，而更多的是教师职业的特点，教师管理制度、福利待遇等方面的因素，本研究主要从这几方面进行梳理。

（一）充满矛盾的教师专业生活状态

1. 1993 年《教师法》，明确教师为专业工作者

虽然民国时期就有人开始借鉴西方的职业分工来讨论教师职业化的问题，在 20 世纪 20 至 40 年代，"专业"一词逐渐代替"职业化"一词①，但官方语系中并没有把教师作为专业人员的表述。随着新中国成立，冷战开始，中国教师的西式专业化道路被打断。我国再次把教师作为专业人员看待是《教师法》颁布以后。

1993 年 10 月 31 日，第八届全国人民代表大会常务委员会第四次会议通过《教师法》。该法明确规定，"教师是履行教育教学职责的专业人员，承担教书育人，培养社会主义事业建设者和接班人、提高民族素质的使命"；要求"各级人民政府应当采取措施，加强教师的思想政治教育和业务培训，改善教师的工作条件和生活条件，保障教师的合法权益，提高教师的社会地位。全社会都应当尊重教师"；并且规定"教师的平均工资水平应当不低于或者高于国家公务员的平均工资水平，并逐步提高。建立正常晋级增薪制度"。"侮辱、殴打教师的，根据不同情况，分别给予行政处分或者行政处罚；造成损害的，责令赔偿损失；情节严重，构成犯罪的，依法追究刑事责任。""对依法提出申诉、控告、检举的教师进行打击报复的，由其所在单位或者上级机关责令改正；情节严重的，可以根据具体情况给予行政处分。国家工作人员对教师打击报复构成犯罪的，依照刑法有关规定追究刑事责任"。

这一系列法律规定，对明确教师作为专业工作者的身份，提升教师的政治和社会地位，维护教师的合法权益，提高教师职业的权威感、尊严感，调动广大教师教书育人的积极性有很大的意义。自此以后，教师作为专业人员有尊严地生活在中国社会中。"文化大革命"及以前对教师的怀疑、否认、甚至敌视的状态彻底予以改变。

2. 教师荣誉制度的实施提升了教师的专业自豪感

自《教师法》实施之后，虽然确立了教师作为专业人的地位，但整个社会对教师的工作认可度与教师的贡献还有距离，教师的工作积极性还有待于提

① 常道直：《教育事业之职业化》，载《教育杂志》，1923(4)。朱炳乾：《全国教育专业道德规约(草案)》，载《教育杂志》，1941(33)。

升。因此，这一时期，国家和教育相关部门开始通过国家层面和地方层面的荣誉，承认教师的贡献，肯定教师的价值，进一步营造全社会尊师重教的社会风气。

1992年10月26日，教育部颁发《教师和教育工作者奖励暂行规定》，1998年1月8日，教育部对该规定进行修订，修订后的《教师和教育工作者奖励规定》，重申"国务院教育行政部门对长期从事教育教学、科学研究和管理、服务工作并取得显著成绩的教师和教育工作者，分别授予'全国优秀教师'和'全国优秀教育工作者'荣誉称号，颁发相应的奖章和证书；对其中作出突出贡献者，由国务院教育行政部门会同国务院人事部门授予'全国模范教师'和'全国教育系统先进工作者'荣誉称号，颁发相应的奖章和证书。""奖励'全国模范教师'、'全国教育系统先进工作者'和'全国优秀教师'、'全国优秀教育工作者'每三年进行一次，并于当年教师节期间进行表彰。"1993年1月10日，教育部颁发《特级教师评选规定》，明确提出国家为表彰"特别优秀的中小学教师而特设的一种既具先进性、又有专业性的称号"。2000年6月30日，教育部发布《教育部关于表彰全国中小学德育工作先进集体和德育工作标兵的决定》，对德育战线做出突出成绩的学校和教师进行表彰。2015年，国务院办公厅印发《乡村教师支持计划（2015—2020年）》，提出"建立乡村教师荣誉制度"，设立专项基金，"国家对在乡村学校从教30年以上的教师按照有关规定颁发荣誉证书。省（区、市）、县（市、区、旗）要分别对在乡村学校从教20年以上、10年以上的教师给予鼓励"，包括物质奖励。2017年9月，中共中央、国务院印发《关于深化教育体制机制改革的意见》，提出建立教师国家荣誉制度。

这些政策在强调教师为国做出贡献的同时，明显突出教师为专业工作者的国家导向，这从优秀教师选拔的标准中可以看出来。如《教师和教育工作者奖励规定》指出在专业上做出突出成绩的教师、全国优秀教师、全国优秀教育工作者的基本条件是"热爱社会主义祖国，坚持党的基本路线，忠诚人民的教育事业，模范履行职责，具有良好的职业道德，并具备下列条件：第一，全面贯彻教育方针，坚持素质教育思想，热爱学生，关心学生的全面成长，教书育人，为人师表，在培养人才方面成绩显著；第二，认真完成教育教学工作任务，在教学改革、教材建设、实验室建设、提高教育教学质量方面成绩突出；第三，在教育教学研究、科学研究、技术推广等方面有创造性的成果，具有较大的科学价值或者显著的经济效益、社会效益；第四，在学校管理、服务和学校建设方面有突出成绩"。"全国模范教师""全国教育系统先进工作者"的比例不超过本地区教职工总数的十万分之六；"全国优秀教师""全国优秀教育工作者"的比例控制在本地区教职工总数的万分之二以内。而"特级教师应是师德的表率、育人的模范、教学的专家"。这些标准主要强调师德和专业贡献，这无疑推动教师在专业上的精进。

这个时期，随着国家和地方层面奖励制度的常规化，很多成绩优秀，有突出贡献的教师涌现出来。如 2007 年 9 月 4 日，人事部和教育部授予北京市大兴区庞各庄镇第二中心小学等 500 个单位"全国教育系统先进集体"荣誉称号；授予潘维松等同志"全国模范教师"荣誉称号，追授阿木冬·吐鲁普、贺宝根两名同志"全国模范教师"荣誉称号；授予王淑清等 77 名同志"全国教育系统先进工作者"荣誉称号，追授傅伦旭同志"全国教育系统先进工作者"荣誉称号。被授予"全国模范教师"和"全国教育系统先进工作者"荣誉称号的人员，享受省部级劳动模范和先进工作者待遇。国家层面奖励之外，各地方还有自己的奖励。这些奖励体现了国家对教师专业价值和劳动价值的肯定，既有利于发扬尊师重教的传统，又在一定程度上反映了教师政治地位和社会地位的提高。

3. 教师普遍职业压力大，不少人处在亚健康和工作无意义感状态

2005 年 8 月 27 日，中国人民大学公共管理学院组织与人力资源研究所和新浪教育频道联合启动了"2005 年中国教师职业压力和心理健康调查"。此项涉及 8699 名教师的调查显示，近 40％的被调查者心理健康状况不佳，20％的被调查者生理健康状况不佳；近 30％的被调查者存在严重的工作倦怠，近 90％的被调查者存在一定的工作倦怠（高达 49.7％的教师存在高情绪衰竭，26.0％的教师存在中情绪枯竭，56.1％的教师存在高玩世不恭状况，19.5％的教师存在中玩世不恭状况，68.2％的教师成就感低落）；64.4％的被调查教师对工作不满意，部分甚至有跳槽的意向。[①] 究其原因主要有以下方面（参见表 5-11）。

---

① 中国人民大学公共管理学院组织与人力资源研究所、新浪网："2005 年中国教师职业压力和心理健康调查"，http://edu.sina.com.cn/1/2005-09-09/1653126581.html，2019-10-9。

表 5-11　教师 10 种压力源①

压力源	重要程度	压力源	重要程度
所作工作得不到客观、公正的评价与回报	▲▲▲▲▲	负担过重	▲▲▲▲
规章、制度与要求不合理	▲▲▲▲▲	工作缺乏成就感	▲▲▲▲
过多僵化的考核与评比	▲▲▲▲▲	学校与家长过分关注学生的分数	▲▲▲▲
工作得不到领导的理解与支持	▲▲▲▲	社会地位不高	▲▲▲
被动地适应单位各种改革	▲▲▲▲	经济负担	▲▲▲

很多调查也证实了此次调查的结论。② 可见中小学教师的生存状态不容乐观。究其原因主要有以下几点。

(1)僵化且繁复的管理使教师的专业自主权受到侵蚀

虽然这个时期强调教师作为专业人的身份，政策层面和各种考评中也渗透了专业的词汇和以专业为导向的衡量指标；但在具体的管理中，教育行政部门和学校普遍仿照西方管理方式，一切以量化的指标为依据，把整体性的教育教学质量、教师专业发展分割为具体的可以量化的指标来考评教师，如多少比例的学生考上重点学校，考试成绩排名第几，多少比例的人成绩为优秀等这样的指标；教师专业发展上也以发表多少篇学术论文，参与多少研究课题，上过多少节优质课、示范课，甚至每周或每月写多少篇反思日记等为考量指标。这种简单、粗暴的管理方式严重侵害了教师的专业自主权和专业权威，在给教师增加工作负担的同时也加大了教师的精神压力。

(2)缺乏边界的教师工作负荷过重，教师普遍存在亚健康状况

现在教师的工作越来越没有边界。近些年来在进行调查研究时，教师普遍反映自己工作负荷过重，休息时间无法保证。不少学校为了家校沟通和学生管理，要求教师 24 小时开手机，并设立微信群，随时与家长沟通和接待家长的咨询。同时，学校或教育行政部门也给教师提出名目繁多的任务、要求

---

① 中国人民大学公共管理学院组织与人力资源研究所、新浪网："2005 年中国教师职业压力和心理健康调查"，http://edu.sina.com.cn/1/2005-09-09/1653126581.html，2019-10-9。

② 张玮：《深圳教师生存状态大调查》，载《南方日报》，2005-09-07。

和检查，如既有与教育教学有关的培训、课题、课程改革、素质展示、教学竞赛评比等工作；也有参与文明城市、最美乡村建设（如清扫学校所负责的街道的卫生），帮助学生购买保险等工作；加之目前信息化时代带来的日益复杂的社会环境和层出不穷的社会问题，以及追求个性导致学生越来越难教。上述种种工作、活动让教师几乎没有喘息的机会。这也是教师身心疲惫、职业倦怠的重要原因。

（3）以升学为指向的教育生活让教师产生无意义感

改革开放以来，学校评价教师的方式是唯分数是举，拿升学率说话。但分数、升学并不是教育的全部，而且也不能反映教师工作的全部价值。但长期以来的这种评价方式导致教师对教育教学工作产生无意义感。2014年，笔者曾访谈一位20世纪80年代从教的乡村教师。他认为，把升学、分数作为唯一评价指标让教师普遍觉得教师工作"苦不堪言"，他说"考试很死，统考、升学考试基本上都是围绕教材中死的知识来考，要求学生背下来，这种题目就是为了考试，与能力无关。这种教学就很痛苦。真是欲教不能，欲罢不行。我到现在为止对应试教学还很反感。"这种情况到现在并未发生根本性的变化。虽然大学扩招似乎缓解了师生的压力，但人们的期望值也在上升，人们已经不满足于考上大学，而是要考上好大学。这样，竞争更是白热化。家长和教育行政部门普遍把考试成绩作为考量教师的唯一指标，使教师成为帮助学生考上好大学的"工具"，给教师造成了巨大的精神压力。这种压力连获得特级教师称号的人也不能幸免。我们访谈的一位特级教师原本可以60岁退休，但她还是选择了55岁退休。她说，目前很多教师愿意提前退休，"最重要的原因还是客观环境。现在教师的职业压力很大，普遍生活状态也不尽乐观，工作的自由度很小，因此从这种情况来讲，我就放弃了，想要换一种生活状态了。"为了升学，很多教师陷入题海之中，这导致教师认为教育生活没有意义。"这也是我厌烦这种生活的原因，就是整天都在做题，即学生在题海之中，老师更要先于学生入题海。这种情况造成老师和学生的眼界没有区别，老师也就没有更多的时间和更多的机会去实现自己的专业发展了。包括外在的客观环境也只是欣赏你题海战术的职业状态，而不是说想办法给提供更多的进一步提高的进修机会，帮助你提高你的专业技能和教育本领。因此客观上给你营造的环境提供的条件也是极为不够的，让老师们从一进学校就看到了他们将来的生活状态。所以现在作为一个好老师的标准已经发生了变化，过去的标准是没有离开教育的初衷的，而现在就是简单的拿分数说话。然而分数这个问题实际上是很复杂的，有短期见效的，也有需要很长时间才见效的。"①

（二）教师经济地位与教师的劳动付出还存在差距

1. 国家积极致力于提升教师工资待遇

20世纪80年代，中国政府在提高教师待遇方面付出了很多努力，对提升教师的生活水平，稳定教师队伍，进行教师队伍建设等发挥了积极作用。但总体而言，教师的待遇在整个行业系统中并不高，特别是与教师工作的负荷不成正比，这影响了教师的工作积极性。1993年我国开始致力于社会主义市场经济以来，如何使教师在人才市场中更有吸引力是主管部门必须着力考虑的内容。提升教师的工资和福利待遇仍然是这一时期政府的重要工作。

（1）明确教师工资不低于或高于公务员的平均水平

1993年，《教师法》明确规定，"教师的平均工资水平应当不低于或者高于国家公务员的平均工资水平，并逐步提高。建立正常晋级增薪制度"。1995年颁布的《中华人民共和国教育法》第五十五条进一步规定，各级人民政府的教育财政拨款要"保证教师工资和学生人均公用经费逐步增长"，并以此作为考核、评价各级党政领导干部政绩的一项重要内容。2018年修订的《中华人民共和国义务教育法》再次强调"各级人民政府保障教师工资福利和社会保险待遇，改善教师工作和生活条件；完善农村教师工资经费保障机制。""教师的平均工资水平应当不低于当地公务员的平均工资水平。"这些成为教师工资水平确立的基本依据以后，教师的工资逐渐改善。

（2）专业职称与工资待遇挂钩

为了在工资待遇层面体现教师工作的专业特点，1993年，中共中央、国务院制定实施《事业单位工作人员工资制度改革实施办法》和《机关、事业单位艰苦边远地区津贴实施办法》，首次按照专业人员的身份设置教师工资，提出"中小学教师实行国家统一的职务序列和职务工资标准"。工资主要分为专业技术职务工资和津贴两部分，分别与专业职务高低和实际工作量大小挂钩，意在体现教师作为专业工作人员的特性及其付出的劳动。这个政策充分体现了国家试图通过专业职称制度促进教师发展，使教师的专业水平、专业能力与其工资待遇建立正向联系的导向，而之后，职称制度也的确成为促进教师

---

① 出自笔者指导的王雪薇同学于2017年做的特级教师口述史访谈的内容。由于受访者的要求，本处隐去受访者的姓名、工作单位等信息。

专业发展的激励性制度。

（3）确立"以县为主"的教育投资制度

为了改变税费改革①后教育资金的巨大缺口，解决教师工资拖欠问题，2001年《国务院关于基础教育改革与发展的决定》规定，农村义务教育实行"在国务院领导下，由地方政府负责、分级管理、以县为主"的体制。农村地区基础教育由从前的"谁受益谁办学"的原则转变为国家全面承担的政策，义务教育经费投入也由"以乡镇为主"转变为"以县为主"。县级及以上各级政府全面承担起基础教育的责任。

随后，国家又将上述政策进一步细化。2005年12月24日，国务院发出《关于深化农村义务教育经费保障机制改革的通知》，按照"明确各级责任、中央地方共担、加大财政投入、提高保障水平、分步组织实施"的基本原则，逐步将农村义务教育全面纳入公共财政保障范围，建立中央和地方分项目、按比例分担的农村义务教育经费保障机制。中央重点支持中西部地区，适当兼顾东部部分困难地区。针对教师工资，该通知特别强调：巩固和完善农村中小学教师工资保障机制，中央继续按照现行体制，对中西部及东部部分地区农村中小学教师工资经费给予支持；省级人民政府要加大对本行政区域内财力薄弱地区的转移支付力度，确保农村中小学教师工资按照国家标准按时足额发放。教育经费投入主体的变化使农村义务教育经费投入责任上移，为县域内基础教育经费投入的均衡化提供了制度保障，有效地遏制了农村义务教育阶段教师工资的拖欠现象，也有助于县域内教师待遇的均衡化。

（4）建立绩效工资制度

前面的政策主要是确保教师群体待遇的整体保障和提升，并没有解决教师由于敬业精神、工作投入、工作成绩差距所带来的待遇的不同，难以起到激发教师工作热情和提升工作质量的作用。为此，2006年的《事业单位工作人员收入分配制度改革方案》，提出"事业单位实行岗位绩效工资制度。岗位绩效工资由岗位工资、薪级工资、绩效工资和津贴补贴四部分组成，其中岗位工资和薪级工资为基本工资"。2008年，教育部颁发《教育部关于做好义务教育学校教师绩效考核工作的指导意见》（教人〔2008〕15号），要求"建立符合教

① 2000年，《中共中央、国务院关于进行农村税费改革试点工作的通知》（中发〔2000〕7号），国家进行税费改革。和教育经费有关的主要是取消乡统筹费、农村教育集资等专门面向农民征收的行政事业性收费和政府性基金、集资。

育教学规律和教师职业特点的教师绩效考核制度"，以更好地体现教师的实绩和贡献、更好地发挥激励功能。教育教学主要考核教师师德和教育教学、班主任工作等方面的实绩。其中教育教学主要考核的是从事德育、教学、教育教学研究，教师专业发展的情况。教师专业发展重点考核教师拓展专业知识、提高教育教学能力的情况。

（5）全面改善农村教师的待遇

由于农村教师待遇相对低下的问题没有真正解决，农村特别是偏远地区教师岗位缺乏吸引力的问题长期以来未得到根本性的解决，2015年国务院办公厅印发《乡村教师支持计划（2015—2020年）》，决定通过采取系统性的措施，"加强老少边穷岛等边远贫困地区乡村教师队伍建设，明显缩小城乡师资水平差距，让每个乡村孩子都能接受公平、有质量的教育"，即增强乡村教师的职业吸引力，造就一支"下得去、留得住、教得好"的教师队伍。具体如下：全面提高乡村教师思想政治素质和师德水平；拓展乡村教师补充渠道；提高乡村教师生活待遇；统一城乡教职工编制标准；职称（职务）评聘向乡村学校倾斜；推动城镇优秀教师向乡村学校流动；全面提升乡村教师能力素质；建立乡村教师荣誉制度。在提高教师待遇上，该计划明确提出要"全面落实集中连片特困地区乡村教师生活补助政策，依据学校艰苦边远程度实行差别化的补助标准，中央财政继续给予综合奖补"；要依法落实乡村教师工资待遇政策，依法依规为教师缴纳住房公积金和各项社会保险费等；并做好乡村教师重大疾病救助，周转宿舍建设，以及将乡村教师住房纳入当地住房保障范围等。

2. 教师工资待遇在得到稳步提升的同时，并不尽如人意

（1）教师待遇得到稳步提升

经过政府多年坚持不懈的努力，我国中小学教师的收入水平实现了稳步增长。据《人民日报》报道，从1984年至2004年的20年间，中小学教师的年平均工资增长了10.9倍。2003年，全国中小学教师平均年工资为1.33万元，比2002年增加652元，比1985年增加约1.22万元。[①] 从图5-2可见，在2007年以前，全国教师的平均工资与全国平均工资基本一致，2007年以后，教师的工资开始高于全国各行业平均工资。

---

① 丁伟：《我国教师工资明显提高》，载《人民日报》，2004-09-07。

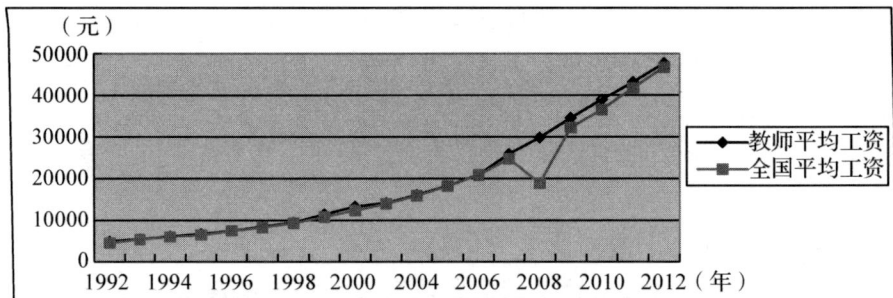

图 5-2　1994—2012 年全国教师平均工资与全国各行业平均工资

注：数据来源于《中国统计年鉴 2013》。

近些年，城乡教师待遇获得了较大的增长，教师生活明显改善。杜晓利研究 2000—2012 年我国中小学教师工资状况后发现：2000 年以来，我国教师年均工资得到大幅增长，2012 年小学教师年均工资达到 4.6 万元，是 2000 年的 5.7 倍，中学教师年均工资达到 4.9 万元，是 2000 年的 5.3 倍，中小学教师工资水平差距不断缩小。小学教师工资的年增长率为 15.0%，中学教师工资的年增长率为 14.5%。[①] 可以说，从绝对数来看，中小学教师的工资状况得到了极大改善。

（2）教师工资待遇仍不尽如人意

整体而言，教师的薪水在行业体系中依然属于中下层。虽然教师工资获得了较大增长，但郭润宇的研究发现，1993 年工资改革时期各阶层工资，与获得高学历的大学教师相比，中小学教师的收入尚可，但与政府官员和工人相比，尤其是后者，中小学教师的薪水基本与工人持平。[②] 这显然与教师所拥有的专业素质以及繁重的工作负荷不相匹配。21 世纪初，这种状况依然没有得到根本性改善。据统计，2003 年，城镇单位在岗职工年平均工资为 14040 元，国有单位在岗职工年平均工资为 14577 元，而中小学教职工年平均工资为 13293 元，与城镇职工相差 747 元，与国有单位职工相差 1284 元。[③]

---

① 杜晓利：《我国中小学教师工资水平的比较分析与若干建议》，载《中国教育学刊》，2015(4)。

② 郭润宇：《中国工薪阶层工资及生活状况之比较》，载《价格与市场》，1995(2)。

③ 上述数据自沈路涛、吕诺：《教师身边事，见证新变化》，载《人民日报·海外版》，2004-09-10；田正平、杨云兰：《建国以来中学教师工资制度的改革》，载《教育评论》，2008(6)；涂怀京：《中小学教师政治经济地位法规沿革评述》，载《昭通师范高等专科学校学报》，2007(3)。

在社会整个工资体系中，中小学教师工资水平依然偏低。2003 年工龄 40 余年的中学二级教师的工资为 334 元，竟比同样工作年限、同属一个技术层次的中小学高级技工的工资（484 元）少 150 元。① 尽管中央多次下文强调教师工资水平要不低于当地公务员的工资水平，但事实上，这个标准一直没有达到。中小学教师工资不仅低于国家公务员，而且低于全国平均工资，没有达到《教师法》规定的要求，在一定程度上影响了教师职业的吸引力和社会地位。

城乡、发达地区和欠发达地区教师收入的差距问题并未解决，甚至有些地方有愈演愈烈之势。各个地区经济发展水平差距较大，导致工资发放不公平，甚至一省之内乡村之间、城乡之间存在明显差异。如 2005 年山东省农村初中教师工资，西部最低的县教师月平均工资只有 482 元，而东部最高的县教师月平均工资为 1653 元，后者是前者的 3.43 倍。同一个省，城乡相同性质教师的收入可以相差这么大。② 2015 年杜晓利的研究进一步发现，中部地区中小学教师年均工资水平低、增长慢、凹陷明显。2012 年，中部地区小学教师平均工资水平仅为东部地区平均水平的 73.8%，中学教师平均工资水平为东部地区平均水平的 71.4%，且低于西部地区中小学教师的平均工资水平。与此同时，全国中小学教师收入指数明显偏低，与经济发展水平极不适应。这种情况在工资水平较高的东部地区也存在。同时，一些东中部省份的教师工资水平与人均城镇居民可支配收入不适应，影响教师生活。③

农村教师工资拖欠的现象在一些地区一些时段仍存在。虽然，这个时期通过一系列的改革，在保证按月及时准时足额发放方面做出了很多努力，并使这种状况得到极大改善。但从 20 世纪 90 年代中至 21 世纪初，中小学教师工资拖欠的现象依然很严重，特别是经济欠发达的中西部地区的农村。如据教育部统计，截至 2002 年 7 月，全国累计拖欠教师工资总量距国家规定标准差 127.06 亿元，涉及 24 个省份。截至 2000 年 12 月底，安徽省累计拖欠教师工资 16.7 亿元。2002 年，吉林省累计拖欠教师工资 8 亿多元。湖北大冶拖欠教师工资达到 2 亿多元，湖南拖欠教师工资逾 12 亿元，即使像广东这样经济

---

① 杨占城：《我国工资制度的发展变迁》，载《福建党史月刊》，2002(11)。

② 郑燕峰：《山东教育厅厅长：看到孩子那么苦，我想流泪》，载《中国青年报》，2005-07-14。

③ 杜晓利：《我国中小学教师工资水平的比较分析与若干建议》，载《中国教育学刊》，2015(4)。

发达的省份，近 4 年拖欠的工资也达到 4.6 亿元。① 究其原因，主要是教育经费投入"以地方为主，中央适当支持的原则"导致中央政府投入严重不足，地方政府财政收入赤字，无力承担对教育经费的投入。2000 年实施农村税费改革后，取消了农业税和教育费附加，导致教育经费的缺口加大。

即使在"以县为主"的管理体制下，农村教师工资拖欠的问题也没有得到根本性的解决，有的地区教师工资不升反降。如河南省一些地方 2004 年发放的工资还是 1997 年的标准；城乡教师的工资差异大，农村代课教师工资待遇低，难以保障基本生活，以及 2001 年前亏欠的教师工资旧账等未得到妥善解决。②

乡村教师工资与所从事的劳动不成正比，教师满意度低。教师的工作负荷重是有目共睹的。他们一般早上 7 点半（有的更早）左右就要带学生早读，白天要上课，处理学生各种事宜，晚上要备课、批改作业。一天工作时间不止 8 小时。乡村教师更是如此，在留守儿童越来越多的今天，乡村教师不但要承担教育教学工作，还要担当起学生监护人的角色：孩子病了要带去医院，心理出问题要进行心理疏导，想念父母了要想法多陪伴多引导。夜晚值班，管理宿舍更是职责所在。笔者 2017 年在云南某地调查时有乡村教师反映，自己平时在学校住，主要精力和时间都花在学生身上，周末才能回家。自己在陪伴学生的时候，自己的孩子却成了留守儿童。但教师的工资与教师的期望有不小差距。据马飞、张旭 2017 年调查全国 11 个县 2888 份问卷显示，乡村中小学教师对目前工资收入的满意度不高。无论是目前工资收入满意度，还是根据能力和资历对工资和收入满意度，或是根据职称、岗位、工作量对工资收入满意度，超过一半的人不满意。还有 20% 左右的人认为一般，不到 30% 的人满意。③ 而且，多数教师（55.2%）对目前实行的绩效工资制度感到"不满意"，19.0% 的教师持"一般"态度。由于乡村教师评职、评优的机会少、名额少，而这又与教师待遇直接挂钩，故严重影响乡村教师的待遇。④

---

① 刘敏：《中小学教师的经济压力调查》，载《成都教育学院学报》，2006(1)。

② 邬志辉：《农村义务教育经费保障新机制》，72～73 页，北京，北京大学出版社，2008。

③ 马飞、张旭：《〈乡村教师支持计划〉背景下的教师工资待遇满意度调查——基于全国 11 个县 2888 份问卷的分析》，载《上海教育科研》，2017(7)。

④ 马飞、张旭：《〈乡村教师支持计划〉背景下的教师工资待遇满意度调查——基于全国 11 个县 2888 份问卷的分析》，载《上海教育科研》，2017(7)

绩效工资满意度低。自2009年起，全国各级各类学校开始实施绩效工资制度。一般而言，教师绩效工资在实施过程中分为基础性部分和奖励性部分两部分，前者依据教师的教龄、学历、职称等，后者依据教师所承担的教学工作量、工作表现、工作成效等。所谓绩效主要体现在后者。

但在实际运作过程中，绩效工资并未能实现政策制定者"奖勤罚懒"和激励先进的初衷，这是由教师工作的特点决定的。教师的"绩效"体现在学生的成长上，包括知识的获得、能力的提升、品行的进步，而这很难说是某一个教师的功绩。教育是一个集体合作的事业，个人绩效难以体现教育工作的特点。因而，很多单位在实施绩效工资的过程中把权重放在领导层，而对普通教师多以工作量来衡量。结果导致不少教师对绩效工资分配不满意，如安徽六安某乡教师中54.3%的农村教师对此不满意；55.4%的教师认为绩效工资实施不合理；43.5%的教师认为不能调动教师工作的积极性。[1] 这一结论在张飞、马旭的研究中得到证实。[2]

七、总结与评论

（一）国际接轨与中国特色的专业化路径探索

我国教师专业化发展过程是与国际教师专业化逐渐接轨的过程，这种接轨主要表现在与西方发达国家，特别是美国教师教育接轨的过程中。在这个过程中，我国学习美国开放的教师教育体系，通过综合化、大学化的方式，把传统的独立、封闭的三级师范教育变革为开放的、高层次的新的三级教师教育体系。在这个体系中，中等层次的师范教育基本消亡，研究生层次的教师教育出现；职前职后相互隔离的教师教育也逐渐融合并形成职前职后一体化的教师教育。与此同时，为了用更科学的方式确立教师的质量和用人规范，我国学习西方发达国家重建了教师资格制度，建立了学科课程标准、教师专业标准、教师教育的课程标准等。这些改革和制度建设对提升我国中小学教

---

[1] 刘祥辉：《农村义务教育教师绩效工资实施现状、问题与对策探究》，硕士学位论文，华东师范大学，2010。

[2] 马飞、张旭：《〈乡村教师支持计划〉背景下的教师工资待遇满意度调查——基于全国11个县2888份问卷的分析》，载《上海教育科研》，2017(7)。

师专业品质，推动其专业化进程发挥了非常积极的作用。

虽然这个时期我国教师的专业化路径开始学习西方并逐渐与西方接轨，但也体现出我国力图建立中国特色的教师专业发展路径的一面。如长期致力于教师专业发展的教学研究体系的变革，这个原本只关注教师课堂教学质量，主要负责中小学校教学质量监控的机构，通过自身的改革，开始把重点放在教师专业发展上，并与教师培训机构、电教室、教学站、大学等合作，成为集教学研究、教师培训、教师专业发展等多种职能为一体的教师专业发展组织。从该组织的运行情况看，它也的确成为在职教师专业发展的重要渠道。

虽然人们希望通过更加科学、量化、可操作性方式来考量教师的专业品质，规范课程实施的行为，但教师专业标准依然体现出中国文化中留有余地、柔性、伸缩性的一面，如《中学教师专业标准》关于个人修养与行为中"富有爱心、责任心、耐心和细心"这条，既没有阐释出这些特质到什么程度算是合格的，也没有阐释出初任教师和不同阶段教师这种爱心、责任心、耐心、细心的区别。事实上，我们也很难区分不同阶段教师在这一条中应该有怎样的区别，这实际符合教师职业难以用科学的量表、数字化的形式表达的事实。教师专业标准中充斥着这样的语言，也许操作起来有些困难，但也是教育事业和教师职业复杂性所在。这些都表明我国在教师专业化进程中的中国特点的探索。

（二）开启教师专业化的另一个阶段

本阶段是我国百年来教师专业化道路探索的最后一个阶段，回顾百年来的教师专业化进程，我们发现，在本阶段之前，我国教师专业化基本上是传统路径，力图通过所谓科学规范的道路（师范教育培养）、确定性的知识框架（学科知识＋教育知识＋实习）和一些标准/规范（如认为存在最佳的教学模式——五段教学法）等来全面确定教学职业的特征和教师素质。因而，在晚清至 20 世纪 90 年代中期之前的现代教育的历史中，教师的专业化路径基本一致，即为师范教育（职前＋职后）制度①与教学研究制度为主体的教师专业发

---

① 笔者认为，师范教育并不是职前职后相互割裂的教育，中国师范教育的历史证明教师的培养和培训都会在培养机构开展，和今天所谓职前职后一体化的教师教育并没有本质的区别，而且曾经师范院校也要负责本区域教师专业发展（如民国时期）。师范教育概念更能体现出中国文化中对教师的期许——学为人师，行为世范。师范教育被教师教育替代是人为的结果，是学者和官员为体现自己的创造性和独特性贡献人为区分的结果。

展路径。然而，到知识经济时代、信息化时代，传统的教师专业发展的途径存在诸多问题，最大的表现是教师培养培训和日常教研中的低效，以及教师面对复杂的社会环境和教育情境所展示的无力感。在这种情况下，传统的技术理性思维统治下的师范教育模式逐渐被质疑和改造。随着波兰尼的"默会知识"，舍恩的"反思性实践者"等概念的引入，学界开始对教师职业的复杂性进行重新审视，反省式的教师专业化模式开始在我国出现，典型的表现就是课题研究引入学校教研，用反思、叙事等手段帮助教师思考自身和同事的教育教学工作，重视教师的经验。反思笔记、叙事探究、名师工作室等方式成为反观、提炼教师实践中有价值的经验，反思常规教师教育的不足的重要手段被广泛运用。可以说，我国教师专业化的道路已经迈向一个新的历史阶段，虽然其中有很多问题和不足，但要相信这是对我国教师专业化非常有益的探索。

结　语

　　1840 年开始的第一次鸦片战争既是中国百年屈辱史的开始，也是中国被迫进入现代化进程的开始。在之后的近两个世纪里，中国由一个传统的农业国变为现代化的工业国；由一个固步自封、家天下的封建王朝，变为一个拥有宪法、人民当家做主的共和国……中国发生了翻天覆地的变化。这些变化给我们展现了一个落后的农业文明国家在西方工业文明的挟持下、强迫下，如何被迫融入国际社会，更确切地说是西方化的过程。两种文明的碰撞给中国人民带来的不仅仅是生产力水平的提高、生活的便利、文化的丰富等，还有面对其他文明的不知所措、无所适从，以及在被迫现代化过程中的种种不适与不甘。

　　教育同样是中国社会被迫现代化的产物。在国家的政治、经济、社会、文化诸领域逐步现代化的过程中，中国教育的现代化从教育制度的构建与实施，到教育目标和教育内容的确立，甚至连传授的方式都体现出西方色彩。我们学习西方，按照西方的标准和模式构建我国的现代教育制度。教师是现代化进程中的重要一分子。教师现代化的主要表现是专业化。在近两个世纪的历史进程中，中国的教师由农业社会中的应举者和临时性教师双重身份转而成为受过专门训练，拥有教师资格证书，且以教学谋生的专业人。

　　我们需要对我国教师的专业化历程进行总结和反思，以便我们明确教师未来的发展方向和应该吸取的教训。本研究就是以这个为出发点来总结、反思一百多年来我国中小学教师的专业化结果、动力及问题的。

一、我国教师专业化的结果

(一)我国教师的专业化实现了教师由"知识人""士"向"专业人"的转变

在很长的历史时期内，我国对教师的认知就是德高者为师和知识渊博者为师，这在北京师范大学的校训中得到很好的阐释："学为人师，行为世范"，并不认为教师需要得到专门的训练。在官本位的社会里，教师不过是科举路上的"暂且者"，仕途追求途中的歇脚人。很少有人把教师作为终身追求的职业，虽然不少文人在举士不得的现实情况下不得不以此聊慰自己——"达则兼济天下，穷则独善其身"。但这依然不能否认整个社会包括教师自身都把这一职业从业者看作不得已之辈：官学先生不过是轰轰烈烈官场中的一个"冷宦"，私塾先生不过是科举路上的潦倒者。

但自晚清我国被迫开启现代化历程之后，教师职业在"图存救亡"的紧迫使命下开启了专业化的历程。晚清"癸卯学制"确立的独立的师范教育制度，使得在没有专业教师培养传统的我国确立了现代中小学教师培养的专业制度，从而使我国教师在新教育萌芽的初期就具有专业的素质。这对于确保我国新教育的质量具有重要意义。与没接受过任何专业训练的传统塾师相比，师范教育制度规范下的教师培养具有很强的专业性，体现为有清晰的师资培养目标，围绕教师素质开设相应的课程体系，以及应教育教学实践能力要求开展教育实习活动，等等，这些都体现了教师培养的专业性和规范化。在这个过程中，教学职业由原来只要有知识就能成为教师的职业转为必须接受专业训练，并且获得资格证书才可能成为从业者的职业，而且在整个教师生涯中必须得到持续的专业训练才可能保持从业资质的职业。教师由此成为一个专业，一个可以穷其一生而追求的事业。这应该是我国教师专业化历程的最大贡献。可以说，在师范教育制度建立、变革的过程中，师范/教师教育的价值是一个被逐渐认可的过程，也正是有了这样一个专业的教育制度，我国社会首次知道教师是特殊专业人才，需要专门的培养，并知道这是国际的惯例。

而且，我国在整个专业化历程中，各种举措日益完善，教师培养制度、教师检定制度、教学研究制度、教师用人制度、教师资格制度、教师激励制度等逐渐建构并加以完善，这些制度构成一个相互联系相互支持的系统工程：在教师造就上，建立了从教师培养、培训，到教师的日常教学和持续专业发展的系统性制度，贯穿教师职业生涯的始终；在用人上，通过教师资格制度（特别是定期注册制度）、用人制度确保任用专业教师；在教师专业发展的激励上，通过教师职称制度、教师奖励制度、教师福利待遇制度等加以敦促。通过这样的努力，我国的教师作为"专业人"的角色逐渐被社会认可，这种"专业人"不但成为政府制定各种政策的依据，也成为教师一生的追求。

（二）我国教师的专业化经历三个阶段

反观近两个世纪我国教师的专业化历程，本研究认为我国教师的专业化经历了三个阶段：第一个阶段是清末民初，我国教师专业化的初期；第二个阶段是民国后期至1993年，我国教师专业化的发展时期；第三个阶段是1993年至今，教师专业化的反思和转型时期。

清末民初是我国教师专业化的初期，这个时期是我国教师由古代知识人转而成为现代专业人建设的初期。这个时期，我国仿照日本建立了专门的师资培养制度，并建立了教师资格制度的雏形——教师检定制度。这些制度使得我国社会对教师需要专门培养和基本专业资质有了一定的认识。但这个阶段，师范教育制度无论是教育宗旨，还是课程设置，均充满了封建王朝的思想和儒家经典的内容，教师培养的内容并没有真正全面的现代化和专业化。而且，师范生奖励制度不过是为满足人们读书做官的理想而实施的"权宜之计"；教师检定制度也不过是停留在纸面上的空文，并未真正为促进教师成为专业人发挥积极有效的作用。

民国后期至1993年，是我国教师专业发展的重点建设时期。这个时期虽然我国历经民国、新中国成立初17年、"文化大革命"和改革开放初期几个历史阶段，教师专业发展的背景条件发生了很大的变化，但教师专业发展的路径基本是沿袭西方传统的教师专业发展的道路，即在技术理性指导下，认为教学是绝对的科学，有一种普遍适用的专业标准或者准则。教师专业化的追求就是如何创造一种制度，能把最科学、最专业的知识教授给准教师和教师，用最有效的师范教育模式培养出专业的教师。同样，教师资格制度是如何用科学有效的手段来评判教师的专业知识和专业能力。对教师的管理则严格按照科层制的体系进行层级化和细致化的管理。这个时期主要是建立和完善教师专业发展的各种制度，前述的各种制度也基本上是在这个阶段建立并加以实施的。这个时期教师专业化的努力使得我国的中小学教师真正成为"专业人"，但这种科学理性思维下的专业人与教育自身的特点、复杂的人性存在种种不适应，导致教师专业存在某种异化。

1993 年至今是我国教师专业化的反思重建时期。在这个阶段，表面上教师的各种专业制度建设更为完备，对教师的约束似乎越来越多（资格制度、课程标准、专业标准等），但实际上教师专业发展的各个层面都在反思与重建。在教师培养上，我们建立了大学化、开放的教师教育体系，力图在提高未来教师知识能力水平的基础上，培养具有自我成长能力的新型教师。在教师持续的专业发展方面，我们把教师继续教育与教学研究制度整合，通过情境性、反思性，以及学习共同体式的学习和研究，提升教师的反思能力，并与大学、科研院所合作，把它们的理论和研究的思维引进中小学，力图建立教师自主的专业发展的能力，等等。当然，这个阶段的教师专业化路径是在矛盾中进行的，一方面通过资格、标准力图使教师作为专业人的身份更加明确；另一方面，则希望教师通过研究、反思来实现专业自主和自我专业成长。上述努力虽然不尽如人意，甚至造成了教师专业发展中的很多困境，但其发展方向是符合社会发展的趋势和教师职业的特征的，依然值得肯定。

二、我国教师专业化的动因

（一）中国社会政治环境的变化是中小教师专业化进程的直接推动力

我国中小学教师的专业化进程并非教师职业发展的阶段性特征，而是中国社会变革的产物，是中国社会现代化进程中的附属物。我国教师专业发展的每一个阶段，均不是教师职业发展所致，而是中国政治社会环境发生变化，对教育、教师提出新的要求以后的产物。晚清是我国教师专业化进程的初期。在这个时期，教师培养首次由专业教育院校——师范学堂承担，教师的养成、任用和管理由政府借助于法律制度实施。这是中国古代社会从未有的现象。这并非教师职业发展的要求，而是中国在西方船坚炮利之下被迫现代化的最初反映。

民国时期，教师作为一个整体，以职业人的身份登上中国教育的舞台，同样是推翻清王朝，建立中华民国后追求国家现代化的反映。民国时期教师专业培养制度的变革和教师资格制度的实施，是欧美，特别是美国对中国影响加深所致，是中国社会在向欧美学习进行全面现代化建设的过程中在教育上，特别是在师范教育和教师管理中的体现。

新中国成立后，我们建立了一个人民当家做主的社会主义社会。在这样一个社会中，人民的利益高于一切，以人民的名义开展为人民服务的教育事业是理所当然之事。新中国成立初期，苏联作为唯一可以依赖的对象对我国的全面现代化产生了重要的影响，教师的专业化表现在苏式师范教育制度和教学研究制度的建立。同时，这个时期教师的专业化也更多地体现在政治意义上，即是否成为忠心耿耿为党和人民的教育事业服务的"人民教师"。同样，以养成"人民教师"为目的的师范教育和教师管理制度无不体现出对教师思想政治以及对党和人民忠诚度的关注。

改革开放至今则是中国再次融入国际大家庭的时期。这个时期的中国融入国际大家庭不仅仅体现在经济的市场化、中国加入世贸组织等，更主要地体现在中国学习西方的专业管理制度。这个时期的教师教育和教师管理制度主要是借鉴西方教育制度。无论是开放的大学化的教师教育制度的建立，还是教师资格制度的重建与实施，以及教师专业标准等的制定、实施，无不体现出西方文化中对专业精神和专业特征的认识和理解。

可见，是政治社会大环境的变化，而不是教师职业自身发展成为影响教师专业化进程的关键因素。

（二）在很长一段时期内，中国教师的专业化是西方化、外国化的反映

中国的现代化是"防卫现代化"，是遭遇西方列强的欺凌后被迫的现代化。中国教师的现代化、专业化历程更体现出被动、盲从的特点。

正如前面所言，我国教师专业化是中国社会政治环境变革的产物。中国教师每一个时期专业化的努力同样也是源自外部的影响，而影响的结果是对西方教师专业化的模仿。晚清的教师培养制度是直接抄袭日本的师范教育制度而来的。民国时期独立师范教育制度的消亡则是美国教师教育综合化的影响所致。新中国成立之后三级师范教育制度和教研制度的建立则完全是学习

苏联师范教育制度和教师管理制度的结果。当前大学化、综合化的教师教育制度的形成则是西方，特别是美国教师教育制度的体现。教师资格等制度同样是学习西方的产物。

西方影响下的教师专业化进程在推动和促进我国中小学教师专业素质养成、专业身份确立的同时，出现了水土不服和变异的情况。晚清时期经过专门师范学堂培养的教师非常有限，当时不少人还认为教师是不需要专业培养的职业。为增强师范学堂和教师职业的吸引力，晚清政府不得不以官员奖励这种违背专业精神的制度吸引人才，但这一举措并未产生实质的影响。民国时期，混合师范教育制度的形成，实际是主管部门对当时师范教育是否具有专业性的争论所采取的妥协性制度，这种妥协不但未能增强教师的专业性，反而使社会对师范教育专业价值的质疑几乎贯穿整个民国时期。新中国成立后，我们学习苏联建立了职前和职后相分离的师范教育制度和体系化的教研制度。前者并未很好地衔接教师的职前培养和职后的继续教育，导致教师继续教育体系常常出现生存危机；后者在学习苏联教研制度的时候也更加强调这一组织对教师的管理而非专业的学习，导致教研组织性质不清，反而在某种程度上成为约束教师专业成长的组织。同时，用一部分政治教育代替专业教育的结果使教师常常在专业性和政治性之间左右为难，教师甚至开始质疑自己到底是专业人还是政治的附庸。当前在西方专业化浪潮下的教师专业化进程似乎使教师更具有专业的特征，然而以专业名义开展的专业教育和专业管理并没有实质提升教师的专业化水平，却使教师在应付上级各种专业的检查和评估，以及填写无数种表格，参与各种被要求的专业发展活动中迷失了自己，形成了很强的职业倦怠。

在上述过程中，教师自身，以及教育主管部门，甚至学界一直未能真正厘清现代教师的本质，教师自我成长的空间不但未能随着专业发展的进程加速，反而愈发受到规制和约束。

三、我国教师专业化的问题

（一）在我国教师的专业化进程中，师范教育乃至教师专业性并未得到社会普遍的认可

现代师范教育制度的建立使得我国中小学教师培养走上了现代化、专业

化、规范化的道路，但同时人们发现工厂化、规模化的培养方式未必能造就高质量的教师队伍。

虽然师范教育在我国确立已经有近二百年的时间，社会大众也似乎认可教师必须经过专业的师范/教师教育才能形成基本的专业知识和能力。但人们还是发现，工厂化、规模化的培养方式未必能造就高质量的教师队伍。晚清以来的师范教育制度可以说是在争论中建立，在独立设置与否的争论和动摇中发展的。晚清有人讽刺如果有"师范学堂"是否还需要"父范学堂"。民国长达三十多年是否需要独立设置师范学堂，乃至期间师范教育岌岌可危的生存状态，以及新中国成立后师范大学和综合性大学谁的办学质量更高，师范院校综合化的倾向，师范性与专业性之争等无不反映了人们对师范教育价值的不认可。而接受完师范教育的毕业生还不能很好地从教是中小学校的共识。我国中小学实行师徒制和教研组制度在很大程度上是为弥补师范教育的不足。什么是师范教育的专业性，这种专业性如何通过课程和教学模式体现，至今人们未达成共识。

晚清、民国时期大量的非师范毕业的教师充任中小学教师，新中国成立后不少教师，尤其是多数的农村教师并非由师范毕业生充任，以及当前很多中小学的校长更愿意招募来自非师范院校的综合性大学的毕业生等，说明在事实层面人们还是认为教师职业具有可替代性。

(二)教研制度在建立教师学习组织的同时也损害了教师的专业自主性

我国的教学研究制度虽不是新中国成立初期才建立的，但作为制度化的教师集体学习、集体备课，以及教师管理等的教学研究组织还主要是新中国成立初期建立并实施的，它的出现和全面实施对于弥补我国师范教育的不足，规范在职教师的教学行为，提升在职教师的教学水平等发挥了无以替代的作用。在师范教育层次不高、大量不合格教师存在的现实背景下，正是有了从学校到学区乃至县市和省级范围内的层次严明的教研制度，我国的基础教育质量才得以保障。

但我们同样不能否定，这个学习苏联建立的教研制度带有很浓的管理职能，作为学校和地方教育行政机构的一分子，在承担教师集体学习、集体研讨的同时还有对教师的管理、评估职能。在行政职能下，教师集体教研、集体学习在上级部门和学校的规定下进行，甚至教研组在教研时间、教研内容、发言人等方面都在上级要求下，提前安排好后进行。在很长时期内，教研组长对教师的备课、教学、作业批改等负有监督职能。甚至一些教研组对教师具体的备课和教学都有明确的规定，教师不能有自己独立的见解和创新。在这种情况下，教师专业性特征之一的专业自主性不但没有增强反而削弱。

可以说，教研制度的确立、实施，在全面提升教师质量的同时，也损害了个体教师的专业自主权，使得中小学教师由个体性、自主性（随意性）较强的职业转而成为受集体氛围和意志制约的职业。

（三）教师资格证书制度的建立、实施的价值目前主要体现在理念层面而非实践层面

我国的教师资格证书肇始于晚清的教师检定制度，民国时期得以完善，20 世纪 90 年代中后期重新恢复。我个人认为，该制度的实施和影响更多的是在理念层面，即通过教师资格检定制度，让我们认识到教学是一门专业，教师是专业人员，必须受过严格的专业训练和严谨的专业资格认定才可从业。从而破除了人们只要有知识即可为教师的观念，对整体提升教师的社会地位，提升教师职业的吸引力有很大的意义。

但在实践层面，晚清、民国时期的教师检定制度由于整个社会环境和经济实力等的影响并未很好地在全国范围内展开，加上战事的影响，我们很难衡量那时的教师资格检定制度对提升教师质量、推进教师专业化进程的作用。而今重新恢复开展的教师资格制度，由于制度设计本身的缺陷，如教师资格考试过于简单，考试自身难以衡量教师教育教学能力等，导致教师资格制度对推进教师专业化进程以及教师质量的作用难以评估。现有的研究也没有揭示教师资格制度下所聘用的教师质量就高于未实施教师资格制度之前的教师。教师资格证书制度的建立、实施的价值目前主要体现在理念层面而非实践层面。

（四）现代化进程中的教师角色的刻板化带来的是教学职业的危机

上述状态大概也是工业化/现代化进程中，被标准化、制度化规范的教师的尴尬境地。因为工业化意味着效率、规范和缺乏人性。但这恰恰与教师职业的特殊性背道而驰（与人打交道，关系到人类未来的生存状态和幸福指数）。专业化似乎是希望走出这种机器性而确立具有人性的规范和标准。但至少从民国的经验我们可以发现，专业化并没有给教师带来应有的地位。

20世纪，我国中小学教师在专业化的浪潮中被规训、被工具化。专业工作者的专业角色、专业地位、专业尊严在尚未建立时就被削弱。中小学教师应该以怎样的身份、角色迈向未来是一直未解的课题。其实，西方不仅存在强烈的"专业化""标准化"浪潮，也存在与之相反的反"专业化""标准化"浪潮。我国教师在专业化进程中越来越受制于表面上促进教师专业化的制度。可以说，迄今为止促进我国教师专业发展的教师教育制度、教师资格证书制度、教研制度等，是我国教师专业化进程中的双刃剑。它们一方面促进了我国中小学教师的专业特征和专业发展；另一方面，在专业和标准的要求下，中小学教师却越来越没有专业自主性，也越来越丧失了专业的创造性。

（五）中小学教师在被专业化的同时似乎也失去了原本的独立性

中国教师的专业化是现代化的产物。最初，中国的现代化是被动的。这种被动性必然带来诸多的不适和痛苦。中国中小学教师在社会现代化裹挟下也被迫走上了专业化的道路。在被专业化的过程中，教师从未成为自己的主人。

我国被迫引进西方的现代教育制度，必然有很大的不适应性。在这个过程中，学校、教师脱离传统乡农社会所经历的痛苦和伤害成为一个时代集体的记忆。这种脱离使教师这个原本扎根于乡农社会的亦绅亦师的重要角色在专业化、现代化的过程中被迫成为现代管理制度的附庸，成为脱离原本生活的社会的游魂。

在现代化进程中，教师从传统社会"亦师亦绅"的旧制度的维护者、代言人、主导者的角色转而成为现代社会的职业人、专业人的角色。在被专业化的过程中，教师离周遭的社会、社区越来越远，成为孤立于社会的异化的产物。他不能影响和左右社会、社区，社会、社区也不需要他。他的价值只能从他培养的学生身上体现，而对学生质量的评估却来自社会和他人。因而，教师只能是别人评价的对象。教师的从业越来越受到社会的评估。也因此教师失去了原本作为乡民社会领导阶层和社会良心的自尊、自傲和独立。教师的独立精神和使命感似乎在弱化。专业教师似乎再也不能承担起真正知识分子社会良心的角色，更难以承担社会进步的希望这样的角色。

总之，对后发展国家而言，现代化似乎是一个不可避免的过程。但对我们这样一个拥有优秀且深厚的文化历史传统的社会，我们也许更要思考"中国特色的现代化国家"的特征及其发展道路；思考在这样一个现代化国家建立的过程中，教师专业化应该有怎样的进程，教师自身应该拥有怎样的职业特征和专业素质。

四、我国教师专业化的未来思考

那么，什么样的教师专业发展方式、途径更适合教师职业的特性，适合我国文化教育传统呢？目前并没有定论。但笔者认为教师职业应该是一个集哲学思维和工匠精神为一体的职业。这个看似矛盾的提法正好说明了教师职业的复杂性和高难度。我个人认为，一个好的教师要有哲学家的头脑和深邃的目光，能把过去、现在与未来很好地联结，并有培养创造美好未来人的能力。但从教师专业发展的角度，把教学作为技艺性的专业的认识可能有助于我们重新审视并重构教师专业化的路径。技艺性的专业可以不必依赖高度正式或系统的知识，其能力的界定借助于不同的技巧和实践，反映不同类型的知识基础。而且，除正式知识之外，技艺性的专业侧重经验性知识。人们用这种隐性、非正式的、不确定的行业知识表征不同职业间的特征。[①] 事实上，迄今为止，我们依然发现教师领域有很多看不见、很难明确的默会知识或者

---

① 　陈永明：《现代教师论》，178 页，上海，上海教育出版社，1999。

实践性知识把优秀教师与新任教师区分，把不同风格的教师分开。虽然承认这些默会知识的存在对现在科系理性下的师范/教师教育和教师专业发展模式带来很大的挑战，但在教师掌握相当多的确定性的系统的知识的基础上（如教师学历合格），强调实践，强调反思无疑有助于今天日益复杂的知识经济时代、互联网时代的教师的专业成长。笔者相信，把教学看作技艺性职业，把教师看作拥有很强的情境性的、个性化的实践性知识等的认识也为今天的教师教育制度提供新的发展方向。

图书在版编目（CIP）数据

百年来中国中小学教师专业化进程研究：规制与解放 / 胡艳
著. —北京：北京师范大学出版社，2020.8
　　（京师教师教育论丛）
　　ISBN 978-7-303-25554-2

　　Ⅰ.①百…　Ⅱ.①胡…　Ⅲ.①中小学－师资培养－研究－中
国－近现代　Ⅳ.①G635.12-092

　　中国版本图书馆 CIP 数据核字（2020）第 001809 号

营　销　中　心　电　话　010-58802135　010-58802786
北师大出版社教师教育分社微信公众号　京师教师教育

BAINIANLAI ZHONGGUO ZHONGXIAOXUE JIAOSHI
ZHUANYEHUA JINCHENG YANJIU: GUIZHI YU JIEFANG

出版发行：北京师范大学出版社　www.bnup.com
　　　　　　北京市西城区新街口外大街 12-3 号
　　　　　　邮政编码：100088
印　　刷：北京玺诚印务有限公司
经　　销：全国新华书店
开　　本：730 mm×980 mm　1/16
印　　张：23
字　　数：384 千字
版　　次：2020 年 8 月第 1 版
印　　次：2020 年 8 月第 1 次印刷
定　　价：98.00 元

策划编辑：鲍红玉　　　责任编辑：马力敏　李锋娟
美术编辑：李向昕　　　装帧设计：李向昕
责任校对：康　悦　　　责任印制：马　洁